新一代人的思想

ONDA NÄTTERS DRÖMMAR

November 1942 och andra världskrigets vändpunkt i 360 korta kapitel

1942.11

罪恶与梦想

第二次世界大战个人史

PETER ENGLUND

[瑞典]皮特·恩格伦 著

万之 译 吴明华 校

中信出版集团 | 北京

图书在版编目（CIP）数据

罪恶与梦想：第二次世界大战个人史/（瑞典）皮特·恩格伦著；万之译. -- 北京：中信出版社，2024.7
ISBN 978-7-5217-6162-7

I. ①罪… II. ①皮… ②万… III. ①第二次世界大战－史料 IV. ①K152

中国国家版本馆CIP数据核字（2023）第225039号

ONDA NÄTTERS DRÖMMAR by Peter Englund
Copyright© 2022 by Peter Englund
Published in agreement with Hedlund Literary Agency, through The Grayhawk Agency Ltd..
Simplified Chinese translation copyright © 2024 by CITIC Press Corporation
ALL RIGHTS RESERVED
本书仅限中国大陆地区发行销售

罪恶与梦想——第二次世界大战个人史
著者：　［瑞典］皮特·恩格伦
译者：　万之
译校：　吴明华
出版发行：中信出版集团股份有限公司
　　　（北京市朝阳区东三环北路27号嘉铭中心　邮编　100020）
承印者：　北京通州皇家印刷厂

开本：787mm×1092mm 1/16　　印张：35
插页：24　　　　　　　　　　　字数：434千字
版次：2024年7月第1版　　　　　印次：2024年7月第1次印刷
书号：ISBN 978-7-5217-6162-7　　京权图字：01-2024-0176
定价：118.00元

版权所有·侵权必究
如有印刷、装订问题，本公司负责调换。
服务热线：400-600-8099
投稿邮箱：author@citicpub.com

纪念
约瑟夫·莱万多夫斯基
以及我穿过时光而遇到的所有其他人,
他们曾在那里,曾经参与。

目录

致读者
I

书中人物
VI

11月1日至8日
大大小小的计划
1

11月9日至15日
振奋人心的消息
181

11月16日至22日
这可以称为转折点
295

11月23日至30日
这次我们赢了
393

结语：后来的命运
515

参考文献
525

致读者

这本书记述了 1942 年 11 月发生的事情，那段时间是第二次世界大战的转折点。在这个月开始的时候，仍有很多人相信轴心国会赢；但当这个月结束时，局势很明显，轴心国输掉这场战争只是时间问题。然而，本书不是试图描述战争在这四个关键星期里的情况，譬如战争的时机、计划、进程以及结果等等，而是想真实还原它的样子。

从某种意义上说，我们永远都无法理解像第二次世界大战这样的现象。在很大程度上，这是一个规模问题。一场冲突持续了那么久，牵扯了这个世界那么多的地区，造成了如此巨大的破坏，夺走了那么多人的生命，其本身就说明，理解其一切是不可能的。此外，在如此范围内，发生的事情如此恐怖残忍，以至于我们的理解力、我们的价值观，甚至我们的语言都不足以应对它，因此这场战争在某种程度上就是不可知的。此外还有更为复杂之处。意大利作家普里莫·莱维写道："那些见过蛇发女妖［戈耳工］脸的人不会回来了，即使回来也成了哑巴。"我遇见过很多经历过"二战"的人；我的印象是，他们都有自己的秘密，无论是被压抑的还是隐藏于内心的，而他们的秘密都随他们一起消亡。

事实上，所发生的事情虽然难以理解，但并不能成为我们不去尝试理解的理由。恰恰相反，我们必须做出努力，既是为了我们自己，也是为了所有在这场浩劫中丧生的人。本书就是这样一种尝试。我可以证明这些事情的存在，用我尝试的这样一种不同的方式来做到这一点。本书不去构建总体框架，以此避开美国作家和史学家保罗·福塞尔所说的"冒险故事模型"，该模型将"明确且通常高尚的动机和目的归因于意外或有辱人格的事件"。就像我前一部有关第一次世界大战的作品那样，这本书采取了多人交织传记的形式。在这本书里，处于中心的同样是个人，个人的经历，尤其是个人的感受；所有这些或许能在脚注中找到，或者有时可能在宏大叙事的沉重流动中以转瞬即逝的色彩出现，然而它们在大多数情况下是看不见的。如果读者想知道我在这些大多私密隐私的描述中添加了什么，我的回答很简单：我什么都没有添加。我使用的资料来源已经足够丰富了。

本书可被视为历史写作，其形式是实验性的，但它源于一种洞察，即所发生事件的复杂性在个人层面上才呈现得最清楚。这里有一个晦暗的悖论。有许多投身到第一次世界大战中的人是被一种理想主义所驱动的，而这种理想主义在现实中缺乏根基：他们是为幻想而战。这种理想主义在第二次世界大战中基本上是不存在的，在战争中落败所需付出的代价却要大得多。这在战争的目的和人们的战争体验之间，在其宏伟目标和现实之间，造成了一种显著的紧张关系，而现实，正如诺贝尔文学奖得主约翰·斯坦贝克后来总结自己的感受时所说的那样，往往是"疯狂的歇斯底里的混乱"。

然而，与此同时，并不是所有的事情都是这样的。我们知道，这场战争确实沦为野蛮与文明之间的斗争，1942年11月见证了这场斗争的关键。参与其中的大部分人很可能也明白这一点。它要求人们做出怎样的牺牲也是显而易见的。认为这场斗争的最后结局是理所当然的，这种认识是错误的，因为它不仅会使得那些牺牲变成历史的细枝末节，还会把当时不确定的和不可预测的人类灾难转变成一部令人兴奋但从根本上有惊无险的史诗。反过来，这种认识可能会助长一种危险的错觉，即这一切今后都不会重演了，但实际上结果却可能截然相反。

乌普萨拉，2022年3月上旬一个多云的早晨
皮特·恩格伦

在那些罪恶的夜晚我们做梦,

频繁而无拘无束地梦想,

用灵魂和身体梦想:

梦想回乡,梦想美食,梦想叙说。

直到短暂而沉闷的

黎明时分,听到低沉的命令:

"起床!"

胸中的心碎了。

现在我们回到了家乡,

我们已经把自己喂饱,

我们已经叙说了我们的故事。

是时候了。很快我们将再次听到

那个奇怪的命令:

"起床!"

——普里莫·莱维[1]

---

[1] 普里莫·莱维是意大利作家和史学家。此诗写于 1946 年 1 月 11 日,即他从奥斯威辛纳粹集中营被释放一周年的纪念日。在此诗的意大利原文中,他使用了一个在纳粹集中营使用过的波兰语词"Wstawać",表示"起床"或"苏醒"。

书中人物

曼苏尔·阿卜杜林，苏联红军步兵，当时在斯大林格勒城外作战，时年19岁。

约翰·埃默里，英国的亲法西斯分子和投敌变节者，当时在柏林，时年30岁。

埃莱娜·贝尔，巴黎的大学生，犹太人，时年21岁。

乌尔苏拉·布隆贝格，当时身在上海的犹太难民，时年12岁。*

薇拉·布里坦，英国作家与和平主义者，当时在伦敦，时年48岁。

---

* 此照摄于战后。

约翰·布什比,英国皇家空军"兰开斯特"轰炸机上的机关炮射手,时年22岁。*

保罗·加西亚·多米尼奥尼,当时正在北非作战的意大利空降兵少校,时年46岁。

阿尔贝·加缪,出生于阿尔及利亚的法国作家,当时在法国中部高地一个叫勒潘纳利尔的村庄休养,时年29岁。

基思·道格拉斯,当时正在北非作战的英国坦克兵中尉,时年22岁。

"疲倦"爱德华·邓禄普,澳大利亚军医,被日军俘虏后在爪哇日军战俘营任职,时年35岁。

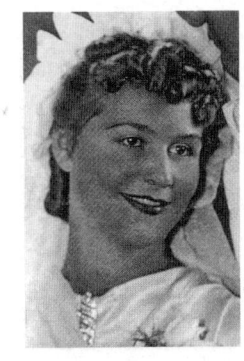
达努塔·菲亚尔科乌斯卡,避居波兰乡下米耶兹尔杰克小镇的犹太难民和一个孩子的母亲,时年20岁。

* 此照摄于战后。

书中人物

莉迪亚·金茨堡,列宁格勒的大学老师,作家,时年40岁。

瓦西里·格罗斯曼,当时正在斯大林格勒前线采访的苏军《红星报》记者,时年36岁。

原为一,参加瓜达尔卡纳尔岛海战的一艘日军驱逐舰的舰长,时年42岁。

阿德尔贝特·霍尔,参加斯大林格勒战役的德军步兵中尉,时年23岁。

薇拉·因伯尔,列宁格勒的诗人和记者,时年52岁。

恩斯特·容格尔,前往东线途中的德国陆军上尉和作家,时年47岁。

乌尔苏拉·冯·卡多夫,柏林的记者,时年31岁。

奈拉·拉斯特,英国巴罗因弗内斯镇上的家庭主妇,时年53岁。

约翰·麦克奈里,参加瓜达尔卡纳尔岛战役的美军轰炸机飞行员,时年24岁。

文玉初,缅甸曼德勒一家日军战地妓院的慰安妇,朝鲜人,时年18岁。

尼古拉·奥布里金巴,白俄罗斯德军占领区的苏联游击队员,时年29岁。

约翰·帕里斯,现场报道盟军登陆阿尔及利亚的美国记者,时年28岁。

潘濂，一艘英国货轮上的二等水手，中国人，时年24岁。

"齐尔"杰基尔·拉伊赫曼，特雷布林卡种族灭绝集中营的犹太囚犯，时年28岁。*

威利·彼得·雷泽，在东线作战的德军步兵，时年21岁。

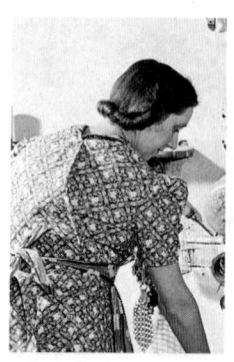
多萝西·罗宾逊，居住在美国纽约长岛的家庭主妇，时年40岁。

涅德·拉塞尔，报道突尼斯战役的美国战地记者，时年26岁。

索菲·朔尔，德国慕尼黑的大学生，居住在乌尔姆，时年21岁。

* 此照摄于战后。

叶连娜·斯克利亚宾娜，高加索地区皮亚季戈尔斯克的苏联难民和两个孩子的母亲，时年36岁。

安妮·萨默豪森，比利时布鲁塞尔的办公室职员和三个孩子的母亲，时年41岁。

莱昂纳德·托马斯，盟军北冰洋船队里的机械师，时年20岁。

贝德·索恩斯，在新几内亚作战的澳大利亚民兵营中士，时年22岁。

维托里奥·瓦利切拉，在北非作战的意大利军人，卡车司机，时年24岁。

若林东一，在瓜达尔卡纳尔岛作战的日军步兵中尉，时年30岁。

查尔斯·沃克,在瓜达尔卡纳尔岛作战的美军步兵少尉,时年22岁。

库尔特·韦斯特,在列宁格勒西北斯维里河前线作战的芬兰步兵,时年19岁。

利昂娜·伍兹,芝加哥大学的物理学博士生,时年23岁。

张仲鲁,当时正在河南巡视督查的中国政府官员,时年47岁。

11月1日至8日

大大小小的计划

"同情和残暴可以在同一个人身上乃至在同一时刻找到，这违背了所有逻辑；不过话说回来，同情本来就不遵从任何逻辑。"

"死亡的念头之所以能被成功地压制下去，正是因为死亡无法被体验。"

"一周前，摧毁一个营需要半天时间，现在歼灭整个团只需要三刻钟。"

狂风从东海和黄浦江上席卷而来，掠过港口的舢板、蒸汽船和帆船，掠过宽阔的港口人行道上的人群、牲畜和车辆，掠过黄包车、手推车和蜂拥的自行车，还掠过挤满了人的有轨电车、煤气巴士和军用卡车。狂风呼啸，吹过号称"十里洋场"的外滩那一排排高大的、气势磅礴的西式建筑及其廊柱、圆顶、窗沿、栏杆和尖塔，还有建筑物下面从未稀疏的乞丐群。疾风经浦东奔往虹口的狭窄街道和低矮房屋（这里不少房子五年后仍是一片废墟），还吹到闸北，蜿蜒穿过中国老城的城墙和鳞次栉比的木屋顶，空旷的跑马场和它的十层高的塔楼，以及静谧无人、废弃不用的多层看台。狂风不止，横扫这个城市的国际租界区，沿着笔直的街道或林荫大道（戈登路、静安寺路、福煦路、霞飞路、贝当路[1]等）刮过那些步行的人，经过寺庙和大教堂、医院和大学建筑、百货公司和剧院、路障和铁丝网、咖啡馆、酒吧和妓院，然后又穿过公园，那里面随着寒风刮走了树上暖色的树叶，树木显得越来越黑，越来越光秃。最

---

[1] 此处均为当时的地名，分别对应今天的江宁路、南京西路、延安中路、淮海中路、衡山路。——编者注

终，劲风消失在东面的苏州河里，消失在围绕着城市的那些乡村小镇和稻田里，消失在更远的江苏、安徽和河南。这里是晚秋的上海。

就在灰蒙蒙的秋天的阴云下，在法租界的南部，住着一个名叫乌尔苏拉·布隆贝格的小姑娘。她刚满12岁，和父母住在小花园广场上的一栋有围墙的楼房的一层，紧挨着考夫曼路。这家人是来自德国的难民，从一个俄罗斯女人那里租了一个带厨房的房间。楼上住着几个来自莱比锡的难民，一个朝着花园的房间里还住着两个来自柏林的男人，不过他们很少在那里。乌尔苏拉和她的父母觉得自己的运气不错：这个地区很安全，街道很安静，房间也明亮宽敞，厨房也很干净，配备了两个炉灶和一个冰箱。他们甚至还能去一个铺着蓝色瓷砖的浴室，只需要几个铜板就可以洗个热水澡。（这里离位于虹口的那些难民营很远，许多坐同一条船到达的难民仍然生活在那种恶臭、肮脏和杂乱的环境中，挤在悬挂着的帘子后面粗糙的混凝土地板上。）

和数以百万计的其他难民一样，这家人在几幅地图上追踪着战争的进展。他们的地图是从报纸上撕下来的，贴在一块白棉布上，然后挂在客厅的墙上。乌尔苏拉做了一些卷在大头针上的不同颜色的小纸旗，用来在地图上标记战争各方的进退——红色代表英国，蓝色代表美国，绿色代表荷兰，黄色代表日本，如此等等。（在她很久以后写的回忆录里，她也没有提到代表德国的纸旗是哪种颜色，因此让我们猜测一下：是黑色吗？）在最近这一年里，这些纸旗一次又一次地被移动，因为正如她在日记中所写的，那些新闻是"毁灭性的"（就是这个形容词她反复地使用，用来描述那些战争中发生的故事对她的影响）。她不得不去寻找那些过去她并不知道其存在的岛屿，那些她真不知道如何发音的地名：科雷希多岛、拉包尔、科科达、阿拉曼、迈科普、斯大林格勒、瓜达尔卡纳尔岛。那些绿旗已经消失了。

在从报纸上撕下的地图上，大头针扎出的小孔连成的线显示出轴心国控制下的区域越来越大。在难民中，人们讨论着澳大利亚是否可能成为下一个被入侵的对象。有三组纸旗特别让人惊恐：在北非往东指向埃及的那一组，在高加索往下指向伊朗和亲轴心国的伊拉克的那一组[1]，以及在缅甸往西指向印度的那一组——如果轴心国继续前进，那些纸旗连成的线条会在某个地方交会。那么是哪里呢？阿富汗？印度西部？[2]

"我们很害怕。像日本这样的小国，还有自命不凡的德国［……］真有可能战胜整个西方世界吗？包括战胜美国？"

目前看来可能性很大。生活在人地生疏的上海，对乌尔苏拉也是一种"做梦一样的体验"。他们生活在一种压抑的孤立之中，与世隔绝，仿佛是在月亮的背面，只能从经过仔细审查的报纸和日本人的广播中获取信息，到处都是谣言。因此，他们往往把那些可怕的消息只当作宣传、夸张和误导人的信息，很长一段时间以来他们都靠这样的想法来安慰自己。但是，有个朋友的朋友隐藏了一台收音机，透过噼啪声、杂音和扭曲的口哨声，有时候他能听到来自英国广播公司（BBC）的新闻。"那些信息不再是谣言，许多给人毁灭性打击的战争报道都是真实的，未来困扰着我们所有人。"[3]

1　前一年伊拉克发生纳粹分子鼓动的民族主义政变，并得到意大利和德国直接提供的军事支持。（这也引发了对巴格达犹太人的大屠杀。）经过短暂交战后，英国军队成功地恢复了过去的亲英政权，但这个战果并不保险。

2　当时日本和德国达成一项协议，即沿着东经70度经线瓜分亚洲和苏联。为此德国还制订了一项军事计划"攻占东方"，打算在成功占领埃及和高加索地区并且得到中东石油资源之后继续向东进军，一直打到阿富汗，和日军会师。

3　如果你只能接触到被控制的媒体，你就很容易得出这样的结论，即亚洲各地普遍支持日本：泰国在此年年初已与日本结盟，而印度独立运动比以往任何时候都更强大。（缅甸和印度军队此时都站在日本一边，以摆脱英国殖民统治而争取各自的独立。）在所有日军占领的国家中，都有很多机会主义者愿意与看似不可战胜的日本帝国合作。

*

空气湿度很大,他的裤子和外套与他的面包一样都被打湿了。各种东西都遭到霉菌的侵蚀。每跨一步,他的靴子都会下陷,他和其他人就这样在泥泞中摇摇摆摆地穿过战壕前进,"像是走钢丝的艺人"。他的名字是威利·彼得·雷泽,他如此写道:

> 我们发现战壕都成了沼泽,还经常被洪水淹没。水滴到临时掩体和简陋的炮台上,而战马在路上倒下。一匹马比一名士兵更有价值,但命运如此,我们接受了命运的安排,活在我们的记忆里,梦想着回家。很快我们又重新习惯了,好像从去年雨季以来什么都没有改变。

雷泽和他团队里的其他士兵住在一条加宽了的战壕里,战壕的顶部是用还在滴水的木梁和泥土做成的,用一块帐篷布当作门。他们通过一个铁炉获取热量,从一个隐藏在很远的壕沟里的战地厨房获取食物。到那里取食物的人不得不在夜色的掩护下奔跑。他连洗洗自己的机会都没有,连湿靴子和袜子都换不了。短暂的阳光过后,又是一场倾盆大雨。曾经树木葱茏的景观变得越来越萧瑟、空旷、裸露、潮湿,颜色逐渐褪去,成了柔和的水彩画。雨水沿着松软的道路流动,高高的草已经弯倒,仿佛在等待霜冻,等待雪花。

白天的时候,雷泽和其他战友在湿漉漉的战壕里挖土,或者清理枪支弹药,或者保养他们团队要看管的那门低矮的反坦克炮。夜里他要站岗大约一小时,然后他可以休息三个小时以上。这就是他大部分时间里所做的事情。站岗,"累得要死,人被冻僵,心怀渴望,无可奈何"。夜晚就这样被搅碎了，睡眠不足更好像是雪上加霜，让他本已麻木的身体和灵魂更加迟钝。一年前还几乎能把他吓死的那些事情，如今却让他无动于衷。相反，一种像是认命般的冷漠感已经在他身上生根发芽。雷泽不知道这种感觉是来自"宿命论还是对上帝的信任"。死亡的危险已成为家常便饭，就连死亡本身也是如此。

威利·彼得·雷泽21岁，是德军第95步兵师第279团第14连的一名士兵。他身材瘦长，戴着无边眼镜，这强化了一种已略显矜持的模样。（此外，他读书写作都很多，而由于做这两种事情都需要光，这也成了他被战友抱怨的通常缘由：他们要他把灯熄灭，这样他们才好睡觉。有时他就靠香烟头的火光读书或写字。）相对于他那瘦长的身体，头盔和军服都显得有点太大。他仍然长着青春痘。他的眼神冷峻而充满警惕，比他的脸明显要老成得多。

大约在300米外，一个宽阔山谷的另一边，在一圈圈的带刺铁丝网后面，在云杉和光秃秃的赤杨树丛中，可以瞥见苏联军队的防线。这个地方叫塔巴科沃，是根据防线后面不远处的那个被战火毁坏的村庄命名的，那里除了被战火烧黑的木头堆和木头堆上面的烟囱残骸，以及菜园里冻坏的干枯蔬菜，其他什么都没剩下。

当威利·彼得·雷泽要向其他人解释自己的位置时，他会说他们是"在勒热夫"。[1] 现在这里很平静，意思是说没有苏军的大规模攻击，但他们几乎不断受到狙击手的射击和轻型榴弹发射器的袭击。白天时他们不

---

[1] "在勒热夫"是对东线德军一个长近200千米的巨大突出部的速记缩写，它是1941年攻占莫斯科的尝试失败后留下来的，即使在小比例尺地图上它也极为显眼，因此一直备受双方战略家的关注。它靠近莫斯科，这让希特勒想要坚守这个地理上的特殊位置，而同样的原因也让斯大林想要消除它，并且双方都要"不惜一切代价"做到这一点。

能使用火炉，因为潮湿柴火冒出的烟雾会立即引起敌方炮火指挥员的注意。而且当他们在战壕里的时候，没有任何防护措施可以抵御来自上方的飞弹，当它们落得足够近的时候，更是如此。他们曾经发现一位战友在夜间不幸被这样一发炮弹直接击中，找到他的时候雷泽就在现场。战壕里满是冻硬了的内脏、布片、脑浆和肉块，死者已经完全无法辨认。

有时雷泽所谓的"梦神"会暂时欺骗他，让他以为回到了家里，远离了这一切。如今他又度过了这样一个夜晚。（不难想象从梦中醒来是什么样的感觉。）黑暗变成了清晨，曙光依然笼罩着无人区，笼罩着灌木丛、沼泽和枯黄的草地，安静无声。他写道："这几个小时的美好足以抵消许多个夜晚的恐惧和辛劳。"

*

回到乌尔苏拉·布隆贝格这边。诚然，她和父母只是暂时住在上海，他们在等待和平，等待继续前往最终目的地美国的机会，此外他们没有别的选择。他们流落到上海并非什么神秘的事情。1939年春天，当这家人开始跨海旅行时，这座国际大都市几乎是全世界唯一仍然无条件欢迎德国犹太难民的港口。这座城市堕落腐败、罪恶累累、混乱而危险的名声并不重要，在过去数年中大约有1.8万犹太人来到这里。

有时她会被忧郁的思绪造访，例如当她想起所有失踪的以及被日本人拘留在吴淞那边一个大集中营里的英国、美国、荷兰和法国平民的时候，或者当她想起留在德国的亲戚的时候，她想知道他们过得怎么样。当她很久以后成年时再回顾这段时光，她意识到"我们过了一段看上去没有外界干扰的生活，我们沉溺在了一种纯粹自私自满的虚假感觉中"。这里的一切都很和平，日本士兵对他们很尊重很礼貌，这完全是因为他们毕竟是德国人,是盟国公民。这对这些犹太难民来说是有帮助的。

但在表象之下还是有焦虑的。

就在这一切事情发生时,乌尔苏拉享受着一种意想不到且自相矛盾的自由。现在已是深秋,但这对她并没有什么影响;这年夏天的湿热已经过去,真是太好了。父亲在绘画方面的新生意不错,而母亲在家里做些缝纫工作。她自己通过尝试教三个年轻美丽、喜欢咯咯傻笑的亚洲女性英语也能赚到一点钱。这三个女性是一个富有的中国人的"姐妹",随着时间的推移,她明白了她们其实是他的小妾。天气好的时候,她会和这些"姐妹"打槌球和乒乓球,而在这个11月初,天气寒冷或下雨的时候,她们就打牌。

*

音乐的间奏曲:天气已开始变冷了,而他们站在沙漠的斜阳里唱赞美诗,不同寻常的是,还有一支萨克斯管伴奏。这样的声音是让人不习惯的,摇摆不定的,而随着歌唱声淡去,那些熟悉的声音也渐渐回来了:发动机的轰鸣声,金属相互碰撞的声音,从远处传来的模糊的爆炸声。短暂的军中祷告仪式即将结束。那个憔悴的随军牧师说着关怀人的话,举起手来传递上帝的祝福。人们纷纷低下头。有个人看见团长已经悄悄地凑上前来,他就看着团长(你可以想象,他是偷偷瞄着的)。这个团长和平常一样,穿着齐整无可挑剔,军服纽扣、肩章和军徽都擦得锃亮,胳膊下夹着马鞭,胡须也打上了蜡。看起来甚至团长也低下了头,但实际上他是在查看自己的沙漠靴筒。那是麂皮做的靴子,靴带系得如此精准,以至于脚的两边垂下的靴带都一样长。

那个仔细打量长官的人,是个22岁皮肤黝黑的中尉,长着鹰钩鼻子，笑容腼腆，戴着厚厚的眼镜。他的名字是基思·道格拉斯。他有理由带着好奇心来看看周围的一切，因为他在这支部队里是个新来的，几天前才刚到这里。他本来归师指挥部管辖，那个指挥部位于 40 千米外的地方，但他再也忍受不了师指挥部无所事事的状态，忍受不了那种规规矩矩的军事官僚机构和毫无意义的文书事务，他为自己没有直接参与战斗感到耻辱，尤其是现在，当一场大战已经开始。"作战经验是我必须获得的。"所以三天前，他未经允许就离开了自己的岗位，穿着新洗过的军服，开着一辆军用卡车来到了这里，经过多少带些吹嘘成分的夸口之后，得到了指挥一支拥有两辆坦克的小部队的任务。[1] 这并不是难事，因为从九天前开始，该团已经损失了许多低级军官。这天是 11 月 1 日星期日。

团长开口说道：

> 明天我们将出发进行阿拉曼战役第二阶段的战斗。第一阶段是沿着整个战线将敌人从其位置上赶走，这阶段已经完成。在该阶段本师本旅都打得很漂亮。师长和旅长都很满意。

可以看出来，团长是一位习惯了演讲的人。（他毕竟是英国议会成员，属于保守党。）他还单独点评了几个人的表现。

那么道格拉斯对他的长官有什么感觉呢？是一种混合着钦佩与嫉妒、骄傲与恼怒的矛盾感觉。团长代表着他自己从未获得过的东西：金钱、传统和好家庭，私立学校的教育，参加板球比赛和穿红背心的猎狐活动的资格，尤其是那种出身于精英阶层的魅力和自信。团长身先士卒

---

1 他并没有接受过这支部队使用的"十字军"三型坦克的训练，最多只是到一个较旧型号的坦克下面看了看。

的勇气是众所周知的。

　　同时，团长也代表了英国军队中迂腐、落伍、僵化的一切，这些缺陷正是他们自1940年以来一次又一次战败的重要原因——虽然经常是以一种英雄和体面的方式战败，但毕竟是战败了。该部队在大约两年前抵达中东的时候，依然是一个骑兵团，团里有许多军官坚持过去那些传统，这表现为他们对越来越多的技术知识不屑一顾。这种情况，从道格拉斯一年前被派往中东这个部队的第一天开始就给他带来了麻烦。当时他已经是一名训练有素的装甲车军官，而这个部队的其他人几乎还从来没见过一辆坦克。这导致他马上被当成了一个令人受不了、自以为无所不知的自大狂，而这也并非毫无道理。道格拉斯出身平常，不仅难以忍受势利和上流社会的言谈举止，而且经常也很固执，喜欢顶撞，难以闭嘴。

　　道格拉斯个性有点奇特。他写现代主义诗歌，有好几次部队总结或布置任务时，都有人看到他坐在那里画画，而不是跟着讨论。

　　团长的讲话到了尾声：

　　　　这一次，在战役的第二阶段，我们确实没有太多的任务要完成，其他部队……呃……会进入战斗。蒙哥马利将军要把敌军切分成小块。今晚新西兰部队将发起攻击，而第9装甲旅其他装甲编队要跟随在他们后面。一旦蒙哥马利将军准备好了，我们就会跟在他们后面进入战斗，给受重创的德国装甲兵最后一点颜色看看。这是一种莫大的荣誉，你们可以享有这份功劳，因为这个功劳已经归于我们这个旅。等我们粉碎了敌人的装甲，把对手的部队赶得仓皇逃跑，我们就回开罗去……呃……洗个澡，让其他可怜的家伙去为我们完成追击的任务。

团长的讲话在士兵们和军官中都很得人心。道格拉斯也有点振奋起来，尽管他持怀疑态度。

人群在迅速落下的暮色中散开。在准备好第二天早上的进攻之前，他们还有很多事情要做。所有坦克都必须加满汽油、机油、水、弹药、食物。有一个迹象表明真正严肃的战事就在眼前了：军需官开始分发袜子、外套和其他制服，而不需要他们在什么表格上签名。这又是一个繁星点点的晴朗夜晚。

*

问题在于道格拉斯本人是否在某种程度上和团长一样落后于时代，虽然方式有所不同。这场战争的许多心理先决条件都是由早些时候发生的事情设定的，人们对上一场大战中著名的美好幻觉的恐惧尤其体现了这一点。然而，在许多方面，这位 22 岁的中尉更像 1914 年的年轻人，而不是这个时代的人。他要战斗，这是他**必须**获得的经验，他**必须**经历的考试。对他来说，战争在一定程度上是一种审美现象，战争的意义来自战争之前的文学和诗意形象。他非常清楚地看到了战争的荒谬，但鉴于他复杂的性格，他接受战争的不确定性。像他这样看待战争在 20 年前很常见，而在目前这个更加幻灭的时代就稀奇了。[1]

道格拉斯写道：

> 这是多么令人兴奋和惊奇的事情，能看到成千上万的人，其中

---

[1] 这和他的过去有着巧妙的联系。道格拉斯在牛津的导师是埃德蒙·布伦登，即富有诗意且令人震惊的第一次世界大战回忆录《战争的底色》的作者。布伦登鼓励道格拉斯继续写诗，并向 T. S. 艾略特展示过道格拉斯创作的一些诗。

大多数人对为什么要参战都提不出什么理由，全都吃苦耐劳，历尽艰辛，活在不自然的、危险的但并非全然可怖的世界里，被迫去杀戮和被杀戮，还间或被那些杀戮他们或他们杀戮的人的一种战友之情所感动，因为他们忍受并经历了同样的事情。这是完全不合逻辑的——这就像穿过镜子去触及一个要上战场的人，它留给人的印象，光从文字中是难以领会的。

*

同一个星期天，在柏林是个相当温暖、下了点雨的秋日。现在是晚上，在兰克斯街21号的四楼，又是一场热闹的晚会。这个建筑是新浪漫主义风格的，入口处有镜面墙和大理石的女性雕塑柱。它位于市中心，离动物园和高得惊人的威廉皇帝纪念教堂仅隔几个街区。这层楼本身也很漂亮，有抛光的拼花木地板、贵重的家具、镶着金框的肖像画和大量书籍。现在这里高朋满座，少说也有50多位客人，在华服锦衣和缭绕的香烟烟雾中可以听到客人的笑声、谈话声和留声机播放的欢快音乐。在大客厅里，餐桌已经被推到一边，这样方便人们跳舞。她喜欢跳舞，她喜欢晚会。

她叫乌尔苏拉·冯·卡多夫，这年31岁。她的两个兄弟也在场，弟弟叫于尔根，哥哥叫克劳斯，两人都穿着军队发的军官制服。晚会上的年轻男客中也有很多穿着军官制服，其中有六位是伤后康复中的军人。其中一位一只胳膊被截到肩膀处，而另一位拄着一副拐杖走路，第三位连坐着都很困难，需要坐在一个充气的坐垫上，第四位两脚在严重冻伤后被截肢，还没有完全康复，但他还是试图跳舞。但让人联想到战争的不仅是军官制服和拐杖，还有晚会的形式。这种形式眼下已经很平常了，晚会女主人——在此处也就是乌尔苏拉——只提供杯子,客人们自己带酒。而这里有的是酒瓶子。另一个细节是,所有窗户都覆盖着纸板和窗帘。宵禁从17:30开始,一直持续到凌晨06:29。[1]如果有客人朝窗外看,除了个别行人用手电筒照出的摇摇晃晃的小光点和从经过的电车缆线上噼啪闪出的鬼魅一般的蓝绿色光芒外,在已完全熄灯的兰克斯街上并没有什么可看的。

那些精心遮蔽的窗户不仅是对欧洲和世界其他地方正在发生的事情的一种提醒,也是一种态度的写照。像许多德国人一样,乌尔苏拉·冯·卡多夫更喜欢与战争和政治保持一定距离。她把这些现象拒之门外,退回到私人生活中。她考虑的是再办一场快乐的晚会,远离世界的烦恼。

不过,晚会的气氛始终不太对劲。她失望地注意到许多人不跳舞。相反,他们退回到其他某个房间里去讨论问题。这种基调主要是些年轻的军官定下来的,带有幻灭感和批判色彩,并以新的、更公开的方式显现出来。而这种基调总体来说是有道理的。就在两年前,在西线大获全胜之后,这些穿军官制服的年轻男人中有许多肯定还是很狂热的。和许多处于当时情境下的其他德国人一样,因为德军闪电般而又残酷的胜利,他们对元首、对德国和终极胜利的信心非常强烈。(我们可以认为,他们是没有参战的同辈的羡慕对象,后者开始担心战争可能在他们有机会参与之前就结束了。)

也许人们可以想到,即使这些年轻的军官也和他们的大多数同胞一样,对元首的信任确实受到了某种打击,因为战事并不像他谨慎而公开

---

[1] 在这里,宵禁规则符合我们对德国人做事认真彻底的偏见:11月3日至4日,宵禁的时间是19:28到06:31。宵禁掌握得相当好,但这个月有官方报告指责行人和骑自行车的人"在街上不守规矩"——在黑暗中,并非所有人都遵守交通规则。

地预测的那样，在 1941 年就很快击败了苏联，但元首在这年 3 月的那次著名演讲上，承诺在**当年**夏天取胜，还是暂时恢复了这种信心。因为到目前为止，元首一直是对的。但现在夏天早已远去，冬天很快就来了，不确定性正在增加。[1] 当然在元首的信徒中可能不是这样——对他们来说，幻想总是比现实更强大。

像乌尔苏拉·冯·卡多夫这样的平民，仍然生活在一个被战火炸毁的房屋很少见的城市，仍然可以逃进私人生活和娱乐中，但对于那些穿着军官制服的年轻男人来说，情况就不同了。不仅仅是他们的经历或酒精使他们倾向于用批评态度谈论。他们也有资格这样批评，因为他们的伤疤、他们的军功章以及"前线斗士"[2] 的地位在某种程度上变作了他们的护身符。她显然也被他们的苦涩所动摇。此前情况一直是恰恰相反的：从前线回来的士兵往往信心满满，而后方的平民反而心存疑虑。到底发生了什么事？

当汉斯·施瓦茨·冯·伯克按响门铃的时候，晚会话题正从误判跳跃到失败。这个男人是乌尔苏拉·冯·卡多夫的一个老熟人。自从她在纳粹报纸《进攻报》报社工作以来，他们就相识了，他是个她既尊重又欣赏的人。40 岁的汉斯·施瓦茨·冯·伯克很早以前就已成为戈培尔的一个追随者，尽管他是一名坚定的纳粹分子和武装党卫军成员，但他仍

---

1 正如德国历史学家德特勒夫·波伊克特和英国历史学家伊恩·克肖都已表明的那样，德国人之所以建立了他们所谓的希特勒神话——这让许多德国人有可能既批评纳粹党同时又信任元首——主要是因为他在广播电台的演讲中一再预测了后来发生的事情；当事情开始朝相反的方向发展，希特勒弄错了的时候，神话开始崩溃。因此，当希特勒违背所有军事逻辑，坚持要占领斯大林格勒时，这不仅是为了维护他的个人威信，也是为了维护帝国的威信。这是联系在一起的。
2 "前线斗士"是纳粹话语体系中最高级别的褒奖之一，同级的还有"准备牺牲、人民团体、意志、完全、纯洁、狂热"等。

然被视为一名称职的记者。在乌尔苏拉家的一个房间里,这个党卫军男子汉和几名年轻军官之间很快就爆发了一场越来越激烈的争论。有人说:"我们都像是一条要沉掉的船上的老鼠。和老鼠不同的是,我们再也下不了船了。"汉斯·施瓦茨·冯·伯克听到这种论调非常恼怒,但仍试图冷静理智地讨论,并表示反对。但当有人说"像你这样的人,只会竭尽全力掩盖真相"时,他实在忍不住了,愤怒地站起来走向大门。乌尔苏拉和她的哥哥克劳斯急忙追上去求他留下,试图道歉,平息发生的事情。他留是留下来了,但也是费了他们很大力气。

事后,这个原本自信心满满的女性也有些害怕了。"这样的谈话对参与其中的所有人来说都是危险的。"而且让人失望。她接着说:"这个晚上最好的时候是在客人到来之前,我轮流和两个兄弟在空荡荡的宴会厅里跳舞。"

第二天,汉斯·施瓦茨·冯·伯克给乌尔苏拉的母亲伊娜打了电话,这个女人长期以来一直都是目前政权的忠诚和坚定的支持者。他说他"很厌恶听到所有那些失败主义的言论"。

*

没人喜欢早晨的那种胜利的尸臭气味,尤其是如果这种胜利在四天前就结束了,而炎热是那种热带的炎热,白天黑夜都一样。

日军士兵连续进攻了三个晚上,每个晚上都被击退。没人知道到底有多少日本士兵被消灭,尸体横七竖八地躺在他们前面。有人说肯定超过1 000人。查尔斯·沃克,人们总是叫他查克,是美国陆军第164步兵团第2营H连的一名少尉,高个子,还戴着一副眼镜。他听说的数字是3 500,但没有人能够或愿意去数一数。在有些地方,尸体堆成了堆,三四个叠在一起，乱七八糟地一层压着一层。尸体在高温下已经开始膨胀起来，把他们的军服都充满了，颜色也变成了黑的。而灰白色的蛆虫从尸体所有的窍孔等开口处成群爬出，五官扭曲成了怪诞的面具。这个地方名副其实：血腥岭。

自10月13日起，沃克和他这个营就一直守在瓜达尔卡纳尔岛。对他和其他士兵来说，这里是一个新世界，陌生、奇怪、可怕。这个营里的大多数人来自北达科他州，也有不少人来自明尼苏达州——在花名册上许多人有斯堪的纳维亚人的名字——其中很多人是矿工、伐木工、牛仔、木匠、机械师、农民，他们高大、强壮而年轻。上年2月的一个寒冷的夜晚，他们在北达科他州法戈城登上一列火车，到了路易斯安那州的一个训练营，在那里他们从国民警卫队士兵改编为一支作战部队，当时还下了雪。而现在他们是在南太平洋的一个热带雨林岛上。这就好像他们到了另一个星球上。

他们的感官已经被所有的新印象淹没了，尤其是气味，热带雨林散发的湿热的树叶、静止黏稠的绿水以及霉菌和腐烂的混合气味。为了生存，他们很快学会了以一种新的方式使自己的感官变得敏锐——视觉和听觉，特别是嗅觉。因为在漆黑的夜晚或是在墨绿的莎草异常茂密的时候，他们有时可以闻到日本士兵靠近的气味：其精致簇新的皮革装备会散发出一种奇怪的、略带甜味的气息。[1] 活着的日本兵身上也有一种和美国人不同的体味——这一点他们已经了解。不知道是由于环境因素还是由于恐惧，在狭窄的战壕里挤在一起数个星期之后，许多士兵也学会了辨别战友个人的身体气味。有时这可能会是生死之间的差别。

---

1 这种现象当然也以相对方式存在。他们的敌手也可以闻到美国士兵靠近的气味，因为美国大兵身上有好闻的香烟味。

当然，现在所有其他气味都消失了，被战死者身上发出的浓烈而令人作呕的气味所掩盖。战场清理工作已经开始。沃克和其他人受不了了。尸体必须埋到地下。在沃克这个连守卫的阵地前面，战死者的尸体尤其多——这个阵地"棺材角"的绰号很可能就是在这个时候起的。

是的，连续三个晚上，[1] 日本人发起一轮又一轮的攻势，尖叫着，咆哮着，高呼着，嘶吼着，举着上了刺刀的枪（军官则是举着拔出的军刀），还背着简易木梯以便爬过铁丝网，下定决心要突破美军防线去占领那个新建的机场。[2] 机场就在沃克他们身后不远的地方，这就是他们所有人守在这里，以及所有这些战斗会发生的原因。

战事以这样一场大屠杀结束是由下面的因素造成的：纪律、坚韧和对死亡的蔑视使日本步兵在防御方面非常强大，在进攻时则几乎是自我毁灭的。他们不管损失多大，都满怀勇气继续前进，这是那种傲慢自大、视死如归的勇气；他们试图用自己的身体来证明一个观念，即精神胜过物质。[3] 还有一个事实是，其对手是从未参加过战斗的新兵——他们是国民警卫队，因此，从定义上讲，他们还算不上职业军人。[4]

1　这里指的是 10 月 24 日至 25 日、25 日至 26 日和 26 日至 27 日的三个晚上。虽然在随后几天里，美军仍然遭到过狙击，还曾与迷路的日军小股部队短兵相接，但这场战役在那三天晚上之后就已决出了胜负。
2　日军经常高估自身能力的同时低估对手，一个非常典型的案例是现场日军指挥官保证 10 月 25 日占领该机场，并上报了这一点，因此当天早上有些日军军机试图在那里着陆。其飞行员很快就放弃了这种想法。
3　这种意志高于物质的观念是所有三个轴心国都珍视的法西斯和军国主义思想，但越来越不成功。
4　与沃克这个连的防线右侧经验丰富的美国海军陆战队相比，这一点就更明显了。第 164 步兵团第 2 营部署在这个位置（替换了海军陆战队的一个营）也是因为美军在瓜达尔卡纳尔岛的指挥官判断局势时认为，日军将在一个完全不同的地点向机场发动下一次进攻，因此这个位置被认为是一个"安静区域"，适合新兵据守。值得一提的是，沃克这个营是第一次参加常规战斗的美国陆军单位。

此时派往英国、北非或太平洋的美国陆军新建部队大部分具有相同的背景，他们的训练时间普遍太短，他们的指挥官也都缺乏经验，没法把这些新兵锻炼成真正的军人。（这会让他们付出高昂代价。）第164步兵团本可以比美军平均水平训练得更好，但沃克先前的营长经常喝醉，并减少了射击训练，因为他想节省弹药——把弹药保存到需要在上级面前展示军威的时候。[1]

许多老军官是因政治上的关系而得到军职的，他们经验不足或不称职，或两者兼而有之。在他们到达瓜达尔卡纳尔岛之前的几个月里，人员更替率一直很高。前任团长曾是个银行家，但已被一个职业军官取代；前面说到的那个醉酒的营长也已被一名连长仓促接替；而这名接替的连长是个无能而残暴的恶霸，在与士兵打斗并发生哗变之后被降职，由一个新来的上尉取代。而最后一次大换血发生在他们要去这个岛的消息传来时：这时有多达11名军官突然发现他们患有各种严重疾病，并迅速请了病假，包括前面提到的醉酒营长，还有他的副手。看到指挥官们都如此懦弱无能，难免令人沮丧，士气低落。

然而沃克这个营装备精良：在前往瓜达尔卡纳尔岛之前，他们额外获得了12挺重机枪、两门迫击炮和一些特别适合丛林近战的手持枪械，例如自动手枪和冲锋枪。而且与布防在他们右侧山脊上的海军陆战队士兵不同，他们这个营的所有士兵都拥有那种新型的M1式半自动步枪。[2]

---

[1] 然而，他们在太平洋的法属新喀里多尼亚还是接受了一些丛林战训练。

[2] 这种枪当然是人人想要的，尤其是海军陆战队士兵，因为他们仍然装备着1903年的老式斯普林菲尔德步枪。因此发生过他们从陆军士兵那里偷枪的事情。布防在旁边的那个海军陆战营——这支部队因美剧《太平洋战争》而以艺术化的方式名垂于世，该剧的核心人物之一约翰·巴斯隆是荣誉勋章获得者——实际上在压力下接近崩溃。这不仅由于他们的兵力已经被削弱，也由于他们的自动武器较少，他们防御的地形更崎岖，因此射程更短，只有100米左右。

（而且大部分士兵还是平民百姓的时候就是出色的射手。）此外，派他们接防的工事修造得很好，是经过周密考虑的，甚至堪称典范；他们的射击阵地前方有大约60米宽的铁丝网地带。

因此，那些强攻的日本兵[1]一而再、再而三地冲向坚固的防御阵地，而这样的防御阵地在上一次大战中几乎能击退所有进攻，火力密集并有侧翼炮火支援。一场人们从来没见过的自动和半自动火器的风暴，以及大量手榴弹、轻型火炮弹药筒和各种口径的榴弹发射器构成的枪林弹雨，毫无疑问地证明了精神力量无论如何强大，都无法战胜物质——有时可能恰恰是**因为**精神过于强大，才会这样。

当然，这是一场艰苦的战斗。在黑暗和混乱中，一两支日军小股部队奋力冲破美军的防线，通过美军阵地后面的一条简易而狭窄的吉普车小道，一路杀到了机场。因为缺乏下一步的命令，加上完全筋疲力尽，他们就躺下睡着了。第二天早上被发现时，他们中有些人在睡梦中就被杀死了。美军时不时会看到新的迷了路的日本兵。他们像兔子一样遭到美军追捕和射杀，美军没费什么功夫就除掉了他们。

现在战斗已结束，剩下的只有尸体的恶臭。

查尔斯·沃克这个营的士兵在"棺材角"前面的坚硬黏土中挖出的那个群葬坑里，埋下了大约150具尸体。这远远不够，还需要更多的群葬坑。

就在这一天，他们在同一个坑再往东一点的地方炸出了一个巨大的石坑。沃克和其他士兵开始对捡拾残肢碎体感到越来越恶心，这些碎块不久前还是活生生的人。因此，这项任务就留给了被日本兵带到岛上修

---

[1] 这支部队可不是嫩鸽子。这个师团1931年就首次在中国作战，后来从1937年起一直在中国作战，参与过臭名昭著的南京大屠杀。

建新机场的朝鲜奴工——他们是在美军登陆时被留下来的。[1]

是的,战斗结束了。沃克明白这一点,因为现在开始出现到战场上来搜寻纪念品的人和来参观的高级军官,许多人都带着照相机。[2]

*

怀顿空军基地位于英格兰西部的亨廷顿郡,剑桥北边近20千米的地方,因此飞行员有机会乘坐公共汽车去那个美丽的大学城,参加晚会和追求女孩子。当他们喝得酩酊大醉,甚至性事也得到满足,兴高采烈地要回基地的时候,还总会有不知有无执照的出租车司机提供帮助。车费很贵,因为他们是靠黑市的汽油开车,但这钱花得还是值得的。没有人直白地说出来,但到了第二天他们都可能"战死"了——官方说法是"失踪"了。当某人战死或没有归来的时候,人们使用的表达方式是委婉语的大杂烩:某人"盖章了""买了那个农场""买了它""跳树枝了""去了六点""走了一个伯顿"等等。

他名叫约翰·布什比,22岁,飞机机关炮射手,隶属于英国皇家空军轰炸机司令部第83中队。他从小就对飞机感兴趣,还是平民时是一名印刷厂排字工,他服役后首先是担任降落伞打包员,但因很有毅力而成功地获得了一个战斗职位,成了一架轰炸机上的机关炮射手。那时他就已明白,危险巨大。(他们全都明白,而他们全都是自愿参战的。)正如

---

[1] 在8月底的特纳鲁河战役之后,就有朝鲜奴工被派去做这种事情。
[2] 需要注意的是,即使是战斗人员也喜欢收集纪念品:手枪、军刀、军旗、手表等。高级军官带照相机引起了士兵的愤怒,因为照相机本是禁止使用的,而士兵们自己也不得不交出他们的照相机。

他自己讲述的:"很可能从那一刻起,[1]我就开始抱有战斗人员用来自我安慰的心态:'死亡当然会发生,但绝不会发生在我头上。'"

到目前为止,一切都很顺利。十个月前,布什比执行了他的第一次战斗任务。已经有好几次他有幸躲过了厄运:发动机出故障、天气不佳、飞机迫降,以及高射炮炮弹就在近处爆炸,近得令人心惊胆战,或者是一架德国夜间战斗机在只有几米外的地方飞过。有一次他和另一个机关炮射手抛起一枚硬币看正反面,以便决定谁能出去执行一项任务,因为他们两个人都想去。布什比输了,所以没有跟随机组出战。那架轰炸机后来被敌人击落,飞机上所有人都遇难了。(布什比因此保存了那枚硬币。)还有一次是在5月份,他被派去参加一个训练课程,他感到非常沮丧,因为他错过了最初的两次针对科隆和埃森的"千架飞机袭击"行动,而就在三星期之后他返回基地的时候,他才知道他过去经常乘坐的轰炸机已经被击落,机上所有人都遇难了。

约翰·布什比以一个年轻人的方式把死亡甩到了脑后,人们也认为他们应该这样做。这属于轰炸机司令部的文化,就和醉酒、开玩笑、唱淫秽歌曲、临时发生的性爱等一样——参战部队中没有哪个类别的军人能像轰炸机机组人员那样受到性病的严重影响[2]。他们也从来不该吹嘘自己的勋章,从来不该对一项命令提出疑问,从来不该表现出贪生怕死的模样。

因此,布什比继续执行飞行任务,表面上看起来不为生死所忧,而

---

[1] "那一刻"指的是他申请当轰炸机机关炮射手的时候。
[2] 这一事实让轰炸机司令部的司令非常担心,以至于他在几个月后的1943年1月实行了一项规定:如果机组人员中有人在完成30次飞行任务的"一轮"之前感染了性病,就要从零再开始计算。这在当时相当于宣判死刑了。空军大臣听说后,立即废除了这个严厉规定。

实际上还是心里不安，经常害怕，但从未表现出来或说出来。他的生存状态反差太大，让人感觉不真实：一个晚上喝得酩酊大醉，欢声笑语，另一个晚上却遭遇极端的死亡危险，然后又回到家中，安然无恙地出现在晚会上或躺在某个赤裸女人的怀抱中。

不久前，他还是遭遇了现实的打击。这是在对德国进行又一次夜间轰炸之前，他们对任务做一次通盘讨论的时候。在会议室里他环顾四周，看了看所有人的面孔，开始数数，意识到1月份以来和他一起开始服役的第83中队所有飞行员和机组人员中，现在只剩下了两人。一位是他的飞行员，比尔·威廉姆斯，和他同龄的年轻人，留着漂亮的打过蜡的胡子，一眼就能认出来；而另一位就是他自己。布什比讲述道：

> 我还从来没经受过此时此刻这样沉重的打击，几乎是被一种恐慌感抓住；有被俘虏的感觉，因某种正在围困我、我却无力摆脱的东西而窒息。这种状况是不会持续下去的。我人在这里，有血液流经我的血管，有还在发挥功能的感官，而且我的纤维组织、肌肉和大脑都没受过伤。我还活着，但那么多人没有活下来。这种状况是不会持续下去的。活着的概率很小。[1] 为什么是我？当这么多像我一样的人出发了却没有回来，为什么我回来了？

他对继续飞行犹豫了吗？有可能。他继续飞行了吗？当然。他甚至自愿报名，完成了另外15项任务。

---

[1] 就在这段时间里死亡率依然很高。在整个战争期间，英国皇家空军轰炸机司令部有46%的机组人员阵亡，但在1941年至1942年间开始在轰炸机司令部服役的100名机组人员中只有大约12人完成了第一轮的30次飞行任务，"而在这12人中只有3人能再活下来完成下一轮的30次飞行任务"。

现在是11月初。这几天天气不好。雨很大，有强风，甚至偶尔打雷。因此，那些底部涂成黑色的大型四引擎轰炸机或停在三个机库中等待，或在外面长长的跑道上绕行，在雨中湿漉漉的，就像沉睡的古代动物。也许布什比和其他人员会借此机会再在圣艾夫斯或亨廷顿等空军基地附近村庄烟雾缭绕的酒吧里聚会取乐，或是前往剑桥的一个舞厅？也许他们会打牌，或者睡在那个有七张床的木头小营房里，那是他们的家；毕竟，在没有其他事情可做的时候，总还有睡觉来忘记一切。约翰·布什比知道，天一放晴，就又到出发的时候了。

*

有各种不同方法来衡量阿拉曼前线的意大利军队的局势有多差。一个明显的迹象是，所谓的战场游客已经开始消失。所有人，甚至在意大利本土的人，都知道这个现象：在闻到胜利气息的时候，法西斯党的大小头目经常声称奉命到前线来，他们往往四处窥探游览，还穿着一尘不染的新军服，而在记者面前以英雄姿势摆拍以后，以及收获了足以自夸和有助于晋升的勋章以后，他们会旋即打包回家，就像被风刮走了一般。就那么丢脸。他不由嗤之以鼻。

这个男人叫保罗·加西亚·多米尼奥尼，一个身材细长、46岁的少校。尽管在形式上他隶属于一个空降兵部队，著名的"闪电"精英伞兵师，但他总是戴着那样一种顶级的带羽毛的阿尔卑斯山猎人帽。他经常抽烟斗。自从10月23日英军发起进攻以来，第31先锋营连同"闪电"师的剩余部队，一直在南线防守，承受着巨大的压力。

与双方所有较高级别军官一样，加西亚·多米尼奥尼是参加过1914年至1918年"一战"的退伍军人，并且是一名被授予勋章的退伍军人，在最可怕的战场之一伊松佐前线多次受过伤——在阿拉曼这里也有许多事情让人回想起上次大战最糟糕的时候：僵持不下的处境，带刺的铁丝网、战壕，再加上双方为保护阵地而精心布置的成千上万甚至是上百万的地雷，战线更加停滞不动了。而一旦战斗开始，滚滚的炮火、枪林弹雨、钢铁风暴就会使战况激烈到1918年后不曾见过的程度，最后，步兵会在装甲部队扬尘飞沙的火力支持下顶着硝烟发起一轮轮冲锋。

到目前为止，他们的防守成功得让人惊奇。他们是俯卧在一个延伸的山脊上深挖的战壕里。进攻的敌兵如割草一样成片倒下，那种方式也更让人回想起上一次大战，而不是与眼下这场大战联系在一起。尽管急缺重型大炮，但他们还是成功地阻挡了坦克接近——主要是靠了汽油弹、喷火器、地雷和德国火炮的帮助。但这也是有代价的。光是第31先锋营损失就很大。（他特别记得三个人：鲁塔·罗西，总带着大狗的少尉，独自一人到无人地带一个地雷区执行一项极其危险的任务时丧生；圣蒂诺·图沃，留着胡须的下士，尽管自己喉咙和肚子受了重伤，还是把腿都被炸断的一名战友拖了一千米带了回来；军需官卡洛·比亚焦利，在他们再次遭到空袭时，他出于某种莫名其妙的理由从自己掩体里跳了出来，开始用他的小冲锋枪朝一架飞近的敌机射击，结果当然是他自己被敌机密集的子弹立即射杀，但他死时"骄傲地直挺着身子，嘴里还叼着一支香烟"。）

是的，加西亚·多米尼奥尼以前就见过这种情况。这是一种疲劳的搏斗，一种物质的搏斗，一种磨损心力的搏斗。没什么作战技巧、高明战术，只能是不断开火，看谁坚持的时间最长。

不过，南线这边现在还算平静。到目前为止，所有的攻击都被击退了。接下来会发生什么？也许他们已经赢了？加西亚·多米尼奥尼从山脊上眺望那个无人地带，在那里，英国坦克残骸在夕阳的余晖下闪烁着金光。

*

这是另一个世界：黑暗、狭窄、封闭、幽闭恐惧。这是一个由嗅觉和听觉两种感官支配的世界。嗅觉重要是因为空气中弥漫着未洗过的尸体、人的汗水和食物混合了柴油黏稠油腻气味的恶臭。听觉重要是因为在水下的潜艇里，人在各方面都是看不见东西的。正如听力试图弥补一个人视力的丧失，在这里每一个来自外部的声音都带有意义，是做解释、恐惧或希望的目标。所有人都沉默着，倾听着，移动起来都非常小心。待在自己小舱室里的水下听音器操作员报告说，他听到了一艘货轮的螺旋桨发出的沉闷而缓慢的旋转声渐渐消失，还混合着一个较高音调的越来越大的螺旋桨声。这只能意味着一件事：他们可以攻击的猎物消失了，而一艘驱逐舰接近了。操作员将此情况报告给潜艇的中尉艇长霍斯特·霍尔特林，但他没用"驱逐舰"这个词，而是说"船只"，这是两人约定好在这种情况下使用的术语，以免引起艇上人员不必要的恐慌，因为一艘驱逐舰正在接近总归是坏消息。

现在是 11 月 1 日，星期日，在大西洋上，德军 U-604 号潜艇从 08：23 开始就处于葡萄牙海岸和亚速尔群岛之间某处海面的水下。它是被又一次飞机警报迫使下潜的——它的目标盟军护航船队沿着非洲海岸向北航行，随之越来越多的盟军飞机出现了。

在五天里，U-604 号潜艇和其他七艘潜艇一次又一次绕着一个护航船队转圈子，就好像狼围绕着一群绵羊。（这也是潜艇里的人自己很愿意使用的一个比喻，充满了纳粹痴迷的伪达尔文主义想象：在自然界里强者是统治者，弱者不仅会灭亡，而且必然灭亡。群体进攻被称为"狼群战术"，德国报纸则把潜艇艇员称为"海上灰狼"。[1] 最近 U-604 号潜艇自己就已经把这个护航船队的三艘船击沉。第一艘是油轮，于 10 月 27 日在加那利群岛西南方被鱼雷击沉，三天后这艘潜艇在恶劣天气中又击沉了一艘大型运兵船以及一艘较小的蒸汽船。这些船上有多少人丧生艇员不可能知道。[2] 他们甚至可能都没在乎过多少人丧生。对护航船队 SL 125 的袭击是德国潜艇兵的又一战绩。该船队的 37 艘船被他们击沉了 12 艘，而完成此任务他们自己没有任何损失。但现在 BdU[3] 已经下达命令要中断这种袭击。

有较高音调的螺旋桨声静了下来。霍尔特林命令将潜艇提升到潜望镜可以升上海面观察的深度。有一艘驱逐舰停在 1 000 米外的海面上等待机会。之后他们就马上都听到了敌舰搜索声呐发出的微弱"砰砰"声。现在，像人们常说的那样，猎手变成了猎物，如螳螂捕蝉，黄雀在后。然后他们就暴露了。声波击中了潜艇船体，变成略低且沉闷的"砰砰"声。他们已经被定位了。霍尔特林命令潜艇下潜。这也是应该做的。

艇上的指挥和操作都训练有素。前深舵在"接近下降"位置，后深舵在"零"位置；排气阀打开；水注入压载舱；潜艇头部被往下拉，再

---

1 组成的每个"狼群"也都有一个自己的临时代号。此处的德军潜艇群被称为"战斧"。盟军护航船队的名称是"SL 125"，这意味着该船队是从非洲塞拉利昂（S）的集合点前往英国利物浦（L）。船队装载了来自南美、印度和非洲的各种货物，包括铁矿石和冷冻肉。

2 但我们可以知道。在油轮"安格鲁·麦斯克号"上，所有船员都幸免于难，小蒸汽船"弗尔蒙男爵号"上的船员也都幸免于难。而名为"杜默总统号"的运兵船载有 345 名船员和乘客，其中 260 人丧生，包括 51 岁的船长让·保罗·芒特莱。

3 BdU，即德国海军潜艇司令部的简称，也代表海军上将卡尔·邓尼茨本人，他和他的小参谋部在法国西部海港城市洛里昂的一座大别墅里指挥。下令中断进攻的原因主要是盟军飞机群越来越密集。此外，有多艘潜艇此时受损或缺少燃料和鱼雷。

往下拉,再往下拉;每个人都抓紧扶手,以免在急剧俯冲角度下滑倒;他们正在"进入地下室"的路上,在潜艇行话中就是这么称呼下潜的;在这个时候,驱逐舰声呐"砰砰砰砰"声越来越急促——驱逐舰正直奔他们而来。

艇长霍斯特·霍尔特林在德军潜艇部队服役只有两年左右,并不是纪录影片中经常亮相的那些知名且受吹捧的"潜艇王牌"之一。但他能力很强,很得手下的喜爱,因为他不会在没有必要的情况下去冒险,不像那些渴望赢得名声和梦寐以求的骑士十字勋章的年轻艇长那样。霍尔特林当然安定不下来,酒喝得有点多,这表明他内心非常紧张。一个迹象是他总是带着武器四处走动,这很不寻常。艇员中还传说霍尔特林有一次喝得大醉,直接射伤了自己的脚。

但是,尽管霍尔特林很受潜艇上的官兵拥戴,但其他军官中还是有一个公开憎恶他。他的名字是赫尔曼·冯·博特默,有柏林大学博士学位,是前党卫军成员,技巧不错的业余长笛演奏家。冯·博特默笃信纳粹,这本身不应成为什么问题——从高级到低级的大多数艇员都是自愿的、效忠于国家的,都深信战争为至善。相反,让人困扰的是他的迂腐和喜欢惩罚人的一面。在臭气熏人的潜艇舱内,狭窄拥挤,没几个人可以直立行走,所有人都挤在一起生活,创建了一个看似民主的社团,既带有强制性又亲密,要以宽容和善意为前提才能运转。(他们的着装多少能体现这一点:很少有人穿着统一规定的海军军服。战时海军的装束与平民服装混杂在一起,军衔标志只在特殊情况下出现。)在这样的情境下,总是有人为了点皮毛小事骂骂咧咧。

到了大约100米深的水下,霍尔特林发出了让压载水舱排水的命令。大家熟悉的来自压缩空气的轰鸣声暂时就淹没了所有其他声音。潜艇恢复了水平的方位。然后他命令低速前进,这样做是应该的。重要的是要节约电池用电。在他们上方，敌人的驱逐舰第一次通过。深水炸弹被抛下。

在拍摄于这种时候的照片上可以看到，大多数艇员在这种情况下会本能地抬头看，好像那里有什么东西可以看到。接下来他们听到和感觉到一声、两声、三声、四声……总共七声爆炸——雷鸣般的爆炸声震耳欲聋，非常强烈，因为声音在水中比在空气中传播速度更快。深度130米。霍尔特林发出进一步急转命令。潜艇转向，小心地往上移动。舱壁中有吱吱声响。于是驱逐舰又转回来了。新的深水炸弹。每秒钟都延长了，长得令人痛苦。深度110米。一声、两声、三声……又是七次爆炸的声音。雷鸣般的爆炸声更大更响了，压力也更大了。灯泡炸成了碎片。光线闪烁。安静。黑暗。每个人都仔细听着。

潜艇如钻头一样，螺旋桨缓缓旋转着在水里穿过。又一艘驱逐舰到了这里。抛下更多深水炸弹。

四小时后U-604号潜艇浮出水面，除了一个烧坏的舱底泵和排气管有些轻微损坏之外，基本完好无损。驱逐舰已经不见了。当指挥室顶盖打开，一股新鲜空气的强大气流冲进来的时候，艇员都大大松了一口气。他们刚刚经历了第一次深水炸弹的袭击而幸存下来了。

*

当华纳兄弟公司在年初开始制作这部电影的时候，无论是在期望、预算还是计划方面，这部电影都没有什么特别可注意之处。这部电影按本来想法是又一部由二流演员担任主角的二流电影，是又一个以浪漫和悬疑为主要内容、以战争为背景的故事。自4月以来，美国电影界已上映了28部有关间谍、破坏者和叛徒的电影，还有19部即将上映。尽管一些突如其来的、意外成功的举措让美国经济进入了战争状态，带来了大大小小的许多限制，但好莱坞还是全力投入了战时工作。

例如，因为汽油和橡胶的配给限购，影片主角或导演都不再乘坐豪华轿车前往拍摄场地，而是乖乖地与其他摄影棚工作人员一起乘坐大巴。而服装配给使得服装部门也被迫减掉所有昂贵的面料——这是第一部所有人都毫无例外地穿棉布衣服的电影。每次制作的胶片用量减少了25%，当局还把单个布景的制作费用限制在最多5 000美元，而在户外拍摄外景也非常麻烦——这里有一个例证：这个城市周围那些干燥的山丘多年来曾是无数牛仔在摄影机镜头前纵横奔驰的地方，现在却矗立着防空的高射炮——所以整部电影都是在摄影棚里拍摄的，只有一个场景例外。[1] 在5月这部电影开拍后不久，晚上8点到早上6点对来自德国等敌对国家的外国公民实行宵禁，不许外出，这也使情况变得复杂，因为电影的大多数演员是来自欧洲的移民，而且不少是逃离希特勒统治和战争的难民。[2]

然而，最大的限制是这部电影和所有其他电影一样必须得到新成立的审查机构（称为电影局）的批准。[3] 在制作电影之前，电影负责人会被问到七个问题，第一个问题是"这部电影是否有助于赢得战争？"，第二个问题是"它试图澄清、戏剧化或解释有关战争信息的什么问题？"。人

---

[1] 不时还有报告称出现了"不明飞机"，导致洛杉矶全面停电熄灯。例如5月25日电影拍摄第一天的晚上就发生了这种情况。因此气氛一直是很紧张的。

[2] 在电影片头或片尾字幕中出现名字的14名演员中，只有3人出生在美国。此外，几乎所有的小角色都由来自欧洲的移民或难民担任。这部电影的导演是匈牙利人马诺·卡米纳，他改名为迈克尔·柯蒂斯，但他极有口音的英语显露了他的出身。顺便提一下，绝不缺乏天才的卡米纳/柯蒂斯个性几乎和好莱坞导演如出一辙，穿着马裤和靴子骂脏话和狂欢，并利用每一个机会去强迫他手下的女性跟他发生性关系。

[3] 而电影局本身直接隶属于美国同样新成立的强大宣传机构"战争信息办公室"。

们认为电影能以不同方式对公众的启蒙或对战争进程有用，由此分为六大类。而这部电影的主题已被上述审查机构归类为 IIIB 类，即关于同盟国的电影，B 表示这些国家已被占领，其下属主题则是 IIC3 类（"敌人—军事"）。

这部电影现在已制作好，并且一个多星期前也给四位审查员放映过了。他们批准了这部电影，也不是没有表现出热情。他们在审查意见中写道，除了其他优点外，这部电影强调"个人的希望必须服从于击败法西斯主义的任务"，同时"清楚地展示了法西斯主义和战争带来的混乱和痛苦"。最值得称赞的是电影把美国描绘成"被压迫者和无家可归者的避难所"。他们还喜欢这部电影的男性美国主角被描绘成一个早在 1939 年前就已经开始与法西斯主义做斗争的人，这向观众展示了"我们的战争不是从珍珠港开始的，而是可以追溯到很久以前的侵略的根源"。

没问题。可以给绿灯通过。这部电影可以首映。按照计划，首映可以在两个月后举行。那么，从华纳兄弟公司购买这部电影所依据的舞台剧剧本《大家都来瑞克的酒馆》的版权算起，过了几乎整整一年。不过，电影制片人哈尔·沃利斯为了让电影更卖座，给它重新取了一个较短的名字——《卡萨布兰卡》。

*

首先是一条普通的碎石路，穿过有牧场围栏和灰色但未上漆的木屋的开阔风景区，路不太宽，但还是完全可以让各种机动车通过，然后连着一条用圆木搭成的旱桥，而旱桥尽头则是一条狭窄泥泞的林道。沿着这条林道穿过一片密集的落叶林，你就看见左边一个覆盖着森林的山坡上最初的那些掩体：那里是连队补给和维修装备的地方。

这里的地势现在很低，而且相当开阔，有一大片沼泽和裸露的白桦树丛在寒风中摇晃。那条越来越窄的林道弯了一个宽大弧形伸向一些低矮的山丘，经过连长的指挥碉堡后变成了一条小径，又分岔开来。右边的小径消失在通往一个山丘的壕沟里，而在山丘上，在白桦树丛和稀疏的松树之间，在一条下沉的河流上方，设立了据点"黑松鸡"。这里驻守了第1排的半排军人，总共有35个人，属于第61步兵团第3营第9步枪连的一部分。这是芬兰东卡累利阿地区的11月初，也是这里的初冬。

士兵们自己不使用"前线"这个词。这是记者和家乡的人用的一个词语。"前线"作为概念在语义学意义上是模糊的。"前线是一个社会，有数十千米深。那里许多地带都有一个上级。连称营为上级，而营称团为上级，团称师为上级，一个接一个，一直可达到赫尔辛基。然而，有一个词能概括整个战争的艰巨性，那就是阵线。"[1]这里就是阵线。

这半排军人中有一个小伙子库尔特·韦斯特，现已在这个山丘上生活了一个半月。除了代号"黑松鸡"，这个地方没有地名。它东边是"猫头鹰"，西边是以"雏鸟""水坝""闸口""门槛"等为代号的据点，它们像是一串项链上的珍珠，相隔数百米铺开，通常沿斯维里河能看到。这条森林河流提供了前线的名字，自前一年秋天以来，大约有一年，这里的一切都处于静止状态。

这里发生的事情很少会在报刊上报道，如果有的话，最多不过一条简讯。这些小伙子经常感到他们被遗忘了。数以万计的芬兰士兵在这里的荒野中生存着，几乎无人知晓，而远方家乡看上去无忧无虑的生活仍在继续：商店橱窗、有轨电车、电影院、剧场里的闹剧、舞厅里的探戈、

1　引语出自芬兰籍瑞典裔的陆军中尉兼战地记者贡纳尔·约翰森的报道。约翰森于1942年5月15日在芬兰东部地区卡累利阿的斯维里被射杀。

夜里还开张的咖啡馆、摇摆舞俱乐部、晚间辩论节目、音乐会和手球比赛，那里的人们还有时间担心海鳕（一种属于保护动物的特殊白鱼）是否在圣诞节仍然可以买到。

这些芬兰士兵有理由感到自己被忽视了。他们的假期很少，也很久没有换过衣服了。他们的浅灰色军装又脏又破，打了很多补丁，因此他们越来越常穿日常的衣服，这让他们给人一种非军事人员的印象。食物千篇一律——通常是粥，用碰巧能找到的东西煮成的。（韦斯特已经知道，所有的好食品总会出于某种奇怪原因留在后方——最前线的士兵总是吃得最差。）雪上加霜的是，这个团还来了一位新团长，一个说芬兰语的中校，名叫马蒂宁，以苛刻和强硬闻名。

把这个新指挥官安排在这个位置，更加深了士兵无声的不满，因为第61步兵团都是来自芬兰西部讲瑞典语的地区，指挥语言是瑞典语，所有文书工作也都是用瑞典语完成的，在战壕和掩体里是使用瑞典语。韦斯特本人才19岁，是东波的尼亚湾区埃瑟镇的一个农民的儿子，和他本团的战友一样，属于芬兰的说瑞典语的族裔。这个团相当不拘礼节，对军官的称呼就是如此，也很少有人敬礼。

*

曼德勒是伊洛瓦底江东岸缅甸王朝的前王都，早已处在一种夸张的衰落状态，但战争把衰落转化成了毁灭。现在这座都城部分已成废墟，到处都是断壁残垣。[1] 这就是文玉初眼下所到的地方。她能在这里，可不

---

[1] 日军在1942年5月攻入曼德勒之前先轰炸了这个当时毫无防卫的城市。有大约2 000个平民丧生，五分之三的建筑物被烧毁。

是来看如此众多宏伟的带尖顶装饰的宫殿、风景如画的寺院、佛教钟楼和锯齿状的城墙遗迹的，实际上，她和其他17个年轻的朝鲜姑娘是被当作囚犯抓来的，被隔离在这座都城郊区一栋破旧的两层楼的房子里，与当地民众没有接触。就好像她们得了什么传染病。她们的住处有一个不太正式的委婉名字：大邱旅社。

这栋房子楼下一层有一个大浴室和一个办公室，也是两个管事的人，即一对朝鲜夫妇松本先生和松本太太居住和工作的地方。（他们实际上姓宋，但和许多为日本人干活的人一样，取了一个日本名字。）松本先生经常穿着西服，打着领带，如果天气允许，还穿着漂亮时髦的皮拖鞋。文玉初和其他年轻姑娘是在楼下吃饭。相当单调的伙食是由一个缅甸妇女做的。没有鱼饼、鱼汤米粉、鸡肉炒面或类似的当地菜，大多只是米饭或汤，有时有肉，但最常吃的还是周围山坡上找来的野菜。控制着大家共用的食物库房的人是本峰尾先生。因为文玉初之前在中国时就知道，这样的人在出现紧急情况时是能救一个人的，所以她非常小心翼翼地跟他搞好关系。

楼上一层可以通过一个木楼梯走上去。楼上有一个大厅和十八个隔间。隔间之间的"墙壁"是由悬挂的织毯构成的，隔间的"门"是用布帘子充当的，不过这些布帘子并没有一直延伸到天花板。每个隔间都很小，小到除了一个水桶、一个篮子和一个床垫外，再也放不下什么东西。这里还有一个瓶子，里面装着粉红色的东西，气味奇怪而刺鼻，闻起来像消毒剂和什么东西的混合物——是啊，什么东西？

早饭时文玉初和其他姑娘就看到，满怀期望的士兵已经在房子外面排起了长队。这些年轻姑娘吃完饭，就全都上楼到了她们各自的隔间。到了9点，各个隔间的门就为穿军服的士兵打开了。有一个男的进入了文玉初的隔间。他给了她一张棕色的卡片，上面有一个数字。她检查了他随身带来的安全套。然后她就躺到床垫上，双腿分开。她 18 岁。

*

这里位于一片原始森林的中间，他们将在这里过冬。仅仅在几周前，他们才来到这里。他们以前待的房子离一个德国警备队的营地太近了，已经开始变得太危险。现在这个新地点位于白俄罗斯中部的安图诺沃镇西南，而"他们"是一大群游击队员。

其中一名游击队员叫尼古拉·奥布里金巴，来自乌克兰，以前曾是个学艺术的学生，后来是莫斯科政府雇用的艺术家，再后来也在苏联红军当过兵，后来成为战俘，现在是被称为杜布罗夫斯基旅的游击队的战士和护理员——对于一支只有几百人的队伍来说，以"旅"为名实在是夸大了。队伍的成员大多是男性，但也有不少年龄不同的女性。奥布里金巴 29 岁，算是其中年龄比较大的，但有些人年龄非常小，仅仅十三四岁。大多数人的穿戴杂乱，平民服装和军服混杂，但都还算齐整。不是每个人都有武器。

然而，外表是会骗人的。这支队伍比以往任何时候都更强大，组织工作也越来越细致。[1] 他们有一个小小的指挥部，有一个负责收集情报的部门，有一个专门向民众散发宣传材料的小组，另一个小组则管理该地区的地下青年共产主义委员会。他们通过无线电和莫斯科的中央游击队指挥部直接联系，而后者又直属于"斯塔夫卡"，即苏军的总司令部。

在白俄罗斯原始森林中，这里的营地正在不断发展壮大，和前一年

---

1 这也是当时的普遍情况。白俄罗斯活跃的游击队员人数在一年内从 7 000 人左右增加到大约 4.7 万人，增加了近六倍。

冬天的情况大不一样了，当时最初游击队的散兵游勇只能在精心伪装的地下掩体中藏身。现在这里看起来更像一个村庄。围绕着那条穿过营地的沙路正建造一排排土屋，很多都有窗户，那里可以让人居住和睡觉。营地还建造了许多特殊用途的建筑。已经造好了一个铁匠铺、一个面包房和一个带厨房的食堂，正在建造的有一个医务室、一个武器库以及一个桑拿浴室。已经安装了一套发电设备，而在营地中央还想建立一个拱门，上面装饰着一面凑合制作的苏联国旗。（这面旗子是奥布里金巴本人在一条旧床单上画的。）空气中回响着斧头砍树和锤子敲击的声音，而火炉的烟味在树林间飘荡。

尼古拉·奥布里金巴心情很好。他从德军战俘营逃出来已有两个来月，什么都不会再像战俘营里的生活那样糟糕可怕了。他参加的游击队行动虽然干得不太漂亮，有点笨手笨脚，但是损失很小，同时秋天天气温暖、干燥爽快。（如果人们通常要露天生活和睡觉，这种天气是很重要的。）他写道："我开始有一种快乐的信念，我们可以夺回这场战争从我们手里夺走的一切。"

从许多方面能看出他们对被剥夺的事物的渴望。奥布里金巴叙述道：

> 游击队员经常表现出一种对战前事物、日常生活的渴望——一切能让他们想起一个没有战争重负的时代的东西——而很多他们做过的事情，那些看似幼稚和奇怪的事，当我们回忆起来时倒变得可以理解了。例如，当我给我们的女兵排里的那些女游击队员拍照的时候，她们更喜欢穿起她们精心保存的衬衫和裙子，而不是持着枪穿军装。

奥布里金巴与其他三个人合住的小土屋布置得很好。里面有两张木板床，他们可以两个人睡一张床。门右边的窗户前有一张小桌子，桌子上有一个电灯可以照明。他经常坐在那里工作：绘图、画海报、伪造文件等。门左边是一个小铁炉和一个直立的架子，高度一直达到低矮的屋顶。他在架子上面存放他自己的东西：武器、内衣、纸张、一管管颜料、照相机。

奥布里金巴还养了一条狗，一条德国种的牧羊犬。它以前属于不远处一个村庄里德国人任命的村长。9月里的一个晚上，德国人拦截住了那个男人，并在审问过之后把他给枪毙了。我们不知道他们怎么有权那么做，奥布里金巴也不知道。无论如何，那条德国种牧羊犬跟着他们回来了。晚上它就跟着他一起睡在小土屋里。他给这条狗取名"塔斯"。

*

佐治亚州的萨凡纳是美国东海岸的港口之一，这年春天不得不关闭了一段时间，原因是德国潜艇造成的所有那些沉船事件，其中有很多艘就沉没在从岸上能看到的范围内。从那时起，该市及其周边地区就一直实行灯火管制。然而，这个措施已经开始受到质疑，因为当居民区在晚上全都小心翼翼地熄灭灯光时，在这个城市下游处新建的造船厂却被聚光灯照得通明，也被数百个乙炔焊枪发出的闪烁的蓝光照亮。因为那里24小时都在造船，不论工作日还是周末，一周又一周，每天三班倒。

仅仅一年半前，这个现在拥有上万名工人的造船厂所在的地方，除了灌木丛和一片低洼、有些地方甚至是沼泽的河岸之外，什么都没有，而现在有了众多大大小小的厂房、巨大的起重吊车和数千米长的铁轨。与美国其他的战时军事工业一样，东南造船公司的巨大设施是在短时间内惊人地平地而起并开工生产的。而且其规模还在不断增长。在这个造船厂里，人们正在建造运输用的船只，那种表面上看起来普普通通、毫不起眼但绝对至关重要的船只。

造船厂的大多数人知道此时正是紧要关头。依然会漂浮到萨凡纳海滩上的所有那些在春天被击沉的船只留下的废油、船体残骸乃至浮尸等，都使这一切变得显而易见——"铁证如山"。一切都关系到一种简单计算，有关"吨位"这个神奇的词。这年到目前为止，德国潜艇击沉的运输船只数量远远超过了英美有能力补充的数量，如果同样情况次年继续下去，英国就将遭受饥荒，战争就将失败；但是，如果可以让这个数学算式两边互换位置，如果同盟国建造出比德国人能够击沉的还要多的运输船只，那么一切皆有了可能。

至少可以说，到目前为止，这个数学算式看来还是很不吉利的。建造一艘普通的运输船可能要一年以上的时间，但击沉它只要几分钟。然而，在萨凡纳和其他一些造船厂建造的并不是普通的运输船。船的构造和造船方法都得到了大大简化，一切都是为了在尽可能短的时间内以尽可能低的成本生产出尽可能多的船只。

这些所谓的自由轮主要由在其他地方生产然后运到造船厂组装的巨大模件组成，就好像它们都属于一个巨大的建筑套件。[1] 另一个新颖之处是这些船不是用铆钉安装——那是一种较安全但也较复杂的方法——而是焊接起来的。焊接不仅速度比较快，作为一门手艺也更容易教授，体力要求也较少，这意味着更容易获得新的劳动力。许多焊接工都是女性，

---

[1] 像这样的造船厂，如出色的《来回换班中》的作者托尼·库珀指出的，实际上是"一个装配厂，其中大多数快速培训的工人能遵照非常简单的指导，一次又一次做同样的工作，组装起一艘有3万个组件的自由轮。这些组件是用货车从32个州500家工厂运来的"。

这是不可思议的创新，某些人甚至对此感到震惊。

躺在二号船坞里的，是东南造船公司在不到三周时间内就要下水的第一艘自由轮。龙骨在 5 月 22 日就安装好了——顺便提一下，这一天报纸报道了日军在中国和菲律宾群岛上的新攻势，欧洲东线新的激烈战斗，还有 15 个挪威人因逃往英国的计划败露而被枪决，以及美国军方对纽约及其周边地区的宵禁停电表示不满的消息。

这艘船将比预计时间提前一个月竣工，用战前造船业的常规计算方式来看，速度是快得惊人的，与头一批建造的同类船相比，时间也缩短了近两个月——但日后建造速度还会更快：在极端情况下，从龙骨铺设到下水的时间会压缩到 42 天。

在宽阔和混浊的绿色萨凡纳河旁边，造船厂工人得到了天气的帮助。11 月初佐治亚州这里的天气干爽温暖。有些日子气温达到了 20 多摄氏度。

*

库尔特·韦斯特和其他人之所以据守在斯维里这里，这个位于拉多加和奥涅加之间的低矮灌木丛和积水沼泽地的无人触碰过的地带，很大程度上是因为他们梦想着一个大芬兰。长期以来，大芬兰梦一直困扰着有民族主义倾向的芬兰人，而且随着芬兰前一年夏天加入德方参战，这个梦好像也会成为现实。[1] 对于在芬兰境内的瑞典人来说，就和芬兰人一

---

1 某些芬兰民族主义者在 20 世纪初提出的大芬兰设想并非一般的独立主义，因为其中还纳入了过去从未被划入芬兰的地区，不论是在芬兰属于瑞典东半部还是属于俄罗斯大公国的时代。连居住在东卡累利阿的说芬兰语的族群都未对这种设想表现出太大热情。然而为公平起见，我们必须指出，赫尔辛基的统治者中有很多人认为占领该地区是正当合理的，因为它可以成为未来可能进行的谈判中的宝贵筹码。但如果是德国赢得战争，我们就完全有理由推测这些领土仍会留在芬兰手中。

样，当1939年苏联进攻时，起来保卫这个国家是理所当然的；同样，利用1941年的新局势寻求收复1940年被斯大林夺取的芬兰领土也是理所当然的。然而，对于大芬兰的设想，在芬兰生活的瑞典人还是没什么热情，他们对于东卡累利阿地区把土地、人口和地理芬兰化的尝试也是同样冷淡。[1]在第61步兵团驻守的地区，很少有路牌上给古老的苏联城镇标记上编造出来的新的芬兰名字。

库尔特·韦斯特自己的窝是在"黑松鸡"上的二号工事掩体中。属于他的地方是最左边的角落里一张粗糙的木板床。他已经慢慢开始了解其他人了。正如前面所说的，他们全都是在芬兰的瑞典族裔，其中大多数人比他大一点，就如他这半个排的那位红头发的副排长。另半个排是由纯粹的农家子弟组成的，"稳定而可靠"，但和韦斯特一起挤在他们这半个排的阴湿和泥土气味的掩体内的是更加混杂的人群：当然有不少农民子弟，但也有工人和一些年轻学者。那个会成为他最好朋友的人，汉斯·芬内，中断了自己的法学研究，是"一个讨论和歪曲语意的高手"，经常与军官发生冲突。受人敬仰的排长库尔滕中尉也对未来有所计划，把大部分时间花在了自己的书上。日子悄悄地溜走。没有战斗正在进行。它只是时不时地如爆竹炸响一下。地面上覆盖着一层薄薄的雪。

*

这是11月2日，星期一，在一个黑暗的黎明中，他们驶入了一片轰鸣着的空旷空间。基思·道格拉斯与坦克中其他两人交谈的唯一方法是

---

[1] 大芬兰设想对在芬兰的瑞典人没有吸引力并不让人奇怪，因为他们自己也受到了来自其倡导者的芬兰化的压力，在最近这一年里，在某些情况下这种压力已经上升到类似于骚扰的程度。

使用内部的通信无线电,但耳机中的声音是金属般的,音量很大,他觉得不会提供任何亲近感,因此既不能安慰他也不能让他平静。而来自其他坦克的说话声更加糟糕:它们又细微又飘忽不定,不时还被杂音、哔哔声响、飘过耳机里的莫尔斯电码和来自敌方干扰发射机的像是管风琴奏鸣的奇怪声音打断。

当天色大亮可以看到东西的时候,当暴烈的火焰的灰尘和烟雾稍微沉静下来的时候,孤独感也减轻了,但只是减轻一点点而已。基思·道格拉斯叙述道:

> 从移动的坦克中能看到的与人们在照相机暗箱里或一部无声电影里看到的很相似——以这种方式,发动机可以淹没除爆炸声之外的所有其他声音,因此整个世界都是在静默中移动。人在尖叫,车辆在移动,飞机在上空飞过,但一切都没有声音,因为来自坦克的噪声是连续不断的,可能会连续几个小时,结果周围一片寂静。这和在飞机上的情况类似,但你要飞得很低,否则距离就会消减这种无声的哑剧表演的效果。我相信,这可能是因为我在大部分时间里能看到它但没听到它,就如我体会到的,我们现在进入的这块土地,像是一个没有尽头的陌生风景,与现实生活完全无关,就像德国恐怖片《卡里加里博士的小屋》中的那些场景。

他的部队随着第二轮攻势行动。他们前进得越远,看到的第一轮攻势留下的残迹就越多:四处丢弃的战争物资、飘散的油烟、燃烧的坦克。这些攻势本要在敌人的防线上打一个洞,但它们最多只打出了一个凹痕。

到处都尸体横陈。有的尸体已残破不全,变黑,爬满了苍蝇,其他的看起来没有被触动过,就好像他们只是在睡觉。从无线电传来的呼喊声和信息中,道格拉斯明白了,走在他们前面的装甲旅基本被屠杀了。现在该轮到他们了。

这支部队散开成一条线,朝向北方,隔着烟尘和远处棱角分明的东西交火。他注意到那位新来的射手瞄准很差,但后来居然打中了一个目标,从情况来判断纯属运气,瞎猫逮住了死耗子。就在这时,不少敌方坦克喷出浓厚的黑烟,其他坦克则在烟雾中滚滚而去。道格拉斯的部队继续向西进攻。在那里应有他们的攻击目标,一条横穿过来的沙漠道路和一小片密集的建筑物:泰尔阿尔－阿恰齐尔。

在如此炎热的天气里,道格拉斯从坦克炮塔口探出身来,低头看着战壕,坦克摇摆着经过防御工事——那里可能还藏有敌方的步兵。突然他低头看到一个抱膝缩成一团蹲着的新西兰士兵的脸:

> 他痛苦的表情看起来那么着急和紧张,他那呆滞的目光那么发狂和绝望,以至于我一度以为他还活着。他就像一个摆放巧妙的蜡像,因为他的姿势给人一种要发起猛烈攻击的印象,一种在痛苦中达到的高潮。你觉得他在扭动在弯曲,但他是僵硬的。灰尘撒在他脸上,就好像在一个演员脸上涂抹,覆盖在他睁大的眼睛上。那双眼睛凝视着我的眼睛,目光就像那个"古代水手"。[1] 他曾试图用毛巾盖住自己的伤口以防苍蝇。他的背包打开着,已经拿出了毛巾和绷带。他的水瓶放在一边,软木塞子已拧掉了。毛巾和背包被干血染成了黑色,而一大群苍蝇让它们显得更黑。正如人们所说的,这幅图景讲述了一个故事。它让我心里充满了无意义的怜悯。

---

[1] 参见英国浪漫派诗人柯勒律治的长诗《古舟子咏》第一部分,其中写到那个老水手的目光使婚礼上的宾客停下来听他讲故事。

然而，他的怜悯很快就找到了一个活生生的目标。在旁边的一个坑里，他看到了一位受了重伤的少尉，虚弱无力，几乎就要放弃自己的生命了。道格拉斯用无线电呼叫他的团长，请求团长允许自己把这个受伤的人带回到一个部队的驻地，显然是有点啰唆，团长直截了当地答复他："好，好，好，好，好。但看在上帝的分上，别再发送呼叫。我正在尝试打赢一场战役。完毕。"

沙漠上方的空气因高温而翻滚。几小时后，整个部队开回营地加油，并重新装满弹药。他们遭到猛烈炮火的攻击。道格拉斯和其他军官聚集在纵队指挥官的战车里得到保护。每当炮弹呼啸而下时，所有人都本能地躲开，刚刚正说话的人马上沉默下来，通常是在一句话的中间就中断了，等待爆炸声，然后马上又开始说下去。

直到很久以后，道格拉斯才明白，他那天所参与的是这场战斗的高潮——历史书后来将其称为决定性的时刻。

*

在列宁格勒，夏天的白夜早已过去了，初秋的金色夜晚和秋高气爽的天空也同样过去了。秋天的风暴已经扫光了公园里的树叶。黑暗又回来了。

莉迪亚·金茨堡意识到他们正面临着围城以来的第二个冬天。（以前从来没有人敢想到这样的事情。）对于所有和她一样在难以形容的围城战的第一个冬天幸存下来的人来说，意识到这一点是令人沮丧的。寒冷减少了所有的欢乐，增加了所有的痛苦，成倍地增加了所有的困难。它本身就成了一种生活元素，一种存在于其中并缓慢流淌的东西。

金茨堡是一个40岁的犹太人，出生在敖德萨，但20年前就到了列宁格勒居住，在这里的大学工作。尽管她面临重重困难，她仍然坚持工作。她一度赞成和亲身参与的那个特殊的、非常杰出的文学学派，即所谓形式主义派，十多年来一直受到国家政权及其追随的知识分子的谴责，而那些和金茨堡一样没有认罪或在劳改营中消失的人，已经沉默无声了，真正意义上的劳作成了他们唯一的工作。她早些时候写过关于普希金、托尔斯泰和普鲁斯特等伟大人物的文章，现在她在私人笔记中找到了运用才智的主要出口，这些笔记聚焦于她周围的环境和她热爱的城市。自前一年9月初以来，这座城市一直在字面意义上为自己的生存而战。到目前为止，列宁格勒已有多少人丧生？确切数字谁都不知道，也许超过了100万。

尽管列宁格勒的气氛很压抑，但它并不像半年前那样完全沉寂而绝望。对眼前这个冬天，人们已经开始在物质上和心理上做好准备——即使冬天已经到来了。它不会像上个冬天那么糟糕吧？上个冬天最糟糕的时候，每个月都有大约10万人死亡。[1]那时人们称为文明的生活已接近崩溃了，任何事情都不能再正常运转了，有些人为了食物而杀人——为了拿走某人的食物配给卡，在最坏的情况下甚至吃人——街道被冰雪和垃圾堵塞，而人们躺在人行道上死去，或已经奄奄一息，就算过路人会看的话，也只是看一眼而已。

如今在不正常中已经建立了某种正常状态。七条有轨电车线路照常运行，车厢里总是挤满了人；剧院、电影院、音乐厅、浴室和图书馆都在开放；有电力供应（至少每天部分时间有）；街头私人摊贩又回到了著名的博利绍伊大街，而擦鞋童和卖格瓦斯饮料的小贩会在街角多逗留一

---

[1] 这次围城是一场伪装起来的种族灭绝。希特勒对占领这座城市其实不感兴趣，这次行动主要目的就是让城内民众饿死。（因此"围城"实际上也是个错误用语。在俄语中人们说的是更准确的"封锁"。）

段时间；女士美发厅已可以烫发了，还有些渴望正常生活的女性也重新开始化妆了。然而，列宁格勒作为一个大都市，仍然是出奇地安静。

很多事都成了家常便饭，比如空袭和炮击。金茨堡叙述道：

> 在被围困的列宁格勒，我们见过一切事情——但最不常见的是恐惧。人们听到炸弹在他们头上呼啸而过，但大家都漠然处之，毫无表情。等待一个你知道会飞来的炸弹，反而要困难得多；但谁都知道，如果你能听到声音，这就说明这次炸弹不会落到你身边了。
>
> 量化风险程度，或者更准确地说，量化死亡概率（概率程度）在心理学上有至关重要的意义。在必死与几乎必死之间有着不可逾越的鸿沟。在列宁格勒，死亡危险是家常便饭，是系统性的，是系统地设计来消耗人的神经的，但从统计学来看，这种危险并不是很大。日常经验表明，在营养不良造成的巨大死亡数字面前，炸弹和手榴弹的危险就黯然失色了。[……]在列宁格勒，没有多少人害怕爆炸——只有那些有特殊生理性恐惧气质的人才会害怕。很快，逃到任何地方去都不可能了。因此没有人逃走，也没有人会想：别人都逃走了，我为什么要留下来？自我控制成为普遍的与平均的行为特点，不自我控制会比实际的危险更加困难，也更加可怕。[……]死亡的念头之所以能被成功地压制下去，正是因为死亡无法被体验。它是非存在状态或恐惧感的抽象概念。在前一种情况下，它被算作那种不能去想象的想象（如永恒、无限）。

11月2日晚上再次响起了空袭警报。午夜前的一刻钟，危险才烟消云散。至此，围城已经进行了429天。

*

这是世界末日。这是我们理解能力丧失的地方。对于所有被送到这里的人来说，除了少数人之外，这不仅是物质存在停止的地方，也是文字和思想结束的地方——它们消失在完全不可知的东西中。它的不可知性是正在发生的事情的先决条件之一。

11月2日，星期一，一列拖着运牲口的车皮的火车抵达了特雷布林卡。车上有4 330个犹太人，他们都来自波兰东部一个小镇谢米亚蒂切。除了少数人幸免于难，用来补充集中营"特别工作队"里人数不断缩减的工人队伍，其他所有人都在夜幕降临前被杀害了：有男人、女人和孩子。

这一天在场干活的人里，有一个人叫杰基尔·拉伊赫曼，负责处理从谢米亚蒂切来的人的尸体。他是个28岁的犹太人，来自东卢贝尔斯基，那也是波兰东部一个以犹太人为主的小镇。但是东卢贝尔斯基那里现在已经没有犹太人了。就在三周前的10月10日，他们中的大部分人被送到了这个地方；其中也有杰基尔·拉伊赫曼（大多数时候被叫作"齐尔"），还有他19岁的妹妹丽维卡，也有他的好朋友伍尔夫·贝尔·鲁伊斯曼和他的太太以及他们的两个孩子；被又踢又打地强行塞进运牲口的车皮里的人一共大约有140个，他也被塞进了这趟车，车上几乎所有人他全都认识，都是来自东卢贝尔斯基的熟面孔。他们全被赤身裸体地赶下一条河，除了少数几个年轻力壮的男人被挑选出来外，其他所有人都在几个小时内被杀害了。他是被挑选出来的人之一。

拉伊赫曼思维敏捷。当那列火车进入一条几千米长、穿过一个茂密松林的铁路支线、在一个小车站刹车停下的时候，他就产生了怀疑。（他看到了那里有一堆堆的衣服，也看到了车站的小房子上的时钟是画出来的，指针永远固定在6点，仿佛这里是个时间也会停止的地方。）当他们都被从火车上赶下来,脱光了衣服以后,他听到一个德国人咆哮着,问他们里面有没有会理发的,他立刻就报了名——尽管他其实不是理发师。他被命令重新穿上衣服。

拉伊赫曼工作了三天,任务是为女人剪头发。来的都是些赤身裸体的女人,她们都是在营房里较远的地方刚刚脱掉自己的衣服。拉伊赫曼后来奇迹般地逃离这里,躲在完全成了废墟的华沙,等待苏联红军的到来。在那之后他写道:"杀人犯倒是挺有礼貌的,因为他们不要求女人在房子外面和男人一起脱衣服。"和其他"理发师"一样,拉伊赫曼穿起一件白大褂。剪发是很粗枝大叶的、机械性的,一次只剪四五下,剪下的头发会被塞进麻袋,一个女人剪完被赶出去,一个新的就进来坐下,他就继续剪,然后这个女人也被赶出去,再换一个,如此继续下去,直到你感到疲倦不堪、恶心呕吐。女人们全都消失在门外,在站成两排拿着鞭子的黑衣男人们中间走过,他们用德语叫着:"快点,快点,加快速度!"她们走向高高的铁丝网上的一个开口,除了开口处,铁丝网上都覆盖着缠在一起的云杉树枝。赤身裸体的人在那里排成队。那个开口,就是德国人所说的"管子"的开端。

铁丝网后面有一个宽阔的沙堤,沙堤后面是这个集中营的上营房——一个营内之营。里面是看不到的,但从里面每隔一段时间就会升起一阵痛苦的、哀号的、难以置信的扭曲的叫喊声。这声音会突然消失。同时还有快乐的管弦乐。从来没有人能从上营房回来。三天以后,即10月13日,拉伊赫曼被转送到了所谓"德国宇宙最外边的下水道"[1]。

现在他成了一个(留下活命干活的)"死犹太人"。

拉伊赫曼属于被称为"抬尸队"的那个组。当毒气室后面像车库门

---

[1] 原文为"anus mundi"(世界的肛门),语出普里莫·莱维。——译者注

那样的、内面覆盖着毛毡的大门向上掀开，最可怕的烟雾散发出来的时候，有三四十个人把被害者的尸体一个一个抬出来，而拉伊赫曼就是这些人中的一个。尸体被放在一种看起来像短梯的架子上，身体仍然有温度，皮肤闪耀着汗水、尿液、粪便或血液的光泽。每个架子由两个人用皮带提着，然后他们就像一根不停运转的无休无止的传送链，以最快速度奔跑过那片沙地，朝着300米外的一个深坑跑去。在那里，尸体被掀到坑里——不过是在拔出任何可能有的金牙之后。一切都是在穿着制服的男人们的叫喊声和鞭打下进行的。他们用德语喊叫着："快点，快点，加快速度！"

这个坑的大小约为55米长、45米宽。坑里有十来个其他的"死犹太人"正仔细地堆放尸体，"头对脚，脚对头，让更多尸体有个地方"。他们自己的脚都站不稳，到处踩踏着一大片堆积如山的胳膊、腿脚、臀腰、嘴唇、阴茎和杂乱的毛发，甚至有3岁幼童的手。这些肉体不再叫作死人，用于这些肉体的词是"兽尸"，甚至连被囚禁的犹太人自己都这么叫。

这个程序经过精确的测试，每天在"运输工具"到达后就同样做一遍。11月2日星期一这天也是这样。除其他情况外，每次不同毒气室的某个门打开的时候，都准确无误地会出现一点小堵塞。拉伊赫曼写道：

> 那些直立着的尸体被紧紧挤压在一起，以致手脚看起来都粘连在一起了。在将头十来具尸体拖出来之后，"抬尸队"才进得去。尸堆才变得松散，尸体才开始自己掉出毒气室。尸体如此挤压在一起，部分原因是人们被强行塞进毒气室，他们变得恐惧万分，每个人都会深吸一口气才会站好位置。由于死亡的恐惧和互相推搡，尸体膨胀起来，这样尸体就挤压成了一大块肉体。

这一天是和所有其他这样的日子一样结束的。6点钟响起了军号声。拉伊赫曼和"抬尸队"的其他人提着架子跑向一个小仓库。（他们总是得奔跑。）架子放进去，一排排整齐地排列起来，清洗干净。（"否则就得尝尝鞭子的滋味。"）然后是"清点"——架子竖立起来，查点数量，这是伴着集中营的音乐来执行的。[1]之后，他们就排成一队，以五人一组的形式被带到厨房营房的窗户前，在那里每个人都会得到一杯说是咖啡的黑色热液体，还有一块面包。最后，他们被锁进一些搭建在一起的木质营房里，这些营房靠近主营房巨大的铁丝网，还被自己的铁丝网再围起来——这是营中之营的营中之营。

每天晚上，当拉伊赫曼环顾四周，很多脸孔都消失了。减少的人数是巨大的。德国党卫军和那些经常喝得醉醺醺的身穿黑色制服的乌克兰警卫每天都枪杀人，射杀那些疲惫不堪的几乎只是从他们面前经过的人，就因为一些最轻微的所谓违规行为，就因为有人似乎再也跟不上那无情的快乐音乐节奏，或者只是因为他们能这么干。[2]我们可以由此判断，这样的事也会发生在这一天。

此时拉伊赫曼对这种景象已经非常熟悉了。最常见的情况是，那些将被枪杀的人会自己走上前去，跪在大坑边上，有时还带着一种惭愧的、心甘情愿的样子，这证明了他们是多么失落，多么崩溃。就是在"抬尸

---

1 大多数集中营都有自己的管弦乐队。特雷布林卡集中营的乐队由阿图尔·戈尔德指挥。他是波兰的犹太人，著名的小提琴家和指挥家。这支乐队技艺精湛，曾在不同场合演奏，有时为警卫部队举行音乐会，最经常的是在"清点"的同时演奏。一段时间后他们还得到了用深蓝色布料特别缝制的小丑式舞台服装。戈尔德也死于集中营，可能是在1943年8月2日犹太囚徒起义时。
2 党卫军能做到这一点，知道如有工人空缺，下一次运来的能立即填补上去。拉伊赫曼提到，最可怕的工作是将沙子背到大坑那里撒在尸体上，不仅因为沙子很重，更重要的是看管他们的党卫军特别凶残，杀人如麻。"清点时他经常会亲自出马，因为他已经把他掌管的最后一个工人都枪杀了。"

队"里，也很少有人能活过十天。[1] 工作如此繁重，看守的人如此残酷。而拉伊赫曼在那里已经干了将近三个星期。

*

梦是很容易遗忘的，但下面这个梦却一直固定在她的记忆中，挥之不去：

> 我觉得自己和那个黑衣人站在一起，那个人在许多梦中都站在我面前。我们站在一条河的边上，河那么宽，宽得看不到对岸，那么长，长得看不到起点和终点。河水流过时波光粼粼，起起伏伏，绿波荡漾——各种各样的绿色。然后我发现河水的颜色来自树叶，各种形状、各种色调、各种大小的树叶。有的树叶优美地伸展开，完美无缺，平静地漂来；有的树叶挤成一团，看不清形状；有的树叶干枯，边缘残缺卷曲；有的树叶看起来脆弱易损，而其他树叶多刺而坚硬。我像被女巫迷住一样，只盯着看。

以上是这个梦的第一部分，第二部分则更加清楚。但她为什么是在11月2日这天的日记中写下这个梦呢？她没有解释。也许是因为那时这个梦给了她一种重要的洞察力，也许是因为这个梦现在让她想起了自己过去的样子。因为她知道，她变得更坚强、更自信、更独立了。

---

[1] 有一技之长的人在集中营里有机会活得长一些，尤其是能当工头的和所谓重要行业的犹太工匠，但"特别工作队"的人都难逃一死。他们总是被谋杀，以保守纳粹杀人的秘密。例如，在奥斯威辛集中营，就一个接一个地连续处决了12支"特别工作队"。

以下是这个梦的第二部分：

　　然后我看到了小的旋涡，当我更仔细观察的时候，我发现旋涡之所以会出现，是由于那些一动不动的叶子横在河面上，所以它们阻碍了本来平稳的水流。我看到它们的边缘遭到冲击和撕裂——但它们不能保持静止不动，也不是"一起漂流着"，而是"被拉着一起动"。我看了又看，突然明白我就是其中一片疲惫而磨损了的树叶！我转向我的同伴说："那片树叶就是我，对吧？"我感觉到而不是听到了那个肯定的回答。

"疲惫而磨损了的。"是的，此时此地她就是如此，经常处于精神崩溃的边缘，过度劳累，心神不宁，内向而沮丧，一个胆小羞怯而且没有光彩的家庭主妇，被一个苛刻和有控制欲的男人统治，她陷入了不断重复劳作的生活中，这种生活里她唯一能找到的快乐就是她的两个儿子，有时甚至连这种快乐都没有。但一切都变了，她也变了。

并不是说她现在工作少了。恰恰相反，她成了妇女志愿服务组织的成员，这是民防部门的一个分支。此外，她和其他一群妇女一起为红十字会开办了一家商店，其目的是为在德国的英军战俘提供食品包。她的家在伊克雷街9号，那是一座小房子，整洁而且几乎打扫得过分夸张，这里一度是她最大也是唯一的骄傲；但是，现在她离开家到外面来工作，[1] 向她自己也向其他人展示了，她拥有出人意料的才能和让人意想不到的力量，在关键时刻能派上用场。她叫奈拉·拉斯特，住在英格兰西北海岸的造船厂小镇巴罗因弗内斯，在爱尔兰海的边上。上个月，她满

---

[1] 她这个年龄的妇女并没有强制性工作义务，16—45岁而家里没孩子的妇女才有。

53岁了。

*

在查尔斯·沃克的记忆中，"血腥岭"上那三个恐怖和喧闹的夜晚还留下了些什么？他所在部队的一个男人——在其中一场黑夜的混战中被一把刺刀刺成重伤——提到了一种做梦一般的状态，梦里的时间变得有弹性，事件变得碎片化而不真实，无法拼凑成一个合乎逻辑的故事。

在沃克的记忆中，会有个别片段冒出来，带有看似微不足道的细节。比如他被绊倒在弗林身上的时候，他产生了一种无法克制的正常人的冲动，把手帕盖在了这第一个倒下的战友的脸上；比如日本士兵和美国士兵在炮火暂停时的互相侮辱咒骂和猥亵用语，有些对骂在发起攻击时还会继续，这时日本士兵的战斗口号"万岁"回应着美国士兵齐声高喊的"杀杀杀杀"；再比如躺在五米开外的那个日本军官，他被来自一挺重机枪的曳光弹射中了臀部，着了火，因此他的身体慢慢地燃烧成一个类似灰色烟盒的东西。

*

这是一个永恒的场景。一个年轻女人端坐等待着，渴望着。她穿着漂亮，但也很节制而不过分，化着朴素的淡妆，黑头发卷烫得体，很可能她身上还散发着淡淡的薰衣草味——就像她平时那样。而且她大概还穿了件开衫什么的，因为外面很冷，而且冷气正在渗入这座古老的石头建筑。

差不多刚好在一年前，她和他就是在这里相遇的，在这里的一间大教室里。他知道,到了下午,她会来图书馆里做事情,而她很多次到这个地方来就是希望他会出现;他也确实出现了很多次,次数多到不能再称为偶然或巧合。

一个年轻女子坐着等待,希望他能经过这里。正是这一场景,在过去的一年里主宰了她的生活,见证了一次爱情在折磨和困惑中枯萎,而另一次爱情在困惑和喜悦中发展出来——这爱情实际上也可能是被发现然后被接受的。(因为爱不是你应得的东西,而是给你的一种恩典,你必须敞开心扉去接受。)从六个月前开始,他们就成了一对儿。

这是一个永恒的场景,而她身上也有某种永恒的东西。我们是站在一个年轻人前面,她面对未来,心中充满了这个年龄无限的乐观情绪,而由于她自身的天赋和得到保护的幸福成长经历给她带来的期待,这种情绪更加强烈了。

她叫埃莱娜·贝尔,这年21岁。她坐着等待未婚夫的地方是索邦大学的图书馆。这是适合她的地方。她精通拉丁语和古希腊语,以最好的成绩从高中毕业,两年前开始在大学学习英语和英语文学——顺便说一句,她和她的家人都是英国文化的狂热爱好者:连她说话和写作时都经常使用英语的表达方式——她已经写了一篇值得称赞的论文,有关莎士比亚对罗马历史的解释。

贝尔长得很好看,有着一双黑亮而深邃的眼睛,敏感,聪慧,有教养,尽管已成年,但有时会显出一点少女的羞涩。她的社交才能是明显的,她有众多的朋友。音乐会给她带来很多快乐——她自己也拉小提琴。有时候她会摆拼图,或者打一局乒乓球,或者玩那种很流行的文字游戏"迪阿米诺"。

然而永恒始终是一种感觉,从来都不是一种事实。这是1942年11月2日,星期一,在被占领的巴黎,埃莱娜的外套上有一个黄色的布证章，是一个六角星，上面写着一个词"Juif"，即"犹太人"，字母是绿色的，是标准希伯来文风格。

黑暗降临，而他没有来。贝尔在寒冷中起身回家，经过冬日光秃秃的卢森堡花园，这里是她最喜欢的地方之一。她也走过以前车水马龙的塞弗勒大街——现在这里能看到的多半是骑自行车的人，甚至出租车也不见了——而朝着荣军院，往埃菲尔铁塔的方向，在与战神广场平行的一条街道上，有她家的那个很大的楼层，那是埃利泽－雷克吕大街7号。

她感到心情沉重，倒不是因为失去了爱，而是因为失去了他。四天前，她等待的这个年轻人，和她同龄的让·莫拉维茨基，就在索邦大学的一条走廊上，不无痛苦地告诉她，他打算逃离占领区，进而逃离法国。他的想法是，以后以某种方式加入戴高乐领导下的战斗法国军队。在这种情况下，他们可能会有一段时间不能见面了。也许再也不会见面了。从那以后，她一直在等着他确认离开的消息。她渴望与他重逢。

或许其中隐藏着一种讽刺？她的前未婚夫热拉尔（她已渐渐对他失去了感觉，这让她有些愧疚），现在已经消失了。他早已踏上了如今让·莫拉维茨基打算踏上的同样旅程，就是去加入戴高乐的军队。她相信，热拉尔此刻就在阿尔及利亚山区的某个地方。有时她会因为自己很少想到他而感到羞愧。

*

大约一年以后，当基思·道格拉斯自己的生命也只剩下几个月的时候，他写下了他在阿拉曼战役中的经历。那些文字里包含了对战死者的详细描述。（甚至他最好的一些诗歌，例如《毋忘我》，都是基于对死者的描绘。）他是想探索死亡的意义吗？基思·道格拉斯的传记作家德斯蒙德·格雷厄姆是这样认为的:"战死者一次又一次吸引着道格拉斯去尝试理解他们。他们代表了表象与现实之间的极端差异,道格拉斯在他们身上寻找着一条道路,以解开我们对物理世界的感知背后的谜题。他对他们的好奇心如此强烈,以至于他似乎想借助他们来了解死亡是什么。"

人们还可以想象一个更简单的解释。比如,看到那些死者他非常震惊,并把这一图景刻入了他的记忆中?或者他只是对那些死者感到好奇?这种情况常见于不习惯死亡外在表现的人身上,但一旦面对这种现象,他们就会不再恐惧。

但格雷厄姆的看法确实是有些道理的,道格拉斯对阵亡者的关注(不止他一个人是这样)也与死者那奇特的不明确状态有关:"他们要求人的关注,却不提供任何回报;他们已完全不会受到伤害,却又完全被击败;最重要的是,他们保存了一个他们无法再传递的秘密。"

*

保罗·加西亚·多米尼奥尼和基思·道格拉斯都处在阿拉曼以南的大致同一区域,不过,他们当然属于对峙的两方。战事正逐渐走向高潮。加西亚·多米尼奥尼写道:"一周前,摧毁一个营需要半天时间,现在歼灭整个团只需要三刻钟。"

*

11月3日,星期二早晨,埃莱娜·贝尔一直在等待的也害怕的那封信到来了。信很短,证实了让·莫拉维茨基上个星期所说的话。是的,他打算离开被德军占领的法国,为了参战。爱情是我们的生存中最不确定和最脆弱的部分，但在某些情况下，它可能是最持久的，是让我们活下去的东西。

*

积雪很硬。他们沿着雪没铲平、照明也很差的街道前进，但在被踩硬和结冰的地面上很难走稳。他们的脚滑来滑去，而且他们冻坏了。这是水手兼机械工莱昂纳德·托马斯在其船队于9月中旬抵达阿尔汉格尔斯克后第二次上岸。他环顾四周，既惊讶又厌恶，看着"毫无生气、令人沮丧的灰褐色混凝土建筑，它们像方盒子一样，看起来都一样。没有尖顶或塔楼可以让人在如此之多的六层楼方盒子的轮廓之间眼前一亮。此外雨雪交加，使这阴郁的气氛无所不在，只有几点烛光，像灯笼一样挂在路灯杆上"。窗户通常都缺少窗帘，几乎每个街角都有装着扩音喇叭的柱子，苏联电台通过这些喇叭大声播放着新闻、军乐、讲话、演说和其他更多新闻。

阿尔汉格尔斯克是一座完全靠战争存在的城市。但它显示的气氛也许不是人们期望的那个样子，不是以牺牲、同甘共苦和英雄主义为基调；那种氛围更多带有偏执、沮丧和匮乏的色彩。20岁的托马斯已经多次看到成群的沉默不语的佝偻男人，那些是奴隶劳工。

双方都对彼此持怀疑态度，尽管在宣传中，他们都总是宣称，他们在与德国的斗争中是盟友和兄弟。他们如果要上岸的话，只能分组下船，而且要有了正式邀请之后才行，还要受到严密监视。现在这样的邀请已经来了。好几名船员已经上岸，要去听音乐会——柴可夫斯基的作品——由一个专程飞来的交响乐队演奏，其中有来自被围困的列宁格勒的演奏者。日期是11月3日。

他们到达了音乐厅的大堂，在那里听了许多用蹩脚的英语进行的冗长宣传演讲。这引发了那些感到厌烦的英国和美国水手的许多叹息，有时甚至是大声的呵斥。唇枪舌剑的场面出现了。台上有一个政客带着有敌意的逻辑，在众多质问的压力下宣称通过北冰洋运送给红军的军事援助只是"沧海里的一滴水"，[1]当时的场面非常让人难堪。这当然是这些英美水手不想听到的，他们是冒过生命危险并且还要继续冒着生命危险在这条最致命的航线上护航的人。如果真像那位政客所言，那么他们的牺牲还有什么意义呢？[2]

那么，在这个晚上过去之后，莱昂纳德·托马斯的头脑里留下了什么？可能是那个交响乐团，不可否认他们演奏得很好，并从部分苏联听众那里获得了热烈掌声。当然，还有互相配合、协调良好的轻盈女民间舞蹈演员组成的那个舞蹈团，她们的表演是排在最后的，得到不停的喝彩，加演了好几个节目。后来当水手们站在红旗装饰的巨大门厅里，重新穿上外衣准备离开的时候，有人（很可能是一位海军军官）告诉他们，北非发生了一场大战，德国人已经在撤退了。他当然还记得他与一些曾三四次跟随着船队穿越北冰洋的老水手进行的对话，其中有一名老水手用简练的、愤世嫉俗的或者说宿命论的（也可能只是沮丧的）口气说："如果你被击中，那一切都会在片刻中结束。你就好好玩吧，带上你的钱

---

[1] 事实并非如此。"二战"期间，除别的物资外，英美的北冰洋船队运送了约 5 000 辆坦克和 7 000 架飞机供苏联红军使用。水手们被谣言的风暴包围，其部分原因是 PQ 17 船队损失惨重，而且此后盟国一度中断了经由北冰洋向苏联运送物资的行动，苏联由此对盟国产生了不信任。甚至有人质疑损失是否真的如此严重。

[2] 至此为止北冰洋船队显然是最冒险的。由于冰雪、恶劣天气、德军潜艇和挪威北部的德国轰炸机威胁，这些船队中每十艘就会有一艘损失，而大西洋船队中则是每百艘只有一艘损失。不过，这一数据来自对整个战争的统计：在 1942 年，损失率要比这个数据还糟糕。

去玩,但当那个时刻到来的时候,不要试着游泳逃生。要这么做,把你的双手抱住头往下滑——你就马上会睡过去了。"

*

他们有上亿人,其最大愿望是一切都保留原样,其唯一渴望是安宁而不受打扰。他们属于对战争没有兴趣也不情愿参与的大多数,属于沉默且绝望的大多数,对他们来说,历史是一个遥远而难以理解的谜,它在过去、现在和未来都有着残酷而不可预测的曲折;它仿佛是一股自然的力量,突然闯入人们的日常生活,立即或逐步地改变或摧毁它。尽管如此,人们还是希望它不会真的那么糟糕,希望它会过去,希望它只会折磨别人。而她是这样的人之一。她叫叶连娜·斯克利亚宾娜,现年36岁,是两个孩子的母亲,来自列宁格勒的难民,目前是在皮亚季戈尔斯克,高加索山脚下一个风景如画的温泉疗养中心。

在现代历史上,几乎没有什么重大的震撼人心的事变是斯克利亚宾娜没有亲身经历过的:第一次世界大战,当时她周围的所有家庭和熟人都曾在前线失去了一个或几个亲人;之后是革命、内战和与之相伴的动乱——尽管她本人一直小心翼翼地和政治保持距离,但由于历史原因,她属于一个被打上"阶级敌人"印记的家庭,[1]因此她随时可能被横扫一切的镰刀割除;再后来是第二次世界大战和列宁格勒之围,带来了更多的饥荒和更大规模的死亡,那种超出了人们想象的大屠杀。(还有比20世纪早期的这个城市更糟的出生地和出生时间吗?)而这一切她是既不赞成也不想寻求。

---

1 斯克利亚宾娜的父亲是战前杜马的保守派议员,在内战中站在白军一方,后流亡巴黎并在那里去世。

这一切都是自己找上门来困扰着她的。但她幸存下来了。

当然，斯克利亚宾娜很多次得救纯属偶然。但是，她的能量、判断力和对人的敏锐眼光也发挥了重要作用。一次又一次，这种偶然以陌生人的形式现身，这些陌生人在没有义务出手相助的情况下伸出了援手。斯克利亚宾娜也是见多识广的，知道人们能够做出什么样的野蛮或赤裸裸的自私行为，尤其是在紧急的时候；但她也知道一个陌生人可以挽救你的生命，那是一种来自你不认识的人的善意。叶连娜·斯克利亚宾娜是一名幸存者。

现在是11月3日，星期二，斯克利亚宾娜在她的日记中写道："情况再次好转。贷款救了我们。我们买了各种各样的食物，足以让我们度过冬天。我们整体的情绪也有所改善。"

*

人们很容易指责多萝西·罗宾逊[1]的幸福是平淡乏味的。她对生活给予她的一切怀有一种心安理得的满足感，并对日常生活中的小事也抱着一种开放的、几乎幼稚的欣赏态度：一个睡着的孩子的鼾声，一间打扫干净并且装饰过的房间，炉子的气味，宠物小狗，一张完美的馅饼，能为一个她所爱的人铺床，丈夫吉姆下班回到家时打招呼的声音，围绕她厨房桌子的人吃饱了的样子，一座充满声音、动作、欢乐且生机勃勃的房子，晚上坐着看书或听收音机。

多萝西这年40岁，难以想象除了家庭主妇的生活之外自己还有什

---

[1] 其全名是多萝西·阿特金森·罗宾逊——阿特金森是其娘家姓氏——其日记后来以化名多萝西·布莱克出版。

么其他生活。她住在纽约东边长岛的一个小职工宿舍区里——距曼哈顿大约半小时车程。她工作努力,竭力维系自己田园牧歌般的生活。此时是星期二早上。外面很潮湿,天下着雨。

像所有这类平静快乐的生活一样,多萝西·罗宾逊的这种生活也是靠与其他生活的对比实现的,而且需要远离灾难。[1] 一方面是大萧条带来的那种混乱,而她和她的家人(以及美国其他人)现在已经摆脱它有好几年了,但它作为现在生活的参照和糟糕的记忆仍然存在着。另一方面是正在世界上蔓延的混乱和黑暗,她确实很少尝试去理解,同时她几乎坚信它必须被克服。而且只有赢得这场战争才能做到这一点。

她依然清楚地记得大约一年前的那个星期天。她睡了少有的一个长觉,醒来时闻到了油炸培根的香味(一种总能让她精神振奋的气味:在大萧条时期,她们从来买不起培根),也听到了远处几座教堂钟声齐鸣,后来她听到噼啪作响的收音机里的声音中断了常规节目——WOR 电台正在广播的纽约巨人队的棒球比赛解说——告诉听众"珍珠港在纽约时间 13 点 05 分遭到一大批日本轰炸机无事先警告的突然袭击"。她和丈夫吉姆,还有她 18 岁的儿子阿特(女儿佩吉上大学已经搬出去了),在收音机旁收听了很久,吉姆在被震惊得说不出话的沉默中握住她的手,在又一次沉默之后终于说道:"好吧,是时候了。现在开打吧。"

直到那一刻,她还一直认为、相信或希望,美国将会保持在一切战事之外,或者说美国应该这样做,能够这样做。她自己也承认,她一直生活在某种拒绝参战的态度中。她读报纸,听广播,看照片,更不用说看过所有的新闻短片了,而这些新闻报道在过去五六年里有很重要的一

---

[1] 不应低估大萧条对塑造美国家庭主妇理想的作用:失业、强硬的雇主态度和新的立法迫使许多女性重返家庭。在 1936 年的一项民意调查中,82% 的受访者表示,丈夫有工作的女性应该待在家里,这一观点得到了此调查中约四分之三女性的认同。

部分是关于战争的，或是关于卷入战争的危险的；但是，正像她自己的许多同胞一样，她成功地用某种方式把这个现实隔离在自己的脑海之外，没有让它真正渗透进来。（有个事情体现了这种抑制机制：一些电影院老板为表示抗议，只放映主片，而不在主片前加映新闻短片，因为有一部分观众不想看——他们不想被人提醒这些令人不愉快的事情。）战争是在那边的，而不是在这边的，不是我们的事情。

她只是想逃避这种考验，让她最亲近的人安全无事。她在日记中略带尴尬地写道："这听起来多么自私，实际上也确实很自私，但这又完全符合人性。直到真正的考验来临，我们才变得比实际的我们更强大，比我们感觉的更勇敢。"

多萝西·罗宾逊最初的冲动是想站在一边旁观。在11月初的这个星期二也是如此。整个美国都在进行国会选举，而在纽约还会选举州长。尽管共和党人猛烈批评了总统和民主党人对战争应对不善，而且这种批评得到了不少响应，但这个国家对战争仍然相当冷漠。她也是属于那种温吞水的态度，不冷也不那么热，但她并没有这么直截了当地说出来。相反，她像往常一样，隐藏在一种自嘲自讽的幽默态度背后——"那些投票机对我来说太复杂啦"，诸如此类——但是当现在和他们住在一起的亲戚萨莉午饭后去投票时，天气放晴了，罗宾逊还是跟着她一起去了投票站。

在过去这一年里，事情一步一步地发生了这么多变化。

她记得这年年初，自战争爆发以来，她第一次开车进了曼哈顿——她想在汽油配给制生效之前抓紧机会去看看。那时她注意到，一切看起来都和往常一模一样，车水马龙，灯红酒绿，但有一个小小的例外，那就是到处都能看到穿军服的男人和刚成年的男孩，而且在许多商店橱窗里，甚至连木头模特儿都穿上了军服。

事情就这么发展着,一步一步地向前滑动。自三十多年前开始,时代广场一直是选举时人潮涌动的地方,人山人海,几乎像参加派对一样。人们来到这里是为了了解选举结果,这些结果在滚动的灯光板上一分一秒地显示出来。[1] 但这天晚上的时代广场是寂静、空荡和黑暗的。所有巨大的霓虹灯牌子和其他明亮的灯光都被关闭,以免帮助就在海岸外虎视眈眈待命的德国潜艇群获得令人震惊的成功。等到聚集在影院和剧院外的人消失在温暖的室内之后,部署在外的300名警察除了站在空荡荡的、被雨水浸透的人行道上发呆,就无事可做了。

*

回到皮亚季戈尔斯克的叶连娜·斯克利亚宾娜这边。她这周二在日记中谈到的贷款是5万马克的短期贷款,是由当地"经济指挥部"[2] 的负责人发放的。她打算拿这笔钱来维持她和家人在城里开的小咖啡馆。咖啡馆和贷款背后的故事表明她非常机智而且善于利用人际关系,这样的能力此前多次帮助她脱离困境,不,不仅是帮助,也拯救了她。她和她的两个儿子在列宁格勒被围城的那个冬天先幸存下来,然后又一路安然无恙地到达高加索地区,这个故事本身就带有奇迹的意味。

这年二月中旬,斯克利亚宾娜、她的两个儿子、她母亲和另一名妇

---

[1] 当然不是只有选举时的活动。例如,新年庆祝活动也已成为习俗,尽管这年的活动采取了其他更低调的形式,为死者默哀一分钟,教堂敲响钟声。

[2] 这些"经济指挥部"是德国在进攻苏联之前为榨取东部占领区财富而建立的庞大组织的重要组成部分。(德国经济长期亏损,因此战争、掠夺和剥削不仅是意识形态上的当务之急,经济上也如此。)一切都是为了给德国带来经济利益,这有时意味着对当地行动的鼓励支持。例如,集体农庄制度就是在1942年开始解散的,这实际上提高了生产力,德国人立即抓住机会,要求农民上缴更多的物资。

女由于一个幸运而偶然的机会被安置在一个疏散车队上，该车队不顾德国人的炸弹和炮火，驶过了拉多加湖寒冷而雪白的冰原。然而，湖另一边的救援行动却组织不善，她母亲最后力气耗尽，死在了一家条件很差的医院里。她的大儿子也在那里生了病，而她在混乱中和他失去了联系。她自己在寒冷中也几乎要放弃努力了，而这时更幸运而神奇的事情发生了，她突然与失散的儿子团聚了，之后她和两个男孩都被安全地带到一列突然出现的簇新闪亮、装备精良、温暖如春的医疗列车上。

有一段时间，他们看来可能会在西伯利亚找到避难所，但斯克利亚宾娜最终决定冒险，勇敢地踏上漫长的旅程，到南方高加索地区去，她相信她丈夫的妹妹（她的小姑子）丽雅丽雅就在那里。这样，她们在5月初到达了皮亚季戈尔斯克和库特尤拉大街34号的房子，周围是鲜花盛开的果园，那里不仅有小姑子在，还有小姑子的女儿薇拉以及叶连娜·斯克利亚宾娜自己的婆婆，婆婆正坐在一个台阶上晒太阳。

要不是历史又一次发生了不可预测的转折，那里的一切都可能依旧如此。

8月初，一支德国坦克车队在日落时分驶进了皮亚季戈尔斯克，也从他们的房子前隆隆驶过。斯克利亚宾娜和她的孩子们再次落入敌手，这次是在德军战线后面，在占领区内。他们再次受到危险和应急需求的威胁——仅一夜之间，食物供应系统就崩溃了：苏联的食物配给卡当然不再适用了。

但她和她的亲属再一次成功地修补好了她们的生活漏洞，勉强可以度日了。这要再次感谢来自一个陌生人的及时和意想不到的帮助，这次机会是化身为一名德国士兵的形式出现的，他对她和她的孩子大发慈悲，从部队仓库中给她们拿来罐头食品和其他食物；而且现在她和另一个从列宁格勒来的难民获得了营业许可证，开办一家简陋的咖啡馆，因而得以维持生活——而营业许可证是另一个德国人发给她的。

斯克利亚宾娜疗治创伤的能力是巨大的,她心怀希望的能力也是如此;很可能这两者是密切相关的。不过,疗治能力是个事实,希望却只是一种幻想。由于前线很远,生活看起来很正常,她有时能够在整个秋天把战争抛在脑后。但在不到一个月前,皮亚季戈尔斯克的气氛开始变化了,前景再次变得暗淡。

也许这个地方也不会让他们安宁?有很多传言。有人失踪。犹太人首先被命令去登记,然后被运走。其中有一位是个出色的女裁缝,经常帮斯克利亚宾娜做衣服。

*

这是为摄像机准备的另一个场景吗?前一天,第一支澳大利亚巡逻队到达了科科达,那是新几内亚的一个小地方,已经被赋予了某种半神话般的地位。部分原因是它为那条90千米长的小道提供了名字。自7月以来已经有成千上万的男人在这条小道上艰苦奋斗、奉献牺牲。它只不过是一条穿过热带雨林和原始丛林的小道,很少有地方超过一米宽,有时越过高山,有时下降到陡峭峡谷,有时绕过沼泽,有时穿过溪流。重新夺回这条小道已成为一个意义重大的象征,是明确、切实的目标,可推动澳大利亚士兵一周又一周地稳步前进,尽管前面困难重重,曲折艰险。"要么拿下科科达,要么就是死亡!"这就是士兵们无数次地互相鼓励的口号,时而是讽刺口吻,时而是严肃凝重的语气。[1]

---

[1] 日军之所以中止了沿科科达小道打到莫尔兹比港的努力,主要是因为瓜达尔卡纳尔岛上发生的事情。正如彼得·威廉姆斯所表明的那样,日本此时的计划是撤出,但只是暂时的,等到日军从美军手中夺回该岛,腾出手的部队就可以来增援。

就像战争中经常发生的那样，一切都是虎头蛇尾。一枪都不用开。日本人从他们7月底来时的路向北消失了。科科达显露出的面目只不过是一片开阔高原上的一些房屋而已，夹在一大片长方形的橡胶树种植园和几条河道之间。不过，那里也有一个小型机场，它赋予了这个地方除了象征意义之外的一种价值。

此刻是11月3日，星期二下午4点半，照常下着雨，正在举行什么仪式，庆祝所发生的事情：

> 澳大利亚士兵穿着破烂的、满是泥土的绿色制服，戴着烧黑的钢盔，这些钢盔曾被用来在科科达小道上烧煮很多顿罐头肉餐。现在他们在科科达行政楼前的旗杆周围排好队，看着澳大利亚国旗［……］在静止的空气中缓缓升起。没有欢呼声，没有管弦乐队演奏，只有数百名疲惫的澳大利亚士兵组成的密集队伍，他们瘦弱无力，饿得半死，蓬头垢面，许多人吊着脏兮兮的绷带，在雨中静静地立正。

其中一个本应站在那里的士兵是22岁的贝德·索恩斯。贝德出生在新南威尔士州一个小镇上一个子女众多的家庭，战前是一个木匠，现在是澳大利亚陆军一个民兵营的中士。这些部队有一种近乎自满的被动性的形象，这也是这个国家，还有其他国家，在20世纪30年代的特点。当这一切在1941年突然崩塌时，由许多这样的非全职志愿人员组成的部队在装备和军官配备上都已经很落后过时，使用的还都是第一次世界大战后剩下的物资和人员。[1]因此正规部队的人经常看不起他们。

---

1 以及匆忙征用的民用车辆，车上还标有"比尔·史密斯面包坊"等标记。

不过，这些本地新招募的部队的战友情谊很强。索恩斯的第 3 营由早先就相互认识、经常来往的男人组成，他们都是来自古尔布恩、昆恩贝延、克鲁克维尔、亚斯、米塔贡、波瓦尔、莫斯谷、莫鲁亚、布雷德伍德、德勒加特、达尔格提和阿德米纳村等紧密联系的小社区。(他们中间年龄最小的才 16 岁，最大的已 61 岁，是布尔战争年代的老兵。) 他们训练有素，当这个营最终在 5 月中旬登船被派往新几内亚时，他们收到了新的战斗装备和新武器——包括令人印象深刻的美制汤普森冲锋枪。这是索恩斯第一次出海。

让他们上船出海的命令来得突然且出人意料，但索恩斯还是赶紧与他 19 岁的女友琼订了婚——顺便提一下，她也住在昆恩贝延——还和他父亲乔治见了面。他父亲是经历过上一次世界大战的老兵，1915 年在加里波利受过伤；不过索恩斯记得，当他们在悉尼中央车站分手的时候，他父亲是多么平静和镇定。(他的另一个儿子，索恩斯的兄弟瑞格，自新加坡沦陷后一直被报失踪，而还有一个儿子阿尔夫也穿上军服当了兵。) 父亲只是用自己实事求是的方式敦促索恩斯好好学点本事，"因为这会有助于我在战争中活下来"。

自 9 月 5 日起第 3 营参加了沿着科科达小道发起的战役。当时他们统计的部队人数是 560 人。而到了大约两个星期前，就只剩下 372 人了。那还是在欧拉溪那场旷日持久且代价高昂的战斗之前，这一仗打开了前往科科达的道路。[1]

澳大利亚部队向科科达进攻的尝试是这个丛林密布而且地形极为起伏不平的战场上的一场相当典型的战斗：让人完全晕头转向，有肉搏战，

---

[1] 与之前的所有战斗一样，澳大利亚军队在欧拉溪之战的损失也比日军大：阵亡和受伤的有 412 人，而日军阵亡和受伤的则只有 244 人。

也有你几乎看不见敌人而感到的恐惧。有包抄行动，有勇敢的自杀式刺刀袭击，各排还会分开行动；在悬崖最陡峭、雨林最茂密、峡谷最深的地方都发生了袭击，而人们在这茂密的绿色植物的迷宫中会消失得无影无踪；指挥官犹豫不决，误判误解情况，互相争吵或发布不可能完成的命令；雨是下了又下，越下越多；己方有空中支援，但战机攻击错了地方；有人懦弱，有人残暴，有人英勇，也有人死亡——运气带来的偶然死亡，战场上的死亡几乎总是如此。

贝德·索恩斯在最初几天就到了那里。他的朋友中已有三个阵亡了，而在平时的排长受重伤之后，他自己冲锋在前，率领部队进行了一次突击。日军最终撤退了。

所以现在的场景是安排好的。前一天，索恩斯这个营的一名士兵已经在村庄上空升起了一面澳大利亚国旗，但现在部队正在为摄像机重复表演升旗，以便让接替最近被撤职的师长的新将军能够趁机显耀一番。[1]（顺便说一句，那位前师长是第三位在科科达小道来来回回的军事行动中因上级不满意而被抛弃的高级指挥官。[2]）那天早上还有一架美国战斗机扔下了一面全新的锦纶旗子。

正如前面说过的，升旗时索恩斯本应是和第3营的其他成员一起在场的，但他们现在站在旁边一点的地方，在外面的橡胶树中间。他们很郁闷，因为此刻感到他们的胜利被人偷走了。（没有一个其他的步兵营

---

[1] 新任指挥官瓦西因此与其前任艾伦领导时克服重重困难而取得的进展联系在了一起。艾伦（又被称为"胖子"，因为他又矮又胖）在第一次世界大战期间表现出过极大勇气，但对那一代的许多人（在如今这场新战争中常是高级指挥官）来说，这些经历常常诱使他们在遇到新问题时还寻找过时的解决方案。

[2] 即使在较低级别，也存在很多指挥官顽固不化和表现不佳的问题。其中有个营，即2/25营，在不到一个月内就撤掉了两名营长，第三名营长则在10月15日成为日军炮弹的牺牲品。三天后又有一名军官因不愿进攻而被撤销军职。

像他们那样在科科达小道的最前线战斗了那么久。他们已经筋疲力尽了。很多人都生病了。）而一支正规军反而被旅长誉为科科达的征服者。这事会在今后数十年里一直刺痛他们的心。[1]这就是象征的力量。

但即使升旗的场面是刻意安排的，即使士兵们仍然情绪很低落，即使成就感与苦涩感交织在一起，满足感还是有的，因为他们现在已经在新几内亚赢得了对日本人的第一次真正重大的胜利。这次胜利可能代价高昂，但它证明了他们的对手绝不是不可战胜的。而那些高山终于耸立在了他们身后。

但这一目标一实现，就增加了一个新目标。升旗仪式结束大约一小时后，最前面的几个排就在雨中继续前进了。他们排成漫长稀疏的队伍，从高原下山，一直向北行军，进入往山下铺展开去的幽暗丛林。贝德·索恩斯和第10排剩下的16名士兵已经进入科科达小道西边的原始丛林中进行侦察。日本人都到哪里去了呢？

*

安妮·萨默豪森住在布鲁塞尔市中心威廉十四世大街6号。她走出狭窄的三层楼房向右转时，就会遇到环绕着艾克塞尔斯水坝的秋色烂漫的树林——在周末，这里是很受城里人喜欢的出游目的地。如果她向左转，几分钟后她就会出现在宽阔、笔直而时尚的路易丝大道上——顺便说一下，这条大街不仅是购物者青睐的地方，也受到盖世太保的喜

---

[1] 问题是艾伦犯了哪些错误，将他撤职是否正确，这至今仍存在争议，并有热烈讨论。2012年彼得·威廉姆斯撰写的《科科达战役》是关于当时发生了什么事和没有发生什么事的最清晰的记录。

爱。[1] 盖世太保已经接管了这里众多大楼中的四座，并把它们变成了被卫兵包围的小堡垒，有一种威胁人的黑暗气息。[2]

那些挂着纳粹万字旗的建筑物让勉强维持着的正常状态有点不正常了。布鲁塞尔正在进入战争以来的第三个冬天，如果说前两个冬天就有些难挨，那么这个冬天也将是一个考验。

这座城市寒冷，没有色彩，笼罩在11月的阴沉灰暗中，这是缺乏煤炭和天然气，[3]以及由此造成的所有后果导致的。经过大约两年被占领的经历和物资短缺，人们已经疲惫得脱了一层皮——这既是比喻，也是字面意义上的实际情况。安妮在街上遇到的许多人都显得消瘦，穿着也很破旧，衣服不是已磨损就是修补或翻新改做过的。（在裁缝店翻新一件大衣要花95比利时法郎，翻新一套西装要175法郎。）实际上你能听到缺少皮革造成的声音，如一种比较硬的"咔嗒"声：当一个皮鞋底磨损到头的时候，人们通常会用自制的木鞋底代替。

布鲁塞尔成了一个更安静的城市。私家小汽车很少见。（街上能看到的小汽车大多配备了某种燃气系统，车顶上装了管道或车后面有燃气装置。）人们出门靠步行或骑自行车。过去用卡车运输的东西现在由马车来拉。唯一与战前一样保持不变的是淡黄色的有轨电车，它们总是挤满了人，在街道上叮叮当当地驰过。[4]

---

1 这里的盖世太保用正确术语应该是：SiPo/SD，即安全警察和国安部，盖世太保是其中的一部分。
2 仅仅两个多月后，一名在英国服役的比利时战斗机飞行员让·德·塞利斯·隆尚斯驾机沿路易丝大道进行了一次未经授权的低空袭击，并轰炸了位于大道453号的一座有艺术装饰的高楼，即盖世太保总部。此事使他既被降级，又获得奖章，体现了英国典型的矛盾做法。
3 当时家用煤气每天只允许使用两个半小时。
4 但实际情况不完全一样：德国专家改变了有轨电车网络。1939年大约有15万辆私家小汽车在使用中，而到1942年这个数字减至6 520辆。

长期以来，食品店外始终排着的长队一直是这个城市的一部分景观，就像街头小贩和穿着长长的深色外套与戴着白色的热带头盔式头饰的警察一样。（没有人会停下来反思这个现象。）穿着灰绿色军服的德国人也属于这一类。他们只是三五成群的游客，通常只带着地图和相机，在大多数情况下，他们都很小心礼貌。在一个处于战争状态的被占领的首都，让人出乎意料的是，街上几乎见不到武装的占领者。有时会有一支德国军乐队出现，沿着路易丝大道上铁锈色的栗子树边演奏边行进。许多行人会转过身去，假装在研究商店橱窗里的商品。

安妮·萨默豪森很清楚为什么她在布鲁塞尔街头散步时遇到的武装德国军人如此之少。被占领后的事务主要是由比利时人自己处理的。当然，最上面的是一位德国总司令——正确的头衔是军事指挥官——每个人都能从墙上的告示和报纸公告中知道他的名字：冯·法尔肯豪森将军。而他手下通常是混杂的德国幕僚，包括专家幕僚、助理、各类小组、各部各局等。还是战前的比利时行政部门——依然完好无损——确保了当局的决定得到执行。在第一次世界大战期间，当比利时人拒绝合作时，大约有1万名德国官员被要求来管理比利时的占领区，甚至最小的细节都要管。而到了此时的1942年11月，只要475人就够了，如果算上所有的下属人员和专家机构，则是850人。而且管理面积要大得多。[1]

萨默豪森看见过这些数字，而这些数字让她内心感到愤怒，但显然也让她感到羞耻。然而，萨默豪森在这里表现出一种在比利时人中常见的矛盾心理。这种安排无论如何总比混乱、比让盖世太保或在邻国荷兰担任总督的奥地利纳粹党头目阿图尔·塞斯－英夸特那种狂热的纳粹党大区长官统治要好。萨默豪森在自己的日记中写道："对比他们的那种统治方法，

1　占领区行政当局还包括最靠近边境的两个法国人的部门。

我们宁可接受我们的甘地式政府,这种政府实行消极的抵抗,并且通过其惰性,慢慢地扼杀那些冒险进入其势力范围的、精力充沛的通敌叛国者。"

这只是在等待和平的过程中的一项临时安排,好像她和其他大多数人都这么想。但和平何时到来?这种戒严状态何时结束?

不知多少个月过去了,甚至几年过去了,他们的等待已经从一种方法变成了一种生存方式。大家都在等待什么东西,等得不耐烦,等得无精打采,或充满焦虑,有时甚至都没想过那是什么,也不知到底在等待什么,等待的可能只是些存在于他们想象中的东西。萨默豪森也在等待。等待和平,等待好消息,等待在商店里有更多东西买——尽管许多商店在她下班回家前就赶紧关门了——等待黑市上的下一次交易,等待她丈夫从德国南部战俘营那边寄来的下一封信。

在11月里灰蒙蒙的布鲁塞尔散步的时候,萨默豪森注意到两个相当新的现象:第一,宣传盟军力量并承诺击败德国人的涂鸦。第二,指出哪里有防空洞的标志(并标明每个防空洞可以容纳多少人)。从前一年春天开始,他们就经常能听到轰炸机在夜间飞过。

*

德国人和意大利人还没有撤退。下一步计划要求基思·道格拉斯的部队走一条沙漠路线。他和其他人可以看到他们现在已经接近这条道路了,因为在一个小山脊后面,电线杆的杆顶已经露了出来。但是敌人的坦克和反坦克炮也在那里等待他们。任何试图越过这个山脊的英国坦克都已被炸飞了。

道格拉斯把他的"十字军"型沙黄色坦克停在一个小洼地里,和其他几辆来自同一部队的坦克停在一起。他不时向前开一点进行侦察,但立即返回原地寻求掩护。他们是在等待。他们在等待时机。他们真的不知道该怎么做。有人是变速箱出了问题，另一个人是收发报机有问题。道格拉斯的大问题是另一种情况。当时他自己的坦克出现了漏油现象，[1]因此，前一天晚上他被迫借用另一辆坦克，一辆机械部分可能没有损坏的坦克，但坦克里有两名士兵刚刚阵亡。坦克炮塔里的一切都沾着血和其他体液：地板、坦克舱壁、收发报机、弹药、机枪和主炮的后膛。它的腥臭气很难闻，也会吸引来苍蝇。

这是11月3日，星期二下午，白天就要结束的时候。灼热的烟雾从山脊的另一边飘过来，但什么也没有发生，只有一群重型的英国坦克滚动着开了过来，大概是作为某种增援，因为这种情况下的烟雾意味着对方的攻击即将到来。

但这是一次引诱敌人的伏击。

重型的德国反坦克炮，比如那种令人憎恨的88毫米反坦克炮，开火了。德国人的攻击完全是按照程序进行的。首先是高爆炮弹，炸起一团烟，随着山脊对面的炮手调整发射角度，爆炸也越来越靠近他们的重型坦克。然后是一阵雷鸣般呼啸而来的冲击，迫使坦克手关闭舱盖，因而视野更糟，反应也更慢。最后，令人不快的噪声来了，这意味着穿甲弹正在逼近，接着是它们撞击金属的短促而尖锐的开裂声，以液体泄漏的声音结束。这意味着汽油已经被点燃。仅仅几秒钟，三辆格兰特式坦克就被击毁了。火和烟雾从舱口喷出。道格拉斯看到一些幸存的士兵逃出坦克，他们互相帮助着站了起来。

不过，道格拉斯的注意力很快就被什么别的东西吸引住了。灼热的

---

[1] 正如前面所说的，道格拉斯的坦克是"十字军"三型，显然速度很快，装备精良，但在机械方面不可靠是出了名的。在沙漠地形上颠簸行驶两三天后，发动机缸体就常会出现漏油现象。

沙地上摊着一本脏兮兮的美国男性杂志《时尚先生》，封面色彩艳丽，令人熟悉，封面人物留着滑稽的大胡子，穿着制服。道格拉斯只觉得自己必须去拿到它。他从坦克炮塔上跳下来，就在这时一个粗重的炮弹从他们头上掠过。他把杂志捡起来，又爬进了炮塔，就和炮手一起开始翻阅这本破烂的、脏兮兮的杂志。

当兵的都读这种杂志，花很多时间读。如果你睡不着，读杂志或许是打发时间的最佳方式，在等待中打发掉无聊的时间已经成为他们生活的重要部分。前牛津大学学生道格拉斯是个书呆子，甚至在他自己平时待的坦克里建立了一个小型图书馆。其中大多数是企鹅版的使用廉价纸张的平装本——其中最受欢迎的是绿白绿封面的侦探小说——但也有西部故事和一卷莎士比亚十四行诗，后来还有了一卷尼采文集，是德文的。

不过，眼下这本男性杂志所代表的当然并非仅是一种消磨时光的方式。它是时空网络上的一个洞，是通往另一种生活的门户。我们可以设想他们正在仔细研究这期杂志上那些面带微笑、衣着暴露而胸脯高耸的**窈窕女郎**，她们是照幻想画出来的女性，总是一如既往地画着不成比例的长腿和不成比例的小脑袋。这种软性色情图片已成为该杂志的标志，也成了盟军士兵的一种风气：它们随处可见，在兵营，在防空洞和战壕里，在坦克内，甚至画在战斗机外壳上。[1] 但最让道格拉斯着迷的是一种整张对折页的好莱坞某种派对的彩照，男人都穿着合身的燕尾服，女人穿着薄薄的低胸连衣裙，有些瞬间他好像也在那里，在1942年的一个平

---

1 美国邮政局在1944年曾阻止《时尚先生》杂志邮寄到海外，因为这些照片被认为太下流了。结果引起了一场愤怒的舆论风暴，甚至刮进了美国国会。在英国方面也有不少类似杂志，但最主要的是《每日镜报》，其卡通人物"简"总会丢失部分衣服。在此期间，据说每天的报纸上简的衣着暴露程度与当天轰炸机投弹人员执行任务时的表现之间存在一种关联。无论如何，有人坚信，随着战争消息越来越糟，简就变得越来越赤身裸体。在报道与诺曼底入侵有关的消息时，编辑甚至让她脱掉了内裤，第一次展现出上帝造她的样子。

行宇宙的一部分里，一种与战争平行着的生存方式，那里有霓虹灯、香水气息、舞蹈、爵士音乐和朦胧的鸡尾酒杯，以及欢笑声、无忧无虑的表情、纯粹的微笑和诱人的红唇。

不过，就在此时此地，英军大规模的还击炮火开始轰鸣，坦克都关闭了舱盖。道格拉斯几乎是用光速回到了现实中来，回到自己的舱壁沾满血迹的坦克里。在他的耳机里，他听到了团长对在交火中已经开始后撤的重型坦克群残余部分大声怒斥的声音："没人对你们说过撤退。**回去**。你们他妈的都给我**回去**，给那些浑蛋一点颜色看看。你们真太他妈的丢人现眼了。"道格拉斯看到那些坦克又小心翼翼地往前滚动了。

山脊另一边的炮火渐渐稀疏，最后完全沉寂下来。有人说，德国人已经开始撤退了。

*

同一个星期二，又有三列拖着运牲口的车皮的火车抵达了特雷布林卡。其中第一列火车上有来自波兰格瓦索夫的大约 1 000 个犹太人，第二列火车上有来自拉多斯兹策的差不多 4 000 个犹太人，而第三列火车上有来自克恩斯基的大约 9 000 个犹太人。除了少数人幸免于难，用来补充集中营"特别工作队"里人数不断缩减的工人队伍，其他所有人都在夜幕降临之前被杀害了：有男人、女人和孩子。

在仅仅一天时间内就要夺走 1.4 万人的生命，这正是这个死亡工厂所能完成的极限。这一天，党卫军毫无疑问必须使用两栋有毒气室的建筑，一栋有三间毒气室，最多可容纳 1 350 人到 1 500 人，而新建的有 10 个毒气室，总共可容纳 4 000 人。

然而，这个流程中真正的瓶颈不在于杀戮本身，而是尸体的处理。

我们可以肯定，刽子手就像往常一样，选择了一些刚到达的年轻人来帮助搬运和拖拽尸体。但在这个过程中还有一个问题是，及时从尸体中拔出金牙。而"牙医"太少了。

这为"齐尔"拉伊赫曼创造了一个喘息之机。

早上点名的时候，集中营最高负责人、党卫军亲卫队小队长海因里希·马特斯下达了扩大"牙医工作队"的命令。拉伊赫曼立即报了名，宣称他是一名牙医，并且被录用了。他加入了"牙医"队列，跟他们一起前往兵营。

有个木头建筑和那栋较旧较小的毒气室建筑连接在一起。木头建筑里有一张很长的桌子，数条长凳，在一个角落里还有一个锁着的柜子，所有收集到的贵重物品都存放在那里——包括从被杀害的女人阴道里找到的东西。屋子里的热量来自一个小火炉。光线则来自两个较小的窗户。通过它们，拉伊赫曼瞥见了集中营外生长的许多高大松树中的一部分。（在松树林中，你还可以看到一丛丛发黄枯萎的羽扇豆。）他也可以看到附近另一栋有毒气室的巨大建筑。每次放毒气的时候，他们当然都会听到尖叫声。

拉伊赫曼和其他人一起坐下来。他们互相很靠近，很密集。等待下一次"运输工具"抵达的过程中，他们会彻底检查拔出的成堆牙齿和牙冠（有的牙齿还带着血和残留着牙肉碎块），清理出所有还有价值的东西。"有两位专家对金属的东西进行了分类，特别是白金、红金、铂金和一般金属。"

在头半个小时里，拉伊赫曼试图弄清楚应该怎么做，尝试过不同的用具。这时有人在敲窗户。最初几个毒气室的门正在打开。有六名"牙医"被派到那边去了。拉伊赫曼也是其中之一，他分到了两把钳子。首先，他们每人都从木工间里搬来一张桌子，在露天的乱葬坑旁边排成一排。然后他们用井里打来的水把各自的碗装满,再跑回桌子那边把碗放在桌子上。然后工作就开始了。

"抬尸队"的人跑着过来了,通常是两人两人地用一个梯子样的担架抬一个尚有余温的尸体。他们在那排桌子前面停下来,桌子最前面站着一个男人,他迅速检查了尸体的嘴里。(会不会是指挥部派的"工头"齐默尔曼医生?)如果在尸体嘴里没看到什么有价值的东西,他就对"抬尸队"的人迅速挥挥手,让他们把尸体抬到那个大坑去。如果看到有什么发亮的东西,他就会指导"抬尸队"的人把尸体抬到一个正好空下来的"牙医"那里。两个抬尸工抬起尸体,让其头部靠到桌子上。拉伊赫曼猛地一拔,拔下金牙和牙桥。拔出的牙齿被扔进盛满水的碗里。然后抬尸工就抬着尸体继续前行。这项工作并不容易。拉伊赫曼叙述道:

> 大毒气室里的杀戮要花费更长的时间,而来自那里的尸体也以令人恐怖的方式发生了变化。死者的脸完全变黑了,就好像被烧过,尸体肿胀并且发蓝,牙齿被挤压过,以致你几乎不可能打开嘴巴去取金牙。你不得不拔掉一些自然的牙齿,否则你就无法打开他们的嘴。

工作就这样继续着,一直持续到 6 点钟才停止,停工通常是以这种程式:[1] 吹号,收集工具,打扫房间,列队离开,在教堂外排队听营地乐队演奏,检查人数,在炊事营房吃晚饭,被锁进房间。

特雷布林卡的 11 月 3 日星期二就这样结束了。

---

[1] 尽管在一些毒气室里还有尸体,而火车还在车站等着,但在 6 点钟停止所有工作似乎是标准程序。那些已经被关在毒气室里但来不及放毒气杀死的人会被关在毒气室里过夜,到第二天早上正常钟点恢复工作时才被杀死。这个事实凸显了这庞大的屠杀机器作为工厂的一面。

*

同一个星期二，当太阳到达天空中最高点时，有一辆轻型越野卡车摇摇摆摆地以非常快的速度在沙漠上飞驰，越来越靠近了。仅此一点就是不祥之兆。现在这事已经发生了吗？那辆卡车刹了车停下。有几个灰尘满面的人爬了出来。他们感到震撼。是的，这事现在已经发生了。

维托里奥·瓦利切拉惊恐地听人讲述那些故事。星期日晚上，炮兵连撤出阵地，向南移动，以支援"利托里奥"装甲师，并打算与德国坦克部队一起攻击已经出现的敌军突出部，甚至将其切断。但那已经成为一场屠杀，一场纯粹的屠杀——他们用的就是"屠宰场"这个词。他们那些轻型武器装备的坦克进入射程之前，英国人新的重型坦克和反坦克部队就以极其轻松的方式将其一个接一个地击毁了。他们看到本方的坦克手们如何从喷火的车辆上跳出来，一个个就像活的火炬。

那么炮兵连呢？全被消灭了。人员呢？全都阵亡了，或是被俘虏了。他们是唯一还剩下的——当其他人在夜间撤离的时候，他们以及维托里奥，还有他的战友们，得到命令留下，和运辎重的卡车一起留在这儿。

现在会发生什么？他们应该尝试突围吗？他们能逃出去吗？他们是六名年轻士兵，没有指挥官，没有命令，没有无线电收发报机，没有可靠信息，被抛弃不顾，在一个沙海中遭遇沉船般的灾难：这六人是贝拉、"希腊人"、巴鲁费、多利曼、贝里尼和瓦利切拉本人——一个24岁的卡车司机。贝拉的军衔是中士，算是形式上的指挥官，但瓦利切拉建议从现在开始他们的所有决定都通过投票集体做出。后来就是这么做的。

他们评估了自己储存的食物，以及他们生还的可能性。他们有两辆还能开的轻型卡车：一辆是意大利产的TL37卡车，它的巨大轮子看起来像是根据儿童图画设计的，但坚固可靠，有四轮驱动功能；另一辆是瓦利切拉自己最喜欢的，一辆雪佛兰牌的轻型卡车，是个装备精良且易于驾驶的战利品。

那么物资储备呢？他们有15个装满了的汽油桶，这很好，但是只有大约60升水，这就不太好了。（他们和车辆都需要大量的水才能正常工作。）他们的厨师多利曼解释说，他们有充足的食物：一纸箱糖水水果罐头、一箱意大利肉罐头、一纸箱英国咸牛肉、六纸箱德国酸白菜、三箱干面包和大量茶叶及各种香烟。（细节说明问题：瓦利切拉在他的日记中一点也没有提到武器或弹药。）缺水是一个问题，但并非无法解决。他们都是沙漠战争的老兵，知道在沙漠散落的残骸中通常可以找到大部分东西，尤其是水、汽油和食物。

这一夜安静无事，只有一个车队在黑暗中从靠近他们的地方经过。是友军车队还是敌人的车队他们看不出，因此他们躲了起来。北方的地平线则一次又一次被闪光照亮。

*

同一个晚上。阿拉曼的黄昏时分。基思·道格拉斯把他的坦克向后滚动了一段距离以便加油，并去喝杯茶和吃点东西。他们把各自的坦克都开到临时搭建的一个营地去，享受那里分发给每个人的大量朗姆酒，作为从所有方面判断都很有进展的漫长一天的奖励。道格拉斯这样写道：

> 朗姆酒的庆祝效果被我们自己的一门25磅[1]火炮破坏了一点。这门火炮出现了校准方面的错误，在大约一个小时内，每隔几秒钟

1　1磅约合0.45千克。——编者注

就会把炮弹投掷到我们自己的地盘中间。最初的几发炮弹在一名副官的头上炸出一个洞，还使B中队的一名下士双目失明。我蜷缩在机关炮塔里地板上的一张布满黏稠血液的床上，度过了一个很不舒服的夜晚。

当太阳升起的时候，他们就要发起一次新的攻击。

*

11月4日，星期三，住在长岛的多萝西·罗宾逊发现，共和党在本次大选中取得了压倒性的胜利。民主党在众议院失去了45个席位，也失去了在纽约已掌握了20年的权力。罗宾逊很满意：她投票给了年轻而精力充沛、廉洁奉公的前特别检察官托马斯·杜威，他现在成了他们的新州长。

他们已经开始关闭不用的房间，以节省取暖的燃油。吉姆的工作越来越多，外出次数也越来越多，他回到家里时，通常是又累又暴躁。他们的儿子阿特自愿加入了航空队，女儿佩吉现在在西海岸，是为了能接近她的未婚夫，而后者已被征召入伍。到了晚上，罗宾逊经常能听到飞机发动机在她房子上空以雷鸣般的声音盘旋，因为附近航空基地的战斗机正在练习夜间飞行。而在她房子的另一端，现在还放着一些装满沙子的桶、一把铲子和一条粗糙的毯子，一切都是按照规定，准备用来扑灭任何燃烧弹引发的火灾。

新几内亚的丛林在中士贝德·索恩斯身上引发的感受是矛盾的。一方面是恶臭、潮湿、腐烂、昆虫、黑暗以及视野只有仅仅几米所让人产生的威胁感。另一方面，他会被丰富的鲜花和色彩缤纷的大蝴蝶迷住。他和他的第 10 排的战友们正在科科达西部搜索侦察，寻找撤退的日本人。没有人真的知道他们在哪里。

他们在名副其实的原始森林中穿行，那里黑暗无光，到处覆盖着苔藓，有时还有极厚的腐叶层。他们身处一个拥有上千种不同绿色的世界，包括阳光也是绿色的。时而这里时而那里，阳光从他们头顶上茂密树叶构成的树冠的缝隙渗透下来，形成纤细的、飞满昆虫的光纹。他们没有看到人或听到什么人声。他们所走的小径有很长一段路几乎是看不见的。地图也很简陋，很多地方都是空白的——从各方面来看这些都是未知之地。索恩斯和他的 16 名战友极有可能是第一批到这里活动的白人，甚至有可能在很长很长时间里是第一批来到这里的人类。索恩斯和其他战友在晚上都冻得发抖，而在白天却汗流浃背。

现在是早上，侦察队已经出来三天了。索恩斯和其他战友刚刚走出那个黑暗的布满苔藓的丛林。他们看到远处有一个四间小茅屋构成的小村落。他们走过去，而那里很安静，并没有人。他们在那里停留下来，生火，泡茶，就着茶吃几个月来一直在吃的同样的东西：咸牛肉[1]——是冷的、直接从棱角分明的金色罐头里倒出来的——还有坚硬的军用饼干。科科达现在不远了。索恩斯甚至可以瞥见并听到远处有一架运输机，显然是在飞往机场。

---

[1] 粗盐腌牛肉是在盐水中煮熟，然后剁碎，再与少量明胶搅拌成的罐装牛肉。

这时有人看到了一条狗。这里有狗，那这里就会有人。

索恩斯叫喊起来。澳大利亚士兵伸手去抓他们的武器。就在20米外，沉默不语的巴布亚人手握着强大的弓箭从茂密的莎草中站起来。他们一共有18个人，站成一个半圆，包围了澳大利亚士兵。澳大利亚人用枪瞄准他们，巴布亚人也以闯入者为目标。在某种程度上，这也符合世界大战的定义，即一场规模巨大而且像滚雪球一样不断扩大的冲突，而这种冲突扭曲了一切，摧毁了一切——生活、思想、价值观、现象、恐惧、希望、梦想——也牵扯进了一切，甚至牵扯到与此冲突本没什么关系的地方和人。

索恩斯不知道该怎么办。各种思绪涌上脑海。他在想，他不想杀死他们。他在想，即使杀了他们，自己人中也会有人被杀死。他在想，这些巴布亚人——和他身边那些来自古尔布恩、昆恩贝延、克鲁克维尔、亚斯、米塔贡、波瓦尔等地的白人小伙子相比的话——是多么坚忍。他在想，他在这个小村边上看到两个坟墓。他在想，一定是巴布亚人杀死了现在躺在坟墓里的日本人。他在想，如何与这些巴布亚人交流。

没有人动，也没发生什么事，而当他们对峙着、僵持着的时候，时间也停止了。两个不同的年代，武器相向。有一个他自己这边的士兵呼吁起来，叫喊起来，其他人也跟着叫喊起来，连他也开始叫喊，用临时想到的杂烩语言："澳大利亚人。澳大利亚人。不是日本人。我们是一伙的，朋友。一伙的，巴布亚新几内亚朋友。不是日本人。朋友。我们是你们的朋友。"[1]

事后，索恩斯都很难说他们这样僵持了多久，"但感觉是很长时间"。(索恩斯在他的叙述中没有提到用了什么手势，但手势是一定用过

---

[1] 战争的两方都十分依赖原住民做搬运工，沿着科科达小道推进，但澳大利亚这一方取得了更大的成功，因为他们对待巴布亚人远比日本这一方友好。后者几乎不假思索地对巴布亚人使用了他们在中国就已经习惯使用的那种胁迫和暴力。

的。)最后,巴布亚人放下了武器。澳大利亚人也这样做了。

索恩斯递给巴布亚人肉罐头和饼干,但在他递给对方盐的时候,双方之间的隔阂才完全冰释了。"我用舌头润湿了一个指尖,蘸了点盐尝了尝,他们的首领也这样做了。他就笑了,接着喉咙里发出一声咕哝的声音。其余的巴布亚弓箭手就都发出了赞许的声音。"

危险已经过去。穿着草织短裙的小孩和妇女就从高大的莎草中走出来。当索恩斯和其他人最终离开村庄的时候,他们高兴地向巴布亚人挥手告别,而巴布亚人也愉快地向他们挥手告别。在他们面前现在是一片开阔的、阳光普照的温暖平原。在并不很远的地方,科科达在等待着他们——巴布亚人已经为他们指明了方向。日期是 11 月 4 日。

*

同一天早上,维托里奥·瓦利切拉和他的战友看到一些德军的坦克从他们旁边驶过。坦克上的人可以确认,顺着沿海的公路向西,他们已经开始从阿拉曼全面撤退。现在瓦利切拉和他的战友们必须做出决定。有些人和贝拉中士谈到如何试着离开此地,逃跑,以某种方式找到通往西部的一条路,回到他们自己的阵线——在眼下这种动荡不定的情况下,本方阵线的什么地方都可以——而最终目的是回家。

维托里奥·瓦利切拉出身在维罗纳省一个简朴的农民家庭,习惯于在田里干活,习惯于按照别人的吩咐去做事,习惯于做总是要做的事。虽然他从来没想过去上学,但他读书很多,而且很愿意读书。尽管他当然服从征召令参军了,但他对军队中的生活明显缺乏热情。他不是法西斯主义者,在政治上其实他偏左。他是那些对战争不感兴趣但发现战争对他感兴趣的千百万人中的一员。如果说他曾怀有什么幻想,那些幻想现在早已经消失了，被在北非将近20个月的生活磨掉了。维托里奥·瓦利切拉身材矮小，但肌肉发达，是意大利北部那种深色金发、眼睛凹陷、嘴巴轮廓分明、下巴线条有力的人。他的思想和穿着方式是非军人式的。在照片中，你会经常看到他穿着一件白汗衫。

瓦利切拉已经受够了。他很想留在这里，等英军过来，然后就投降。难道真值得冒险，踏上如此漫长的某种不确定旅程吗？厨师多利曼表示同意他的疑问。而"希腊人"和贝里尼无法决定，但巴鲁费站在贝拉那一边。事情就这么决定了。要向西走。他们启动了卡车，沿一条湿滑的车印驶过沙地。太阳正从湛蓝的天空中如火球一般照耀大地。

*

冷雨绵绵。无尽的灰色田野。一片失去了色彩和人迹的风景。一条狭窄而蜿蜒的乡间道路。一匹疲惫的马拉着一辆马车。车上除了马车夫，还坐着达努塔，怀抱着一个小男孩的一名年轻女子，还有约泽克，比她大10岁的丈夫。这对夫妇穿着单薄，没有雨衣或外套。而孩子裹得严严实实。即使是在和平时期，这也是一段很不舒服的旅程。

达努塔和约泽克都是华沙的居民——她更是一个典型的华沙人，不仅在那个波兰首都长大，也一直热爱那里的灯光、声音和人群。这年夏天他们是在波兰东部卢布林附近的一个村庄泽米尔尼基度过的，住在一个没有取暖设备而且孤零零的未完工房子里。现在冬天快到了，约泽克为他们找到了一个适合过冬的住房。它位于30千米外一个名叫米耶兹尔杰克的小镇上，在卢布林北边一点。这是他们在这个秋季里要去的地方。

当然这也是一种逃难，即使约泽克不想真的承认这一点。他给出的他们住在泽米尔尼基村度过夏天的理由是，这样对孩子更好，而且达努塔也"需要过一个暑假"。快到秋天时,他们要找一个新住房了,达努塔想回到他们在首都华沙的小公寓去,但她丈夫否决了这个想法。"在华沙太难搞到食物",这是他的主要理由。这当然也是真的。对于大多数波兰城市居民来说,现在他们每周例行要做的一件事是,利用周末带着空手提箱到乡下去一趟,通过黑市从农民那里购买或交换食物,然后经过检查站和路障,经过无处不在的一群群身着大衣、手持冲锋枪和带着警犬的德国士兵,把食物偷运回来。

但约泽克并没有告诉妻子一切事情。他时不时地消失,行踪诡秘,显然他也很不安,然后带着一点钱回来,似乎松了一口气。但达努塔看得出他的忧虑,知道他需要低调行事。实际上他是被假释的,因此必须到盖世太保在华沙的令人胆战心惊的总部去报告。那是在苏查大道25号的一座华丽的新古典主义建筑。(顺便说一下,这个城市里有一条街道是"德国人专用"的。它也改变了名字,现在被称为"警察大街"。)但从春天起他就不再去那里了。他不愿意再去,没力气再去,也不能再去。

约泽克是个被打上了标记的人,而且主要不是身体意义上的——尽管他的一条腿上确实有一个很大的伤疤,因为他曾被狗很严重地咬伤过——而是精神意义上的。他害怕、焦虑,会浑身颤抖、出汗和心悸。他夜里会做很多噩梦。

约泽克没有做错任何事情,只是不巧遭遇了那样一次偶然的街头突袭。[1] 在1940年8月到1942年1月期间,约泽克被关押在克拉科夫东南部一座"二战"前的砖砌军事营地里,当时这里被称为乌斯维辛姆,但

---

[1] 德国人首先是抓捕20岁到30岁的男性,把他们送到德国去当奴隶劳工。能保护自己不被抓走的唯一办法是出示自己已经为德国人工作的证明文件,或表明自己担任一些重要的波兰职务的文件。波兰人实际上是没有权利的,无论信奉的是什么宗教,而德国上层官员的腐败臭名昭著,不仅大赚其钱,而且可以毫无风险地对波兰人进行虐待,尤其是性虐待。波兰未被吞并部分的"普通政府",被一些德国人称为同音的"Gangstergau",意思是"黑帮区"。

与波兰许多其他地方一样，现在它被赋予了一个德国名字，被称为奥斯威辛。

达努塔不知道她丈夫到底经历了什么事。她也不愿意他说起这件事，因为这只会让他更心烦意乱。她听到的事已经够糟糕的了，是令人费解的故事，关于排队、冰冷的蓝灰条纹衣衫、木鞋、泥泞和艰苦的工作（他在集中营大门上铸铁字母做成的"劳动带来自由"标语牌子下面走过无数次），还谈到狗和殴打囚犯的党卫军士兵，以及殴打囚犯的囚犯、饥饿、随意的死刑判决和屠杀大批人的新方法（毒气——但这肯定只是谣言吧？）。[1] 人们还谈到纪律、铁丝网和岗楼，谈到沉默无声和一种黑色的死亡气氛：作为威胁的死亡，作为景观的死亡，作为现象的死亡，作为状态和日常生活的死亡。

约泽克就是一个灵魂被恐惧榨干的人。

一个灰冷的日子。一片涂着朦胧色彩的空旷风景。他们的车轮继续往前滚动。收割过了的田野。秋天潮湿的森林。村庄。然后他们进入了一个小镇。当他们深入一个广场的时候，他们遇到的是约泽克非常熟悉的一个场景，而他立即开始全身颤抖：

> 在这个广场的一边，数十名犹太妇女跪在地上，每五人排成一排，双手举向天空。而在广场的另一边，有犹太男人以同样的方式跪着。党卫军士兵在这两群犹太人之间绕来绕去，而他们手握冲锋枪，

---

[1] 约泽克被关在奥斯威辛集中营期间，该集中营仍然是一个主要针对波兰囚犯（基督徒和犹太人）的劳动集中营，确实也是一个极为残酷的集中营，但还不是种族灭绝集中营。例如，囚犯可以接收邮件。最初的毒气杀人实验是在1941年8月和9月间进行的，当时苏联战俘在第11营房的地下室里被用齐克隆B毒气谋杀，这是原来奥斯威辛一号的砖造营房之一，毗邻约泽克被囚禁的建筑物。对犹太人的大规模毒杀始于1942年3月，主要发生在奥斯威辛二号集中营，也就是集中营中新建的和大大扩展的部分。

身边是警犬，还用脚踢和用手推那些手举得不够高的犹太人。

她问丈夫出了什么事。他则告诉她不要往那里看。她看见他的脸色变得苍白，浑身发抖，满头大汗。他催促马车夫快走——他必须赶快带家人离开这里。马车拐进了一条后街，用越来越快的速度驰离。他这才开始解释，谈到发生在犹太人身上的事情，或者说实际上已经发生在他们自己身上的事情，谈到犹太人的运输、集中营和死亡。她把一个手指放在他的嘴唇上，让他不要再说话。为什么要谈到这种事？"我不想让你重新回忆这种事。"

他们的马车又驰进空旷的秋景中。天空灰蒙蒙的，又开始下雨了。他们冻得发抖。很快，他们就到达了那个叫米耶兹尔杰克的小镇。

*

薇拉·布里坦在11月4日星期三的日记中自嘲地写道，这天是"郊区家庭主妇的一个典型的日子"。在牛津街的"马歇尔与斯内尔格鲁夫百货公司"，她买到了一个金丝刺绣的衬领，她打算用它来为她那身黑色丝绸晚礼服增添一点韵味，她和她的购物女伴也在那家百货商店吃了午餐。饭后她们沿着邦德街走，经过街上为了行人修补好的洞，也经过那些带铁栏窗的房子，没有屋顶的房子，没有门面的房子，门面后面空无一物的房子，走到那家老牌的"特鲁厄菲特与希尔"美发厅，她在那里烫了头发——没错，她对自己的外表是特别在意的。[1]

---

[1] 这不仅仅是出于个人的虚荣心。由于薇拉·布里坦的许多观点被认为是很激进的，因此她长期以来一直注意自己着装考究，以免让人轻易地就把她视为又一个波希米亚式的"蓝袜子"。（"蓝袜子"最初指18世纪英国知识女性的同名俱乐部的成员，后来成为对文学女性的贬称。——译者注）

但布里坦完全不是"郊区家庭主妇"——不管她是不是讨厌做家务并尽可能让家庭佣工帮忙。她是一位48岁的女作家,一个有了两个孩子的母亲,也是女权主义者和和平主义者。对于英国和美国的公众来说,布里坦以自己的畅销书《青春誓言》而闻名,该书在不到十年前出版,讲述了她在上一次世界大战期间和前后担任志愿护士的经历。

她在20世纪30年代参加过一场和平运动,但现在这场运动已经在失败和内部矛盾的沉重压力下破碎了,只剩下一些残砖碎瓦了。人们的分歧是巨大的:这场运动有像布里坦这样的实用主义者,他们可以接受民防等服务;也有原教旨主义者,他们拒绝一切,对他们来说,任何形式的和平都比任何形式的战争好;还有法西斯主义的秘密支持者,他们坚持认为希特勒受到了不公平的对待,而这场战争是犹太人阴谋的结果。但布里坦拒绝放弃她自己的原则。

她继续为和平主义观点辩护。在敌方轰炸机于头顶嗡嗡作响的情况下,这样做需要勇气、力量、坚定和一定的固执。她并不是那些英勇抵抗战争和纳粹主义,以至需要在美国寻求安全的知识分子之一,尽管她曾考虑过这个想法,并确实把孩子送到了那里。

布里坦每两周就会出版一份小号的和平主义通讯,《致和平爱好者的信》,发送给英国各地大约1 000名订阅者。战时的纸张配给让她的工作变得很困难,而这项工作也花费了她大量的时间,在某种程度上还花费了她的金钱。但即使像她这样的观点越来越不受欢迎,甚至遭到人们的厌恶,布里坦也没有放弃。[1] 这天一早,她先向担任秘书的一位女士发送了一封指示信,而来自其他联系人的信函则正在她家里等待她。就在一周之前,她出版了自己的最新著作,倡导和平主义协定的《带着荣誉的

---

[1] 薇拉·布里坦还积极深入地参与了解决希腊等被占领国家的粮食援助问题的工作。

羞辱》。她很好奇而且迫不及待地想知道人们对这本书的反应。

她的这一天是以在斯图尔特咖啡馆喝下午茶来结束的。伦敦有着通常在11月很少见的灰暗，纪念碑前堆着沙袋，还有被炸弹炸毁的房屋和发黑的商店招牌。不过，居然没有下雨。

*

同一天的早上，基思·道格拉斯和他的坦克分队剩下的人翻过了那座山脊，经过了很多尸体或尸体残骸，经过了前一天的战斗后被烧黑和毁坏的坦克或车辆残骸。他们一边焦急地开着摇摇晃晃的战车前进，一边注意侦察，但什么事情都没有发生。能听到的只有发动机的轰鸣声和坦克履带发出的窸窸窣窣的声音。他们到达了有一排排电话线杆的沙漠公路。路上空荡荡的。德国人和意大利人已经撤退，甚至是逃跑了。他们遇到了一名孤独的逃兵，他在晨光中艰难地朝他们走来。这名逃兵证实了这些情况：是的，他们已经消失了，向西撤退了，他们现在已经到了很远的地方。道格拉斯和其他人则很怀疑，不知道该相信什么，他们害怕进入什么圈套。他们继续前进。这里的景观开阔起来，平坦而宽广。后来发生了一些小冲突，但很快就过去了。

*

当天气允许的时候，阿尔贝·加缪通常会坐在他住的小旅馆外面的一条石凳上。那个小旅馆是他妻子的一位远房亲戚经营的。他已经慢慢习惯了这里的风景，其颜色和线条与家乡阿尔及利亚的风景截然不同。这里的声音也很不同。狗吠声在开阔的北非风景里回响的时间，比在这片丘陵和覆盖着森林的法国中部高地要长得多。在这里,他算是一个陌生人,但又不算是。

这家包伙食的小旅馆位于一个叫勒潘纳利尔的村庄,在里昂东南约90千米处,属于法国中部高地维瓦赖省。在他的医生的推荐下,加缪自夏末以来就一直住在这里,作为治疗他的肺结核复发的一个措施。勒潘纳利尔村位于海拔950米的高地,正是这样的海拔高度,让空气略微稀薄,被认为对肺结核患者有利。此外每隔一周,加缪都要经过一条50千米长的路前往圣艾蒂安,在那里接受肺膜穿刺的气胸治疗。[1]

小旅馆的客人一个接一个地离开。上个月,加缪的妻子弗朗西娜也回阿尔及利亚去了,在奥兰当老师。加缪现在是独自一人在这里。这对他很合适。弗朗西娜还在这里时,他们的饭菜就被端到他们房间里来吃,这样他就不必和其他客人有什么交往了。

不用和其他人交往,使加缪对人与人交往的厌恶减轻了不少,而女性不在场则使他认为禁欲主义有好处的旧观念也复活了。他对性有很多思考,其中大部分都带有酸葡萄的成分。(这里摘引几条来自加缪这年秋天的一个笔记本里的语录:"性不会带来什么结果。它不是不道德的,但它是没有收益的",或"无节制的性会引向一种有关世界缺乏意义的哲学。而另一方面,独身则给世界提供了一种意义"。)即使在法国未被占领的地区,战争生活也会带来沉默、孤独、禁闭和行动自由的限制,这却很矛盾地适合他,至少有些时候是这样的。他坐在空荡荡的旅馆里,全神贯注地写着一部新小说,一部应该具有"一种社会意义和一种形而上意义"的寓言。他的计划是在月底返回阿尔及利亚。

1942年对阿尔贝·加缪来说是创作丰盛的一年。他已经出版了两本

---

[1] 上述两种疗法(稀薄空气疗法和气胸疗法)后来都被医学界否定。

书。《局外人》是在 6 月中旬问世的，而两周前《西西弗的神话》也发布了新书预告。有很长时间加缪为《局外人》受到的批评而闷闷不乐。不是好评太少，而是很多评论苛刻挑剔。让他感到愤愤不平的是后者。这些书评根本不是他所希望的。"写一本书需要三年时间，而用歪曲的引文嘲讽它只要五行字。"（顺便说一句，最糟糕的批评此时还没有出现；早在 9 月里让－保罗·萨特——他一年半前才从德国战俘营归来——就已经写好了一篇少有的长篇评论，有些部分是赞赏的，但有些部分是对《局外人》的刁难性的评价；但该文要在几个月之后才发表。）

这种情况有点奇怪。加缪在文坛的首次亮相让他备受关注，甚至可以说声名鹊起。尽管有关《局外人》的书评不佳，但书的销量出人意料地好，而他本人正孤独地坐在位于法国中部高地深处的一个小旅馆里。他已向德占区当局递交了申请，请求允许他进入德占区到巴黎做一次短暂访问，但他还没有收到答复，因此他继续写那本新小说。有时他会出去，到秋季的潮湿森林里去采蘑菇。唯一陪伴他的是他收养的三条流浪狗。很快，他就要满 29 岁了。

*

又一次撤退，又一个不为人知的战俘营在某个地方等待他们。这本身就已经够糟糕的了，而现在爪哇这里还进入了雨季，这让他们的转移更成了一种冒险的行为，徒步行军就是一场噩梦。但他像往常一样拒绝让自己被困难击倒。

他关注有效的东西，好的东西，可以依赖的东西，但他很清醒，没有屈服于幻想。他寻找优势——在前一天的日记中，他写道："要是不用再看到这些看守就会很舒心，因为［他们］都很像是虐待狂。"他本人的名字是"疲倦"恩斯特·爱德华·邓禄普,[1]是一名35岁的澳大利亚陆军军医,但自3月份以来就一直是日军的战俘。

最近几个星期,位于这个爪哇大岛西部万隆城外的战俘营发生了相当多的虐待俘虏事件。用的手法很常见:有时一巴掌扇过去,有时对着脑袋给上几拳,有时用棍子或其他工具,有时用步枪枪托用力击打。(而这一切还都伴随着看守的咆哮和尖叫。)通常这种虐待也是由鸡毛蒜皮的小事引发的,比如说俘虏鞠躬不够恭敬或鞠躬时弯腰太晚、在错误的地方吸烟、试图把烟草偷偷带进战俘营等等。几天前,有几个澳大利亚战俘模仿讥笑一名日本看守的动作——顺便说一句,这些看守其实大多是朝鲜人——被看守发现了,结果就遭到看守"一场狂欢似的扇耳光"。

邓禄普在战俘营里待的时间足够长了,因此他知道战俘营的看守时不时会突然变得特别野蛮粗暴,却没有战俘能看出来的明显理由。看守们会抓住任何借口对战俘拳打脚踢,但随后怒火又会退去,其消退的方式和怒火发作时一样让人莫名其妙;看守们会再次变得正常起来,行事有规矩,甚至有了些礼貌。这种不可预测性加上无力感,就构成了战俘营里生存状况的核心,结果往往人变得冷漠,身体也被搞垮。(暴力只是造成这种结果的一种手段而已。)他作为战俘营里澳大利亚和英国战俘的最高代表——他并不情愿——做了很多努力来阻止前面提到的虐待现象,而作为一名军医他也尽了一切努力来消除虐待的结果。

本来,根据计划,邓禄普和其他澳大利亚战俘应该在次日,即11月5日星期四,出发转移到其他俘虏营,但他们得到了一道意外的缓行命令。(又是不可预测性。)邓禄普在他4日这天的日记中写道:"战俘营里

---

1 他的绰号"疲倦"来自他的大学时代,是他姓氏的伦敦口音的谐音:"邓禄普"(Dunlop)是一个"轮胎"(tyre)品牌,而"轮胎"又和"疲倦"(tired)发音接近。他的军衔是中校。

气氛很好。我正忙着收拾行李和查阅档案——真的很感谢能得到额外的一天时间。"

自从前天邓禄普终于得到确切消息,知道他和其他战俘将进一步转到不知命运如何的地方,他就不知疲倦地忙碌起来,而这正是他的个性。顺便说一句,这和他在春天时很像;3月份的时候,他在得知荷兰人在爪哇放下武器投降后并没有逃跑,而是留在伤病员身边等待日本人来,尽管他也知道,日军在攻占新加坡后,在那里的军队医院屠杀过医务人员和伤病员,但他"太忙了,心无旁骛,所以自己没有感到特别害怕"。[1](勇气在他身上同时体现在身体上和道德上。)也许即使在11月份的这样一天,忙于大大小小的各种任务,也能作为一种解药消除对未来命运的不安。

邓禄普准备做的事情的清单很长。他必须分发罐头食品;收集和发放现金;编制和签署决算报告;拯救战俘营图书馆[2];给档案文件分类;"携带能携带的东西"(这指的是很多其他东西:"体育器材"带一点,"工具"带几个);战俘营墓地内还没有标记的坟墓必须做标记;要宰掉8头猪中的3头——别忘了,有半头猪必须送给日军军官,既是表示感谢,同时也是贿赂;必须检查、清点和充实士兵的个人装备,所带物品要符合下列清单,包括1件衬衫和1条短裤、1个水瓶、1双袜子、1顶蚊帐、1条裹腿布、1个帆布背包、1顶军帽、2条毯子、1顶太阳帽、1

---

[1] 日军在1941年和1942年取得的胜利都伴随着大大小小的屠杀。那些暴行大多并非有计划有预谋的,却是日本军人普遍的暴力倾向和优越感的表现,而且是随其他行动顺带进行的。这与其他一些确实有预谋有计划的日军战争罪行形成鲜明对比,例如该年春天在新加坡发生的对华人的种族灭绝式的"肃清",那场屠杀夺走了2.5万到5万华人的生命。现在已臭名昭著的"731部队"执行的大规模人体实验也是一个例子。

[2] 每个人背包里都要带一本书。

条皮带、1个带餐具刀叉的饭盒、1个睡垫。(其他装备则交到战俘营的储藏室。)

现在清单上一切项目都已打上钩表示完成了。他们已经准备就绪。

在随后的可以喘口气的空隙里,他们抓紧机会享受了一下脆弱不堪的日常生活,邓禄普尤为努力地去创造这种日常生活,这当然是因为日常生活本身所能带来的快乐,但归根结底是因为这有助于他们在面对自己的世界里那种黑暗的不可预测性时保持理智。

前一天晚上,战俘营的剧团[1]进行了最后一场演出。演出地点是经过改建供他们日常活动的健身房,被叫作"收音机城"。那里总是挤满了人。战俘们在那里可以参加各种活动,从戏剧表演(《奥赛罗》《恺撒大帝》《旅程尽头》等)到爵士音乐会(战俘营的小乐队有鼓、低音提琴、口琴和小提琴等)以及当地风俗的喜剧表演(表演总是很有趣,有很多夸张扭曲和下流的笑话,当然还包括所有战俘营的娱乐中不可避免的特点:战俘打扮成女性的低俗表演)。[2] 有关这场演出,邓禄普在他的日记中写道:"中士韦恩和下士艾伯特都打扮成了妓女,样子逼真,惟妙惟肖;伯尼·韦勒和他的乐队伴奏。有些非常友善的日本兵还给了演员钱,试用了那些乐器,后来还带了很多饼干回来。"(这又表现出那种不可预测性。)

这天首先他们要为上过战俘营安排的某一门或某些课程的所有学生举行毕业典礼:课程总共30门,有语言(包括法语和日语)、历史、数学、航海、技术、医学、地理、农学。每周都会举办大约140场讲座或

---

1 可以说是以它当时的形式。这个剧团的英国演员团队在万隆还停留了一段时间。
2 日本人颇重礼仪,但也欣赏这类插科打诨。有名日本军官甚至为战俘营变装皇后采购了昂贵的化妆品。

研讨会,其中有些水平还相当高。[1]

等到每个人都拿到了毕业文凭之后——很可能是由一群有艺术天赋的人制作的文凭,这些人还办了一份战俘营的报纸《记住时间!》——邓禄普觉得自己不得不站到台上发表一个简短的演讲。除了其他话题外,他讲到了"我们在这里建立的大学精神"给他留下了多么"深刻的印象"。然后举行了一场足球比赛,这是最后一场比赛,是在战俘组成的不同球队之间进行的,一边是英国人和澳大利亚人,另一边是荷兰人和当地人。(有一系列体育活动是在战俘营的铁丝网后面进行训练的,包括拳击、摔跤、篮球、排球、田径、板球等,甚至还有一种原始的微型高尔夫球,但最受欢迎的还是足球。)比赛之后,球队排成一排,邓禄普对他们大声演说。他指出"我们是多么享受足球",还有点过于慷慨地补充说,"无论我们去哪里,我们都有比这里更好的获胜机会"。他面前的男人都晒黑了,也变瘦了。

是啊,他们会去哪里呢?

这一天是在同样的精神状态下圆满结束的。邓禄普在他的日记中写道:

> 尼克安排了一个令人愉快的小型告别晚宴,参加的人有L和我,有约翰·莫里森、弗兰克·波顿、克利斯麦斯、兰姆塞·莱(行政管理人员)。这是我见过的最有家庭氛围的晚宴,有小小的餐桌座位卡,有用鲜花装饰得很漂亮的干净餐桌!我们喝了很多这位中士酿的啤酒——味道怪怪的,像淡姜汁饮料。

---

[1] 例如讲座老师中有一位之前在剑桥大学研究古代历史。

冬天到来前，列宁格勒已做好准备。算算看，情况还是对这座城市有利的。一个月前，第四次打破封锁的尝试失败了，但从那时起，围攻者一直按兵不动。在人口大量死亡和大规模人口疏散之后，现在这座城市可能还有 80 万人——而就在一年多以前这里还有 330 万人。需要喂食的嘴少多了。到这个月底，冰层就会开始在拉多加湖上铺开，那时"生命之路"就会重新开放。这是寒冷带来的一个好处。

但对又一个残酷冬天的恐惧仍然存在。那是不可避免的。然而有点矛盾的是，人们现在谈论到食物的时候既那么兴奋又那么恐惧，这一事实本身是个好兆头。莉迪亚·金茨堡叙述道：

> 人们痴迷于食物，有关食物的谈话几近疯狂——而这一切在喘息之际变本加厉了。在大饥荒的日子里，人们大多保持沉默。各种可能性都被切断了，以至于既没有空间对冷酷的事实进行心理上的伪饰，也没有空间利用人类的永恒倾向寻求对其价值观和思想的肯定。
>
> 过度的痛苦会转化为不同性质的感觉，就像受重伤的人起初感觉不到痛苦，而那些被冻死的人到最后会陷入愉快的状态一样。众所周知，真正的饥饿与进食的欲望是不一样的。饥饿有它的面具，它通常会呈现出痛苦、冷漠、疯狂的紧迫感和残忍的表情。最重要的是，饥饿就像一种慢性疾病，而和所有疾病一样，意识起着非常重要的作用。那些注定要死亡的人不是具有最黑暗心理特征的人，也不是那些最瘦弱或最肿胀的人。他们是那些表情怪异，神情异常专注的人，那些在一盘汤前开始发抖的人。

收音机里的新闻广播和报纸上都报道了斯大林格勒的工厂区持续不断的巷战,但战斗似乎已经没有几周前那么激烈。这是否意味着德军的攻势现在已经被阻止住了?这天是 11 月 5 日。列宁格勒全市都在为庆祝十月革命日做准备。围城已持续了 432 天。

*

他注意到,他们正在靠近目标。声音在变化,震动在减少,他们乘坐的驱逐舰在降低速度。他也闻到气味了吗?从三天前开始,许多人以同样的方式航行了同样的距离,乘坐快速行驶的驱逐舰,在黑暗的掩护下向东南方向前进,摇晃的甲板上堆满了人、武器、装备、弹药和储藏箱。据说,当他们快到达时,夜风会更强,在看到那个岛屿之前,他们往往就能闻到岛上的味道,那是水面上漂浮的在高温下腐烂的植物的气味。这气味不招人喜欢而且对联队里的大部分人来说很新奇,他们是应征入伍的,是城市青年、大学生,或是当过工厂工人等,所以和大约同龄的、背景也大致相同的美国青年一样,对即将面对的原始丛林是不习惯的。

他名叫若林东一,30 岁,来自名古屋,是日军第 228 联队第 10 中队的中队长。那么当驱逐舰现在减速而他们要登陆的时候,他感觉到了什么呢?如果我们相信他写的日记的话,那就是一种并非不寻常的期待和担忧的混合感。"我感觉我的皮肤里有什么东西在爬动。"他写道:

> 这个时刻终于到了。指挥官请大家喝啤酒,然后说:"如果你出发前喝点酒,那敌机就伤不到你,这是很有意思的。"而正如他所宣称的那样,我们开始进入登陆区时没有受到空袭,就好像是

一个奇迹。当我摸索着穿过甲板上狭窄而黑漆漆的通道往前走的时候，我看到前方右舷外黑乎乎的悬崖暗影，就像一个魔鬼在等我。

我们可以设想，在这种情况下，若林东一的肾上腺素会激增，他的感官在黑暗中也变得更敏锐。当锚链放开的时候，他听到"刺耳的隆隆声"。他也听到远处大炮的轰鸣声。他看到暗蓝色的夜空中有曳光弹划过。他也听到敌机发动机的声音。他听到和看到了高射炮开火——主要是看到，因为炮口有火光闪亮，而突然一串光泡划破黑暗，在灰色的大海上反射光芒，像呼吸一般闪灭，犹如脉冲，而声音因为距离远而与光有点不同步。黑暗则与光有相同的速度。

驱逐舰的甲板上是一幅通常被称为混乱不堪的景象：所有士兵挤成一团，都急急忙忙收拾好东西准备下船。（到处都是胳膊、腿、躯干、脸，下颌的钢盔带要收紧，背包要背起来，调整好腰上的皮带，武器在闪闪发光，弹药箱在嘎吱作响。）若林东一的位置是在船的右舷，他的注意力集中在岸上那些黑乎乎的形状上。而在那里，有个光点在闪烁。那是信号。他在日记中写道："现在是时候了。我们得出发。我毫不犹豫地命令士兵登上那些小型登陆艇。"他向站在漆黑舰桥上的驱逐舰舰长大喊了一声"谢谢"。他得到的回应是："武运昌隆！"

登陆艇的发动机转动起来。小艇在震动，在冒着白色泡沫的海浪中冲开一条水路。若林东一听到他们左边有一声爆炸声。他看到一架飞机的蓝色标志灯在黑暗中朝着他们移动，移到他们头顶，又从他们头顶经过。他们到达了陆地。若林东一叙述说：

> 船一靠岸，我们就立刻跳下去，四面八方涌来的海浪冲湿了全身，也有潮水把我们拉下去。我吞下了几口海水，就好像预先品尝

了还在前面的瓜达尔卡纳尔岛上等待我们的苦涩。

*

查尔斯·沃克周围是另一片长满青草的平原。在他面前是更多的丛林，也在瓜达尔卡纳尔岛上。大海已很近，也许在不到一千米外。当海风穿过高大茂密的树墙的时候，它带来一股清新的盐味。不过，海的确切位置他并不知道。好像其他人也都不知道。沃克没有地图，也没有见过什么地图，已有的地图上有很多错误。有些地图是手绘的。也没有什么人告诉他，到底是出了什么事情，只有些含糊其词的说法：日本增援部队已经在岛的东部登陆，并且（很可能）正处在海边上一个叫作特特勒的地方，沃克这个营将帮助海军陆战队阻挡住他们（希望如此）。

此刻是11月5日下午不太晚的时候。他们已经行进了一天半，穿过一米高的莎草，穿过茂密的雨林，爬上山沟，爬下山沟，再穿过开阔的田野，再一次穿过暮色昏暗的雨林。那里有成群的昆虫，有蚊子，跟平常一样有大量蚊子，有红蚂蚁——人人都知道它们会吃死人尸体——还有蜈蚣、蝎子、蜘蛛。空气中充满了成百上千只凤头鹦鹉和长尾小鹦鹉的叽叽喳喳的嘀啾声和尖叫声。他们是负重行军的，因为沃克这个排带着他们沉重的机关炮，包括炮架和弹药箱等一切装备。他们全副武装。他们走得脚都疼了，腰背、腿和膝盖都疼痛难忍。空气又湿又热。就和平时一样，瓜达尔卡纳尔岛上时不时会有温热的雨水从很低的乌云中倾泻而下。伴随电闪雷鸣的暴风雨仿佛是凭空而来，瞬息而至，然后又会以同样快的速度消散得无影无踪。前一天，他们吃完了最后的食物，现在连水也都快喝光了。

沃克得到命令，带着他这个排向北到海边（或假定是海边的地方）去进行侦察。只走了几百米，他的班长们就不再配合，很激动地说他们不愿意去，说这是愚蠢的行动。（是他们害怕了吗？是他们累了吗？还是他们饿了？我们不知道。也许是这三者的结合。）也许是因为他自己也害怕，也感到疲倦或饥饿了，所以屈从了大家的意见。过了 5 点半他们就回到了营里，全营已经在一条干涸的河床上安营扎寨。任务已完成，并做了记录。士兵们用自己的头盔疯狂地挖土找淡水，直到最后水开始从土里渗出：是棕色并且带有臭味的。他们滴入了碘酒，然后贪婪地喝下去。

黑暗降临。

但是没有人能睡得好。排长们被召集到一起开会。通过无线电传来命令，整个营要向北部海边再推进最后那一段距离。（无线电在潮湿的环境中还能工作完全是个小奇迹。通常所有通信都是通过战地电话或传令兵进行的。还有那些他们认为根本没用的愚蠢的对讲机。[1]）他们立即拔营，越过又一片田野，进入又一片原始丛林。然后就出事了。有机枪开始突突扫射。一道道曳光的弧线划过他们的一个纵队。有人倒下了。很多人倒下了。（自从开始夜战以来他们就知道当一道曳光击中一个活人身体时会发生什么情况。）这时他们才开始还击。然后人们开始大喊大叫。你可以从声音中听出那其实是美式机枪。交火立即停止。二营，沃克所在的部队，撞上他们自己团的三营了。（但三营不应该是在其他地方吗？地图上是怎么说的？有什么地图吗？）有 18 名士兵已经被击中了。[2]

沃克的情绪糟透了。他知道出事的部分责任是他的。就连他手下那

---

1 正如保罗·福塞尔指出的："人们可以注意到有多少这种大家以为了不起的、昂贵的、还闪着光的小设备被扔在战壕里，由此可估计出沿着某条特定道路能得到的教训。"大约就在同一时刻，一个美国海军陆战营试图通过无线电与友军联系，却未能成功，这就让情况更加混乱了。

2 此处应该提一下，在当时这种情况下，沃克所在的第 164 步兵团第一个倒下的士兵也许是被他的一个战友误杀的。这个战友到了前线的第一个晚上就已失去理智。

些之前理直气壮的班长也都感到羞愧。当然,责任最终还是在某个更高级别的军官身上,他盲目地下达了这场诡异而短暂的连夜行军的命令。(后来沃克得知美国海军陆战队的一个营也收到了同样的前进命令,但他们选择了不理睬它,因为他们判断这个命令是没有头脑的瞎指挥;他们等到黎明来了才动身。)当晚11点,沃克那个排到达了海边的一个沙滩,看到了大海。他们在那里挖了战壕,隐蔽起来。但是日本兵在哪里呢?

第二天一早,全营继续沿着沙滩向东前进。他们涉过一条小河(应该叫纳里姆鲍河吧?),又涉过另一条小河(叫麦塔伯纳河),然后到达了又一条小河(嘎瓦噶河)。沃克这个配备重机枪的排是要去增援G连,当这个连沿着最后提到的那条河向南撤退时,他们排也跟随着。在他们的一侧可以听到不断增加的枪声。到底发生了什么事?发生在哪里?

沃克找到了一个指挥部所在的位置,希望在那里能获得一些信息。当他几乎就要走到那里的时候,一个迫击炮的炮弹正好落在那群人中间。沃克认识的一名军官被炸死,几名士兵受伤,而他自己仿佛奇迹般地毫发未损。炮弹是美军发射的。而美国战斗机也多次攻击他们自己的部队。[1] 局面简直乱套了。

黑暗降临了。从前一天起,所有食品饮料就都用完了。给部队的补给要么已中断,要么是有人忘记了这个细节。职业军人不信任国民警卫队,国民警卫队也怀疑职业军人,而海军陆战队对他们都看不起。沃克感到苦涩:"不管是谁在指挥这个行动,此人在各方面都是马虎失职的。有名的学校也常会教出有名的笨蛋。"现在他也慢慢开始理解这种让他

---

[1] 顺便提一下,这种厄运几天前也差点落到沃克这个排身上。当时有一架美国战斗机从他们头顶上掠过,要是飞行员没有看到他们挥舞的手臂和头盔,"我们也早就被宰了"(引自沃克日记)。

们在原始丛林里纵横穿行的逻辑了。日本援军确实已经登陆，而指挥官的想法是进行大胆的钳形机动，将敌人钳制在海岸线上，并在那里歼灭他们。

这是一种过于复杂的军事行动，纸上谈兵看起来很好，在历史书中看起来也很好，带有在西点军校的一间凉爽教室里进行研讨练习的特色，不同颜色的花哨箭头在一张地图上以舞蹈一样的精确度移动，高高在上，而不顾战地的现实情况。

难怪错误和误解会层出不穷。这是美军自1918年以来的第一次进攻行动，由一些"新手和业余爱好者"[1]执行。而且，正如沃克的部队里另一名士兵后来冷酷地说的："美国人再一次得到了教训，知道对日本人的进攻行动远比击退所谓'万岁冲锋'的人海战术要复杂和困难得多。"然而，实际情况也极难全面概览。正如另一位亲历者所写的，当时瓜达尔卡纳尔岛北部海岸的地图是"红色（敌人）和蓝色（自己人）地盘的让人发疯的杂乱拼图"。

*

坦诚地说，他们自愿加入潜艇部队，很大程度上也是为了这一刻吧？荣归故里。舰艇入港。人们在码头上庆祝英雄归来。时间是11月5日星期四中午1点前后，U-604号潜艇正在进入布雷斯特的避风港。

他们的潜艇舰队司令邓尼茨肯定是一个木脑壳的老顽固，他坚持要

---

[1] 保罗·福塞尔的用语。他还说，"错误和误解是盟军大部分行动的特点"——也许应该更公正地补充说明，这种特点在战争开始阶段尤为突出。当然很多原因是缺乏训练和没有作战经验，但福塞尔认为还有一个文化方面的因素：美国人和英国人常常有"个人主义，有时是无政府主义的个人背景"。

求在艇员上岸前,必须向他们说明性病的危险和禁欲的好处——相反,年轻人最好去参加体育运动——但他也明白年轻人的心思。码头上总有一个接待委员会在等着,至少有潜艇队的指挥官,有时甚至是更高官阶的指挥官,也许还有一些想跟着英雄沾光的政客;码头上还几乎总有一个管弦乐队;通常还总有女性,当然最好是年轻女性。

女性是很重要的,首先还不是因为她们是一种象征性标志,说明艇员马上可以结束潜艇出航时的禁欲行为——对所有年轻水兵来说这当然是一件大事,他们对体育运动的热心通常低于舰队司令邓尼茨的希望——而更主要是因为妇女们钦佩爱慕的目光在这样的情形下是一个重要的因素:它们确认了年轻人刚刚经历的事情的意义,并确认了他们作为胜利者和保卫者的角色。通常,那些女性是"国防军女助手",穿着军服或便服,是电话接线员和电报收发员,是办公人员和护士,[1] 在某些情况下是军属,甚至可能是一群纯粹的芭蕾舞女演员,碰巧在港口附近巡回演出,而被军方劳军组织征召过来。

那里当然毫无疑问也有穿军服的来自宣传部门的人,有撰稿人、摄影师、电影制片人或带着麦克风的人,有时还有速写画家和其他绘图艺术家。英雄也许是这个政权反复不断的宣传中最重要的原材料。(这样的英雄你永远不会觉得太多,不仅因为他们是德国胜利成功的活生生的证明,还因为英雄不时会被其形象所宣扬的战争本身吞噬。)很少有哪个兵种能像潜艇部队那样提供如此之多的英雄史诗。战功显赫的潜艇艇长,所谓的"潜艇王牌"——克莱希摩尔、哈尔德艮、谢普克、陶普、利厄

---

[1] 人们不应以任何方式来夸大女性在场的被强迫性。她们此时的性服务通常是自愿的,并且通常是相当于希特勒青年团的女性组织积极参与者的自然延伸行为。顺便提一下,当时把该组织缩写 BdM 解释为"拥抱我,男孩"或"德国男人的需求"的说法都是带有恶意的解释。

贝、维特、恩德拉斯、鲁特等——获得的荣耀可以和过去的电影明星以及后来的体育运动精英相媲美。（在业余时间里他们像最著名的战斗机飞行员一样被拍照、被人群团团围住——甚至还有色情场面。）这些英雄都证明，这场战争根本不是一场无意义的屠杀，也不是大规模生产的战争机器之间消灭灵魂的无名战斗，而是一种崇高而自然的审判，其中个人肯定会发挥作用，因为谁赢了，谁就是最勇敢、最有作战技巧、最意志坚强的人。[1]

当漆成灰色的U-604号潜艇在另外两艘潜艇[2]跟随下靠近巨大的潜艇掩藏处的码头时，已经快到2点了。有些照片就是在这个星期四拍摄的。在潜艇舰桥两侧能看到这支潜艇队的徽章，是条涂成黑色的、肥胖的、正在发笑的旗鱼。而舰桥后部则有纳粹的万字旗随风飘扬，半升起的潜望镜上则飘扬着床单制成的三面白旗，一面旗就代表被他们击沉的一艘船，旗上还写出该船登记的总吨位，表示其大小。舰桥口站着潜艇艇长霍尔特林本人和其他一些艇员（其中一个很可能是令人讨厌的冯·博特默）。与他的大多数下级截然不同，艇长霍尔特林会花时间刮胡子。这样他看起来比他29岁的实际年龄要年轻。这个金发艇长的相貌很讨人喜欢，轮廓分明同时又很柔和，他似乎对自己很满意，但对眼前这种情况还是感到有点不舒服。

好像有一股从大西洋吹来的寒风。天空阴沉沉的，没有阳光。大多数人戴着手套，围着围巾（各种颜色和图案的围巾），标准类型的浅灰色半身皮外套，艇长霍尔特林也是如此穿戴。他脖子上围着一条精心包裹的围巾。然后他向欢迎的人敬礼。

---

[1] 一部分荣耀自然也落到艇员身上。媒体祝贺艇长时，经常是在他们又一次击沉敌方船舰而胜利归来之时，照片背景中也不少见喜气洋洋的艇员。
[2] 潜艇通常是在扫雷舰的引导下以一组一组的形式进出码头。

潜艇在码头停靠后，其余艇员也都上来并在甲板上列队站好。总共是 52 个人。他们中间有许多人已经三周没见到阳光了，显得脸色苍白，很可能体重也减轻了。他们的表情显示出真正的快乐，没有了前面提到的那种勉强堆在脸上的做作。在照片上你可以看到他们大多数很年轻，比十几岁的少年大一点：胡子拉碴而稀疏。而管弦乐队的音乐我们可以通过想象去倾听。

　　面带满意笑容的潜艇队指挥官莱曼－维伦布洛克登上甲板，然后是互致军礼，握手寒暄。莱曼－维伦布洛克本人也是那些著名的"潜艇王牌"中的一员，身上佩戴着各种勋章，虽然他年仅 30 岁。（而人们在背后把他称为"土老帽元首"，因为他坚持把他的军服裤腿塞进高筒靴里，并且经常佩戴着潜艇队的吉祥物山羊。）莱曼－维伦布洛克[1]对霍尔特林高谈阔论，周围的人则仔细聆听，也依然保持每个人笔挺站立的姿势。然后气氛才变得比较随便起来，甚至有些风趣。霍尔特林得到一大束鲜花：菊花、大丽花和康乃馨等。有些穿着便服的年轻姑娘从码头上溜下甲板，开始在艇上的水兵们大衣翻领上用小别针别上花束。亲吻是落在"左脸右脸"上的。我们可以设想还分发了啤酒，每人一瓶。我们可以设想人们还自发地唱了歌。还拍了集体照。还有大巴正等着把他们送到别的地方去。

---

[1] 海因里希·莱曼－维伦布洛克是 1981 年拍摄的电影《船》中德军潜艇艇长的原型，由于尔根·普罗克诺夫扮演。这部电影又是根据德国作家鲁特哈·君特·布赫海姆于 1973 年创作的同名小说改编。而布赫海姆的小说就是根据莱曼－维伦布洛克在 1941 年秋天的战斗经历写的。当时，布赫海姆作为一名战地宣传记者，跟随当时已很出名的莱曼－维伦布洛克和他的潜艇 U-96 参加了他们的第七次巡航。（截至 1942 年 3 月，莱曼－维伦布洛克已击沉 24 艘船，据估计约有 1 200 人因此丧生。）莱曼－维伦布洛克在该电影拍摄期间担任了技术顾问。布赫海姆不喜欢这部电影，因为他发现与现实相比，情感表现被夸大了。

*

黎明的时候，G连连长来找沃克。这个人的举止很古怪，不敢直视沃克的眼睛。然后他下达了命令：沃克这个排要越过嘎瓦嘎河，并在美军的防线上再堵上一个漏洞。很明显，连长自己也得到命令，要他亲自带他的连队完成这个任务，但是连长不敢。有数千名装备精良且绝望的日本兵挤在朝向大海的那个地方，如果他们尝试集中起来对一个点进行攻击，那么一个一百人的孤立的连队是绝对无法对抗他们的——更不用说一个已疲惫不堪的机关炮排了。这不仅是个荒谬的、不合理的命令，这简直就是死刑。沃克很生气："我一看到他，就知道这是个懦夫。"——但他除了服从命令别无选择。"我将成为牺牲品。"

他们带上沉重的装备（炮架、弹药箱和所有其他东西，可谓全副武装）穿过高大茂密的热带雨林前进。能见度只有四五米。他们到达了那条河，开始涉水，满是水蛭和小昆虫的水流过他们的腋窝。沃克总是走在最前面，但他也怕得要死。一切都进展缓慢。每一步都很小心。他们停下来，倾听，张望，嗅着气味。任何时候都能突发状况，而他走在前面。当有人开枪，或者如果有人开枪，他会首先被击中。他还能察觉到吗？他会就这样，就在这里结束余生吗？沃克既活着，同时又和死了一样。

他们找到了能爬出河道上岸的地方。什么都没发生。在他们旁边是原始丛林，在他们头上也是原始丛林，在他们前方还是原始丛林，到处都是通常能听到的鸟叫声和丛林里所有其他奇怪的声音。沃克在茂密的、潮湿的植物中走了一小段路，直到他见到了什么东西，他才停了下来。这是无数的行军靴踏出的一条宽阔小径，笔直地穿过绿色植被，呈现南北走向。他们沿着这条小径向北走，路边到处都能看到被敌人扔掉的物资。结论是无可避免的：那支庞大的日本军队已经溜出了他们的包围圈。

11月12日，沃克奉命带着他手下的人马回到机场周围的防御阵地。由于缺乏食物，他们都非常虚弱，只能分阶段步行，每走一两百米就不得不坐下来休息。其中有一名士兵一度拒绝再次站起来，但随后身材高大的沃克威胁要殴打他，他才继续走。他们的军服又破又脏。在一个星期里，沃克只吃了几块菠萝和一块巧克力。

*

战场气氛发生了彻底的变化，速度之快出乎人们意料。这也难怪，基思·道格拉斯的部队所属的旅现在已经重新集结，在黎明的曙光中排成密集的行列向西和西南方向浩浩荡荡前进。这已不再是突破防线的问题，而是追踪、切断、收割战果的问题。他们行进得很快，比道格拉斯在前线所经历过的都要快，有时甚至达到每小时50千米。

在几个小时里，他们的行程就比前几天行程的总和还要长。这里他的中队的快速坦克充分发挥了作用：

> 我们的"十字军"战车有点像猎犬，紧贴地面冲过平原，每隔几分钟都能追上小股小股的敌军。那些机枪手疯狂地试图甩掉他们的武器和车辆，而步兵则举手投降，卡车司机——全是意大利人——自己开着车，带着他们的战友，朝着我们开过来并且投降。

到处都是炮火激起的沙尘。而这也是发生在11月5日。

在平坦的沙漠景观上有序前行的重兵队列也很快开始散开了，因为个别车辆在追赶逃跑的敌人或者说追赶猎物时消失不见了。

像所有被击败的军队一样,"非洲军团"也像是被风暴摧残过一样留下了一大堆被丢弃或被遗弃的物资,包括衣服、武器、文件和其他小玩意儿。以前这是不可能的,但现在很多人在静止不动的车辆、空空的帐篷或放弃的炮兵阵地旁停下来,到处搜找好东西。(不过他们还是很谨慎的,因为人人都知道,意大利人尤其难对付,他们经常在遗留下来的东西旁边埋地雷。甚至经常在尸体旁边埋地雷。)在战场上找东西的人中有一个是道格拉斯,他很快就有了坏名声,传说他不仅是个鲁莽和不守纪律的诗人,而且也非常喜欢抢劫。

这一天里道格拉斯捡到的东西有照相机、双筒望远镜、指南针、手枪(当然有德国造的鲁格牌P08型手枪,这是最抢手的战地纪念品,排名紧随其后的是意大利造的贝雷塔M34型小号手枪,有一度他拥有四五把手枪),此外有毯子、军服徽章、梳子、剃须刀、发油、罐头食品、帐篷床、气垫、几本德国小说、衣服等等,尤其是衣服,如干净的新内裤。

后来他遇到了他们中队的另一个人,他的坦克里装满了一箱箱蜜制樱桃、一箱箱马其顿香烟、一箱箱雪茄和一箱箱各种各样的酒:酒瓶上套着麻布袋的红葡萄酒、香槟酒、半干白葡萄酒、白兰地等。道格拉斯那个团的军医遇到了一些苏格兰步兵正要丢弃一箱酒瓶,他们在尝过了酒瓶子里的东西以后厌恶地发现里面既不是啤酒也不是威士忌。然而,那名军医通过瓶子上的著名黄色标签认出这是陈年的香槟酒,是名牌"凯歌香槟"。他就自己把那箱酒留下来了。

*

查尔斯·沃克和他所在的营在瓜达尔卡纳尔岛上参与的军事行动是

完全失败的。[1] 他自己称其为"一场灾难",而士兵们称其为"考利岬[2]老鼠比赛"。而这次行动也带来了严重后果。命令沃克那个排单独去堵住美军防线漏洞的连长受到了强烈谴责——沃克认为这种谴责是完全正确的。沃克的营长也被免职——而沃克认为这个决定是错误的,但又认为"必须有人为高层策划的这次大规模计划的失败承担责任"。沃克认为他看到了一个作战模式。他认为高达75%的职业军官无能,尤其是那些在西点军校学习过的军官不称职,但他们互相包庇,而且很快就互相颁发军功章。[3] 后来,他的团长精神崩溃了。

*

为什么他那么难以入眠?为什么他会做那么奇怪的梦?尤其是现在,当他远离那一切的时候,当他在家里,在这个以前牧师的大庄园里,和他的妻子格蕾莎及他的两个儿子在一起的时候,当他被熟悉的东西,被所有的书、奖章和收藏的甲虫标本围绕的时候,这到底是什么原因?

11月5日那个晚上他梦见了一个遥远的岛上的古老洞穴群;但时间不是那个时代而是现在,洞穴里还挤满了士兵,成群结队,大批聚集在那里,尽管在唯一一次强烈爆炸中刚刚有数千人被杀死。但人们只是继

---

[1] 大约有2 500名登陆的日军逃出了美澳联军的包围圈,后来还与内陆的日军主力部队会合,不过他们受到美军(由当地向导带领)的追击,且严重缺乏补给,所以其力量也大大削弱。

[2] 考利岬是一个突出的海岬,是沃克他们最初希望包围登陆日军的地方。

[3] 很久以后,当这次军事行动要写入史册的时候,它已经变成了一次成功。保存在美国北达科他大学切斯特·弗里茨图书馆的该团文件汇编中,除其他文件外,还有重要的所谓S-2日志(这是一种日志簿,所有陆军部队都存有逐日记录,列出他们每天的活动),但与这次行动有关的所有文件都不见了。

续爬行，就像蚂蚁一样。当他醒来时，他突然意识到克里特岛就是巨大迷宫的所在地。在迷宫的中心有什么？那个半人半兽的怪物，定期要求进贡童男童女来吃。

他叫恩斯特·容格尔[1]，是德军的一名上尉，目前正在汉诺威东北5千米处的一个小镇基希霍斯特的家里休假。不到一星期之后，他就要再去出任他的下一个职务。那时就是东线在等着他。这个事实足以让一个普通人睡不着觉，做可怕的怪梦。但实际情况并非如此。容格尔可不是普通人。

这是他第二次参加世界大战，次数已经不能再多了。几乎每个中年人，无论男女，无论处于何种重要地位或权威地位，都是1914年至1918年的老兵或带着那段时期的烙印。无论好坏，这都塑造了他们的想法、思维过程、评判标准和期望。但在这个阶段，许多人已经开始明白，有些事情不对劲。这并不仅仅是和上次大战同样的事情发生了，还有更多情况：他们面临着一些新的、不愉快的而且难以理解的事情，而之所以难以理解，恰恰主要是因为过去那场战争作为参考的框架已经不够用了。

容格尔的第一次世界大战是一次胜利。他的冒险精神，不惧负伤的勇气，敏锐的智慧和克制能力，超然的性格，使他度过了最难以克服的情况。尽管他在战争中负过14次伤，但他从未失去冲入战场后让他沉迷其中的野蛮的兴奋感。这种兴奋感是不少人在第一次参战时有可能感觉到的，但大多数人在明白了战争的代价是什么，以及伤痛会对身体和精神造成什么影响后，这种兴奋感就会很快消失。容格尔则依然对战争毫

---

1 他因第一次世界大战回忆录《钢铁风暴》而广为人知。——译者注

无疑惧，反而在战争中脱颖而出，夺得琳琅满目的荣誉勋章。[1] 他很快就成了一个名人，而这主要归功于他自己撰写的那些关于战争的著作，在这些著作中，他冷静而敏锐的目光与高度提升的审美感结合在一起。

而这已是过去的情况。

容格尔的第二次世界大战是一段闲暇的生活，至少到那时是如此。他的确作为连长参加过1940年对法国的入侵，但他没有看到什么较大的战役，也没有去寻求参与这样的战役。自上年春天起他一直在巴黎的德军总指挥部任参谋，该指挥部当时位于豪华的曼捷斯帝酒店，就在凯旋门以南的一个街区。他在那里有自己的办公室，房间号202。正式来说，容格尔属于一个叫Ic/I的部门，除其他职能外，该部门还负责收集军事情报，但容格尔大部分时间是在处理一些相当平淡无味的事务，例如审查德国士兵写的信件，或翻阅法国报纸杂志，找一下是否有伤害性的言论，这种工作不用费太多劲。他和其他一些参谋经常下棋消磨时间。

恩斯特·容格尔住在离曼捷斯帝酒店很近的另一家小一点的豪华酒店，位于葡萄牙大道。他有的是空闲时间。他也喜欢巴黎。在容格尔不出去四处闲逛或在塞纳河畔的书贩子那里寻找稀有书籍的时候，他会去参观画廊，或应邀参加那些出名的知识分子和艺术家的聚会。（战前他的著作也在法国为他赢得了相当的声誉。）他已经结识了一些名人，如巴勃罗·毕加索、让·谷克多、萨沙·吉特里和乔治·布拉克等，也会混在德国朋友、通德法奸[2]和激进的反犹主义者圈子里，以及思想观念完全不

---

[1] 除其他荣誉外，容格尔还是威廉二世时代德国最高军事勋章、著名的"蓝马克斯功勋勋章"最年轻的获得者，于1918年9月获得。

[2] 或者，公平地说，这些人在许多情况下不是公开的通敌者，而是那些相信他们正在建设未来的合理平等的德法合作的人士。对他们来说，像容格尔这种"好德国人"也是合作的一个重要组成部分。容格尔本人作为亲法派也怀有这样的幻想。

同的群体中，其中还会出现积极抵抗德国侵略者的法国人。[1]容格尔相当矮小，尽管已47岁，但保持着良好的身体状态，身材匀称，五官分明，两鬓剪着齐整的短发，总是显得优雅。有时他身穿讲究而熨烫得笔挺的德国军装，胸前缀满一排排勋章绶带，有时则穿着非常合身的西装。

容格尔对美丽的女性很眼馋。因此，他多次爆出绯闻也就不足为奇了——此时他在巴黎就同时与两个不同女性交往：一个是优雅的德国犹太裔儿科医生，另一个是流亡的苏联女作家，她在这个城市的文化圈里也有着好人缘。（他说不定还和埃莱娜·贝尔有几次在街上擦肩而过，因为他们主要的生活范围都是巴黎第五区、第六区和第七区。如果是这样的话，容格尔甚至可能曾把目光放在埃莱娜身上，她确实长得不错。但是——另一个无法验证的假设——当他看到她身上有犹太人的六芒星标志的时候，他可能对他自己身穿德国军服会感到一阵羞耻吧？）而所有其他时间，容格尔都用来读书，读了又读，如饥似渴，而且还带着深入思考。他读的大多是较早的文学作品，主要是法语和英语文学。

那么，为什么在这种愉快的生存状态中，恩斯特·容格尔会难以入睡，还做那么奇怪的梦呢？他为什么开始体重减轻？为什么一阵阵的沮丧情绪开始在他身上出现呢？

在基希霍斯特镇，雾蒙蒙的星期四早上变成了一个雾蒙蒙的白天。收音机里这天的国防军报道节目正在广播中。节目是用大家熟悉的调子开始的，播音员用毫不拖泥带水的口吻简明扼要地告诉我们：西高加索地区正在进行激烈战斗；斯大林格勒也正在进行"清理行动"；在顿河地区，匈牙利军队已经阻止了一次敌人过河的企图；在拉多加湖地区，

---

[1] 这也反映了容格尔20世纪20年代在德国的立场，当时他能像蝴蝶那样轻松地在右翼民族主义小圈子和左翼知识分子之间来回切换。

德国飞机摧毁了两列火车和一艘货轮；在阿拉曼，德国和意大利军队在"激烈战斗"中击退了英军"连续不断"的攻击；在德国西北部，一架四引擎的敌方轰炸机被击落；在英格兰东部和东南部，德国的轻型战斗机袭击了数个"战争重要目标"。对于轴心国来说战争显然仍然进展顺利。

*

11月5日，战场气氛变化中的第二部分：无线电里声音的语气不同了。话语中能听出自信，兴奋，有胜券在握的感觉。基思·道格拉斯听到了与掉队的敌方坦克交战的战友的声音，觉得"他们的声音听起来像是射击训练场上的男孩子的声音"。

开放的局面、流畅的攻势激发起人们兴奋的情绪，而兴奋的情绪反过来又使得场面更开放。道格拉斯和快速坦克车队的其他人继续四处追逐，寻找俘虏、猎物，寻找远处炮火激起的尘云。"前些日子战斗中的焦虑现在让位于体育比赛那样的振奋情绪。"突然间，道格拉斯发现他们完全是在孤军作战了。

他们开着坦克车爬上一个山脊，看到了那条满是尘土的铁轨，他们这个旅本来根据计划要沿着铁轨前进的。在轨道旁边他们瞥见了一个长长的车队，几乎全是英国卡车，头尾衔接如一条长虫向西驶去。近视的道格拉斯以为这是他们旅的辎重，就下令加入卡车队列。他们的快速坦克就在那些滚滚向前的卡车旁边整齐地排列开，放慢到了卡车的速度。然后道格拉斯看了看旁边最近的那辆卡车的驾驶室，惊恐地发现司机穿着德军制服。几秒钟后，那个德军司机也发现在他旁边滚动的坦克是英国人的。

接下来发生的事情简直像是由加拿大电影导演马克·森奈特编导并

由影星巴斯特·基顿表演出来的。那个目瞪口呆的德军司机立即猛打方向盘躲避，开上了路堤，但他并没有刹车，而是在车辆仍在行进的时候从驾驶室跳了出来。而士兵们也一时慌了神，纷纷从卡车车厢里翻滚出来，跌倒在地，再跳起来飞奔，然后开始惊恐地翻越路堤。在这辆卡车后面，第二辆和第三辆卡车上的士兵也差不多做了同样的事情。道格拉斯和敌方的士兵一样惊惶失色。他以德语和英语混用的话来敦促他们投降，还咒骂、侮辱和威胁他们，但德国人完全惊慌失措了。道格拉斯把坦克炮塔的机枪对准了那些浑身尘土、挤成一堆的人影，但机枪卡住了，他连一发子弹都打不出去。这时他就抓起了他的冲锋枪，瞄准，射击，但这把枪也卡壳了。

道格拉斯这回感到轻松了。他想的是，杀死这些恐慌万分的德国士兵其实毫无意义。与此同时，这个车队更后面的卡车已经掉头往回开，猛踩油门向东驶去，而在前面的人则继续安静地慢慢走，他们很幸运，不知道在他们身后刚刚出现的戏剧性场面。

道格拉斯和他的炮手埃文向那些现已被德国人抛弃的卡车投掷手榴弹，为的是使它们不能再被德军使用，但这么做没有明显效果。然后他们就用他们的57毫米加农炮开了一炮，但可能没打中，因为什么都没发生。在一种挫败感中，他们带着自己的冲锋枪爬下坦克，用冲锋枪扫射，把卡车的发动机打得满是弹孔。最后，他们在卡车残骸中搜寻，找到一些毯子和一个塞满了食物的袋子。当无线电收发报机不停呼叫他们而且他们坦克里的汽油也快用光的时候，道格拉斯认为该收手了。他们向东开了回去。

开了一段距离之后，他们遇到了另外两部向西行驶的德军车辆。这时道格拉斯选择了假装没看见他们，而对面来的人也假装如此，他们在不到50米的距离内互相驶过。有一个德国兵突然跑过去，翻过了路堤，埃文就试图用自己的冲锋枪射击他，但没有打中。道格拉斯很生气，认为"这么做是毫无意义的"。他和埃文就开始大吵起来。

基思·道格拉斯的内心矛盾好像会令人困惑，但可能也是很平常的。作为牛津大学的一名叛逆的大学生，他写过文章表达对穷兵黩武的军国主义的厌恶，同时又以相当高的热情参加了大学当时的志愿军官培训计划。如前所述，他用欺骗手段给自己弄到了一个前线的战斗位置，参加过这次大战中好几场最激烈的战斗；他的坦克还击毁了许多辆敌方战车，不过是从远处。这种抽象的杀戮对他来说没有大问题，但很明显他对近距离的杀戮是很避讳的。几个月后，他写了一首名为《如何杀人》的诗，其中有几行是这样的：

> 我的准星里现在出现了
> 将要死去的士兵。
> 他在微笑，并以某种方式移动
> 他母亲认得的方式，他的习惯。
> 十字准线在他脸上掠过：我哭了
> "射击"。死亡，如一个施助幽灵，听着我
> 看着我，把一个有血有肉的人
> 化为一个尘土的人。

同一天晚些时候，恩斯特·容格尔在基希霍斯特镇他家的花园里悠闲地散步。花园里种有芹菜、胡萝卜、甜菜。他注意到雾气在羽衣甘蓝叶子上凝聚成的银色水泡是多么美丽。

经验会有帮助，但再多经验，甚至系统的经验，也无法保证你能在战争中活下来。死亡是随时而且任意地来袭的，最终是概率的安排起决定性的作用。宿命，有人后来会这么说。运气，别的人会那么说。宿命或是运气，或是来自某个指挥部的命令，在这一天里保佑了少校保罗·加西亚·多米尼奥尼和他率领的那个营。给他们发来的最初指示说他们要重新集结到更靠后方的新阵地，战斗将在那里重新开始，但他们收到了新的、令人吃惊的指示。继续向后退。撤退。

就从他们能够逃出来这点来看，他们也是很有运气的。他们有车辆。第31先锋营剩下的人乘坐12辆超载而拥挤不堪的军用卡车向西行驶。车里已人满为患，大多数人都得站着，而他们还必须时刻小心，以免踩到躺着的众多伤员中的某一个。甚至卡车外侧也吊挂着成堆的士兵。还有人坐在驾驶室的顶上。他们已经扔掉了背包和其他个人物品，重型武器都不见了，水也喝完了。就在25年前的几乎同一天，加西亚·多米尼奥尼作为一名年轻中尉也参加了卡波雷托的大撤退，那次混乱不堪的撤退可以说是所有撤退的根源。但这次撤退比那次还更糟。

有人在追赶这个小车队。在后方不远的地方可以看到大约十几辆英国装甲车扬起的灰尘。然后发生了这样的事——在前面的路上出现了三辆英军的坦克。他们被包围住了。前面是坦克，后面和右边是装甲车，左边是盖塔拉洼地的一处凹陷部分及其沼泽盐滩。加西亚·多米尼奥尼和其他军官——上尉、副官、医生和牧师——马上召开一次快速的战地会议。好运再次降临，也许还是运气最好的一次：加西亚·多米尼奥尼正巧了解这个地方。这个地方叫霍尔巴亚特。战前他就曾到过这里。通过洼地，应该是可以逃出去的。

加西亚·多米尼奥尼实际上是一名工程师和建筑设计师，但1940年他应征入伍的时候，很快就被分派到罗马的陆军情报部三楼的一张办公桌前去工作。他在那里一直干了14个月，挫折感不断增长。然后他设法逃离了首都的那个他所谓阴谋、腐败和低效的"下水道"，并通过关系获得了一个前线的作战职位，担任了新成立的先锋营"第31非洲天才工兵营"的营长。

运气不是凭空得来的。战前，他就长期在开罗经营一家很成功的建筑设计公司。（他的公司此时还在埃及首都开罗那边营业，那里也有他自己的公寓。开罗就是他的家。）他对这个地区了如指掌，他了解这片沙漠，他还会说阿拉伯语。奇妙的是他来过现在的这个地方。

卡车一辆接一辆沿着令人晕眩的陡坡摇摇晃晃开下去。灰尘、烟雾、急速旋转的发动机、爆炸声。在一片混乱中有一半的卡车消失了，而有另外六辆来自不知哪个部队的卡车加入了他们的车队。

后来他们绕了一个大弧线，到达了海边的公路，那里挤满了忙于撤退的各种车辆。保罗·加西亚·多米尼奥尼在他的日记中写道：

1942年11月5日。行军仍在继续。既有来自空中又有来自敌方装甲车的攻击。车队在14：00被包围。突围期间遭受很多损失。失踪人数：军官6人，士兵243人。仍在场军官12人，士兵239人——97人来自第1连，138人来自第7连，17人来自第8连。普罗卡奇中尉手下的工程师都完全失踪了。自11月4日以来，和法萨诺上尉手下的24名工程师失去了联系。

很久以后，当军方统计部门清点人数，列出幸存者姓名的时候，才显示出加西亚·多米尼奥尼手下的营是整个意大利第十军中唯一安全突围出来的部队。由于这一壮举，他获得了银质勋章，而这是一件他在日记中没有提及的事情。

*

11月5日继续见证着战场气氛的转变。基思·道格拉斯开着自己的坦克沿着路堤向东往回行驶。他接近了那个小火车站嘎拉尔，这是他的部队其余人员要集结的地方。他们在无线电收发报机里能听到激动兴奋的声音。这个团正在激战中。道格拉斯和他手下的人还没加完油，一切就都结束了。英国人击毁了24辆意大利坦克，而他们自己的坦克没有受到任何损失。这是一场伟大的胜利，它将作为"嘎拉尔车站战役"载入史册。

基本事实无可置疑：24辆意大利坦克已丧失攻击能力。然而，关于实际发生的事情，有三个不同说法。说法一：该团击退了敌人的反击。说法二：那一纵队意大利坦克已经没汽油了。说法三：那一纵队意大利坦克是来投降的（证据：坦克都打着白旗）。

道格拉斯这个部队的指挥官斯坦利·克里斯托弗森是现场的当事人，后来对第三种说法表示支持。他指出，"我们把他们打得一败涂地"，一切都结束之后，军医和其他几个人不知疲倦地努力为那些伤兵裹伤止血，包扎住被炮火击碎的四肢。克里斯托弗森在11月5日的日记中写道："这种场景让我们思考这场战争是多么荒唐而又毫无逻辑。我们首先是尽最大努力用炮弹和机枪击伤杀死这些德国人和意大利人，然后我们再竭尽全力挽救他们的生命。"他们自己唯一的损失是有一辆坦克不小心被自己的反坦克炮打成了碎片。其中一名士兵被打死。这辆坦克的指挥官精神崩溃，不得不送去医治。

后来,道格拉斯造访了这个战场,搜寻更多战利品。他也有了时间洗脸刮胡子,换了身上穿的所有衣服,包括内裤。不过,除了靴子和军帽之外,所有衣服都是这天他收集的德国人的东西。他也能看到远处地中海银色的粼粼波光,这是很久以来的第一次。

*

现在是11月6日星期五的早晨,多萝西·罗宾逊和克洛迪娜正在客厅里大扫除。罗宾逊自己洗窗帘和其他纺织品,擦亮玻璃和装饰品。克洛迪娜是她雇来的家庭女佣,属于有色人种。她帮罗宾逊拖地板,拂去墙壁和装饰条上的灰尘。从某种意义上说,罗宾逊这样大扫除是为了她自己,是为了借此抑制住要崩溃的情绪。她在想,"当身边没有男人的时候,任由家里乱糟糟的",是种诱人的选择。但她自己不愿意这样过日子。当"那个电话打来或那封信到来",告诉她有个男人正在回家路上的时候,她要房子显得干净整洁,看上去漂亮温馨。

"当身边没有男人的时候……"——这是她经常想到的口头禅。这也是过去一年来发生的众多变化之一,也许是对她影响最大的变化。丈夫又一次出差了,而她知道儿子在英国的某个地方,和他的空军部队在一起。在熟人圈子里,在街坊邻居里,情况也是一样的。许多丈夫和儿子都不见了,正如另一个口头禅所说的,"只要这事持续下去"就会如此。第三个口头禅也首次亮相了:"当男孩们回家的时候",也就是说,在战争结束之后。

某些相当于小规模移民的事情已经发生了,数以百万计的人离开了家园,到一些巨大的战争物资生产中心去寻求生计和新生活,这些生产中心在不到一年的时间里就如雨后春笋一般出现在美国各处的土地上。[1]工业界急需劳动力，开出的工资也很不错。因此，尽管罗宾逊注意到克洛迪娜干起活来可能粗心大意，但她还是很高兴能拥有这么个用人。过去，找一个黑人女佣既简单又便宜，但现在黑人女佣也开始被军事工业吸引走了，因为薪水要高得多。

克洛迪娜的未婚夫乔治是罗宾逊非常欣赏的，他乐于助人，心地善良，是到军工厂去干活的那些黑人中的一个——尽管那里种族歧视始终存在，尤其是来自白人工人的种族歧视。不到一个月前，乔治神采飞扬地出现在她家，说他被调到了夜班，这意味着他的工资会长百分之十——大多数战争物资生产厂家都实行三班倒，每周每天都是如此——他还展示了外衣翻领上的一个小小的蓝白红三色的金属徽章，上面写的是"陆海军优良奖章"，这是军方授予生产成绩优异的大型军工厂的奖章。（罗宾逊自己几乎感到同样高兴，并送给了乔治她儿子的一条簇新的领带。）

即使是在安静的郊区生活中，她也能以各种方式注意到美国军事工业正在蓬勃发展的巨大力量。吉姆在装甲工业厂家四处奔走，是一位解决各种问题的专家，连女儿佩吉现在也在西海岸的一家军工厂工作。城郊通勤火车上挤满了上下班的工人，他们都穿着工作服，戴着头盔，手里拿着饭盒。人们往返于当年在长岛新建或大规模扩建的许多工厂，比如农场谷的"共和航空"工厂（其规模已翻两番，现在正源源不断地生产出一种名为"雷电"的全新且极其强悍的单引擎歼击机），以及成功湖和花园城的大型仪器制造厂。

---

[1] 有一项统计显示，到1945年战争结束时，有超过1 500万美国人搬离了1941年12月居住的县。

儿子有三个老同学正在农场谷装配飞机。有一天他们路过她家，打听她儿子过得怎么样。三个小伙子都穿着蓝色工作服，而他们除了说到别的事之外，还提到工厂如何大，到午餐食堂来回都要花掉一半的午休时间。他们临别说的话是："告诉阿特继续驾驶飞机，我们也会继续不断给他造。"这场战争其实也是军工厂的战争。

这天晚上，罗宾逊和亲戚萨莉坐在壁炉前，在熊熊燃烧的炉火的光亮中，环顾四周心满意足，感受着家里的温馨。甚至连空气闻起来都很干净。这是一个刮着风却不太冷的日子，还下了阵雨。

*

这是乌尔姆最好的住址之一。这个地方有广阔的美丽风景，其建筑还紧挨着圣母院一样的市立教堂，其尖顶高得让人看着都感到眩晕；就在门外的街上还有城里最好的两家商店，一个是家居用品商店 WMF，另一个是女帽商店"博塔·昆泽"。就在那里，在明斯特广场 33 号五楼二门，坐着一位孤独的年轻女子。她有一张表情严肃的脸，被一种朴实无华的刘海发型框住。她在弹钢琴。通常她每天晚上都会这样做。有可能她也会唱歌，但我们无从得知。银铃般的声音在这宽敞而漂亮的楼层上四处飘荡。这也是发生在 11 月 6 日星期五。

之后，她拧开浴缸的水龙头。当浴缸里响着哗哗水声的时候，她自己点燃了几支蜡烛，还烧了一点枞树针叶。然后她躺在浴缸里想心事，周身围绕着枞树针叶烧出的香气、温水和柔和的烛光。她当然想到了他，**那个在遥远的地方并处在危险中的人。**

这是她的初恋，在这一点上，她与无数同代的年轻女性并没有什么两样。在她的情况下,她想到的那个人叫弗里茨·哈特纳格尔,比她大4岁,是名职业军官,德国空军一支地面部队的上尉,而且,是的,他是在遥远的地方并处在危险中:哈特纳格尔现在在斯大林格勒。

他们其实并不能真正被称作一对儿。他们是战前在一次私人舞会上相识的,此后他们之间关系的进展无疑会让人想起某种舞蹈,她是主导,他则小心地紧跟舞步,她闪身后撤,再重新凑近。[1] 他们之间有一种情欲的张力,但没有证据表明这种张力曾经达到过用肉体解决的程度。他们在幽会地点就是谈话,漫无边际地聊上许久,话题是道德、宗教、法律、艺术、爱情和生活。即使在这方面,也总是她在主导。在这个博览群书、聪颖过人的年轻女性面前,弗里茨·哈特纳格尔不得不拼命努力才跟得上她的步伐。她会飞快地转换话题,从奥古斯丁和神正论问题,跳转到当代的政治观念和战争局势的发展。她还试图让他睁开眼睛看到他选择职业时犯的根本性错误——成为军官——以及他的思想世界中的根本性错误:他的家人都很相信纳粹。这对他来说当然也是很困难的,不过在这方面,她还是取得了一些进展。

她的论点是哲学的、道德的、本体论的和神学的,尤其是神学的,因为她本人是一个虔诚信徒,给人严肃认真和自我反省的印象。当他的部队在5月里开往东线的时候,她送给他的临别礼物是著名圣公会神学家约翰·亨利·纽曼的两卷布道文。

尽管她在即将写给弗里茨·哈特纳格尔的信中只字未提,我们还是可以确信她在考虑其他的事情。因为她已有了另一种生活。一种秘密的生活。那是他不能进入的。这在很大程度上是出于她的谨慎。她的名字

---

[1] 朔尔在这个时间点上刚摆脱了一段不幸福的恋情,这段恋情的对象是帅气的亚历山大·施莫雷尔,是她哥哥汉斯的一个挚友。

叫索菲·朔尔。在另一种生活中，索菲·朔尔和她的哥哥汉斯属于慕尼黑大学一个松散的学生圈子，他们是政权的秘密反对者。它不是字面那种真正意义上的"抵抗组织"，因为没有计划，没有领导，没有成员，没有组织架构。他们只是一群年轻的亲密朋友，具有相似的良好文化素养和资产阶级背景，有相似的个人主义和知识分子的个性，并且在他们过去的生活中有着相似的小反叛故事，尤其是对极权主义纳粹国家都有相似的失望，因为这个国家执意要控制一切，掌握一切并统治一切，甚至控制他们的思想和生活。[1] 他们中不少人曾经是纳粹的追随者，或者差点加入纳粹党。索菲的哥哥汉斯以前是"希特勒青年团"的成员，曾在纽伦堡的大型纳粹集会上扛过他们的旗帜。索菲本人也一度参加过"德国少女联盟"，相当于专为女孩子组织的"希特勒青年团"。

随着时间的推移，这种失望感已经转化为愤怒，因为他们一点一点地、直接或间接地了解到这个国家的实际所作所为：不公正，迫害那些有不同想法的人，谋杀持不同政见者，甚至种族灭绝。在一系列闭门悄悄进行的辩论中，或是在慕尼黑"英国花园"里伴着葡萄酒进行的讨论中，有个核心问题，就是这些罪行实际上是以他们的名义，即以德国人民的名义，而犯下的罪行。结论是他们必须做点什么，干些事情。否则，他们将在道义上成为这种罪行的同谋。

这年夏天，在短短两周的时间里，他们分发了四份精心准备、措辞严谨、写得密密麻麻的传单，谴责这个国家政权缺乏智慧，散布谎言，犯下令人发指的罪行，就好像一种癌变由于体内缺乏抵抗力而扩散。除其他事情外，这些传单还呼吁人们在各个层面颠覆破坏这个政权，并且

---

[1] 字面意义上也是如此。该政权如此愿意甚至渴望在其狂妄自大的战争计划中让德国年轻人牺牲，这也是他们感到愤怒和失望的一个主要来由——索菲·朔尔认识好几个在战争中死去的人，这个事实显然也对她决定起来反抗起了重要作用。

清楚地表明,德国人得到净化和重生的唯一希望在于承认他们的罪行并采取相应的行动。"我们不会沉默,我们就是你们腐坏的良心,白玫瑰[1]会让你们不得安宁。"

这些传单是高雅文化阶层精心制作出来的,引用了亚里士多德、席勒、歌德、老子和《圣经》。这反映了他们自己的本质:青年知识分子。但这也是一种有意的选择:他们已经放弃了"麻木不仁的群众"。他们希望的是影响其他的知识分子,再通过他们间接地影响人民群众。与此同时,他们能用上的手段可以说是远远不够的。夏天那四份传单是用打字机打了几百份,寄给了在电话簿中随意选择的人,或是放在电话亭里等地方。但他们觉得自己至少做了一些事情。

洗浴之后,朔尔给哈特纳格尔写了一封简短的信。然后她把信带到火车站那里的邮局寄出了。(正是从此信中我们获知她那个晚上的详细情况。)朔尔知道,她哥哥汉斯任何一天都可能从东线回来,还会带回来好几个他们共同的朋友。等到汉斯和其他朋友再回来的时候,他们就要开始制作新一批的传单——她已经为此做好了准备。除其他东西之外,她还搞了一台油印机,可以用来油印传单,这是她用从哈特纳格尔那里靠虚假承诺借来的钱购买的。[2] 对朔尔来说,这是她既愿意做也必须做的事情。与此同时,未来的不确定性也销蚀着她的精神。

那天晚上天色是灰沉沉的,但有星星在云层后面闪烁。朔尔想起了哈特纳格尔,想到此刻这些光点正同时照着他们两个人,她是在乌尔姆这边,而他是在斯大林格勒那边。

---

1 朔尔兄妹和另外几名核心成员领导的地下非暴力抵抗组织。——编者注
2 索菲·朔尔是这个小组织的非正式的出纳。

*

同一个星期五的清早,外号"疲倦"的澳大利亚军医爱德华·邓禄普和大约 1 000 名其他澳大利亚战俘离开了爪哇岛万隆郊外白灰粉刷过的低矮木结构建筑的迷宫。半夜里下过了雨,早上显得凉爽。即使在这里,也有星星在观看着现场。关于这里发生的事情,有两个不同的说法:第一个是邓禄普自己的版本,出自他的日记,写得枯燥乏味但实事求是:

> 0315 起床 0430 排队 0550 出发 0625 到达车站。大群的人也早早起来为我们送行,包括凡、霍鲁宾和尼克。[1]

然后是另一个版本,是很久以后撰写的,强烈地渲染了其时其地都缺少的东西:对等待他们的事情的了解。而动笔写的人就是上面邓禄普称为"凡"的那个人。[2]

> 我记得,当我在低矮的营房和设施之间行走,在湿漉漉的树下走向战俘营大门的时候,星星如何刚好又从云层中显露出来,在我们踩过的水坑里倒映着猎户座这样的大星座,以及天狼星和毕宿五这样的恒星,还有刚从金星那里接过启明星角色的木星。每当我回想起那次行走,回想起军医"疲倦"站在战俘营大门边迎接我们的

---

[1] 引文中的标点符号,或者更确切地说有没有标点符号,来自邓禄普自己的用法。
[2] "凡"指与邓禄普同龄的劳伦斯·凡·德·普司特,"二战"前是位名不见经传但还算成功的记者,主要成就是他有一本小说(强烈批评其祖国南非的种族歧视)由伍尔夫夫妇的出版社出版。1940 年他志愿加入英国军队。战后,他作为一名作家和电视名人,以及作为查尔斯王子和玛格丽特·撒切尔夫人等人的顾问,享有盛誉。顺便提一下,在剧集《王冠》第 4 季某处也出现过一个以他名字命名的角色。

那一刻，想到他在如此阴郁的时刻还能无所畏惧和平静地让他手下负担过重的士兵发笑，在我看来，《天路历程》里所有那些今天看来已极为不合时宜的描写人的形容词，都成了仅有的能极其贴切地适用于此情此景的词语，比如"勇敢""坚定""诚实""心胸宽广"等，外加一些在班扬的用语中找不到的东西，比如"疲倦"身上那种始终不变的幽默感，以及他对讽刺轻松而经典的运用，以此来克服自怜自艾，将命运对他自己和他手下士兵生活的侵扰减少到人类可以忍受的程度。我们三个站在战俘营大门口的黑暗中的人，都知道这是我们战俘生活一个阶段的结束，也是一个新阶段的开始，到时候我们将以前所未有的方式来经受考验。我们自己的生活中从来没有过与之相当的阶段，在我们认识的任何人的生活和记忆中也从来没有过这个阶段。

在火车站，战俘营的两个日本军官也来了，很友好地向他挥手告别。其中一个还开了一个残酷的玩笑：他们这些俘虏会被送到泗水，然后运回澳大利亚老家，而"澳大利亚现在已落到日本人手中了"！

开往巴达维亚的火车全程需要将近八个小时。[1] 邓禄普不必像被俘的士兵那样乘坐运牲口的车皮，而是被那些注重礼节的日本人安排在一个包厢里，和其他几名军官坐在一起，享受这段从高原下行的缓慢而曲折的旅程。在铁丝网背后度过了单调的几个月后，现在这样也算不错。他看到高大的原始丛林覆盖的山峰耸立而起；他看到晨雾弥漫的翠绿山谷；他看到一个又一个村庄，那里的房子都是用晒干的亚答棕榈叶建造的；他还看到明亮的绿油油的稻田组成的完美的马赛克拼图。就在此时此地，

1　印度尼西亚独立后，1949 年巴达维亚改名为雅加达。

他突然感到了平静，对已经发生之事的悲伤和对等待面对的事情的担忧，暂时都消失了。邓禄普在他的日记中写道："我感到开心快乐，根本不在乎会发生什么事情。"

*

在柏林市中心的法桑街，宽阔的康德路和时尚的库当大街（选帝侯路堤）之间的一个十字路口，有一家"奥斯兰新闻记者俱乐部"。这是一个外国记者俱乐部，由德国外交部管理，所在建筑以前属于德英协会。它像英国绅士俱乐部一样装修布置，舒适但朴素，有很多习惯于服务和随叫随到的招待员。（俱乐部的瓷器上仍然可以看到德英协会的会徽。）这里有记者工作中可能要求的一切设备，例如打字机、刚印出的外国报纸以及全天24小时开放的电话和电报线。还有供人们轻松娱乐的大部分设施，比如供应便宜得离谱的"美式鸡尾酒"的酒吧，还有可以打乒乓球和扔飞镖的房间。在这个俱乐部里，或者说在人们称为"保罗之家[1]"的这个地方，几乎总是挤满了人。

在11月的这个晚上，俱乐部聚集着大群的外国记者、德国军官（穿或不穿制服的都有）、外交官、商人、保镖、服务生、年轻女郎（通常没有任何吸引人眼球的功能，但通常是金发女郎，以及很容易接受挑逗的类型）以及一般微不足道的小人物，其中有一个人的身影忽隐忽现。这是一个大约30岁的男人，穿着得体的双排扣西装，系着领带。

---

[1] "保罗"是指德国外交部发言人保罗·施密特博士，他是一个聪明、有魅力、有远见和肆无忌惮的纳粹分子，几乎每晚都在该俱乐部露面。一些外国记者在背后戏称他为"阿尔·卡彭"（美国芝加哥著名黑手党头子和酒商），一方面是因为此人非常阴险，另一方面是因为他和卡彭一样肥胖。

这个男人身材瘦小而单薄，甚至是虚弱，黑头发仔细地梳到脑后。他彬彬有礼、举止自信，表明他出身富家，英俊但显得憔悴的脸上一次又一次露出优越的笑容。而他的眼中有些惊恐。（他可能是喝了白兰地喝醉了，那是他最喜欢的饮料，一天中他大部分时间都在喝这种酒：通常在早上就给自己倒上第一杯。）在他身边的是一个年轻美貌、身材窈窕、爱说爱笑的法国女人，化着没必要的妆——那是他的情妇。这个男人的名字叫约翰·埃默里。

这晚埃默里也许受到额外的关注，或者说是成为焦点人物，因为他在柏林算是新来乍到。他不仅是一个少见的口才好、观点强硬的英国人，公开站在纳粹分子一边，而更令人震惊的是，他还是伦敦丘吉尔内阁中一名高官利奥·埃默里的儿子。此外，还有传言说，约翰·埃默里不仅是典型的英国上流社会的怪人，有良好的家庭背景和人脉，[1]而且还是电影制片人、法西斯主义者、双性恋者、重婚者和飙车爱好者——有个喜欢探索、不安分守己的灵魂。据说他为西班牙的佛朗哥走私武器，为自己走私钻石。

新闻俱乐部的气氛是很独特的。如前面所说，各种宴会、美味食品、地道的咖啡都很吸引人，与其他外国人交往的机会也很诱人。与此同时，这里的气氛有腐败和猜疑的特色。腐败是人人心照不宣的，这就像所有其他物质特权一样——便宜的公寓、便宜的旅行、额外的配给卡等等——旨在诱使外国记者将他们获得的便利看得比他们展示真相的职业操守远为重要。猜疑则是因为不可能知道在新闻俱乐部由谣言、不确定性、错误信息和半真半假的窃窃私语构成的模糊地带里，什么是可靠

---

[1] 即使在成年后，他也像伊夫林·沃的《旧地重游》中的塞巴斯蒂安·弗莱特一样，经常随身携带毛绒玩具熊。

的，什么是易变的，任何人都可能是告密者或卧底。那里最常见的姿势之一被戏称为"德国人的眼神"，即迅速回头看一眼是否有人在偷听。一位经常光顾新闻俱乐部的外国记者把这里的气氛比作侦探小说中的气氛："总感觉人人都在自欺欺人，总想知道大恶棍或'凶手'究竟是谁。"

在新闻俱乐部不确定的模糊地带里，约翰·埃默里如鱼得水。他从一个暴躁、聪明、被宠坏、易怒的顽皮孩子，发展成一个恶毒、诡计多端和道德败坏的纨绔子弟，习惯于在世界上招摇撞骗和虚张声势。这是一个从伊夫林·沃早期小说中逃出来的角色，但戴着纳粹的臂章。正如前面所说的，埃默里是一个坚定的法西斯主义者和反犹主义者，[1]但同时他也决心发财致富，尤其是要为他觉得世界欠他的奢侈生活方式提供大笔资金，他的成长经历已经使他习惯了这种生活方式。（是的，他在西班牙内战期间向佛朗哥走私武器，也不缺乏勇气，但他同时靠冒险发了大财。他试图担任电影制片人，但就像他的其他或多或少不光彩的生意一样，以彻底失败告终。）法国沦陷后，埃默里滞留在法国未被德军占领的地区，即维希政权控制的法国。他与法国的右翼极端分子保持着良好的关系，其情妇雅尼娜·巴尔德就是其中之一。当然，他不会安分守已，在这年早些时候就曾因非法货币交易而遭到拘留。

埃默里在里维埃拉被拘留的消息不知何故传到了柏林，传到了德国外交部长冯·里宾特洛甫的耳朵里。他立即进行了干预，说此人因其家庭和其意识形态倾向，是用来做宣传的天赐良物。[2]因此，埃默里很快就收到了一张德国发给他的"出监"卡，并与德国外交部的一名办事员一

---

1 然而有趣的是，他的祖母是犹太人。
2 冯·里宾特洛甫本来对细节格外重视，这一点是众所周知的，他做出了这样的干预当然表明他对埃默里寄予厚望。

起登上了开往柏林的火车。这样做的目的是利用他做广播宣传。[1]

顺便提一下，埃默里外出时，德国外交部的官员总是寸步不离，这主要不是为了看守他，而是为了确保他不会喝得太多以致成为派不上用处的废物，同时还要负担他在用餐、嫖妓、住宿、饮酒、租车、干洗衣服等方面的费用。在这个英国人四处游荡的时候，这些账单就会像泡沫一样围绕在他的身边。

那么，当约翰·埃默里站在新闻俱乐部的香烟烟雾中听着爵士乐[2]，用有些矫揉造作的上流社会英语交谈的时候，他会说些什么呢？也许是说他的家庭，当然还会说到他的父亲——丘吉尔内阁的一位大臣。很可能他还会像播放一张因反复使用而已磨损的唱片一样，老生常谈一般旧调重弹：丘吉尔与斯大林的联盟是可憎的，英国人和德国人应该共同对抗共产主义的野蛮，欧洲的未来在于希特勒的新秩序，这场战争主要是因犹太人企图统治世界而爆发的，轴心国必将获胜，等等。

之后会有人开车把埃默里和他的情妇送回柏林最豪华的酒店阿德龙，那里距离勃兰登堡大门仅一箭之遥。顺便提一下，这里也是一群令人生厌的外国法西斯分子、冒险家和机会主义者的聚集地，随着德国越来越成功，他们都涌向柏林。埃默里的狗萨米正在酒店等着他。几天以后，这个英国人将进行他的第一次无线电广播。

---

[1] 埃默里也愿意这么做。他自己还提出了一个点子，请德国允许他从英国战俘中招募一支英国志愿者部队到东线（对苏联）作战，但他的想法得到几乎所有人的冷遇。

[2] 爵士乐，尤其是摇摆乐，自1935年以来在德国即被禁止，被称为黑人音乐，但在许多不同场合还是可以听到，包括在该新闻俱乐部（在德军潜艇上也不少见，这是很有趣的）。如果音乐演奏者是白人，就更是如此。

＊

11月6日15：20，载有"疲倦"邓禄普和其他战俘的火车驶入了巴达维亚火车站。清晨的凉意被午后浓浓的热气所取代。俘虏们下了车，像离开战俘营时一样排成队，每排4人，每队50人。看守他们的不再是日本军人，而是拿着手枪和军刀的爪哇本土警察，他们都穿着旧殖民政权的蓝灰色制服。（原住民中有许多人愿意转投阵营，很乐意看到前殖民统治者——而且都是白人——被迫忍受羞辱。）他们启程了。

行军节奏很快。过了一会儿，天空的热气散开，一场热带大雨倾盆而下。邓禄普的行李很重。作为一名军官，他有机会用一辆日本卡车运送大件行李，但那些最不可缺少的东西他自己要随身携带：两个背包，其中还包括一台隐藏得很好、被拆成组件分藏的收音机——私藏这种东西是会招致杀身之祸的——以及一个装有各种重要文件、命令、病历、账本、花名册和他自己的日记的手提包。邓禄普身材魁梧，体格强壮。（战前他就参加过精英赛级别的橄榄球比赛，并练习过拳击。）但就连他也能感觉到行军节奏很快和行李沉重——还感到了潮湿。他也看到士兵们在奋力前行，但一切都变得越来越沉重。就在他前面，一名年纪大的中士被行李压得膝盖都弯了下来。许多人的鞋子也不好；还有些人根本就没有鞋子，赤脚行军；道路在倾盆大雨中也变得越来越泥泞。大约走了五千米之后，有人开始倒下。邓禄普很痛苦："看到这些瘦弱的身体和憔悴的面孔中有些人倒下，我真的很难过。"

他们终于到达了当天的目的地："5号俘虏营"，日本人对它不那么正式的称呼是"马卡修罗"。他看到了带刺的铁丝网。他看到一排排简陋的棕榈叶编织搭建的营房。他看到了围栏式的茅厕。他看到了厚重黏稠的红褐色泥浆，到处都是泥浆。就在那泥浆中，他们排成队清点人数，然后是等待，等了又等，而雨继续倾泻而下。那些掉队的人也到达了，是被日本卡车沿路捡回来的。然后他们继续等待。（也许看守必须重新清点所有人了？也许只是又一次故意羞辱他们？）他们都早已习惯了等待，等待成了他们生存的主要状态，他们总是在等待着什么，而现在所有人都已筋疲力尽，全身湿透，只等着这样的等待早点结束。

最后，俘虏营的指挥官终于出现了。他是一位留着胡子的年纪显得比较大的少佐。交接可以进行了。这位日本少佐发表了在这种场合需要的一种演讲：形式上客气，其内涵则充满威胁。依照规则和礼节，每个人都应该以正确的鞠躬方式去向他问好。但是"当然有些笨蛋会用英国人的方式去问好"，那么整个过程就不得不从头再来一遍，邓禄普生气地记下这种情况。

之后，邓禄普累得连湿透的衣服都没力气去换了。他的脚踝已经开始肿胀起来。晚餐包括米饭和茶。他已经开始思考这个新营地需要改进的地方。

*

在斯大林格勒，这是一个异常美丽的秋天。的确，夜晚开始变冷了，但白天依然是阳光明媚。还没有下过雪。雾气蒙蒙，还下着毛毛雨。天气似乎正在发生变化，阿德尔贝特·霍尔已经开始担心冬季装备的问题。这天的日期是11月6日。

霍尔这年23岁，是德军第94步兵师第276步兵团第2营的一名中尉。他实际上是该营第7连的连长，但在再次负伤之后（这次是他第七次受伤，右臂被弹片击中），他被派到团参谋部一个临时指挥位置。他的上级给出的理由是，他是该团为数不多残存下来的经验丰富的连长之一，[1] 他的知识在参谋部可以派上用场。但是，很明显，霍尔需要先康复。而这不仅是因为他受的伤，也是因为他自9月底以来就几乎一直在斯大林格勒参加战斗。霍尔本人在一个神志异常清醒的时刻把这个地方比作摩洛，这是上古的一个恶神，它要求献祭人类，而这个欲望永远无法满足。

霍尔作战经验丰富，已获得八枚勋章，包括一级和二级铁十字勋章。自从德军攻击波兰以来，他就一直在战火中出生入死。然而，他过去看到过的一切与他在最近这六周左右的时间里所经历的事情都不一样。第94步兵师从一开始就参与了夺取这座城市的尝试，先从被烧毁的郊区林立的焦黑废墟入手，然后一米一米地向市中心和伏尔加河进发。（正是他们攻打并艰难地攻占了城市南部的著名大型粮仓。）

有个想法一直在鼓舞霍尔这样的军官和他的士兵们，那就是一旦你打到了伏尔加河边，你就赢了。这当然是指赢得这场战役，但也可能是指赢得整个大战。这条河也以绝对方式定义了战场的地形，随着苏军在这条宽阔的、现在几乎神话般的河流边上被逼入一个不断缩小的区域，战斗变得越来越激烈、血腥、残酷，让人痛苦和绝望。（苏联人从哪里得到了如此顽强的抵抗意志？）

在战役开始时，战斗有进展的定义是占领了一个城区，但后来降低到了占领一条街道，然后更进一步降低到了占领一座独立建筑，现在则仅仅是占领一层楼、一个楼梯间，甚至是一个房间。这座城市的名字已经带有悲壮的巨大光环，在一片被炸得粉碎的废墟中，由玻璃碎片、掉落的石膏和灰尘、瓷器的碎块、家具的残余和人的尸骸组成了一片海洋，

---

1 这也符合实际。自此城战役开始以来，几乎所有连长都受伤或阵亡。军中最危险的职位是——就像第一次世界大战期间一样——低级别的步兵军官。这造成了极大的损失。

这一切都还伴随着无处不在的火药味、烧焦的烟味和肉体腐烂的臭味。霍尔参与指挥的最后一次进攻是向双方激烈争夺的巴里卡季大型兵工厂西边紧挨着的一条沟发动的，这次进攻之后他的连队只剩下了7名士兵。而整个营只剩了23人。[1]

在进行了侦察并"最迟在18：00之前带着草图"向总指挥部报告后，阿德尔贝特·霍尔得知他们还是要为一次新的攻势做好准备，他哭了起来。他自称那是愤怒的泪水，在愤怒中他向上级提出一句抗议："这些人也还要去当炮灰吗？！"这样的反应表明，这场战役已经发展成为一种多么难以置信的艰巨考验，因为霍尔本来是从不犹豫的军人之一，曾在希特勒青年团工作过五年，很服从命令，对军队和政权一样忠诚不贰。他曾经向元首宣誓效忠，将这一誓言视为神圣的。这样的人也会开始抗议，这一定是经过了很多事情的。正是在这次抗议之后，也是在他最近一次受伤之后，他被临时调到参谋部。

霍尔在参谋部任职的大约两周时间里很快恢复了健康。他睡觉是在小橡树林中一个约3米见方的地洞里。他甚至能抽出时间出去骑马，骑他自己的马，蒙皮兹。有时他还能坐在外面，什么都不用做，只享受秋日的阳光。

霍尔个子不高，相貌粗犷，总是严守军纪，穿戴规整。像剃须、用正式头衔称呼他人、正确地行礼致意等事情对他来说都是很重要的。他的部下对他有些畏惧，在紧急情况下他可能会对惊慌失措的士兵施以暴力。但霍尔既拥有不惧负伤的勇气，又是位称职的作战指挥官，这点没人怀疑。不过，这一天霍尔做的却是那种没什么意思的事情：他在清点内衣。

---

[1] 一个营在正常情况下的编制是800人左右。

远处，战斗警报持续不断。浓稠、油腻的黑色烟雾仍然笼罩在伏尔加河下游那些越来越残破的大片工业区上空。苏联守军仍然在那里坚持，尽管他们伤亡巨大，而且几乎一直受到来自空中的轰炸。树木的大部分叶子都掉光了。

*

第一次杀死一个人会是什么样的感觉？这当然要看具体情况。在公开战斗中这样做，那是在你的生命和另一个人的生命之间做出选择，这并不构成道德困境。而当战争的破坏性和无情的狂暴达到像现在这种程度时，当事关重大（就像曼苏尔·阿卜杜林目前所在的这个地方），生与死、存在与不存在之间的分界线是如此不清楚时，如果你像阿卜杜林一样，以前从来没杀过人，该怎么办？

就在阿德尔贝特·霍尔在斯大林格勒城内盘点内衣的同一天，曼苏尔·阿卜杜林正在100千米外该城西北部一条战壕的一个突前且伪装良好的部分放哨。这里风景空旷、平坦、寂静，仍然披着秋天的色彩。冬天的到来看起来还在拖延。顿河就在他们身后的某个地方，仍未封冻。他是否知道这里就是一个桥头堡呢？

阿卜杜林侦察着他应该侦察的敌人阵地，已经发现了一些动静。有一些形状奇怪的东西在那边的战壕里移动，而对方靠近一些后可以看出，原来是三个男人背着几捆稻草。（稻草也许是战争中最平常的日用品：睡在它上面很好，用来隔热也不错，还能用来保持地面干净整洁，最坏情况下还能当马的饲料。）曼苏尔·阿卜杜林是苏联红军第293步兵师第1034步兵团的一名步兵。他是鞑靼人，和他这个师里大约一半的士兵一样，是在苏联的中亚地区出生和长大的。他喜欢把自己称为西伯利亚人。他身材矮小，刚满 19 岁。

阿卜杜林此时的反应是值得注意的。他一看到这些人，就决定要开枪。不是因为他们构成了一种威胁，而是因为他们是敌人。

于是他就瞄准。

但是，随之而来的是一丝犹豫。阿卜杜林从小在西伯利亚就是一名熟练的射手，当时他父亲也是一名坚定的共产主义者和采矿工程师，经常带他到森林里打松鸡。阿卜杜林其实也曾思考过，射杀松鸡是一回事，但射杀人也是同一回事吗？然而，那种思考发生在较早的时候，发生在把他转变成一名士兵的军事训练中。现在他不这么想了。他知道敌人能做什么。

尽管所有统计数据都严格保密，哪怕只是谈起它们都要冒一定风险，但人人都知道苏联红军在他们的国家遭到突然袭击后的 17 个月里遭受的损失是极其可怕的。[1] 而人人也都知道屠杀仍在继续。在地平线之外，在被火焰包围着的成了废墟的城市里，人们在窃窃私语，传递着一个事实，即一名苏联步兵从被派往战场的那天起，平均算下来就只能再活 10 天。

这样的不利境况导致了一种怨恨的心态：也许你的死亡是不可避免的，但至少你可以带走敌人中的一个。随着德国人看来势不可当的进攻持续了整个夏天和秋天两个季节，笼罩在阿卜杜林和他的战友们头上的宣传也变得越来越严峻，甚至是绝望。像伊利亚·爱伦堡著名的文本《杀人》就是如此（"德国人不是人。从现在以后，'德国人'这个词对

---

[1] 到该年 2 月，苏联红军被俘和战死的人数已超过 550 万人。更糟的是，每有一名德国兵阵亡，就有 20 名苏军士兵阵亡，这个比例从长远来看不可能让苏联维持下去。

我们来说就是最可怕的咒语。从现在开始，士兵一听到'德国人'这个词就可以开枪。我们不会说什么。我们不会动感情——我们会杀死他。如果你没有每天杀死一个德国人，那你的这一天就算毁了……"），士兵诗人康斯坦丁·西蒙诺夫的诗作《杀死他！》也是如此："如果你不愿意 / 让你的房子，你的妻子，你的母亲 / 以及我们称之为祖国的一切，/ 落入一个带着黑色武器的德国人之手，/ 那你知道除非你自己拯救她，/ 否则你的祖国不会得到拯救。/ 你还知道除非你自己杀死敌人，/ 否则敌人不会被杀死。"[1] 那么，阿卜杜林为什么还会犹豫呢？

当阿卜杜林在掩体的枪眼里调整自己的自动步枪，试图让准星对准那边移动的人的身影，他的心开始剧烈跳动。汗水从他的额头上渗出，他的手开始颤抖。无论如何，有些事情必须克服。大多数士兵从来不开火，无论情况如何都不想杀人，有时即使是在自己的生命和他人的生命之间选择时也不开枪。但是阿卜杜林扣动了扳机，虽然他觉得有点太早或有点太晚了。

枪响了，后坐力推击着阿卜杜林的肩膀。没打中。阿卜杜林缩进了掩体，后悔不已，心想："要是我能打死其中一个就好了。将来我被打死也算是扯平了。"在对方的死亡中，你预料到了自己的死亡。但很快，阿卜杜林就镇定下来，站起来，用自动步枪的瞄准镜朝战壕那边观察。还在那边！三个人背着稻草捆在冬日微弱的阳光下奔跑，只是跑得更快，腿弯得更低了。

曼苏尔·阿卜杜林重新瞄准，这次很仔细，用准星跟随着最中间的那个，保持在前面一点，以补偿这个人的跑动和子弹飞行所需的提前量。

---

[1] 西蒙诺夫最有名的诗当然是那些年在苏联被无数次朗诵过的优美诗篇《等着我》。一些红军士兵总是在胸前的衣袋里夹着一本，作为一种护身符。

现在阿卜杜林很平静，他的手已经停止了颤抖。

枪声又响了，后坐力再次推击阿卜杜林的肩膀。打中了。那边的那个人停了下来，全身伸直了一会儿，同时头不自然地向后一仰。几秒钟后，这个人的膝盖弯了下来。而在他最后一次徒劳地尝试逃命的挣扎中，可能是因为关节的角度，也可能是因为其他什么原因，他的身体开始像螺旋一样旋转，还没转完就撒手仰天倒地。那身体不再是个主体，而只是一个物体，受重力定律的支配，仅此而已。人已死去。

就算阿卜杜林曾有过什么犹豫，现在也消失了。他现在只有自豪。

*

11月6日星期五，阿德尔贝特·霍尔主要忙于检查冬季装备。他为自己也为他的士兵清点随身的东西：两条内裤、两双袜子、两块裹脚布、一件毛衣、一条裤子、一顶船形帽、一件军服外套、一件大衣、一身工作服、一件迷彩雨披和一双中高筒皮靴。这就是全部装备。霍尔当然知道，当真正的严寒到来时，这是远远不够的。然而，申领冬装的请求似乎在军事官僚机构的某个更高层卡住了。

也许运输出了问题？霍尔知道，斯大林格勒前线的所有补给工作都在唯一的一条路线上进行，即通过顿河畔卡拉奇的一座桥，因此食物已经开始变得相当单调乏味。（已经有许多人把越来越多的黄疸病例归咎于单调的饮食。）一旦寒冷来临，柴火的缺乏也会成为一个问题——但他们必须自己想办法来搞到柴火和炉子。

然而，霍尔之前的疑虑似乎已被克服。这场战役将会胜利。他自认为，军中的士气仍然是很高的，只要他们得到增援，他们就能拿下伏尔加河边那些微不足道的小块土地。"我们都完全信任领导层。"[1]

*

秋天的黑暗，高大的森林。很快这趟火车就到了。尼古拉·奥布里金巴和其他游击队员都已经准备就绪。他们的计划是既简单又有效的。（只有简单的计划才是有效的。）他们在蜿蜒曲折的铁轨旁的松树林中安置了一个轻型反坦克炮。（想想看，他们现在居然也有了一门大炮——这就说明他们这个游击旅的装备越来越好。）这门炮要击毁那个火车头。与此同时，一支爆破部队在反坦克炮待命地点前面一点的路堤处埋下了大量炸药。包括奥布里金巴在内的其余游击队员已在能俯瞰铁路的一个小山丘上准备开火。

他们在等待那趟火车。

这属于游击队里很常见的那类行动，譬如炸毁火车、夜间伏击突袭，但其实这是奥布里金巴第一次参与，如果不把他大约一个月前参与的对一个小镇的袭击算进去的话。那次往轻了说是在一片混乱中搞砸了，当时他在黑暗中差点对一个自己人开枪。他们的主要任务是刺杀当地一名"高官"[2]，一个被德国人任命为当地长官的人，但这次行动失败了。情况是这样的，他们找到了这个人，俘虏了他，宣读了对他的死刑判决，但执行的射手太紧张，或者他的冲锋枪没瞄准，因此这名高官居然幸免

---

[1] 从不过分标签化的角度来看，无论是在生活中还是在他的回忆录中，霍尔都是通常所谓的权威人格的一个典型代表：一个对体制和自己都充满信心的人，并且很难承认二者都可能会出错。
[2] 可理解为"镇长"。这些官员在德军正在进行的经济剥削和追捕游击队员及其他人员方面都发挥了重要作用。

于难。

这些游击队到目前为止干的很多事情都是积聚力量、改善装备、组织协调、鼓舞士气、安排补给、维持生计。如前面说的，聚集在这些游击队里的是至少可以说形形色色的不同人群。这里有前一年德军大包围中部队被摧毁后消失在树林里的苏联红军战士，有当地的共产党员或苏联秘密警察，有逃离系统性种族大屠杀的犹太人；这里既有冒险家也有理想主义者，既有英雄也有机会主义者，有年轻女性参与也是件引人注目的事；人数日益增多的是那些经过特殊训练的志愿者，他们是跳伞或从前线渗透过来的；许多人是从德国人那里逃回来的战俘，例如奥布里金巴。

很快这趟火车就要到了。

尼古拉·奥布里金巴认为自己还活着就已经可以算是很幸运的了。战争爆发时他在莫斯科市中心那座巨大的革命博物馆里担任画家，专门绘制有关战斗的画面。（一份有保障的工作。对这种工作的需求永无止境。）由于他拥有较高的学位，他被自动免除服兵役的义务，但他扔掉了那些保护他免于服兵役的文件。相反，他自愿报名加入了正在建立的众多民兵部队中的一支部队。这是很勇敢的行为，也是很鲁莽的。

经过最基本的军事训练后，他和他的战友们被匆匆送到前线——许多人还穿着平民便服，多半配备的还是第一次世界大战留下的旧武器——他们只不过是些炮灰，去拖延似乎势不可当的德国装甲纵队，阻止他们冲向苏联首都。奥布里金巴是在10月里的维亚济马和布里扬斯克被德军大包围的战斗中被俘的50多万苏军士兵中的一员，他们都筋疲力尽，饥饿难耐，痛苦不堪。就是在那里的某个地方，他不再相信领袖是一贯正确的。

奥布里金巴从此成了看上去无穷无尽的苏联战俘棕色人流中的一滴

水,在 1941 年的深秋,被驱赶在欧洲东部那些泥泞的道路上。绝大多数人很快就死于饥饿、疾病或过分的暴力。[1] 奥布里金巴回忆起那段时光的时候仍然十分惊恐:

> 一路上有成千上万人因寒冷和饥饿而倒下,濒临死亡,被留在路边临时的停留地。德国人杀死了那些还活着的人:守卫猛踢倒在地上的人,然后把还会动的人射杀在原地。每次重新行军之前,守卫们都拿着棍子站在战俘队伍的两边,然后发出命令:"全体跑步!"等队伍开始跑起来,棍子沉重的打击就如雨点般纷纷落在了我们身上。如此持续一两千米才会听到"停止!"命令。我们才能停下来,喘着粗气,浑身发热,汗流浃背——然后我们在这种状态下再站立一个小时,站在刺骨的寒风中,站在寒冷的雨雪中。如此反复好多次,只有状态最好的人才能够幸存下来继续前进。但有许多人还是被迫留了下来,然后当德国人结束他们生命的时候,你就会听到零星响起的枪声。

但奥布里金巴活了下来。在很大程度上这是因为他有幸遇到一些好心的德国人,在危急时刻他们以各种简单的方式对他表示同情。

通常这只不过是些手势,但这些手势已足以让他抑制住仇恨,并继续将他的对手视为一个人——在德国士兵中既有畜生也有同类。(足以令人恐惧的是,人类有时也可以同时成为两者。"同情和残暴可以在同

---

[1] 1941 年中德军共俘虏了 335 万名苏军士兵。到 1941 年 12 月,这些战俘中只有 110 万人还活着,其余战俘则全是德国无所顾忌的残酷政策的受害者,该政策旨在通过饥饿蓄意进行民族屠杀。

一个人身上乃至在同一时刻找到，这违背了所有逻辑。"[1]）真正的拯救发生在奥布里金巴的艺术才华被德国人发现之后，[2] 他们把他拉到一边，让他去工作：去画肖像、装饰房屋或者做其他有关的事情，并奖励他食物——而其他人却在挨饿，他们在绝望中吃草，甚至在最坏的情况下人吃人。在被俘期间，奥布里金巴有三个目标摆在眼前：生存、逃脱和保持人性。"在这个地狱中生存就不容易，"他总结道，"而要保持人性还要难上一百倍。"

*

在斯维里河前线没有任何新鲜事。从多方面来说，这显然对库尔特·韦斯特和他的连队战友来说还是一种福音。事实是双方都只在河岸各自的一边往下挖掩体，双方都没有表现出任何转移意愿，这使得僵局和单调乏味成为不可避免的结果。自上个春天以来，没有发生什么像样的战斗。当然，偶尔在这里或那里总会有小炮弹落下；当然，苏联红军狙击手的技术娴熟得吓人，会不断找到猎物；当然，双方（尤其是芬兰方）时不时会进行小规模的突袭和巡逻；当然，一次又一次会有人死去或受伤，但情况本来可能更糟糕。

在这种单调的庇护下，人们建立了日常生活。就像上次世界大战期间，西部战线处于最静止状态的时候一样，这里也存在一种自相矛盾的常态的空间。有人组织了运动会、足球系列比赛、定向越野锦标赛之类的活动。一旦等到有了足够的积雪，滑雪比赛也开始了；这个团还有自

1　引自普里莫·莱维。
2　这算是奥布里金巴走运，他所学的社会现实主义风格在纯粹理念意义上与纳粹分子喜爱的艺术非常接近。

己的男声合唱团,目前正计划回老家做一次巡回演出;他们还组建了一个小剧团,并得到一些来自赫尔辛基戏剧学院的年轻女学生的临时增援,演出像霍普伍德的《绿色电梯》这样的令人开心的情景喜剧;教徒们(他们真不少)可以望弥撒和学习《圣经》;其他人则可如前面提到的,利用居留在工事地下掩体里的所有空闲时间开展自学课程——从这段时间拍摄的掩体内部照片里,可以看到晾晒的衣物、煤油灯和纸牌等东西,还经常能看到书籍;[1] 各个营还在远离前线的安全距离内建造了自己的小咖啡屋,而如果你能到舍曼斯基去,那里的团部已经建立了一个士兵之家和一个小电影院。是的,实际情况本来可能糟糕许多。

库尔特·韦斯特是在9月中旬才被派到前线的,因此对他来说,无聊和危险还来不及当成家常便饭。他仍然需要应付他是一个初来乍到的新手这种情况,而使事情更糟糕的是他个子很小,看上去还不足19岁。就在他"冻僵了,湿透了",从把他送到舍曼斯基的团部集合点的卡车上爬下来的时候,他听到的第一句评论是:"难道上面现在也开始把孩子送来了吗?"他和其他刚入伍没经验的新兵也多次遭到军官和其他士兵的嘲笑戏弄,而他们都是久经考验的老兵,其中许多人都参加过那次冬季战争。

这年年初被征召入伍时韦斯特心中涌起的"好奇心和冒险精神",到这个阶段很可能已经所剩无几。白天,他主要忙于挖掘和加固战壕,[2] 或者用马来拖原木和木板——这是繁重且相当肮脏的工作,在那些小路上,秋雨已把东卡累利阿地区的土壤搞弄成了几乎不见底的红褐色泥浆。韦斯特边干边骂骂咧咧,非常恼火,还累得精疲力竭。

---

1 学习课程组织得越来越有条理。这里最终还会安排职业课程,让人甚至在战场上也可以获得毕业证书。
2 随着时间推移,战壕修建得越来越符合规范,其中包括精心布置的内部板墙。

这个阶段其余大部分时间他都用在了站岗上，那也是一个苦差事，有些老兵还认为这是件有损尊严的事情。他通常都很累。他经常想，如果战事变得严重起来，他该如何对付过去："我的神经是会经受住考验，还是会让我魂飞魄散，不成样子？"至今他还没有开过一枪。

*

对尼古拉·奥布里金巴和他的游击队战友们来说，等待终于结束了。那趟火车来了。先是铁轨上传来连续的低沉声音，然后他听到火车头喷气的声音，接下来看到了车头烟囱里冒出的黑烟，认出一条被拉长了的黑影穿过黑暗蜿蜒向前驶来。火车头喷着蒸汽，笼罩在浓烟中，散射着火花。当火车开到松树林边的时候，传来了反坦克炮开炮的爆炸声，紧接着是炮弹撞击到目标时的巨响。一团白色的蒸汽喷出。火车头呼啸着发出尖厉的声音，猛地刹了车。几秒钟后，轨道下面埋的炸药也爆炸了，最后是车厢脱轨和相互碰撞时发出的金属的刺耳声音。

一切重归寂静。

奥布里金巴和其他人在小山丘上焦急地等待着。火车上满载着的是德国士兵，还是什么东西？五分钟后，有一枚火箭闪耀着红色火花射向黑暗的天空。这就是他们在等待的信号。现在他们冲向铁路路堤，希望能找到好猎物。奥布里金巴没有看到什么人，但注意到有几辆货车车厢里装满了谷物。突然，一挺重机枪从这列火车尾部开始扫射。又一枚火箭被射向夜空——这次是白色的。这是撤退的信号。

黑色的身影在树林中消失。他们说到刚刚经历的事情，都感到欣慰和兴奋。奥布里金巴对一个红色手电筒感到特别满意，那是一位战友在火车上捡到的，现在交给了他。在他们身后，探照灯还继续在混乱的出了轨的货车车厢之间扫来扫去。

*

　　基思·道格拉斯坐在宽阔的海岸公路边上,身旁是另一个团的一辆破损的"十字军"坦克,还有这个坦克上的乘员。他在研究路上那些前进的车辆。许多车辆是从开罗的基地一路开来的。他是从汽车号牌和司机的表情上看出他们从哪里来的:他们都睁大了眼睛惊讶地看着周围被破坏的一切。被遗弃的德国和意大利车辆排成了长长的行列,道路两边都是大量的战争垃圾:箱子、文件、空汽油桶、衣服、弹药、空弹壳,还不时会有死人。当那辆坦克的乘员请他吃午餐的时候,道格拉斯也正好没什么东西可吃,就沿着路边走过去,很快就用附带的刀叉把一盒意大利罐头吃了个底朝天。在经历过炮声震天的激战之后,他听力现在还是很差。

　　这条路上的车流每个小时都越发密集。有些时候卡车会在四条车道上挤来挤去地前进,但令人惊奇的是,它们全都是朝同一个方向移动:向西,下一站是马特鲁港。给养必须送到。试图往相反方向行驶的汽车被从道路上挤开。在远处的某个地方,德意非洲军团的残余部队正在逃亡。

　　时不时有成群结队满身尘土的德国和意大利战俘经过。他们都筋疲力尽,心灰意冷,始终低着头迈着沉重的脚步,一眼都不看旁边呼啸而过的车辆。意大利人有时会乞讨食物。德国人则从来不这样做。他们只是默默地走过去,把自己封闭起来,"像梦游者"。前一天下了很久以来的第一场雨。雨很大。[1] 道路变得泥泞。

---

[1] 一些人判断,11月6日的意外降雨可能拯救了逃跑的德国人和意大利人,使他们免于全军覆没:倾盆大雨确实使人难以沿着这条海岸公路逃跑,但也使盟军的攻击机无法从机场起飞,而盟军攻击机本已给德意撤退部队带来巨大损失。

道格拉斯的坦克已经坏了。又一次坏了。在这场战斗中，他（和许多其他人一样）花在修理和救援坦克上的时间，比在战斗中使用坦克的时间还要多。[1] 这一次，它是陷入了路沟里，还丢掉了一条履带。他和他的一名坦克手四处游荡寻求帮助。他现在就在等人来救援。这天是11月7日，星期六。

好几个小时过去了。时不时下起稀疏的小雨。道格拉斯和其他人等得无聊的时候，就拿出他们掠获的手枪，对着空的汽油桶打着玩。其他乘员里有些人拥有一种完全新型的德国枪，道格拉斯得到许可后试用了它。弹药根本不是问题。到处都有。过了一会儿，这把新枪卡住了，他们不知道该怎么拆。就在这时，有四名德国兵从路的对面经过，道格拉斯就用他粗糙的德语向他们喊叫。他们明白了，路这边坦克上的英国人只是需要帮助，把那把枪拆开，这时候四名德国兵就很明显松了一口气。他们很快也就拆好了。

道格拉斯和一名看来是这群德国兵小头目的戴勋章的下士开始交谈起来。原来他们四人也是一辆德国坦克上的乘员。他们有吃的吗？有啊，巧克力！他们就交换了吃的东西：英国的罐头肉换成了德国巧克力。很快他们就都站在路边一起吃起东西来了。气氛很轻松。他们还拿出来照片。那个下士展示了在法国和希腊拍的照片。他去过苏联吗？没去过。在非洲已经待了多久？4个月。他们中的另一个人叫威利，长着大耳朵，样子很像《白雪公主和七个小矮人》中的糊涂蛋——他来这里才两个多星期。那名下士介绍说，战前他曾在科隆大学学习。啊哈。要和剑桥竞争啊。啊哈。道格拉斯问起德国人在波兰和苏联犯下的那些暴行。那名

---

1 坦克问题可能与另一现象有关：几乎每个人手上都有疮、小瘀伤和经常擦伤的指关节，这是人长期待在坦克里和开坦克所导致的。在沙漠中，这些伤口往往会感染，几乎成为慢性伤病。

下士否认,说那种事根本就没发生过。啊哈。

又开始下雨了。英国人和德国人都躲在一辆被丢弃的意大利卡车的车篷里躲雨。然后他们坐在那里一起喝茶。雨在防水布外淅淅沥沥地下着,车外面有川流不息的车辆隆隆驶过。

*

报纸当然是不可信的,它们像往常一样受到严格审查,但灾情迹象在好几个月前就已经出现了。谣言多得铺天盖地。一切都预示着河南省即将发生一场灾难。张仲鲁是奉重庆中央政府之命前往河南省巡视的几名官员之一,要在全省各地研究灾情,并检查军粮是否按新定配额上缴了。他对中国来说是一个新型的官员:在国外接受教育——上过美国密苏里大学和哥伦比亚大学——更像是一个技术官僚,而不是一个冷漠和腐败的老派官员。在日常工作中,他是河南省建设厅厅长。

大战的前线有一部分正好穿过该省。前线倒很平静。原因不难理解:在之前将近一年时间里,日本人的注意力和资源都集中在其他地方:缅甸、印度、新几内亚、南海、太平洋。而在这里,日本人目前似乎满足于牢牢控制住已经征服的土地:这当然包括中国东北——在十年前就变成了日本傀儡政权"满洲国",并有了伪皇帝——还包括华北华东的河北、山西、山东、江苏等省。而在南方,他们控制了沿海地区数个重兵把守的飞地,例如上海和香港,从这些城市,占领者有时可以发动突袭,尤其是在收割稻谷的时候,就像正在备粮的切叶蚁。恐怖的轰炸当然也在继续,首先是轰炸重庆,[1] 这个月还轰炸了桂林。日本飞机时不时

---

[1] 从1939年到1942年,日军轰炸机向重庆近乎让人产生幽闭恐惧的老城投下了3 000多吨炸弹。1937年12月,国民政府首都南京沦陷后,中国政府就迁移到这里。

地出现在秋天灰色的天空中，按照某种莫名其妙的逻辑投下炸弹。它们很少遇到什么抵抗。

河南省的形势据说十分危急，这本身就是个不祥之兆。河南省是中国的核心省份之一：其历史的、文化的尤其是经济的重要性怎么估计都不过分。主体位于黄河以南的这片土地肥沃、人口众多的地区长期以来一直是皇家的粮仓，是皇帝的军队招募地，如果连这个中心地带都失守了，也许任何一个省都会很快丢失？

现在张仲鲁为执行任务已经实地调查很长时间了。他奔走在高低不平的道路上，在滚滚的难民人流中逆流而行，这些难民并不是逃离战争——正如前面所说的，这里几乎没有战斗——而是逃离不断蔓延的饥荒地区。农民和地方官员都告诉他，春粮都已经干死，粮食产量仅为预期产量的十分之一到五分之一。他们对秋收寄予希望，但整个夏天几乎没下过雨，因此秋收情况也很糟糕。（而下过雨的地方，居民们又被成群的蝗虫所困扰。）

到处都是紧张的、饿瘦得皮包骨的人，到处都是痛苦和绝望的人。有人说，在洛河岸边可以看到超乎寻常的大群的人。他们收集雁粪，筛出所有未消化的谷物，然后食用。张仲鲁说：

> 沿途灾民，有挖草根的，有摘树叶的，亦有剥树皮的。从郑州循路南行，乞食逃荒的人络绎不绝，景象凄惨，令人目不忍睹。

但他必须直视。这是他工作的一部分。在方城县县城，张仲鲁来到一个集市上，见到穷困绝望的人们正在出售他们最后的一点东西，以换取食物躲避这场饥荒，而最后能卖的就是他们自己。他看到一个男人决定卖掉自己的妻子，希望用这样的方式，他们夫妻都能活得下去。刚分手女人就在他身后喊道:"你来,我的裤子囫囵一些,咱俩脱下换一下吧。"男人抱头痛哭说:"不卖你了,死也死在一起。"

让张仲鲁特别痛苦的是,他看明白了,饥荒最终是人为因素造成的,而且他本人在其中也扮演了一个角色,也许甚至负有一种责任。

*

从远处看——相当远的距离——大部分东西如同田园诗一般。当约翰·麦克奈里坐在俯冲轰炸机的驾驶杆后面飞行了四个半小时之后,当他第一次看到瓜达尔卡纳尔岛,他认为这是一个"美丽的岛屿"。8架天蓝色飞机的编队正向北绕着该岛的海岸沿一条弧线飞行。他指出,岛上多山,丘陵起伏,既有热带雨林也有草原。在大多数地方,原始丛林一直延伸到海滩边上。岛上的沙子在他看来很黑。离陆地最近的海水清澈见底,能见度有12~15米。(有些停泊的小船仿佛飘浮在空中。)在如此靠近赤道的地方,空气也异常清澈。是的,这个岛好像"非常平静"。

然后他瞥见成群的静止不动的大型船舰,之后不久他就看到了机场,位于热带雨林中一片巨大且不平坦的空地。机场代号是"仙人掌"。8架双人座飞机变换队形,排成一条线。他知道它们必须尽快降落,降落的间隔也要尽可能短,因为日本人的防线离这里很近。两条飞机跑道和周围郁郁葱葱的绿色田野里有至少数百个重新填平的炮弹坑,像是伤痕累累。

麦克奈里知道岛上的情况十分不妙,这是一个极其危险的地方。他们还将接替一个已被击毁的飞行中队;在上个月抵达这个岛的41名飞行员中,现在只有14人还活着——其余的都已经阵亡、失踪、受伤或得了重病。在他们之前来到的那个中队也遭受了类似的重大损失。这也会是他们的命运吗？麦克奈里通常被人称为"麦克"，24岁，是美国海军陆战队的一名飞行员。

不到两年之前，他在亚拉巴马大学听过州长的一次演讲，他们被告知，要准备好在必要时为国家牺牲自己的生命。那时他只认为这种说法"荒谬"。美国正处于和平状态，而且会一直如此。"**美国优先。**"[1]

战争在继续，但战争只发生在地球的另一边和电影院的新闻片中，那又怎样？麦克奈里那时认为，关于纳粹的危险性和恐怖性的大部分讨论都是夸大其词。当然，美国引入了征兵制，而且确实他在机缘巧合之下成了美国南部家乡小镇上第一个被征召入伍的人，但是由于法律保证他只需要在该国境内服役，他没觉得增加了多少威胁。1941年12月19日，珍珠港遇袭后，法律进行了修正，改变了这一点。

约翰·麦克奈里绝不是一个稚嫩的人，而是坚强、稳重和并不害怕冒险的人。在一次考试遭到惨败并意识到他可能很快就会被征召入伍之后，他于1941年夏天申请加入了海军航空兵部队。[2] 他没想到这将意味着要参战。但那是当时。现在他已经来到了战场上，而且满怀热情。瓜达尔卡纳尔岛。在海峡上空等候进场的位置转了一会儿后，终于轮到他了。麦克奈里把他的俯冲轰炸机降落在宽阔的跑道上，一片尘土飞扬。此时是11月7日下午5点左右。

约翰·麦克奈里在周六下午降落的时候，他所看到的一切都强化了他对这个地方的负面印象，这个地方以临时安排为特色，近乎一片混乱。

---

1 这是强大的美国优先委员会的口号。该委员会成立于1940年秋季，由著名飞行员查尔斯·林德伯格担任主要发言人，其目的是让美国置身于战争之外。它获得了热烈反响，尤其是在各大学的年轻人中。

2 部分原因是他的最大兴趣之一是飞行，部分原因是这样他就可以成为一名军官，避免违背他的意愿而当一名步兵的命运。

在这个名叫亨德森的军用机场，没有机库，没有机场建筑，只有松松垮垮的帐篷。飞机零散地停在机坪，没有显而易见的停放模式，而在空地和高大或被炸裂的椰子树林的空隙间，随处可见成批的机翼扭曲、机身断裂的飞机残骸。一些被人仔细填好的炮弹坑很大。半埋在地下的防空高射炮长长的炮管指向天空。一些卡车和吉普车载着上身赤裸的男人开来开去。气氛十分紧张。

麦克奈里和无线电操作员从他们闪着银光的机器中爬了出来，下到了地面上。空气又臭又热。他们与其他新降落下来的一群人一起，被引导到这个飞行中队的协调中心。这是一个用原木和沙袋搭建起来的地堡，还有一个没有围墙的大帐篷。那里有几条长凳和一块巨大的黑板。他一到那里就发现他们中队已经遭受了第一次损失。他认识的两名飞行员失踪了。

但这明显没有让他动摇。首先，他真的不知道该如何处理这种噩耗——低下头哀悼，假装什么都没发生，还是别的什么？其次，他当然在理智上也明白总有人会失去生命，甚至是他亲近的人。这是不可避免的。就目前而言，麦克奈里坚定地相信着此时正在将千百万年轻人带入黑暗和不确定性的那个幻想，正如他在回忆录中所写的："那总会是别的人。"

*

达努塔和约泽克已经到达了他们的目的地：米耶兹尔杰克小镇。达努塔很失望。在她眼里，这个小镇不像一个真正的小镇："没有高楼房，只有小房子、茅屋和棚屋。"约泽克用开玩笑的口吻安慰她说，不管怎么说，此处的地址叫华沙路，但他的玩笑没什么效果。

约泽克有点兴奋过度地给达努塔展示：看，三个大房间，一个厨房，在房子后面还有一个他们自己的小院子。在那里他们可以种植自己的蔬菜，他满怀热情地说（这热情可能是假装的），这里还让他温暖地（这温暖显然是真的）回忆起他在科沃老家的房子，他在那里长大。那里有一个他喜欢的大花园，里面种满了植物，有"芬芳的苹果树和枝繁叶茂的樱桃树、鲜花盛开的花坛、美味的西红柿和紧靠篱笆掩藏着的脆皮黄瓜"。但这里不是夏末温暖阳光下杂草丛生的大型乡村花园，而只是11月里一个小而空荡的后院。

*

为庆祝十月革命二十五周年，人们去参加在被围困的列宁格勒举办的一个音乐喜剧首映式。还可能演吗？是的，还能演啊。革命必须庆祝，而且可以庆祝。当然没有游行，其原因也很容易理解，但斯莫尔尼学院还是照常举行盛大的招待会。在高贵的金碧辉煌的白色大理石的大厅里，在闪闪发光的水晶吊灯之下，这次的观众几乎全是穿着军服的男人。

人们还涌入一个剧场去观看新编的喜剧《广阔啊，广阔的大海》首演。他们需要笑声。观众席中坐着一位五十来岁的文雅的妇人，名叫薇拉·因伯尔。她很喜欢这部戏："即使剧作家偶尔表现得有点讨好观众，但可以说，这部戏整体上仍然是快乐而活泼的。"中场休息期间，她无意中听到两个年轻女子在谈论什么地方是庆祝新年的最佳地点。其中一个女子说："我们有一个很棒的管弦乐队。"另一个回答说："而我们有更好一点的防空洞。"

因伯尔回到家，在一种轻松的气氛里，和丈夫坐在一起边喝茶边听着收音机里的广播。播音员报道说，德军几天前就已经从北非撤退。但由于空袭警报响起,因伯尔和她的丈夫没来得及听到后面的所有细节。

因伯尔意识到这是一次不同寻常的大规模空袭。她从飞机发动机的声音,从炸弹沉闷而逐渐增大的撞击声,从高射炮的激烈射击声中明白了这一点,这些声音很快就密集起来,变成了吞没其他一切的轰鸣声。她听到防空炮弹爆炸后的弹片在屋顶上落下的噼啪声响。过了一会儿,一批新的轰炸机来了,有些轰炸机就在他们的房子上空咆哮。直到凌晨1点半,警报才解除。

*

回到米耶兹尔杰克小镇上的小房子。记忆与现在、期望与现实之间的令人心碎但又无法言说的鸿沟,并非只存在于那个想象中的花园。达努塔的丈夫约泽克似乎不想再谈起他已不能再回到科沃的事实,因为波兰语的科沃已经不再被称为科沃,而是德语的瓦尔特布吕肯,它也不再属于波兰语的罗兹省,而是属于德语的瓦尔特高,波兰西部的这个省份已被德国人吞并,[1] 现在正在被"德意志化"。众所周知,这意味着波兰人的财产被征用、剥削,出现种族隔离和大规模强制迁徙。[2] 达努塔和约泽克不仅是严格来说已不存在的国家的公民,他们也是一个不被允许存在的国家的公民。

对于他们和所有其他波兰人来说,这绝不是抽象的地缘政治。这牵涉到日常生活中大大小小的事情。波兰所有大学和高中都被关闭了(这

---

[1] 同时被吞并的另一地区是但泽-西普鲁士帝国大区,包括波罗的海沿海地区。此外,波兰某些边境地区也并入德国已有的东普鲁士省和上西里西亚省。

[2] 同时当然会有数量巨大的德裔居民涌入,包括来自东部的各个德裔少数群体。战前,波兰人口85%为波兰人,8%是犹太人,7%是德裔。

就是达努塔无法毕业的原因——她不能也不被允许得到学位）；波兰所有图书馆、博物馆和档案馆也都被关闭；波兰文书籍不得印刷、发行、出售或出借；波兰文学、历史和地理被禁止教授；波兰剧院和电影院不再开放；[1]波兰作曲家的音乐作品被禁止；波兰人也被禁止从事音乐活动；火车、有轨电车、咖啡馆、餐馆、酒店、公园、游乐场、浴室、海滩要么有分开的德国人区和波兰人区，要么干脆是"仅限德国人入内"；在人行道上波兰人必须给德国人让路；波兰人不得驾驶机动车，不得乘坐出租车；波兰人不得拥有工业、建筑公司或者作坊；波兰人不得拥有收音机，不得从电话亭打电话或携带公文包。

两人在房子里走来走去。约泽克给达努塔指出房子有多么大，这将会成为他们第一个真正的家。而她看到的是这里不像他们在华沙的公寓那样，那里有中央供暖和自来水，厕所里有抽水马桶，这里都没有。他说他们可以把她妈妈接到这里来，让她在临街的房间里开一家发廊，位置绝佳，就在广场旁边。她仔细检查了几件家具：一张旧床、一个摇摇欲坠的衣橱、一张桌子和两把椅子。

*

"为什么我还在？为什么有这么多和我一样的其他人，一去就不复返了，而我还在呢？"对英国皇家空军轰炸机司令部第83中队的约翰·布什比来说，这仍然是个问题。也许这个问题之所以仍然存在，是因为它不可能被回答，也问得太早了——也许下一次飞行任务就不一样了，因为每一次成功的飞行任务，每一次成功的返回着陆，都像是过了

---

[1] 除了有些电影院可放映宣传片或色情片（后者当然是令人奇怪的）。

一次鬼门关，你过去了，但又再次回到了鬼门关的这一边。布什比的服役时段刚好赶上新的、更加冷酷无情的战略，[1] 该战略让他们瞄准了更大的目标，这种目标如此之大，以至于在夜间都不会被错过。现在他已经参与了对许多德国城市的轰炸：不来梅（两次）、埃森、科隆、但泽、杜伊斯堡（三次）、汉堡、杜塞尔多夫、奥斯纳布吕克、美因茨、纽伦堡、克雷费尔德、亚琛、基尔。

布什比坐在飞机最后部有玻璃盖罩的机关炮炮塔内，在寒冷的夜空中，这个部位的视野极佳，而在过去几个月里，他一直能够看到那些微小的脉冲闪光如何从引爆的炸弹开始以更密集的模式出现，能够看到火势越来越大，下面的街道和街区就变成了火焰和磷光的流动网络。显而易见，他们在这方面是干得越来越好。[2]

开始时人们心存一种古老的梦想，认为战争是靠勇气、精确的执行和某种绅士风度来赢得的，但现在这种观念已经转变为玩世不恭、愤世嫉俗和残酷无情的历史叙事，"不断扩大"是其支配性法则：更多的轰炸机、更多的炸弹、更多的牺牲者。他们现在投弹时已经并非只是不考虑平民百姓了：他们扔下炸弹就是**针对**平民百姓的。委婉的说法叫"拆迁"——如果还用得着委婉说法的话。机组人员既不受道德动机的控制，也不受复杂解释的驱使。他们奉命执行这项任务，这项任务本质上是高度技术化和量化的。布什比并没有后悔的意思，除了在其中一次的情况下。那是在美因茨。在8月里的一个月光明亮的夜晚，他朝下看到的是

---

1 这种冷酷无情首先是对平民而言的，其受害者是扎辫子的小女孩、老太婆、小猫崽以及其他无辜的生命；但它对轰炸机机组人员也是冷酷无情的。他们被鼓励"无论出什么事都要继续轰炸"，而飞行员们也经常是这样做的，带着今天已难以理解的一种勇气。在某些空袭中，机组死亡人数比地面上的德国人还多。

2 这既是改进技术也是改进战术的结果。

"一座拥有令人愉悦的广场和价值连城的中世纪建筑的城市，我们在半小时内就把它的城中心变成了一堆冒着烟的废墟瓦砾"。

一个人的命运是不确定的，影响命运的机遇也是不确定的，这会产生既奇怪又可以理解的后果。很少有人像轰炸机机组人员那样迷信。无论如何，它会给人一种控制感。在穿上又重又厚的飞行装备时，布什比总是小心翼翼地先穿左靴子再穿右靴子；他和另一位机关炮射手沃利在爬进炮塔的时候也总是礼貌地见谁都道"晚安"；当满载炸弹的轰炸机开始加速，飞过跑道上越来越快地闪烁的灯光时，他总是哼着同一支流行曲子。与新机组人员一起飞行或乘坐自己不熟悉的飞机被认为是件倒霉的事，也是每个人不惜一切代价想避免的事情。

后面这事背后的逻辑并非微不足道。这些机组人员都已经过精心磨合，不仅彼此之间默契，也熟悉他们的机器。这不仅是因为他们的"兰开斯特"四引擎飞机已被证明非常可靠和耐用，而且还因为在一百多个飞行小时之后，他们了解了这架飞机的所有特质。例如，飞行员比尔（顺便说一句，他总是戴着同一条华美的1.5米长的针织围巾）精确地知道他在一次俯冲中能用多大力量去推动这架R5673"L-伦敦"轰炸机；而查理知道无线电收发报机在哪些频率上容易失去信号以及如何应对；布什比本人知道他的机关炮在射程200米处要向上拉一点，如此等等。

"为什么我还在？"这除了和难以捉摸的运气有关，还能从此处找到一部分解释。第83中队不仅驾驶的是英国皇家空军最现代化的也是截至当时最好的轰炸机——它不仅比其他类型的飞机更快，而且最重要的是可以飞得更高——他们分到的还是一架功能异常良好的样机。难怪布什比对R5673产生了某种类似于爱情的感觉，就好像这架飞机是一个活生生的女人。

这天是11月7日，布什比和其他机组人员很难过。前一天，"L-伦敦"被借给了另一个机组,而他们再也没有回来。就在夜里,这架轰炸机在热那亚的目标区域上空与第 83 中队的另一架"兰开斯特"轰炸机相撞。他们第一时间想到的不是那 14 个失去的战友。他们也没有想到此事有着冷酷的讽刺意味,因为可以说其他机组是代替他们赴死的。他们哀悼的是这架飞机:"我们怀念 R5673,就像人们会怀念一只宠物,事实上远远不止,因为我们都感到了说不清的不安,这架飞机的消失意味着我们的命运之线已经断了。"

*

夜幕降临另一个国家。风景发生了变化,呈现出新的形状和颜色。有时在满月的光辉下,威利·彼得·雷泽认为,这个无人区在月亮的白色光辉中显得很"迷人"。有时他望着深黑的星空,指出哪些是猎户座和织女星,哪些是天秤座和双鱼座,还有银河系的星光密布的光带,却不再被它们的美丽所打动,而是在这种美的面前无动于衷,漠不关心。他想到,星星也同样对现在充满了地球的苦难无动于衷,漠不关心。照明弹的微光改变了田野和树林,把光影都变成了新的、冻结的形状,有金黄色、浅绿色、冷白色、血红色——"而当它们熄灭时,我们又被扔回原始的夜晚。"黑暗几乎总是带来畏惧,甚至是恐怖,因为它是想象的领域。在那里,当风吹过高高的、结冰的草地时,它甚至会变成他们都害怕的苏联人的巡逻队。

但夜晚也可以成为某种保护。轮到他跟着去取食物的时候,由于有苏军狙击手,取食必须在黑暗中进行。通往战地厨房隐蔽的壕沟的那条被雨水浸软的道路是很危险的。几乎每天都有人在路上被打死或打伤。但在一天中的这个时候,它相当安全。勒热夫周围的前线仍然被认为是平静的。就这一次是平静的。[1]雷泽和其他几个人步履蹒跚地穿过黑暗。冬天姗姗来迟了。

一年前的情况则完全不同。威利·彼得·雷泽和他的师当时只是进军莫斯科的大规模全面攻势中的一小部分。那是他的战火洗礼。

在他脑海中依然留下的记忆是那些哭泣的、冻僵了的士兵；是变得疯狂的人，彻底疯掉的人；是严重到让人出现幻觉的饥饿、腹泻和疲惫；是歇斯底里的军法官和因一点琐事就被枪杀的本方士兵；是被谋杀或被扔到雪地里冻死或被吊死的苏联平民百姓，他们在寒风中像木头一样僵硬地摇摆；是被大批屠杀的苏军战俘——不是被他杀的，而是另一名士兵，他在一天早上向大约100名被关起来的苏军战俘一枚接一枚地扔手榴弹，然后若无其事地走来走去，用他的冲锋枪射死那些仍有生命迹象的人，以此结束这整场屠杀；是在混乱不堪的撤退中道德世界的不断缩小。快到圣诞节的时候，他和他那些还活着的战友全都"病了和恼怒了"。"怨怼、仇恨、嫉妒、争斗、蔑视和愤怒一起爆发，摧毁了仅存的战友情谊。"

这段经历改变了雷泽，让他变得冷酷而自满，时而沮丧，时而充满莫名其妙又令人恐惧的快乐感。这便是他一有机会就写作的原因。他写作是为了忘记，"摆脱那些发生的事情"，以此方式而"保持人性"，但这似乎并不奏效。这也是雷泽阅读那么多书的原因，他仅在这一年里就阅读了50多本书，从老子到恩斯特·容格尔，无所不包。容格尔是德国第一次世界大战回忆录的知名作者，他很钦佩容格尔，容格尔的风格也影响了他。他也通过读书和写作来和往昔的自己取得联系，往昔那个书卷

---

[1] 1942年间，苏联红军多次进攻勒热夫前线德军防御严密的突出部，总是对自己的损失表现出同样残酷无情的麻木不仁，而且一直没有取得重大成功。在苏联步兵中，这个前线被称为绞肉机或屠宰场。

气十足的高中生,但他"再也找不回那样的自己了"。正如他所写的那样,战争使他"在自己面前成了一个陌生人"。

他们带着热气腾腾的饭盒从那个壕沟里往回走。很可能这是一个没有月亮的夜晚,云层低矮浓密,也许他们只是有点注意力不集中,或者有点喝醉了,但雷泽突然不知自己到什么地方了。

他们迷路了。他们在黑暗中往前摸索,跳过一条坍塌的战壕。然后——是空地。无人区。这可不妙。他们赶紧朝他们认为是德军防线的地方跑。他们到达了一个带刺的铁丝网前。但他们很快明白,他们面对的不是自己的阵地,而是苏联人的阵地。再次往回走。使他们误入歧途的同样浓密的黑暗现在却拯救了他们。安静。没有金黄色、浅绿色、冷白色或血红色的照明弹。也没有人开枪。

当他们回到自己的战壕时,他自己的反应让他感到惊讶,同时这也显示了作为男人,过去的他和现在的他之间的差距。没有人因为恐惧和担忧而颤抖。相反,他们咯咯地笑起来,把"有勇无谋的事情当成了喜剧"。

*

巴黎越来越冷了,这天是埃莱娜·贝尔穿上皮大衣的第一天。然而,寒冷并没有在多大程度上困扰她,她只想着她的让·莫拉维茨基在不到一周的时间里就要开始他漫长而危险的征程,因为现在他们终于要见面了。她有没有想过漂亮的皮大衣上的黄绿色织物标签?她甚至可能连这都忘记了。此时是 11 月 7 日星期六。

当火车驶进车站时,她站在站台上迎接他。然后他们一起沿着香榭丽舍大街散步,又转弯往特罗卡德罗方向走。或许两人为了避开香榭丽舍大道的绿树成荫的部分,因为这些地方可以被视为公园,而公园现在是禁止犹太人停留的。或许他们也有意忽略了地铁，因为她必须坐在最后一节车厢里。[1]而街上也经常有身份检查。也许他们会停在某个商店橱窗前，上面有一个牌子，宣布这是一家"犹太公司"。当然，他们不会在任何咖啡馆或餐馆前停留，因为从前一年夏天开始，当局就不允许犹太人进入这些场所，就像不允许他们进入电影院、剧院、音乐厅、博物馆、图书馆、露营地和体育场馆一样。埃莱娜甚至不能再走进电话亭了。这与先前的犹太人拥有电话订户或收音机属于非法的规定是一致的。

这些规定和许多其他反犹法律都是由法国当局引入的，有些是迫于德国的压力，但并非全都是这样的。它们看起来可以忍受，可能是因为螺钉只是逐渐拧紧的。它是一步步生效的，其模式并不明显，[2]这给自欺和侥幸心理留下了很大的空间，尤其是在已同化和富裕的犹太人中间。他们得以产生这样的推论：这并不适用于我们啊，规定针对的实际上是外国人/共产主义者/东欧犹太人。历史经验并没有提供任何指导，反而促使人们去被动适应：只要我们保持低调/遵纪守法/避免冲突，我们就能躲开这些麻烦。

埃莱娜认识的大多数人，正和大多数法国人一样，属于观潮派，抱持观望态度，认为静观其变是最安全的。即使新的反犹法律异常直接地打击了他们，他们当然还是服从了——比如，当一个父亲不得不把他在自己帮助创建的大公司中的股份留给"雅利安"受托人的时候，或者当犹太人被禁止教书，埃莱娜被迫在索邦大学改变专业的时候。要不然他们还能做什么呢？

---

1 同样规定也适用于有色人种。他们也必须乘坐地铁最后一节车厢。
2 我们应该记住，即使从纳粹德国的角度来看，这也是适用的。直到当年1月，德国才决定逐步把犹太人排除在社会生活之外，直至完全消灭他们。西欧驱逐犹太人出境也是从当年开始的，而且首先是从法国开始的。

让埃莱娜第一次真正愤怒的事情和犹太人的六芒星标记有关。她最初的冲动是拒绝佩戴它——这是一种反抗行为。然而，她很快改变了主意，因为她突然意识到，这可能被解释为懦弱。她试着带着自豪感佩戴它，尽量高昂着头，迎接人们的目光——她可以注意到，人们的反应大多是对她有利的。[1]然而，六芒星已经将她放逐出了她出生的城市，她对那里的环境了如指掌，它的颜色、声音、气味是她内心世界天然的一部分。正如她在日记中所写的："我突然觉得自己好像不再是我自己了，一切都变了，我变成了一个局外人。"在那之后，恐怖就接二连三地袭来。

但六芒星标记是让人震惊的，这既是因为其象征的残暴，也是因为它试图一举否定自法国大革命以来就一直被法国犹太人引以为豪、对大多数其他人来说理所当然的事情：是公民身份或国籍把一个人定义为法国人，而不是一个人可能崇拜哪个神。[2]埃莱娜·贝尔的家庭已被法国同化好几代了。他们在文化和教育上，在生活方式和思维方式上，在各方面都是法国人。这还不该保护他们吗？

她的祖父是军人，她的父亲也是参加过"一战"的功勋卓著的老兵和成功的企业主管，他们可能只在重要的宗教节日才会进行传统的信仰活动。因此并不是所有她认识的熟人都知道她的家庭是犹太人。让·莫拉维茨基也没想到。因此，当她在这年夏天的某一天第一次戴着那块可

---

[1] 6月29日就有两个例子。有一个男人在街上走近她，伸出手，高声说："一个法国天主教徒和你握了手……以后，复仇！"同一天有一个清洁女工对她说，苏联人会为她报仇。

[2] 这对纳粹分子来说当然也是一个严重问题，因为一个人的宗教信仰不被视为国家事务，所以也没有在任何地方登记。解决办法是敦促犹太人自己去当地警察局登记，实际上犹太人也都这样做了。他们以这种方式加速了自己的毁灭，但在1940年秋的时候还没有人能意识到这一点，这主要是因为大多数人仍然认为德军的占领将是短暂的。那么最好保持低调 / 遵纪守法 / 避免冲突。

憎的小黄布在他面前出现的时候，那真是一个紧张的时刻。他会怎么反应？他只是为她感到难过和不好意思。

埃莱娜和让·莫拉维茨基继续散步，通过阿尔马桥走过塞纳河，到达她位于埃利泽－雷克吕大街7号的家——顺便可以提一下，这是巴黎最昂贵的公寓之一。（这还不该保护他们吗？有一度他们也许会这么认为。但在这年夏天的事发生之后就不会了。）

他们在公寓里度过了一个愉快的周六晚上。他们的一个朋友是喝得醉醺醺才来的，但兴高采烈，也很风趣，逗得大家哈哈大笑。后来他们都离开了，连让·莫拉维茨基也走了。夜里，她一遍又一遍地梦见他，在梦见他要离开时，她猛然惊醒了。

*

11月8日星期日，两列拖着运牲口的车皮的火车在这一天抵达了特雷布林卡。其中一列载有大约6 000名犹太人，他们都来自斯塔舒夫城的一个犹太人聚集区，是前一天晚上被几个德国军事单位与乌克兰和拉脱维亚的协助部队联合采取的行动赶出来的，这次清空犹太人聚集区的行动还得到波兰人和犹太人合作者的支持。另一列大约有3 000名犹太人，他们来自武库夫城的一个犹太人聚集区。除了少数人幸免于难，用来补充集中营"特别工作队"里人数不断缩减的工人队伍，其他所有人都在夜幕降临前被杀害了：有男人、女人和孩子。

"齐尔"拉伊赫曼仍然在集中营"牙医工作队"工作。

他们有20个人，他们的"工头"也是一名囚犯，正如前面提到的，称为齐默尔曼医生。许多被党卫军（他们并非没有心理洞察力）任命为"工头"的囚犯都残忍且毫无道德，他们配有自己的鞭子，一心以各种可以想到的方式利用好自己的地位。拉伊赫曼在下集中营当"理发师"的时候，他的"工头"是一个名叫尤里克的囚犯，以好色和野蛮闻名，很快就对手下的工人和要处死的囚犯进行殴打和最卑鄙的凌辱。当然大家都认为齐默尔曼医生（他真的是一名职业医生）是一个体面的男人——但在这个地方依然保持体面也是很难的。此外他和拉伊赫曼在一定程度上算是老熟人，算不上很亲近，但还算凑合，这当然也给他提供了一定程度的保护。

在上集中营的最高指挥官、党卫军亲卫队小队长[1]马特斯那里，是没有什么好指望的，这也是毫不奇怪的。[2]这个人很在意细节。最近他亲自枪杀了"抬尸队"里干活的两名囚犯，因为他们在这天结束的时候没有好好地清理血迹斑斑的抬尸架。马特斯很认真，要保证清点处理尸体的地方有条有理、完美无缺——每天都有一名囚犯在那里把沙子耙平，构成精确不变的几何图案。马特斯打人的时候面无表情，几乎是麻木的。和其他党卫军士兵一样，他腐败透顶。他回德国老家探亲，去看望他的妻子和女儿——他经常这么做：往往上一次休假还不到一星期就又要回家——而这之前他总要路过清理从受害者身上搜来的值钱物品的小营房，拿走珠宝和外币等贵重物品。[3]

---

1 亲卫队小队长级别很低，相当于中士。
2 马特斯是一名纳粹分子，在被派到特雷布林卡之前曾参与所谓的安乐死计划"T4行动"。该计划对患有精神疾病和残疾的人进行大规模屠杀。（许多在集中营服役的德国看守都有参与过"T4行动"的背景。）据报道他不愿成为上集中营的负责人，也许有人把这当作马特斯的优点。尽管如此，他还是接受了职务。党卫军的人极少通过申请上前线服役等方式逃避集中营的工作。像马特斯这样的人在道德上其实已经死了：他们更喜欢集中营，因为在那里他们远离了一切危险，也可以让自己发财致富。
3 党卫军的人和乌克兰人都一直在偷东西。此外还一直有人把从受害者身上拿走的贵重物品运往德国，包括金牙和头发：仅在11月底的5天里，就有35节货车车厢装满此类物品。

天气现在开始变冷了，而且多雨。一切都按照反复操作过的程序进行。人们赤身裸体，瑟瑟发抖地排队。有一台大型挖掘机正在挖掘新的深坑。拉伊赫曼的桌子上那碗水慢慢地装满了死人的牙齿。

*

自从那个巨大的船队离开英格兰，12天已经过去了。这.12天是在不断增加的恐惧和紧张情绪中度过的。他一直戴着头盔四处走动——那个新的、大得奇怪的头盔——睡觉时和衣而卧，还穿着系好鞋带的靴子。尽管没有潜艇攻击，没有空袭，什么都没有，还是有种种担忧。前一天，11月7日，在他们经过直布罗陀之后，可能是德国侦察机从他们上空飞过，但是飞得很高，在高空中只是缓慢移动的小黑点。

现在是8日，星期天，他们已经到了目的地。所有那些先前在漆黑夜色中几乎看不见的舰船，都开始现出模糊的船体轮廓。来自机房的沉闷的声音——静了下来。取而代之的是绞盘飞速转动的声音、金属和金属碰撞的砰砰声、呼喊声和什么东西落水的飞溅声，以及登陆艇的V8发动机隆隆转动的声音。阿尔及利亚的海岸在静静地等待着他们，世界不过是一层层灰蒙蒙的色调：大海、海滩、群山、天空。

他叫约翰·帕里斯，28岁，是来自北卡罗来纳州的一名记者，尽管年龄不大，但经验丰富，长期以纽约为基地工作。上一年他被合众国际社安置在伦敦，现在他随同美国陆军第1步兵师"大红一师"行动——帕里斯穿着和其他士兵一样的军服，但一个袖子上缝有一块特殊的臂章，表明他的记者身份。他的任务是与一群被挑选出来的其他记者一起现场报道美军攻入法属北非的军事行动。

出于很容易理解的原因，整个行动都严严实实隐蔽在一个保密程度极为罕见的秘密计划中,但到了这个阶段,帕里斯已经在船上听过几次简报。他现在更清楚这次远征是为了什么。这是一次三管齐下的攻击,目标是三个地理上相距甚远的地点:最西端的是法属摩洛哥的卡萨布兰卡、中间是阿尔及利亚西部的奥兰、最东边的是阿尔及尔。

帕里斯跟随的部队将在奥兰以东一点的地方登陆,在一个叫作阿尔泽的村子旁边的海湾里。运兵船上气氛很好,大家既期待又兴奋。漫长而危险的海上航程已经过去了。现在当然是等待登陆,但陆军参谋部专家估计法国人不太可能展开抵抗。相反,他们倒很可能会把美国士兵当作解放者来迎接。

*

有时很难不与敌人产生亲近感。裹在防水布里直接躺地上睡了一个寒冷的夜晚之后,基思·道格拉斯回到了陷在路沟不能动弹的坦克旁,还带了一个救援人员。在坦克那里等候的还有另外两名坦克手,以及前一天早上他们抓住的五个年轻的意大利俘虏。(他们表示投降的方式,实在有点逗人:他们举着双手走向对方的坦克,手里全都拿着几包香烟;其中有一个人还指了指他胳膊上的手表。)当道格拉斯不在的时候,这五个意大利人已经证明他们不是普通士兵,而是战场上的艺术家,其中一个还是米兰歌剧院的男高音。

气氛好极了。意大利人唱着歌,帮助安排他们共同享用的早餐,然后他们各自去找早晨解手的地方。到了要修理松脱的履带的时候,这些意大利人也很乐意帮忙。

等坦克能开以后,道格拉斯把意大利俘虏带到那条海岸公路上,在那里他拦住了一辆卡车,让司机把他们带到东边的战俘收容营。你可以设想，当那辆卡车开走时，意大利人会挥手告别并微笑。这事发生在11月8日。

*

在十月革命的庆祝活动结束之后，薇拉·因伯尔在列宁格勒的家里正进行一番大扫除。（其实她不喜欢打扫卫生。）她收拾掉用过的餐具、除尘、整理文件。然后她喝了一杯茶。她心情低落，这和庆祝活动本身无关。她通常在这样的活动第二天就会感到不满意。她真的不明白为什么。"是不是因为我自己期望太高，而他们很少能达到我的期望？还是因为人在庆祝活动期间失去了工作的习惯？"（在写作时，她会十分忘我和忘记她的痛苦，比如牙痛。）但她不知道到底为什么。

当然，因伯尔是一个勤奋的人：勤奋的诗人和记者，她几乎不停地写作。（就在这一天她还正考虑是否开始写一部剧作。她有一个很好的构思。）她和莉迪亚·金茨堡有相似之处：她们都是出生于敖德萨的才华横溢的女性，都是犹太人，都经历过苏联在20世纪二三十年代的实验和动荡。但两人的相似之处也仅此而已。

当金茨堡沉默下来的时候，因伯尔却在操控、调整自己。因伯尔作为诗人和作为记者都很有名，她在这两种职业中都必须遵循政党的路线，但绝不是被迫的。她为《列宁格勒真理报》撰写文章，在列宁格勒广播电台发表演讲，在广大听众前面进行朗诵——所有这些都带有英雄色彩，旨在增强人们的忍耐力。她目前正在煞费苦心地完成一部关于这个城市和围城的经典风格的大型史诗《普尔科沃天文台子午线》。（她从3月份就开始写作，那可能是情况最糟糕的时候；此诗将超过800行；她希望这部作品能成为她入党的门票。）她对于做出白痴决定的木头脑瓜官僚和对于缺乏可靠信息充满了怀疑和愤怒，但这些她并不公开，只留在自己心里。

因伯尔和金茨堡之间还是有区别的。因伯尔是自愿来到列宁格勒的。前一年8月她到这里的时候，这座城市的包围圈即将收口。她穿着一件女士外套，有着波浪形的鬈发，戴着漂亮的帽子，脚穿高跟鞋，向当地作家协会的一位看到她感到吃惊的官员报到，"作为战争时期的诗人，我应该来到所发生事件的中心"。[1] 而她来到的正是这样的地方。

卖弄风骚和自作多情的态度在因伯尔身上都有。她已经不再是一个年轻姑娘，在列宁格勒的这几个月对她的身体耗损很大。她的心脏和呼吸系统都有了问题，有时会感到难以言表的疼痛和震颤。[2] 其中有些是心因性的：有时当斯大林格勒传来不寻常的坏消息时，因伯尔就会感到呼吸困难。

*

美国战地记者约翰·帕里斯站在运兵船的舰桥上，用望远镜跟踪奥兰城外美军的登陆情况。他后来写的报道文字，充满戏剧性，让人读来要屏住呼吸：

> 在舰炮开火的射击声、海岸炮的轰鸣声和导弹落到山后爆炸的

---

[1] 因伯尔的丈夫是一名医生。1941年8月，当他在阿尔汉格尔斯克一家医院和列宁格勒一家医院的院长职位之间选择时，这对夫妇（或者更确切地说是因伯尔）选择了列宁格勒。
[2] 可以提一下，因伯尔的怀疑和批评，以及她有时会出现的困惑、焦虑痛苦和身心疾病，相关文字在她的日记于战后准备出版时大部分被她自己删除了。

闷响中，大地在震颤摇动，空气中飞旋着忽冷忽热的气流。在静静地朝岸上进逼的登陆艇周围，间歇地喷发着白色泡沫。在震耳欲聋的地狱之上回响着的是来自舰艇发动机的脉动般的轰鸣声。配备机关炮的"喷火"战斗机从没有月亮、繁星点点的空中呼啸而下，发出一连串的扫射声。涂满银星的轰炸机张开自己银色的机腹，向地面抛下炸弹。曳光弹在晨光中留下金黄血红色的痕迹。

遗憾的是，这里的描写与实际情况相去甚远。

第一批发动攻击的美军特种部队突袭成功，占领了法军守卫海湾用的两个海岸炮兵防御工事——其中一个连一炮都没有开过——此后法军的抵抗主要是来自一些野战炮的零散火力和零星的狙击手的射击。当美军冲上鹅卵石的海滩时，有些穿着一尘不染的簇新军服的美国大兵的反应就像平民百姓第一次瞄准其他人开火时常见的那样，他们犹豫不决或根本就不开火。另一些人则神经过敏，稍有风吹草动就扣动扳机。有一群美国兵在黑暗中听到什么声音，以为是一辆坦克开过来了，就乒乒乓乓一通扫射，却发现他们开枪打死了一名开着小卡车的法国老人，他正在这个清晨运送葡萄酒。

在阿尔泽村登陆的美军最主要的担心不是来自法军的抵抗。这种抵抗很快就消失了。不再有人开枪，而当睡眼惺忪的村民从各自的房子里走出来看热闹，他们看到的是友好微笑的美国大兵排着队朝海岸边那些低矮的陡坡前进，很多情况下带头的是旗手。

最大的问题是要把所有人员和所有物资都弄到海岸上。帕里斯在描述那个特定时刻的时候使用了"有效""准确无误""技巧熟练和完美"等表述。那些描述当然也不太符合事实。黑暗和一股意外的西向海流导致许多登陆艇偏离航线或者是迟到了。此外，事实证明海底的状况比他们预想的更危险。

许多装甲车本来是要从改装成平底的油轮上登陆的,但这些油轮在离海滩还很远的地方就搁浅了。士兵和许多较轻的车辆将借助一种全新的长方形鞋盒状的船,不用沾水就直接来到岸上。这种名为"希金斯登陆艇"的运输工具是用胶合板建造的,船头有一块跳板。[1] 它们是为了一直开到海岸上而设计的,它们也确实做到了,而且非常成功,然后——这是整个建造设计中最重要的细节——这些船能用自己的动力快速地退出海岸,去接运更多士兵。但这一次没那么顺利。由于先前延误了时间,海上已经开始退潮,所以海岸线上现在到处都是搁浅的"希金斯登陆艇"。

当太阳在西地中海上再次升起的时候,它照耀的是一片混乱不堪的海滩。但是,尽管美国士兵显然缺乏经验,而且他们的一些指挥官显然无能,尽管登陆人员的情绪有些奇怪,既显得骄傲自负又显得不专业和困惑,然而很明显,登陆的组织基本上是周密可靠的。这一点尤其表现在军事环境中最重要的领域:后勤工作。否则,怎么能够把如此之多的人员、车辆、物资和装备运送到如此遥远的地方,有些情况下甚至要跨越大西洋,并且是完全同步地让它们登陆在正确的地方?

临时想办法和提出解决方案的能力也无可挑剔。工程兵在海湾外临时建造了一个码头,供满载坦克的油轮使用。推土机也已经开始把搁浅的"希金斯登陆艇"推到更深的水域,尽管代价不小,许多船舵和螺旋桨损坏弯曲。因此,尽管存在问题,部队和车辆仍源源不断地被运送到岸上。

---

[1] 这种登陆艇的正式名称缩写为 LCVP,全称是"车辆人员登陆艇"。它虽然设计简单,却带有一丝天才创意,发明它的天才美国企业家安德鲁·杰克逊·希金斯在新奥尔良经营的一家巨型工厂批量生产了数千艘。如果没有这种登陆艇,盟军在战争期间的所有主要登陆行动都可能失败。

帕里斯写道:"11月8日,这个金色的安息日早晨,战争似乎已经从阿尔祖村[原文如此]这里的海岸延伸到了内陆山区和更远的地方。"他离开舰桥。"无线电室里一片噼啪作响、连续不断的收发电报声,传递着登陆方面的消息,汇报我军闪电攻势的进展。"这些战报都充满了希望。奥兰以西的登陆行动似乎也大致按计划进行着,无论如何,空降的伞兵已经成功地控制了城外的一个机场。[1]然而特种部队对奥兰港发动的突袭似乎没能按计划实行。零星的报告里提到"激烈的战斗""强烈的抵抗"。当帕里斯再次回到甲板上的时候,他可以听到奥兰方向传来巨型舰炮低沉的隆隆巨响。"风从西南方吹来的时候,带来了刺鼻的火药味。"[2]这是11月8日。

帕里斯自己并不急于登陆。等到明天吧。

*

巴黎的天气变了。埃莱娜·贝尔在她的日记中写道:"我在阳光灿烂的天气里往沃奎林街走,金色的太阳轮廓分明,天空湛蓝如洗,空气清澈透明。"前一天与让·莫拉维茨基的会面太美妙了,一整天都过得非常

---

[1] 空降兵的投入几乎是一场彻底的惨败,尤其是导航方面很糟糕。一架运输机降落到了直布罗陀,三架在西属摩洛哥降落,机上人员立即被扣留,还有一架降落在奥兰城外,机上人员听说不会有什么抵抗,于是就让自己被法国警察逮捕。

[2] 对奥兰发动的突袭是英国海军指挥官想出来的,并不顾美国人的反对而开始实施。(其中有一人称这个突袭计划是"自杀行为,极不合理"。)该计划让两艘载满特种兵的小船驶入一个挤满了法国军舰的港口,更糟的是法国舰队对1940年7月英国海军对同一地点的袭击仍记忆犹新,当时许多法国海军舰艇被击沉或严重受损,近1 300名法国水兵丧生。所以这次突袭只能以一场大屠杀告终。有关此事件的更多信息,推荐阅读美国作家里克·阿特金森的大师之作《黎明时的军队》,该书对法属北非的整个入侵行动进行了最精彩的描述。

美妙。一整夜她都梦见他。她的心情极好。已是 11 月，却出奇地温暖。

贝尔是在前往位于巴黎第五区的犹太孤女收容所的路上，这个收容所位于通往克劳德·伯纳特街的一条小巷子的起点，在巴黎植物园西南方两三个街区的地方。地址是沃奎林街 5 号，一栋带有阳台的五层楼房。

这家收容所是由法国犹太人联合会经营的，这是一个伞状组织，下属的不同犹太人团体和社区共同合作，努力支持急需帮助的犹太人，包括为被监禁的犹太人提供食物和衣物，帮助犹太家庭团聚和照顾没有父母的犹太弃儿孤儿等。在 7 月中旬发生那件可怕的事情之后，有数百名儿童，其中许多还是幼小的儿童，流落街头，风餐露宿，但许多儿童第二天就已被联合会的人找到并收留在临时搭建的各个收容所里，就如沃奎林街的这一个。

夏天那个事件发生之后，贝尔报名当志愿者为法国犹太人联合会工作。她花了很多时间和孤儿们在一起，陪他们玩耍，带他们去郊游远足。贝尔自己是在衣食无忧的优越家庭里长大的，以前从未接触过这种极度贫困的生活，因此这是一次让她感到震惊的经历，而且让她深受教益。试着帮助人，缓解人们的痛苦，对她来说是必须做的事情。有些人认为像这样的组织最终会参与占领国当局的事务，就像巴黎东部贫民窟那个臭名昭著的犹太委员会，他们甚至帮助当局来实施对自己人的迫害，但这对贝尔来说无关紧要。在联合会里有不少志愿者获得了一种特殊身份证，得到"正式犹太人"的社会地位，可以得到保护，免遭逮捕，而这对她来说也无关紧要。[1]

---

[1] 贝尔真的不在乎这一点吗？这至少肯定不是她当志愿者的唯一驱动力，毕竟她的世界观和对自我的要求有着很高的道德标准。但这对她当志愿者可能多少还是起到了一点作用。无论在西方还是在东方，能否逃避大屠杀而幸存下来，这和阶级地位有着很大的关系。

照顾这些孩子的工作是贝尔自己为到当时为止法国人对德国占领者的相当无力的抵抗斗争做出的一点贡献。法国犹太人联合会实际上是抵抗运动的第六个秘密部门。它把孤儿从这样的收容所偷运到乡下的有人保护的住所去，主要是些基督徒家庭，他们会把这些孤儿藏起来，并照顾他们的生活。[1]这意味着一种风险吗？在这种情况下你可能会因为一些小事就被驱逐出境，比如说没有坐到地铁的最后一节车厢，或者六芒星标志戴得太随意，那样当然很危险。不过，这天在沃奎林街等待她去做的不过是些常见的琐事。可这毕竟是个特殊的日子。这与突然出现的太阳和温暖的天气无关。相反，人人都在关注当天的大新闻：美军已经在阿尔及利亚和摩洛哥登陆。

这次登陆可不是普通的新闻，而是一个特大的新闻，尤其是在巴黎。美军事实上已在法国土地上。贝尔在她的日记中写道："人人都好像充满了期待。妈妈和爸爸都激动不已。我本来也应该很激动，但我目前好像还没办法这么激动。"

为什么她不能和其他人一样兴奋？她尝试着去找寻答案。正如其他人一样，她多年来一直生活在一个昏暗的世界里，新闻被审查制度和廉价宣传歪曲了，变得索然无趣。但如果不是这样，而是新闻如实描述轴心国的又一次胜利，那这种新闻又会让只想等待和观望的大多数人失望，让少数积极抵抗当局的反对派失望，尤其是让所有那些对现实世界持否认态度的人失望。对新闻置之不理可能感觉像是一种抵抗行为，类似于在街上对来旅游的德国士兵置之不理，或者假装听不懂他们在学校学来

---

[1] 拯救犹太孤儿的工作是法国被占领期间的黑暗历史中的一个亮点。居住在法国的所有成年犹太人中有三分之一被驱逐出境或被杀害，但与此同时有十分之九的犹太孤儿幸免于难。顺便提一下，其中有个男孩长大后成为无与伦比的作家乔治·佩雷克，他在《W或童年记忆》一书中以天才的方式描述了他经历的事情。

的法语，或者当一群穿灰衣的人出现在一个博物馆的时候立即离开那里，或者将地铁票折叠成 V 字形，然后把它们扔在地板上？

她想的是，自己缺乏热情是因为不习惯，正如她在日记中所写的，"没有能力让我去适应这种突如其来的新闻"。但她预料到了这件事的重要性，并补充说："无论如何，这可能是战争结束的开始。" 11 月 8 日星期日这一整天，巴黎都是阳光灿烂，温暖宜人。

*

这件事她已经等待很久了，也许都不敢奢望它会发生。（夏天在迪耶普的登陆显然是一场惨败，尽管如此——正如她当时评论的那样——这可能仍然"是一线希望"。）因为这会改变她的生活、她的世界，一个大家所认识的世界。布鲁塞尔的安妮在她的日记中写道，而且她写得那么急切，以至于那些字词几乎堆在了一起：

> 何等喜悦，何等胜利！盟军很强大，他们会赢得胜利！英军在阿拉曼发动了大规模攻势，而隆美尔正在撤退。苏联人在斯大林格勒阻止住了德国人。无敌的德国已不再是无敌的了。今天，我们收到了美国在北非出人意料地登陆的消息。

她的喜悦很真诚，这一点不会错——尽管这个消息可能有其负面影响。

安妮·萨默豪森，41 岁，已是三个孩子的母亲，一头黑发，活泼，聪明。三个孩子分别是 15 岁的让（非常像他妈妈的儿子，黑头发和黑眼睛，活泼健谈）、12 岁的马蒂厄（身材细长，满头金发，"敏感、安静，想法多变")和6岁的卢克（金发碧眼，喜欢"儿童绘本、狗、猫、兔、鸟、老鼠"）。她和丈夫马克年龄相同，是战后——上一次大战后——在美国认识的。马克在获得法律学位后凭着奖学金前往美国，而安妮在经历了一段曲折的但在这段时间里并不罕见的人生道路之后，也最终来到了美国：安妮本姓冯·施托夫雷根，出生在当时由俄国统治的里加，在"一战"即将结束时来到了德国，然后在荷兰生活了一年半，又到法国生活了一段时间，在古巴也生活了一段时间，最后到了美国威斯康星大学，在那里学完了新闻学。就是在那里她遇到了马克，一个来自比利时的法学家。萨默豪森还干了10年的记者工作，包括当过《纽约先驱论坛报》的自由撰稿人，然后她的记者生涯因生孩子而刹了车，德国对比利时的占领则为这段生活画上了句号。

安妮已经有两年半没见到马克了。1940年5月，马克在布鲁塞尔郊外的一座山上担任高射炮连的排长，后来被俘。现在他被关押在德国一个集中营里。

1940年5月，当比利时军队在经过18天的抵抗后放下武器的时候，绝大多数比利时人对此表示欢迎。这并不是说他们热情拥抱了入侵的德国人。但是，在一个长期目睹外国军队在国土上来来去去（并且刚刚设法从上次战争留下的破坏中勉强走出来）的国家里，绝大多数人希望德军的占领是短暂的，认为可以等着通过谈判达成某种解决方案，然后一切就都会恢复正常。在这种情况下，人们对战争存有非常矛盾的心理。

大多数人是支持盟军及其事业的，但态度是观望等待、被动和沉默。在等待战争突然停止、和平从天而降的时候，比利时人咬着嘴唇，给了——或者假装给了——德国人他们想要的东西。占领者长期以来一直努力表现得当，带着相当的克制，这也使比利时人更容易选择等待。[1]

但合作的程度是不同的。哪怕在民粹主义的、半法西斯的或不那么法西斯的极右翼的最明显合作者中，比如身穿深蓝色制服假装纳粹的雷克斯党中间，政治立场也不是很明确的。细微差别很多。人们只想保护比利时，或者这只是更大计划的一部分？

甚至安妮·萨默豪森也处于比利时合作者的灰色地带。她在一家生产人造丝的纺织厂找到了一份文员的工作，这种人造丝是德国专利产品，德国国防军用它制作军服。或者更准确地说，一旦流程设置好，他们的工厂就要根据德国的订单投入生产。萨默豪森的地位比她的职务头衔所体现的更加重要：她是最精通德语的人，这就是为什么她要处理与订单客户和当局的许多最重要的联系。她对这一切并非不感到担心。她说：

> 我从来不敢相信，人造丝生产会给我带来严重的良心问题。但事实就是如此。一两年之内，我任职的公司的人造丝生产将不仅根据德国的专利，而且在某种程度上也将满足德国人的愿望。

怎么办？她为此深受折磨：

> 所有的工作都在德国人的掌握之中，不接受就只能挨饿。这就是我们面临的困境，只有一个解决办法：工作与破坏相结合。这越

---

[1] 德国人在比利时推行的克制政策甚至对德国人自己来说也是成功的，因为与占领荷兰后较严厉的政策相比，德国人在比利时的克制政策带来了较好的经济回报。用历史学家维尔纳·沃姆布鲁恩的说法："通过尽量尊重1940年的基本协议，在基本结构框架内工作，为比利时人民提供生计，并避免驱逐比利时劳工，德国占领军政府让比利时精英们保留了合作意愿，直到战争结束。"

发成了家常便饭。

她自己做了什么？上月初，她接到了通知：为德国人工作不再属于自愿选择，[1]从现在起德国人可以命令比利时人承担强制性的任务——任何拒绝承担任务的比利时人都将面临六个月监禁的惩罚。

这条规定在比利时引起的震惊、愤怒和绝望的情绪仍然笼罩在空气中，就像一片乌云一样。[2]萨默豪森称其为驱逐出境和奴役。免遭此类惩罚的一个办法是拥有一份对战争有重要贡献的工作。她曾试图利用她在德国经济管理部门的一个关系——某位格温德先生，她认为他反对纳粹——来帮助人们获得这样的豁免权；最近一次是给多尔海因一家公司的大约 30 名工人这种豁免，他们制造那种生产人造丝所需的烘干箱。

美军在北非登陆的消息肯定会引起纯粹的喜悦，甚至让人欢欣鼓舞。但是，萨默豪森在这个星期天仍然牢牢地梦想着迅速而不流血的和平谈判。她在自己的日记中写道：

> 是什么阻止了德国人提议停战？那是很明显的，他们已经不再有一种强势地位。他们处于守势。他们注定要失败。我们都在赌战争何时结束。我赌的是明年复活节结束。赌注值一瓶波尔多红酒，如果我输了，我会帮我的同事们把这瓶酒喝光。

---

1 起初，自愿制度运作良好，因为比利时的失业率很高，而为德国人工作的条件也很好，而且与德国人相处的气氛也相当友好。
2 比利时人在第一次世界大战中被大规模驱逐出境，他们对这段糟糕的往事记忆犹新。甚至身穿纳粹制服的雷克斯党也试图推翻该规定。

与此同时，在柏林，又一个阴雨天即将结束。第二天，乌尔苏拉·冯·卡多夫的小弟弟于尔根必须返回他的部队。她们或许可以去看场电影，但于尔根显然对到处放映的那些轻松电影不感兴趣，或者他们只是在即将到来的告别之前没有好心情。尽管意见越发分歧，但家庭的和兄弟姐妹的凝聚力仍然是很强的。也许是因为感情和家庭都比政治更加重要？冯·卡多夫毕竟是一个普鲁士贵族的姓氏。

她的父亲康拉德·冯·卡多夫是著名的艺术家和肖像画家，也是希特勒及其政党的直言不讳的批评者，而且认为——像旧贵族中的许多人一样——纳粹的信条是空洞的、错误的和庸俗的。[1] 她的弟弟于尔根有着强烈的基督教信仰和崇高的文化倾向，他对纳粹也持父亲那样的怀疑态度。另一方面，如前所述，她的母亲伊娜却是一名坚定的纳粹分子，而哥哥克劳斯也曾在纳粹冲锋队当过队员。而她自己处于两方之间的灰色地带。

双方的矛盾在她身上相遇。

乌尔苏拉是欢迎希特勒1933年上台的人之一，当时她并不热情，但也没有深入思考，只是希望，如她自己所说的，希特勒会把国家"打扫干净"。1937年她开始了自己的记者生涯，到一家纳粹报社供职，此前已经过官方教条的灌输、审查和筛选，此时新闻界的所有人都必须经受这个过程才能得到工作。她通过了重重筛查，不过对她的评价是有保留意见的。[2]

---

[1] 她父亲也为此付出了代价：他被剥夺了在格伦纳伯格艺术学院任教的资格。
[2] 她的"编辑任职考试"（纳粹在20世纪30年代使用的典型术语）报告称，她通过了考查但"仅适用于非政治性［任务］"。她是唯一提出申请的女性，也是唯一不是纳粹党党员的人。

尽管乌尔苏拉的工作大多涉及政治上无害的专题，撰写的大多是有关旅游、文化、电影和时装等的轻松愉快的文章，特别是针对女性读者，但她也编写了一些报告，其中将纳粹主义描述为对妇女的一种祝福，称它可以赋予妇女们意义和力量。私下里她对纳粹党的态度则是在友好和讽刺之间摇摆不定。她显然是民族主义者；这个家庭中所有人都是，无论他们政治倾向如何不同。参战是为德国而战——不是为希特勒。

她也不是什么反犹主义者。她的家庭过去和现在都有几个犹太朋友或熟人，其中大多数几年前就移民去国外了。在她们住的街上还有些犹太邻居失踪，下落不明。（她家房子里现在还住着一位年老的犹太妇女利伯曼夫人。）尽管她对20世纪30年代反犹运动的暴力和粗俗不应该感到震惊，但她确实还是被震惊了。好像到那个时间点为止，她一直选择把纳粹的反犹主义看作假装出来的，只是一种政治姿态而已。[1]

纯粹从乌尔苏拉的长相和身体感觉上也可以看出她身上的矛盾：她有弟弟于尔根那样透出愉悦的明亮眼睛，但也有着她哥哥缺乏血色的薄嘴唇和结实的下巴。

*

乌尔苏拉·冯·卡多夫这种人在20世纪30年代的德国并不罕见。我们谈到的是一个对政治的兴趣转瞬即逝的人，她对纳粹的支持不是出

---

[1] 有些事情没有被乌尔苏拉·冯·卡多夫称为令人震惊的，这是很说明问题的：她从来不提纳粹的焚书、党禁和禁止工会、警察国家、集中营和意识形态结盟、"一体化"（纳粹术语）。不过这一切大概都可以算在她要求的"打扫干净"计划中。正如前面提到的，这种震惊并不足以阻止她在纳粹党报《进攻》担任编辑，从而开始她的新闻职业生涯，此报是纳粹党的喉舌，以其恶毒的反犹主义而闻名。

于崇高的思想或强烈的感情，而归根结底是出于对秩序、繁荣以及（不得不提的）舒适生活的渴望。与此同时，她从未真正走出快乐的20世纪20年代：那时她喜欢社交活动、精力充沛、充满虚荣心和自我意识以及生活的快乐。她的头脑是敏锐的，但也很肤浅。

对乌尔苏拉·冯·卡多夫个人而言，20世纪30年代在各个方面都是一段快乐的岁月，一个由旅行和娱乐、调情和聚会、舞会和华服以及泛舟万湖所构成的美梦。纳粹主义对她的个人生活也没有任何限制。因为尽管纳粹党不厌其烦地强调妇女的角色是母亲和家庭主妇，但31岁的乌尔苏拉·冯·卡多夫仍是个职业女性，可以寻欢作乐，富裕且未婚。[1] 她还抽烟。[2]

在乌尔苏拉·冯·卡多夫身上，过一种双重标准和否认现实的生活已成为第二天性。她是"已经融入但并未完全认同这个国家政权的"那些德国人之一。

此刻是星期天晚上，乌尔苏拉和弟弟于尔根蹲坐在收音机旁。有趣的是，他们并没有收听阿道夫·希特勒在慕尼黑的传统演讲（这被吹捧为当天最重要的活动），而是违反禁令在短波上收听来自英国广播公司的新闻。（这是她似乎可轻松应对的另一种矛盾。）他们在收音机里听到了美军在法属北非登陆的消息。

房间里的气氛发生了变化。"此刻，我已经很清楚，我的兄弟们都不再相信我们会胜利了。我清楚感觉到了这一点。[……]令人痛苦的感

---

[1] 即使是对纳粹意识形态深信不疑的女性也不会因为教条和现实之间的矛盾而太过为难。乌尔苏拉的有强烈纳粹倾向的母亲也是一位成功的职业女性：她经营一家专门从事室内装修设计的工作室，她的固定客户包括许多纳粹高官的妻子。

[2] 有人在推动反对女性吸烟的运动：孕妇和25岁以下的妇女在供应配给卡上没有烟草，妇女如果在公共场合吸烟，可能会被排除在某些组织之外。

觉。"这意味着战争局势扭转了吗？[1] 她和于尔根两人悄声私语，讨论最后失败可能意味着什么。他们也许会被迫离开家园，成为难民。她叙述说："我们一个赛一个地悲观。奇怪的是，他们一回到前线，就会按照命令去做。"

*

同一天，维托里奥·瓦利切拉在一次沙尘暴的呼啸声中醒来。他听出来这是一场异常强烈的沙尘暴，因此他爬进自己的洞里，把毯子拉到洞口上挡住。到目前为止，他们的冒险出乎意料地顺利，这就像是一段进入了虚空世界的旅程。他们没有遇到任何人，也没有见过任何东西。他们偶然发现了一些标记，指向指挥部和基地之类的地点，但当他们到达那个地方时，只发现了一些废弃的防空洞、空荡荡的仓库和随风飘散的文件。

前一晚，他们停在了能看到马特鲁港的地方。他们想尽可能地避开那条沿海的大路。这不仅仅是因为英军的战机日夜都在那里追杀，而且因为在瓦利切拉眼里，更糟糕的是他们很有可能会再次被自己的军队抓获，说不定还要服从某个来自意大利的新军官的指挥，而那人满脑子都是大话空话，突然认定现在是阻挡敌人、赢得奖章的时候。只要没人看到他们，他们就是自由的，快快乐乐，无人约束。

风太大了，大得他头都抬不起来。中午左右，风暴更加猛烈了。他唯一能做的就是每隔一段时间用一根棍子小心地支起毯子，以免沙子把

---

[1] 她当时的日记和后来出版的日记版本在此处的表述有出入。在后来的版本中，她提到，她既希望又担心所发生的事情会导致战争更快结束。在有关她的部分中，如两个版本之间有矛盾，笔者当然总是选择当时的版本。

他埋起来。他越来越饿，但什么也做不了。幸运的是，他按照沙漠老兵的习惯，总是在脖子上挂着一个野战水壶，但是随着时间一小时一小时地过去，风暴仍然呼啸着，水也快喝光了。直到晚上9点，风才平息下来。一切都归于黑暗。他们疲惫地睡在自己的小洞里，头顶上是非洲的星空，正如瓦利切拉在他的日记中所写的那样，这天空"美妙无比，而对人类的悲剧却漠不关心"。

当他们第二天早上醒来的时候，也就是11月9日星期一，瓦利切拉简直不敢相信自己的眼睛。"就好像我们突然被抛到了月球上一样。"他说。他所看到的风景与他们刚在这里停下来时的风景完全不同了。曾经是灌木丛的地方，现在只剩下巨大的锯齿状沙丘。他们的卡车不见了，已经消失在成吨成吨的飞沙之下。瓦利切拉和他的五个同伴已经一整天没有吃东西了。他们开始徒手挖掘最后一次看到车辆的地方，挖了又挖。

11月9日至15日
振奋人心的消息

"成排的房屋在毁灭中依然散发着一种阴郁的、宫殿般的宏伟感。人们仿佛穿行于一个陌生的、更寒冷的世界:那里居住着死神。"

"无穷无尽的悲剧经历使人的感官逐渐麻木了,造成了正常人不可或缺的一种冷酷无情的防御机制。"

"哦,那些懒惰的思想家!还想着他们伤感的'死而复生'。唯有从生命中才会出现生命。难道他们曾经见过一个死去的母亲生了一个孩子吗?"

他的船舱很狭窄，只有大约3米长、2米宽。有一张床、一把椅子、一张小桌子和一个小沙发，还有一个衣橱和一个带洗漱用品的洗脸盆。这是一个刻板而没有人情味的环境，除了一件东西：小桌上有一张照片，照片上是一个穿着和服的严肃女人，两个10岁的女孩和一个小男孩。这是他的家人。当这个男人从舱壁上的舷窗往外看的时候，他能瞥见碧绿的海水、原始森林覆盖的火山岛的尖顶和远处显示珊瑚礁所在处的浪花，以及锚定的涂了灰漆的船舶，大量的船舶。这里是特鲁克大环礁，这天是11月9日星期一，而这个人的名字是原为一。

原为一刚满42岁，是日本帝国海军的一名舰长，指挥"天津风号"，一艘新的极现代的驱逐舰，吃水2 500吨，长约120米，低舰身，细长，快速，配备了重型武器，既有炮塔也有鱼雷发射管。船的发动机正在预热中。通过甲板就能感受到振动。很快他们就会起锚。原为一为他的军舰感到自豪，对他的船员感到满意，对他的角色满怀信心，为自己的任务会全力以赴。尽管如此，他内心还是有一种不安的情绪，一种他经常能够压抑住但似乎总是在平静的表面之下激荡的矛盾情绪。

从孩提时代起原为一就想成为一名战士，就像他的祖父一样成为武士,主要是因为这是提高社会地位、走出穷苦的小农家庭的一条途径。他被海军录取的那天也是他一生中最快乐的一天。他喜欢白色的海军军服,热爱这身军服的"奇迹和荣耀",热爱这身军服在军国主义的日本所赋予他的高级地位,以及它所带来的注视、鞠躬和尊重。

原为一还享受着一种特殊的快乐,因为他近乎完美地掌握着自己的专业技能:正是他的计算能力和实践经验构成了日本海军鱼雷战新规则的基础。(如果没有将这项技能转化为指导手册,他可能不会成为舰长。原为一嗜酒如命,20 世纪 20 年代中期,当他被发现与艺伎同居时,他差点断送了自己的职业生涯。此外,他属于遭到怀疑的基督教少数派。)与此同时,海军中存在一些他难以认同的现象:欺凌弱小、死板教条、蔑视应征入伍的水手(通常被称为"畜生")、不愿创新、盲目服从和——几乎同样有问题的——盲目自信。

身穿白色军服的原为一站到舰桥的指挥位置上。如果他的照片和他自己的文字可以被相信,那么他的样子是:严厉、内敛、坚定。他很矮,但身体健壮。他可能还戴着白手套来搭配自己的全白军服。尽管他不相信迷信,但他很可能在腰部下方系着他的"千针带"。[1] 船员们在外面晾了一夜的被汗水浸透的衣服大概已被收起来了。秩序和纪律。

严厉的号令声短促有力。应答声干脆利落。敬礼。哨声响起,喇叭中传出叫喊声。鸣笛回响。"天津风号"连同其他八艘驱逐舰和一艘巡洋舰,从特鲁克环礁布满船舰的巨大潟湖中驶出,穿过珊瑚礁中的一条水道,开向公海。它们排成一队,朝偏东南的方向驶去。

目的地是所罗门群岛的瓜达尔卡纳尔岛。

---

[1] "千针带"是一种装饰有一千针脚的布腰带,每一针脚都由一个女人缝制——据说这种传统手段可以让佩戴者防弹。原为一的"千针带"是他在大阪的嫂子制作的,她(以同样传统的方式)站在她家乡的一条街道上,让路过的妇女们都缝一针。

罪恶与梦想

*

　　同一天，薇拉·因伯尔正在红军之家参加正式的会议。因伯尔如坐针毡，因为她知道广播电台同时正在重播斯大林在十月革命庆祝大会上发表的讲话。因此会议一结束，她和其他几个人就跑进了主任的办公室，那里的收音机正开着。（当然如此。）她对声音的保真程度感到惊讶。噪声这么小，仿佛约瑟夫·维萨里奥诺维奇·斯大林同志就在隔壁的大厅里讲话。但吸引她的还不是声音的清晰度，而是其他什么东西。是这个声音本身。

　　这声音包裹住了她，她所有的担忧都就此烟消云散。因伯尔写道："斯大林的声音中有一种无法抗拒的东西。听声音就知道说话的人无所不知，绝不会是个伪君子。在这次演讲中，他平静而自信地谈到了我们与盟友的关系，谈到了胜利，这是无可争辩的。没有人怀疑它，唯一的问题只是它何时到来。但在这次演讲之后，甚至这个'何时'也不知何故变得更近了。"

　　这个声音带给她的快乐情绪一直持续到晚上。然后空袭警报再次响起来。她在自己的日记中写道："去年的空袭一直持续到12月。今年也很可能会是这样，而今天只是11月9日。我们还有很长的路要走。"

*

　　多萝西·罗宾逊感到肌肉酸痛。有好几个小时，她一直在自己家花园里曾经是草坪的一块地方挖地翻土。就像其他许多人一样，她响应号召，用在自己家开辟的"胜利菜园"里种的蔬菜来补充家庭的饮食。（这种菜园几乎随处可见：不仅在人们的后院，而且在公园里，在荒地上，甚至在有些人家的屋顶上。）吉姆照常出差旅行，而总是乐于助人的乔治，即罗宾逊的黑人女佣的未婚夫，很可能是在工厂里太忙了，所以现在罗宾逊不得不自己动手,挥锄翻地,把又重又湿的秋土开辟成菜园。

新鲜蔬菜时常供不应求,所以小菜园事实上也达到了目的,到了春天就可以再播种了。当然餐桌上时不时缺少的不仅仅是新鲜蔬菜。她在超市里越来越容易碰到空荡荡的货架,像糖和咖啡那样的日常商品是定量供应的——尤其是后者的定量供应引起了很多抱怨[1]——鲜肉变得既昂贵又很难买到。

有一项准自愿计划已经启动,要求每个家庭每周吃的肉都不要超过一千克。不过,在这天的报纸上,无事不管、无处不在的战争信息办公室如此安定人心:这一计划不适用于火鸡,因此传统的感恩节大餐不会受到威胁。(然而,他们还是鼓励多个家庭共享一只火鸡,因为这年火鸡价格将变得格外昂贵。)另一篇文章则说,超重的女性正在"本国的食物资源中挖一个不必要的大窟窿",因此她们应该减肥,这也会给健康带来好处;文中还提到,在饱受战争蹂躏、出现粮食短缺的国家,有一些疾病,如糖尿病,实际上在老百姓中减少了。没有什么坏事不带来某些好事。

由于缺少肉,罗宾逊开始试着用不同种类的内脏做菜——那是她本来不会去碰的东西。这天她们的晚餐是吃烤小牛脑。它上面覆盖着一层厚厚的面包屑,并配以非常辣的番茄酱。这不是罗宾逊在烹饪方面最自豪的时刻。这天的日期是 11 月 9 日。她因挖土翻地而感到肌肉酸痛,也很想念她的儿子阿特,想知道他现在过得怎么样。

*

美军登陆摩洛哥和阿尔及利亚的振奋人心的消息传遍了全世界,甚

---

[1] 有观察人士认为,至少在美国中西部地区,11 月 3 日的参议院选举期间,对咖啡配给的不满曾引发了大量有利于共和党人的抗议投票。

至连华纳兄弟电影公司在纽约的董事会会议室里也是一片欢呼。"《卡萨布兰卡》兜售了站在同盟国一边参与反法西斯斗争的必要性。现在战争也会反过来提高电影票房。"大亨们兴奋而意见一致：当然必须充分利用这千载难逢的良机。他们联系了洛杉矶那边的杰克·华纳。他们要为《卡萨布兰卡》拍摄一个新的结局，展示痛苦的酒馆老板瑞克（亨弗莱·鲍嘉饰演的主角）和他新交的盟友、腐败但一向善于言辞的警察局长雷诺（克劳德·雷恩斯饰演）如何跟着美军回来解放了这座城市。

*

同一个星期一晚上快到 9 点的时候，在柏林夏洛滕堡区马苏列纳利大街上巨大的广播大楼的一间广播工作室里，约翰·埃默里正坐在那里等待播出的绿灯闪亮。外面正在下雨。我们可以设想他正在翻阅他的广播稿，检查他要讲的一切是否都已在那里；我们可以想象到他很紧张。埃默里即将要做的是件至少可以说非常了不起的事。他将通过德国广播电台短波波段直接对英国人民发表讲话，敦促他们反抗自己的政府。

广播电台无疑是最强大的媒体，能触及大多数人，影响到最多的人。电影当然很重要，能强烈感染人，但它需要放映厅、银幕和所有其他基础设施。广播电台的力量在于它的技术相对简单。它能接触数以百万计的人，直达人们的家里。[1] 大多数人都是通过那个带有微弱发亮视窗的小盒子来获取信息的。想听新闻的时候，还有想听音乐、讲座、谈话、休闲等

---

[1] 纳粹已经证明他们意识到了这一点，引入了简单便宜的人民收音机，一种只能接收德国广播的设备。（后来还出现了一种更小更便宜的型号 DKE。）到 1942 年，德国拥有收音机的家庭数量与 1933 年相比几乎多了三倍。此时收听外国广播也是一种犯罪行为，可能导致被捕并送往集中营。在一些被德军占领的国家，例如波兰，当地居民甚至被禁止拥有一台收音机。

节目的时候，以及想听歪曲捏造事实、无耻撒谎诽谤、杀人不见血的话的时候，大家首先找的就是收音机。在欧洲各地，在世界上，到处都有着了解时局的无限渴望，因此放下手头做的事情，以便收听当天的新闻广播，现已成为人们一种固定的习惯。

没有哪个国家收听广播的人会像在德国这么多，这么广泛，使收听广播几乎成为一种仪式。法律规定，当有特别重要的广播时，例如阿道夫·希特勒发表讲话的时候，工厂和办公室的工作必须中断，以便人人都可以收听，集体收听。出于同样的原因，所有的咖啡馆和餐馆都有收音机，在一些街角也有专门的杆子上装了广播喇叭。纳粹很早就意识到广播的重要性，首先是作为一种国内的政治武器——宣传部长戈培尔把广播电台叫作"第八大权力"，还说如果没有这种新的、美妙的媒体，他们永远无法夺取政权——然后作为一种对外的政治武器使用。在这方面，他们也是先驱。

早在20世纪30年代中期，纳粹就建立了一系列功率强大的短波电台，用于向国外广播。德国广播电台的对外部门有大约500名员工，全天候以53种不同语言进行广播。其最重要的部门也许是英语部。大约有30名具有英国或美国背景的员工参与广播工作或直接参与广播；他们中最著名的也许是威廉·乔伊斯，他因鼻音浓重的上流社会发音，在英国被人称为"嗥嗥勋爵"。[1]

现在到了约翰·埃默里首次亮相的时候了。他的广播稿获得批准，[2]

---

[1] 埃默里将会认识英语部的大多数人，尤其是乔伊斯和他的老婆玛格丽特，夫妇俩后来都在愤世嫉俗和嗜酒如命的状态中彻底崩溃。

[2] 所有广播稿都事先经过仔细检查。这与外国记者发回国内的报道形成鲜明对比。纳粹非常强调不行使事前审查制度。然而，他们随后会对已发表的材料仔细审查，如果发现任何令他们反感的内容，就会迅速采取严厉的制裁措施。

一名官员带着一份他自己的副本坐在控制室里,要逐字逐句跟随他的广播,检查是否有明显的偏差。

节目开头的介绍说完了。其中还特意强调了埃默里的父亲是谁——听好了,是丘吉尔内阁中的一个成员。绿灯亮起。埃默里自己开始说话:

> 听众一定会有疑问,一个英国人今晚在德国广播电台做什么。你们可以想象,在我迈出这一步之前,我是希望有比我更具备资格的人站出来的。我大胆地相信,一点健康的理性,一点对我们宝贵的文明的欣赏,将会指导丘吉尔先生的内阁的决策工作。不幸的是,情况并非如此!

埃默里在广播中的声音很好,相当悦耳,虽然音调可能有点高,但这很可能是因为紧张。很明显,他曾听过他父亲的多次演讲,因为他效仿了父亲的政治家的演讲风格。与声名狼藉的同事乔伊斯等其他叛国者不同,埃默里既不老套、做作,也不夸大其词,没有试图模仿第三帝国典型的那种粗鲁大声的修辞风格。相反,埃默里似乎努力表现出自己既是理智、独立的评论员,又是冷静的英国绅士。

但埃默里很快做了调整,不是在语气上,而是在内容上。其中没有任何令人惊讶的事情。一切。是。犹太人的。错误。他们是战争的幕后黑手。他们在一场不必要的、已经失败的战争中牺牲了英国人。最后,他敦促他的听众,所有普通的英国人,**为了和平**,聚集起来,推翻伦敦政府。因此结语是这样的:"在你们与和平之间只是犹太人和他们的工具,即布尔什维克和美国政府。我这样说并不是作为一个失败主义者,而是作为一个以维护大英帝国为首要利益的爱国者。"

绿灯熄灭。

*

同一天，也是在柏林，乌尔苏拉·冯·卡多夫写道：

> 于尔根已经离开了！我们装作愉快地享用了一顿家庭早餐，带着送别的时候总会出现的那种勉强的欢乐气氛。谈论一些完全不痛不痒的事情。就是说不动一点感情。我和克劳斯把他送到了火车站。下雨了。当于尔根背着背包往前走去，身穿闪着水光的雨衣消失在人群中的时候，克劳斯对我说："这是有体面的德国，它是不会倒下的。"但我还是痛恨这些告别！痛恨这些火车站！它们是这个绝望时代的表现。充满忧伤的地方，离别的背景，通常还是永远的生离死别。

哥哥克劳斯的话表明，前一天晚上的厄运之感依然在他们心头挥之不去。厄运可能是不可避免的。但乌尔苏拉·冯·卡多夫的担忧不是抽象的，也不是关于未来的。她知道这很可能是她最后一次见到于尔根了。光是他在东线挺过了第一个冬天就已经是一个奇迹了——那时他就已是他们团所有年轻军官中唯一的幸存者。第二天克劳斯也要离开。这就是战争对她的最终意义：不是抽象的原则、胜利和地图上的旗帜，而是对于失去她所爱之人的永远存在的恐惧。对绝大多数人来说，情况都是如此。

这天是星期一，乌尔苏拉·冯·卡多夫回到位于克罗伊茨堡区利特街50号的《德意志汇报》编辑部上班。但她的心是破碎的，努力挣扎才能不哭。老板秘书看出她很难受，给她倒了杯茶表示安慰。

＊

与此同时，在洛杉矶，美军在北非登陆的消息在纽约华纳兄弟电影公司的董事会会议室里引发一个设想，该设想现在已经飞越整个大陆而落到了西部杰克·华纳的办公桌上。杰克正摸着自己的小胡子，坐在他那巨大的办公室里，对着他那巨大的办公桌，桌上是他那巨大的镀金电话机，背景则是他那堆巨大的奖品雕像和肖像。杰克对董事们突发奇想要拍摄《卡萨布兰卡》新结局的想法感到震惊，这绝不只是因为它会造成额外成本和延误上映。

在这个阶段，好莱坞的制片厂里已经开始有传言，说这部曾经以B级片起步、主演心存疑虑[1]和预算相当低的电影，在经历了一番曲折的剧本修改和最后一分钟的添枝加叶后，终于克服一切困难，看起来会成为一部非常非常好的电影。早在8月底，电影剪辑师们就开始谈论这个话题，他们在制片厂工作室的员工餐厅里有自己的长桌；负责制作预告片的是一个头脑清醒的人，也有些人会说他愤世嫉俗，但他是最先看过这部电影的人之一，给了这部影片他很少会给出的最高评价："我们有了一颗宝石。"

杰克·华纳持有相同的观点。他给纽约发了一封电报。（我们大概可以想象他是如何向一位被叫来的秘书口述电文的，也或许可以想象他是如何愤怒地在办公室里四处走动的。）他恳求道：

---

[1] 主演亨弗莱·鲍嘉和英格丽·褒曼在开拍前共进午餐时主要讨论的是他们如何才能设法退出这个项目。他们主要的反对意见是针对剧本的：他们不喜欢其中的对话，并且发现部分情节难以理解。鲍嘉有他自己的恐惧：他害怕舞蹈场面——他不会跳舞——而且他还发现褒曼比他高了半头。（在拍摄期间，他靠站在木块上或坐在垫子上解决了这个问题。）

11月9日至15日

改变这部电影并使其与我们最初想讲述的故事相符,这是不可能的。我们想讲述的关于美军登陆和其他一切的故事得用一部全新的电影来呈现,不适合放入当前的电影。这部电影目前的状态非常棒,如果我们现在加入美国军队如何登陆之类的小场景,那将是一种误导,正如我上面说的,登陆本身应该是一个全新的故事……整个电影界嫉妒我们,因为我们有一部名为《卡萨布兰卡》的电影已经拍好,马上就要上映,感觉我们应该利用这个引起轰动的新闻。我们等待发布它的时间越久,这部片子的重要性自然也就越低。

纽约董事们的反馈没有被保留下来,但肯定是相当有力的,因为华纳最后还是不坚持了。因此,制片人沃利斯奉命拍摄那个新结尾,有登陆场景。

实际的安排开始了。导演柯蒂斯得到消息,一个摄影棚已预订好了,时间是 11 月 11 日,星期三。布景师已经开始布置一艘船的场景。此外,亨弗莱·鲍嘉和克劳德·雷恩斯以及大约 50 名跑龙套的男演员也被请来了。

*

11 月 9 日星期一晚上,恩斯特·容格尔躺在基希霍斯特镇斯特勒街 15 号的家里的床上,做着梦,忧心忡忡。他梦到了某种未来的轰炸战争:

在熊熊大火中,有一个跟埃菲尔铁塔一样大小的飞行器组合飞过一片居民区,旁边是一个类似无线电桅杆的结构,桅杆平台上站着一个穿着长大衣的观察员。他时不时地在纸条上做笔记,然后把纸条扔进烟幕弹的弹筒里。

这个梦非常清晰。到目前为止,容格尔经历的战争根本就不是一场战争。他唯一经历过的事情就是遥远的轰炸——只不过是声音和光线带来的感觉。哦,还有行刑队处决了一名逃兵——一名德国士兵,他逃去和一名法国妇女住在一起,当他开始殴打她时,她检举了他。这是容格尔带着不安和病态的好奇心目睹的事件。

与此同时,容格尔通过妻子格蕾莎的来信得知,她和孩子们在家里比在巴黎面临的危险还要大,这听上去很不合逻辑。家乡附近的汉诺威经常受到英国皇家空军的空袭,而轰炸机的投弹向来不太准确。6月里有9枚炸弹落在基希霍斯特镇,并在镇上的面包店后面的草场上爆炸。[1] 幸好,除了几头正在草场吃草的牛之外,没有人被炸死。(顺便提一下,英国皇家空军轰炸机司令部第83中队的约翰·布什比没有参加过对汉诺威的任何空袭行动。不过,他很可能飞越过这座城市。)

不过下一次空袭就可能会非常糟糕。[2]

在容格尔的眼中,这是另一个例子,说明这次大战与过去的大战相比,展现出了骇人的新特性。以妇女和儿童为空袭目标显然违背了他关于战争的骑士精神、超越性、原始力量等等的观念。在收到另一封这样的家信(其中详细描述了对汉诺威的另一次空袭)之后,容格尔梦见自己

---

[1] 显然是盲目抛下或紧急抛下的。9枚500磅的炸弹正好是当时英国皇家空军最常见的"惠灵顿"轰炸机的标准载弹量。

[2] 汉诺威成为英国皇家空军的明显目标,不仅是因为其工业和作为铁路枢纽的功能,也是因为空袭路线相对较短,而且从空中非常容易找到这座城市,这是缘于该城附近的两个大湖——施泰因胡德湖和马斯湖——以及巨大无比的巴洛克式园林海恩豪森皇家花园。英国皇家空军不仅轰炸了必须轰炸的目标,还轰炸了其他能轰炸的地方。到1945年,汉诺威城区有90%被完全摧毁。

回到了第一次世界大战的战壕中，但孩子们和他在一起——这是一个异常清晰而合乎逻辑的梦。

在坐火车从巴黎回到基希霍斯特镇的旅途中，容格尔可以透过餐车的窗户看到饱受战火蹂躏的科隆，在六个月前这里成了英国皇家空军第一次"千架飞机突袭"的目标。沉着冷静的容格尔一度动摇了："成排的房屋在毁灭中依然散发着一种阴郁的、宫殿般的宏伟感。人们仿佛穿行于一个陌生的、更寒冷的世界：那里居住着死神。"

而杜塞尔多夫也给容格尔提供了一幅同样令他沮丧的景象，这个城市六周前刚被英国飞行员扔下的炸弹炸成一片火海。这时容格尔觉得他感知到了未来，或者说种种可能的未来。要么是技术官僚打造的"美国式"城市景观在等着他，没有历史和灵魂，要么，容格尔认为，"只有成群的羊在废墟上吃草，就像古罗马广场的图景一样"。

*

要给《卡萨布兰卡》一个新结尾吗？为什么不呢？很少有电影会做如此大的改动或改编，甚至直到最后一刻还在修改。大部分问题都和剧本有关。这年年初，一对才华横溢的双胞胎兄弟朱利叶斯·爱泼斯坦和菲利普·爱泼斯坦接受了任务，把一部相当平庸的舞台剧改编成一部以战争为背景的能畅销的浪漫电影。没什么值得大惊小怪的。双胞胎兄弟中的一个把这项任务叫作"擦屁股"——一次光鲜的包装。

情况很快就变得复杂了。其中一个问题是制片人哈尔·沃利斯想把女主角交给当时相对不知名的瑞典女演员英格丽·褒曼去演，她的演艺生涯当时似乎停滞不前了。这意味着这个角色必须从美国人的名字露易丝改变为某种斯堪的纳维亚人的名字伊尔莎——当时褒曼的英语还很差。[1]

爱泼斯坦双胞胎兄弟俩是撰写搞笑活泼对话和机智台词的大师，他们的剧本中充满了笑料。但制片人沃利斯觉得这个故事需要分量，因此又请来了另一位作家霍华德·科赫，科赫在剧本里加进了更多严肃的东西和背景，尤其是在男主角的台词中。科赫重写了双胞胎兄弟俩的剧本，他们也重写了科赫的剧本。（他们互相从未见过面，而是各自坐在自己家里，敲打着他们自己的打字机。）沃利斯又请来了另外两名改写剧本者，这就使得整件事情更加混乱不堪。

拍摄工作是在没有完成剧本的情况下就开始的，有些场景是在开拍前几小时才定下来的。新写的材料直接就发送到摄影棚，使用的是不同颜色的纸张——浅蓝色、浅粉色、浅绿色——以区分出不同的版本。

结尾部分尤其令人头疼。推动剧情发展的是一个三角恋：瑞克从前就喜欢伊尔莎，但伊尔莎嫁给了抵抗运动的战士维克多，这对夫妻需要帮助才能逃离纳粹分子。很长一段时间里，结尾都是开放未定的。伊尔莎和瑞克会在一起吗？伊尔莎会选择留在维克多身边吗？还是维克多会独自离开？（甚至有人提议让伊尔莎被枪杀，以此作为摆脱困局的一种方式。）然而，很快，制片人和编剧就决定了所谓的"奉献结局"，或叫牺牲结局：瑞克放手了，帮助她和丈夫一起逃跑。这也是最符合影片中心叙事的结局：瑞克从一个愤世嫉俗的以自我为中心的旁观者转变成一个无私的正义斗士——当然，这也是美国自身转型的形象。

结尾的机场场景，就像电影的其余部分一样，是在摄影棚里拍摄

---

[1] 在此可顺便提一下，英格丽·褒曼在美国首次亮相的前一年，在纳粹德国拍摄了一部电影《四女伴》，一部实际上相当不错的电影，有着意想不到的隐秘女权主义主题。她还与德国电影集团签订了另外两部电影的合约，意图是让她成为大明星，但她解除了合约而去了好莱坞。也许可以说，她是跨出了职业生涯中很好的一步。

的,机场背景笼罩在雾气中,若隐若现,观众后来认为这极其浪漫,但雾气主要是用来掩盖一架观众能隐约瞥见的飞机的,那其实是一个不太能令人信服的用木头和纸板制成的一半大小的飞机模型。[1] 腐败的警察局局长雷诺最终会帮助瑞克,这个情节是在最后拍摄开始时才决定的,而他在后来跟随瑞克参加抵抗纳粹的斗争,则是剧本在最后一刻做出的改动。这还不够。鲍嘉又被叫来了两次,第一次是为他射杀反面人物纳粹分子斯特拉瑟[2]的场景重拍一个新版本,第二次是到了8月整部片子都完成的时候,来为一个新结局做台词配音:"路易斯,我相信这是一场美好友谊的开始。"

正如在纽约的电影公司董事们可能看到的那样,一部经过如此多改变并试验了如此多不同结局的电影应该容许再来一个新结局,这个新结局能把剧情置于那个时代的中心,并传递出一种感觉,即这场战争终于迎来了一个转折点。

*

此刻是11月9日,星期一,一个永恒的场景再现了:一名年轻女子坐着等待,满怀希望。埃莱娜·贝尔再次来到索邦大学的图书馆,希望让·莫拉维茨基能顺便经过这里。他还没离开巴黎。几小时过去了,当图书馆快要关门的时候,她放弃了自己的希望。但就在这时,他出现了,"就像在梦里一样"。是不是她的等待把他变成了现实,或是恰恰相反?

---

[1] 为了让只有实体一半大的飞机模型更可信一些,有人提出了"雇用一群小矮人来表演机械师"的想法,他们也确实这么做了。

[2] 在初始版本中,看上去似乎是斯特拉瑟在瑞克之后拔出枪,是为了自卫,但因为不能有道德瑕疵,所以需要德国人首先拔出枪。

"我那么希望它会发生,以至于我不再等待了。"她在日记中写道。

他们走到街上,开始散步。他们离开了拉丁区狭窄而弯曲的街道,沿着绿树成荫的圣米歇尔大道一直走到塞纳河边。外面已天色昏暗。异常昏暗。11月的光线微弱的太阳正在落入地平线。

无论从视觉上还是隐喻上,巴黎都不再是光明之城。煤气不足和电力不足导致室内和街道上都灯光昏暗,商店闪烁的灯光表演和旋转的霓虹灯标志都被关闭,那些纪念碑式建筑正面的照明也是如此。他们走过了塞纳河,来到宽大开阔的卡鲁塞尔广场。在黄昏的光线里,她觉得卢浮宫"在灰暗晴空的映衬下,就像一艘黑暗的大船"。

他们穿过里沃利街,转入宽阔的歌剧院大道。到现在为止,巴黎被德军占领已将近一年半了。这两个热恋中的人步行穿过的城市在某种程度上还是老样子。在巴黎,没有战火破坏的废墟或损坏的房屋。[1]街头的生活一如既往:电影院、剧院、餐馆、咖啡店和街角小摊与和平时期一样挤满了人。有些人甚至认为,这座城市矛盾的地方是此刻比战前更像老样子,因为没有了拥挤的交通和明亮的灯光,人们可以在视角和比例上感知到这座城市在将近一百年前开始进行大规模彻底改造时最初打算呈现的样子。当街道上大部分都是自行车和手推车时,巴黎也是一个安静得多的城市,很少有人会不喜欢这一点。[2]以前失去的声音又回来了——所以当两人穿过塞纳河的时候,他们可以听到河水在哗哗流淌。

但同时又有许多迹象可以表明,这座城市尽管有着看似矛盾的正常

---

[1] 不过,巴黎近郊也时有发生零星的空袭事件,最近的是在5月,当时飞机发动机制造公司克努美和罗纳斯位于热讷维耶区的工厂遭到英国轰炸机的夜间空袭,再一次显示了英国轰炸机司令部难以在夜间打中指定目标的问题。该工厂毫发无伤,但工厂周围的87栋住房被炸弹击中,有34名法国人被炸死,167人受伤。像这样的事件自然加重了法国人对英国本已强烈的怨恨。

[2] 正因为如此,巴黎也是一个更安全的城市,尤其是对行人而言。交通事故明显减少。

外观，却处在一种战时特殊状态：各种商店外总是排着长队；随处可见穿着灰色野战军服的德国士兵，他们很少携带武器，除了相机和街道地图外不带什么东西，只是游客而已，是请假出来的大兵，经常大群地出现在有景点的地方、妓院或有脱衣舞表演的夜总会；雕像基座空荡荡的，因为雕像被占领军推倒并熔化，用来生产弹药；悬铃木树皮上有刻出来的洛林十字架留下的大黑点，是当局让人用柏油涂在上面的；到处都是用冷酷目光凝视人的贝当的海报和肖像，或是难以让人理解的德国粗体字风格的牌子；走在路上会遇到不同高层建筑或街区周围戒备森严的警戒线，那里有巨大的万字旗在11月的冷风中无力地悬挂着。无法跨越的新界线在这里或那里到处突现，这些界线被不知情和令人不安的静默所包围。"这座城市就像一艘潜艇，大部分被水密门密封起来了。"

当埃莱娜·贝尔和她的让·莫拉维茨基走在歌剧院大道上的时候，这一切当然都就在眼前。但他们是否特别关注了这一切就不好说了。它们太过稀松平常，不太会引起格外关注，此外他们可能都只在关注彼此。贝尔本人觉得这次散步"就像在一个梦中"。他们到了圣拉扎尔火车站才分手。

*

11月9日和10日之间的那个夜里，库尔特·韦斯特被一种他以前从未听到过的声音惊醒：远处重型大炮开火时滚滚而来的密集轰鸣声。当他们昏昏然地爬出防御工事的地堡，他们注意到炮火轰鸣声是从西边传来的，来自第2营守防的那个地段。后来他们听说苏联人进行了一次猛攻。必须派一支增援部队到那里把苏联人打回去。韦斯特的这个排要派出一名士官和五名士兵。哪几个？副排长做了一次抽签。当他看到第五个签也是最后一个签落到了谁身上的时候,他犹豫了一下。是库尔特·韦斯特。这倒可能是韦斯特想要的,但与此同时他也深深感到自己有多害怕。幻想和现实即将分离。上午 7 点出发。

*

星期一晚上,容格尔和他太太及孩子们去拜访一位邻居。他们几乎还没有坐下来开始谈话,就听到了来自汉诺威那边的警报声。又一次空袭。他们聚集到了房子的底层,全都穿好了外衣,作为主人的夫妇还带着几个收拾好的行李箱——"就好像我们是在一艘遇难的船上。"他注意到人们的行为发生了变化——现在这已是必须严肃对待的事情了。"这表明灾难已经离我们很近了。"

透过窗户,容格尔可以看到一连串红色曳光弹从远处的城市升起,消失在云层中;他看到爆炸产生的短暂闪光;他看到燃烧起来的房屋炽烈的火光;他能清楚地感觉到房子在摇晃,尽管炸弹是在很远的地方爆炸。确确实实在困扰他的是孩子们也不能置身事外。孩子们的在场使得这种体验变得更加压抑,让人沮丧。容格尔的这一天是从梦见一次空袭开始的,以经历一次真正的空袭而结束。这一次,世界呈现完整了。不幸如此。

*

这是 11 月 10 日星期二黎明,库尔特·韦斯特和其他被抽中的士兵正在匆忙收拾他们的装备。他们尽量拣要紧的带。面包盒当然少不了,还有几个肉罐头和干面包。武器弹药已分发好,数量充足。令他惊讶的是,他

和法律系大学生汉斯·芬内得到了这个小组的冲锋枪。(其他人得到的都是普通步枪。)他确实不明白为什么,但感到满意:

> 我觉得,给某个年纪大一点的人会更合适,但我为其他人对我显示出的信任感到自豪。我们都感到非常紧张,因为我们对等待我们去完成的任务知之甚少。从我们带的装备来看,估计那会是很艰难的。

其他年轻人中有一个走近韦斯特,"小心翼翼地"提出要代替他的位置。韦斯特想了想,然后说不。

在灰蒙蒙的黎明中,他们上了路,向目送他们离去的战友们喊着"再见"和"我们很快就会回来"。大家像往常一样互相开几句玩笑,但现在没有太大的让人发笑的力量。取而代之的是一种清晰的可察觉的严肃调子。"很有可能不是每个人都能回来的。"

在营部,增援部队聚集了来自不同连队的78名全副武装的人员。大多数人的面孔韦斯特都不认识。他们的指挥官是一位名叫哈迪·赫尔高的中尉,他对大家讲了一番话,告诉他们苏联人在夜里发动了一次突袭,夺取了两个重要的据点,分别叫"特尔利"和"卡可"。现在必须收复这两个地点。用韦斯特自己的话说,赫尔高用了"各式各样高调的话语"来结束他的演讲。

然后援军就出发了。他们走了很长时间。随着道路变得更糟,也更狭窄,队伍就拉开了。在年轻而茂密的白桦林中,黎明的天空由黑转蓝。早晨有风,凉爽,但很快太阳就从蔚蓝的天空中洒下了温暖的光芒。远处的炮火声慢慢变得越来越强烈,越来越尖锐。他们不时还听到飞机发动机的声音。然后,这声音集中起来了。

*

就在这个星期二,埃莱娜·贝尔和她的让·莫拉维茨基又见面了。这次是在她的家里,在埃利泽-雷克吕大街7号。她的父母出去旅行了,整个公寓几乎是空的,只有她姐姐在家——但她可能知道不要露面。让·莫拉维茨基带来了几张唱片:有贝多芬的《D大调小提琴协奏曲》和莫扎特的《交响协奏曲》。他们打开了留声机,公寓里充满了小提琴温暖、舒心的音调——"对某个人来说这些音调/比其他一切都更真实"[1]——他们伴着音乐在她房间里的床上喝茶。(这是她在日记中所叙述的全部内容。)外面阳光明媚,但很冷。让·莫拉维茨基的行程又被推迟了一段时间。

*

有一个场面重复了千百万次:炸弹落下,一户人家被炸成了碎片。而另一个不太为人所知的场面,也几乎重复了同样多的次数:人们返回家园,并在尘土瓦砾中走来走去,讨论着维修的问题。薇拉·布里坦回到她家位于伦敦切尔西的老房子,就是来做这件事情的。和她在一起的是格莱格建筑公司的一个男士。

五年前,这家人住在切恩街2号,一座狭窄的乔治时代风格的五层红砖房子,可以俯瞰泰晤士河的风景。和所有其他人一样,她按照规定给房子做了备战的布置:从墙上取下了所有的画,用胶带贴住玻璃窗,在浴缸里注满水等。和其他许多人(不仅仅是那些和平主义者)一样,她在脑海中形成了一幅等待世界末日的画面——炸弹雨点般落下,毒气

---

[1] 这里引自瑞典诗人托马斯·特朗斯特罗姆的诗作。

弥漫。但当伦敦遭遇空袭的时候,她还是对其威力感到惊讶。

过了一段时间,这一切才让人们觉得司空见惯:警报声、轰炸机的轰鸣声、防空炮火的爆炸声、探照灯、远处炸弹爆炸的产生的低沉震动(在听到之前就感觉到了,因为冲击波通过地面传播的速度比声音通过空气传播的速度快)——人们会冲进用作临时防空洞的冰冷的煤窖。每一个黎明都有新的炸弹破坏,排水沟中有更多的瓦砾——与之俱来的是持续不断的烟火味。

统计数据是对她这边有利的吗?8月底的一天,她正在浴室里忙什么,这时听到一枚炸弹呼啸而过,击中了离她家不远的地方。一周后,当她去看望她的母亲时,有一枚炸弹爆炸的地方如此之近,以至于冲击波把她和她母亲都抛进了地下室,她们能听到玻璃掉落碎裂的声响,布里坦的脸上还留下了轻微的烧伤。在那种境地,她已经接近精神崩溃,主要是因为她睡眠不足——最糟糕的时候,她常常脸朝下趴在防空洞里,头上还盖一个枕头。

那枚炸坏了她家房子的炸弹坠落时布里坦正好不在家。(炸弹是落在了她的花园里。)然后她决定关闭这所房子。她的女佣的丈夫承担了最繁重的工作。她自己去那里拿了对自己最重要的东西:她们家最好的两幅油画、她1914年至1918年的日记、一些手稿和一些暖和的衣服——所有这些东西都覆盖了一层爆炸留下的细微粉尘。然后她把这些东西拖上了公共汽车,"被当今世界的苦难所淹没"。

但现在是11月10日了,布里坦回到了切恩街2号。阳光灿烂。

到了眼下这个阶段,可以比较安全地回家了。自上年5月以来,伦敦就没有遭受过什么真正意义上的轰炸。[1]布里坦和建筑公司的那个男士

---

[1] 德军轰炸在伦敦造成的平民死亡人数,1940年为13 596人,1941年为6 487人,1942年为27人。

在空荡荡的房间里走来走去。到处都是灰尘，玻璃碎片在脚下发出嘎吱嘎吱的声音；到处都是从天花板上掉落的碎片。也曾经有雨被风刮进残破的窗户里。屋顶被燃烧弹炸出了一个洞。除此之外，这所房子的状况完好得让人惊奇。建筑公司的男士四处看了看，并做了笔记。

布里坦在她的日记中写道："虽然到处是尘土和剥落的灰泥，但这座房子看上去如此明亮和阳光明媚，以至于我渴望搬回到这里来——尽管房子四面八方还都是大片废墟。"不到两周后，建筑公司的报价就来了：修复炸弹造成的损坏将花费32英镑，此外还要做一般维修、油漆、墙壁抹灰等，将花费78英镑。情况本来可能会糟得多。

*

在佐治亚州萨凡纳港东南造船公司的二号船坞，该造船公司第一艘自由轮的建造工作仍在继续。现在预计不到两周就可以下水了。到目前这个阶段，这艘船可称为"一艘热船"。这意味着额外的人员会从旁边的船坞上调来加班，以便进一步加快完工的速度。

在这种情况下，现场呈现出一种罕见的杂乱无章、人群混杂的局面，人们在134米长、17米宽的船体上爬上爬下、爬进爬出。现在需要所有人出力。甚至那些在大战前被认为无法雇用或根本不适合的人也用上了。"女人、非裔美国人、来自南方的白人移民、有前科的人、十几岁未成年的人、老人和身体有残障的人，都在造船厂找到了工作。"[1]

在工人中有许多女性，这也许是最引人注目的方面。她们遇到了抵制，而抵制主要来自造船厂的男性工人（这也是预料之中的），但这种

---

1 引语来自美国作家托尼·库珀，他是萨凡纳本地人。

情况也已经慢慢开始减少。例如，女工多次被证明是比男工更好的焊接工——通常的解释是女工比较有耐心。特殊的战时合同也保证女焊工与男焊工有相同的工资。

但女工还要一直对付常见的负面事情：男性会向她们吹口哨、评头论足、挑逗调情、动手动脚。已婚女性还会碰到双倍工作的压力，这使得她们中许多人没有能力应付而只能停工。[1]同时，在这个突如其来且混杂的环境中，还存在着一种时代造成的灰色地带，之前固定的道德界限在这里出现了松动的迹象。在造船厂的许多隐秘角落和夹缝中，都出现了性行为，尤其是在夜班期间。船体的许多黑暗角落里都能时常发现使用过的避孕套。

尽管如此，气氛还是好的。造船厂的一名年轻工人如此叙述："无论战争在最终意义上多么糟糕，它都能激发人身上最好的一面——愿意牺牲、愿意奉献。这一切我在造船厂都看到了。"另一名工人说："每个人都在埋头干活，薪水很好，工作也很好，人人都得到了很好的待遇，也都工作得很出色。"在造船厂里有一个食堂，可同时为上千人提供饭菜。食堂的许多员工都是黑人。他们可以在那里工作，在那里买饭菜，但不被允许坐在那里吃饭。

*

同一天，在布鲁塞尔，安妮·萨默豪森在办公室又工作了一天。我们可以设想，工作效率像往常一样是故意被降低的。像她这样的人依据

---

[1] 已婚母亲离开孩子去上班也经常会受到质疑，甚至来自国家的质疑。理想的女工应是未婚的。

德国人的订单工作的时候，磨洋工、拖拉和造假都属于家常便饭。她也慢吞吞地阅读德国日报《法兰克福报》。[1]

萨默豪森阅读量很大。这办公室的人都大量阅读。原因可能各不相同。这也许只是一种打发时间的方式，也是熬过在被占领的比利时最能表现人们生存状态特征的那种漫长等待的方式。虽然所有出版物都需要得到一个德国审查员的许可，而且由于配给制度，都是用灰色和劣质的纸张印刷，但还是有许多新书出版了。

当然，特别受欢迎的是侦探小说：容易读，也容易忘掉。例如，这年，乔治·西默农笔下著名的警长麦格雷又回来了，带来三篇较长的麦格雷故事，而在这些故事里，与这位才华横溢的作家在此期间写的任何一部小说一样，都没有可能找到任何涉及第二次世界大战的信息。在这方面他当然并不孤单。另一个例子可以在另一种流行体裁中找到：如果萨默豪森翻阅当天的布鲁塞尔主要报纸《晚报》，她可以跟随丁丁，这位留着刘海、穿着高尔夫球裤的青年记者，解开"独角兽号的秘密"，这个故事里也没有半点有关比利时被占领或其他令人讨厌的事情的痕迹。[2]

西默农和埃尔热这两位比利时作家都是有天赋的机会主义者，并且像其他许多比利时人一样，准备在占领制度的框架内工作，小心地避免

---

[1] 萨默豪森正在读的是份德国日报，这并非偶然。《法兰克福报》长期以来一直是受过教育的德国公众喜爱的一个媒体，具有自由主义和民主思想，以拥有多位才华横溢的撰稿人而闻名，如茨威格、亨利希·曼、托马斯·曼、瓦尔特·本雅明、齐格弗里德·克拉考尔和阿尔弗雷德·德布林。当时它也是第三帝国唯一表面上独立的报纸，戈培尔故意而且狡猾地容忍它，因为他认为该报是影响德国对外形象的一个渠道。然而，该报于1943年根据希特勒的直接命令被关闭。（导火索是有一篇文章给美国第一夫人埃莉诺·罗斯福一个正面形象，这是"有罪的"。）

[2] 在埃尔热之前的那本冒险故事《神秘的流星》中，人们可以找到时代的痕迹，那主要来自该书的反派人物、大银行家布卢门斯坦——一个明显的反犹主义者。战后，埃尔热特意修改了他的鼻子和姓氏。

审查员的严厉打击和公众不欢迎的事情。而文化生活以其全部的活力，为作家提供了逃避现实的很多好机会。

剧院也吸引了很多人：上演剧目主要包括经典作品——莫里哀、缪塞、拉辛、高乃依、莎士比亚——对当局无害或是没有干系。歌剧也有精彩演出，轻歌剧很受欢迎，更受欢迎的是其他各种类型的演出：夏尔·特雷内、莫里斯·舍瓦利耶、伊迪丝·琵雅芙、蒂诺·罗西和姜戈·莱因哈特等艺术家能引得满堂喝彩。（尽管有德国的禁令，但人们还是可以听到爵士乐；有时只是对歌曲标题稍加改动。）然而，与所有国家的情况一样，最受欢迎的当然还是故事片，在这里，审查者和观众之间的某种心照不宣确保了电影院仍然是遗忘时事的圣殿：法国的娱乐片当然是最吸引人的，[1]而尽管比利时人多少也会看德语片，但他们会避开那些宣传性很强的类型，而是选择德国电影业继续以惊人速度大量生产的舞蹈片和轻喜剧片。[2]

是的，文化可以让人逃避现实，对许多人来说确实如此。然而，安妮·萨默豪森这个星期二坐在办公室里阅读的内容，根本不是要逃避现实，而是要接触现实。

她专心地阅读了一篇雄心勃勃的长篇文章，此文全面讨论了北美最近出版的各种新的报告文学书籍。文章的倾向很明显，甚至太明显了——说这些书给出了一个错误和扭曲的德国形象，而且是"将美国推入战争的畅销书"（这也正是该文的标题）。但萨默豪森试着抛开文章

---

[1] 在德国的好意和德国资本的刺激下，法国电影业即使在战争期间也继续蓬勃发展。仅这年一年，就有21部法国故事片首映，我们可以设想几乎所有这些影片都来到了比利时放映。

[2] 较新的美国电影当然没有在比利时出现，但有些影院放映了所谓无害的战前电影的破旧拷贝，例如喜剧搭档劳莱与哈台出演的《牛津漫游记》（1940）。

的倾向性，深入文本表面之下去解读。她被这篇文章深深吸引了，因为它让她瞥见了一个现在对她来说无法企及的世界。萨默豪森在自己的日记中写道："我从未如此渴望外国文学，渴望我们无从来往的地球上那十分之九的地方的事情。收音机已不足以满足我们与更广阔世界接触的渴望。"

*

奈拉·拉斯特的家乡巴罗因弗内斯镇是一个工业小城和钢铁小城，而最重要的是，它还是一个造船小城。能说明这一点的，是主导这个城市天际线的不再是高耸的圣玛丽教堂的尖顶或市政厅新哥特式的砂岩钟楼，而是维克斯造船厂林立的起重机，这些起重机的吊车在所有那些尖顶钟楼上盘旋。早在前一次大战前的20年前这里就已经开始建造海军战舰，而现在则造得比以往任何时候都多，而且涵盖各种尺寸的各个舰种，从潜艇和驱逐舰到巨大的航空母舰，无所不包。[1]这座城市的生活与造船厂息息相关，就像美国佐治亚州萨凡纳港那边的情况一样。

巴罗因弗内斯镇也是一个工薪阶层的城镇。许多为维克斯造船厂工作的人都住在这里的许多狭长街区的红砖建造的小排屋中，从那里步行即可到达造船厂。因此，在前一年4月和5月的多个晚上，当德国轰炸机反复尝试摧毁造船厂的时候，几乎所有的炸弹都像往常一样没有击中

---

[1] 丘吉尔首相唯一一次造访这座城市是1940年5月航空母舰"不屈号"下水时。奈拉·拉斯特在她的日记中写到丘吉尔的这次访问："他的直率给每个人留下了深刻印象。"即使她长期以来一直觉得前首相张伯伦最亲民，此时她也只得不情愿地表示丘吉尔给自己留下深刻印象："他有一张很好玩的脸，就像我们街上一只家养的斗牛犬。"

目标，但其中许多击中了这些居民区。[1]

总计起来，这个城市有超过 1.1 万栋房屋受损——大约每四栋房屋中就有一栋——其中 600 栋完全被毁。很多房子都修好或翻盖了，但当奈拉·拉斯特现在穿过这座城市时，它仍然呈现出令人沮丧的景象。那里有太多灰色废墟，就如张开的一个个大口。许多商店都关门了，"主要是小的糖果店、烟草店和水果店"，但也有一些大商店空无一人，用木板封了起来。在那些仍然开门的商店里，大橱窗已被胶合板取代，也许只有一小块玻璃让光线透进来。

奈拉·拉斯特这天下午很匆忙，因为她想在造船厂里换班之前就赶上回家的公共汽车。数千人组成的人流涌出厂门，人们都灰头土脸的，穿着脏兮兮的工作服，拿着饭盒。这样一来，甚至在车上得到一个站立位置都很难了。拉斯特住在离造船厂有一点距离的地方，在伊克雷街。当公共汽车沿着宽阔的主干道阿贝路行驶的时候，她可以看到好几座倒塌的房屋，只剩一堆堆石头，秋雨浸透的杂草已经在石头堆上扎了根。这些废墟之一原来是这座城市的韦弗丽大酒店，现在全成了断壁残垣。街道两旁泛黄的树木上有炸弹弹片造成的旧伤痕。这天是 11 月 10 日。

*

这是一种不确定的生存状态，充满谣言和沉默。就在同一天，叶连娜·斯克利亚宾娜在自己的日记中写道：

---

[1] 该造船厂几乎一天都没停工。德军的轰炸像英国皇家空军的轰炸一样不准，这还导致附近的城镇也同时遭到袭击，因为德军轰炸机误认为这些城镇是巴罗因弗内斯镇。

我们生活在对周围发生的事完全不知情的状态中；德国人是否已经深入高加索地区，其他战线正在发生什么，目前运气站在哪一方——这一切全都笼罩在黑暗中。我们的信息来自女孩们、来自秘书们、来自咖啡馆里苏联游客的传闻，他们愿意谈论此类事情。但我们根本不可能确定什么是真的或什么是假的。

偶尔会有些零星的空袭，是苏军飞行员在执行轰炸，但其影响更多是心理上的，而非身体上的。已经很久没有人听到枪炮声了。斯克利亚宾娜属于这个城市里选择接受德军占领的那部分人。[1]

不难理解为什么。斯克利亚宾娜和她的亲戚靠着仅有4张桌子和20把椅子的简陋咖啡馆的收入，生活得也相当不错。（她们销售的价格，例如新鲜出炉的馅饼和其他糕点的价格，可以说是天价。）他们还搬进了以前属于一个共产党员的公寓，这个人在8月初德军攻占这里之前就逃走了。斯克利亚宾娜的14岁的女儿迪马渴望阅读，已经能够在当地市场上购买到许多图书——人们廉价出售他们的财物，这样才能买得起吃的东西。

皮亚季戈尔斯克已经恢复了一种临时性的日常生活。小商店和售货亭随处可见。许多人通过给德国人服务获得一天的食物——看起来都是无害的工作，比如做口译员、办公室工作人员、厨房工作人员、搬运工或杂工，这在戒严状态和食物供应系统崩溃的情况下是可以理解的。[2] 但是，为谋生而工作和当通敌者之间的界限在哪里呢？

---

1 其中一个原因是，德国对高加索地区的占领并不完全像对苏联其他地区那样严厉。这部分是出于实际的考虑——他们需要当地民众的合作——部分和意识形态有关：那里的许多民族都被判定为比俄罗斯人、白俄罗斯人和乌克兰人在种族上"更优越"。
2 在某些被德军占领的地区或城市（如斯大林诺），每十个男性居民中至少有一人为德国人工作。

11月9日至15日

不知情在某种程度上是个事实——什么是谎言，什么是真相？什么是事实，什么只是宣传？但这不仅仅关系到认知的不确定性和情感强度之间通常的、不平衡的张力。对于斯克利亚宾娜这样的人来说，不知情也是一种态度，意味着不愿意去了解。因此她的日记中会有生活在"**完全不知情**"的状态中那样的话。[1] 这种态度往最好了说是对现实的一种否认，因为没有人真正完全不知情；甚至在这里，在高加索山脚下的一个小镇上，也不存在那样的人。犹太人已经消失了，但事情会就此停止吗？就在这一天，斯克利亚宾娜在她的日记中写道：

> 让皮亚季戈尔斯克所有居民最头疼的问题，其实对我们来说也一样，是与犹太人通婚的问题。最后，我们问了德国人。他们要么真的不知道，要么是不想说什么。[2]

斯克利亚宾娜丈夫的妹妹丽雅丽雅和她们家一起住在城里，而丽雅丽雅嫁给了一个犹太人，所以她的女儿薇拉算是半个犹太人。[3]

*

奈拉·拉斯特下了公共汽车，走上回家的最后一段路，走向伊克雷

1　表示强调的粗体是作者引用时所加的。
2　德国人当然知道。在这几个月里，皮亚季戈尔斯克是德国第12别动队的基地，而且其上级别动队D的队长瓦尔特·比尔坎普的总部也设在该市。该市大多数犹太人在9月10日的一次行动中被杀害。整个秋天该地区都在发生规模较小的屠杀事件，得到当地志愿者的支持。屠杀形式有时是大批枪毙，有时是在特别改装的公共汽车里用毒气杀害。
3　在苏联被德军占领的地区，与犹太人通婚生下的孩子通常也被杀害。

街9号的那座整洁的房子。她感到轻松:"我很高兴能把这一天所有的烦恼都关在门外。"她的小狗索尔迎接她,"围着我的脚转来转去,好像很高兴我终于回来了",但它咳嗽了一下,突然躺了下来。奈拉·拉斯特在自己的日记中写道:

> 当我跪下来轻轻抚摸它的时候,我突然痛苦地意识到,我的小朋友和我很快就要分开了。这条狗已经13岁了,有迹象说明它正在迅速衰老。对我来说,它并非只是一个动物:它善良、善解人意、聪明伶俐,不仅能听懂我说的所有的话,而且经常能不可思议地猜到我的心思。

她还有一只猫叫姆尔菲先生,这说明她当然是一位动物爱好者。在上年那些可怕的轰炸中,她在猫和狗的食物中都加了阿司匹林,以平息它们的恐惧。[1](她自己也经常服用阿司匹林,把它作为一种安眠药。)当她们自己的房子因轰炸而严重毁坏的时候,拉斯特还是抽时间去收拾一只被炸弹冲击波震死的麻雀,那是很多只死去的麻雀中的一只。她悲伤地看着它——"看起来就好像它们低着小脑袋在祈祷。"

归根结底,这可能与奈拉·拉斯特的同情心有关。动物并没有代替人类,它们的痛苦并没有代替人类的痛苦,但它们反映出痛苦是不可避免的。这种痛苦的形象会侵蚀人的灵魂。

奈拉经常会哭,但主要是在独自一人的时候。她很注意在表面上显得愉快、乐观、镇定;这既是为他人着想,也是为自己着想,是一种保持心理平衡的方式。对各种坏消息,她的外在反应也是短暂且克制,略

---

1 在同一段时间里,奈拉·拉斯特认真地考虑过药死这条狗,因为它实在太害怕了。

带一点宿命论的色彩。然而，在内心深处，她不确定自己是真变得更坚强了，还是一切都只是表象。她一直喜爱大海，喜爱海浪拍击海岸的声音。但现在不再喜欢了。"它们总会让我想起沉船和各种可怕的事情。"海滩也不再是以前的样子了。你永远不知道你会在那里发现什么。不时有无法辨认的浮尸从爱尔兰海那边漂过来。

她和小狗索尔说话并拥抱它。索尔摇起了尾巴。于是，她把外套挂起来，恢复了做事干净利落的那个自己：她喂了鸡，在窗户上装上遮光片——下午6点以后不允许露出灯光——给壁炉拨火，在餐桌上摆好餐具，准备晚餐。但这时她的能量也耗尽了。这个星期二的晚餐只能吃三文鱼罐头了。她知道这条狗喜欢吃三文鱼，所以它会得到一半。

*

这天是"一战"停战日（11月11日），多萝西·罗宾逊坐在长岛的家中，和她的亲戚萨莉在一起。这是个特殊的日子，通过教堂弥撒、演讲、集会、献花圈、两分钟默哀和上午11点钟所有汽车停止行驶等，纪念上次世界大战中的死难者。那场战争被视为终结所有战争的战争，但现在，大部分的话语和思考都围绕着这场新的大战。罗宾逊和萨莉可以通过收音机广播参与几场仪式，包括听到总统在阿灵顿国家公墓举行的仪式上发表的讲话：他强调了美国再次全力以赴以"赢得这场战争和建立公正的和平"是多么至关重要。

对于多萝西和萨莉来说，收音机当然是一个极其重要的信息来源。从早上8点到晚上11点，每到整点都有新闻广播。不听收音机的时候，她们就阅读报纸。就在11月11日，《纽约时报》有16版刊登的几乎全是有关战争的新闻，来自大大小小的所有战线。这很正常。头版头条新闻主要讲的是美军在摩洛哥和阿尔及利亚前线的持续推进，但罗宾逊的注意力几天来一直集中在英军在利比亚取得成功的报道上。由于她很害怕"过度自信"，因此她谨慎地将其描述为"令人鼓舞"。

在这份报纸上当然也有很多与战争无关的内容。

比如前一天在麦迪逊广场花园球场，有8 559人观看了纽约冰球队游骑兵队在加时赛中以5∶3击败了芝加哥黑鹰队；纽约州的猎鹿季节已经开始，最大的猎物重200多磅，是布鲁克林一个名叫鲁弗斯·希尔的猎人捕杀的；前一天在布鲁克林区和皇后区先后发生了9起火灾，但都不是非常严重；由凯瑟琳·赫本主演的舞台剧《无爱》在百老汇首演时遭到冷遇；一名25岁的男性患者在格伦加德纳一家疗养院发生笑气（一氧化二氮）的奇怪事故后死亡；美国内战老兵中仅存的在世者之一米尔顿·H.迈耶斯（90岁时还能骑自行车）去世了，享年101岁；印第安纳州弗伦奇利克斯普林斯的市议会决定，从今以后所有黑猫必须在13号是星期五的日子佩戴铃铛。

这种既古怪又明显的两面性在多萝西·罗宾逊本人身上也存在。战争常常出现在她的脑海中，而同时她的生活又被其他的事情所主宰。一些真正重大的事件确实可以在她的日记中找到，这些事件被赋予了如此之大的粗体字头版标题，有如此之大的关注度，以至于它们几乎无法避开，并且将留在人们的记忆中，无论是个人记忆还是官方记忆：菲律宾巴丹半岛战役、杜立特空袭、中途岛海战、依然在进行的瓜达尔卡纳尔岛战役。但她在日记中对它们只是一带而过，极少写细节。然而，这不一定就说明她对此不敏感，事实也可能是正好相反的。

多萝西的生活与世界上正在发生的事情之间的反差是显而易见的，甚至对她自己来说也是如此。有一次，她愉快地精心重新装修厨房，新窗帘、新手巾和挂在钩子上的马克杯经过布置后呈现出红色、黄色和绿松石色相得益彰的效果，这时她被一个念头打断了："人们在死去，在受苦，在挣扎，而我一门心思只想着把杯子挂好，想着早餐麦片。天知道阿特正要去哪里，为什么要去。我没有任何权利为简单、家常的事情而高兴。"不过她进一步思考了一下："但是，如果这些小事不再存在，如果家不再是和平、爱与理解的港湾，那这一切的意义又何在呢？"

*

"像耗子一样被困住了！"这是阿尔贝·加缪在他的笔记本上写的。用叹号不像是他的风格。他还注明了11月11日这个日期，这也是不寻常的。和千百万其他人一样，他一直在低调行事，希望情况会改变，有一些（用他自己的话来说）"做点什么"的想法，甚至——跟许多其他人相同——也有软弱的时候：他不去关注战争，还有点荒谬地希望战争也不会关注他。

但现在他更清醒了。

这也正是他在写的。此刻他坐在勒潘纳利尔村的那个小旅店里，而战争已经悄然临近，即使只是近了一点点。法国当局已经开始召集他这个年龄段的男人，把他们押送到德国去强制劳动，连加缪此刻所在的远离法国权力中心的偏远地区也在这样做；不过，他的肺结核使他免遭了这种厄运。在他住的小旅店里也开始出现一些奇怪的客人。加缪避开这些人，不是因为他想专心写作，而是因为他们很可能根本不是他们自称的那种人。人人都知道，在维瓦赖山区有犹太难民，但没有人知道他们藏在哪里，也没有人知道是谁把他们藏起来的。[1]

加缪的尴尬处境既是不可预知的又是完全合乎逻辑的。美军在法属北非地区登陆后，作为回应，德国军队迅速冲进了尚未占领的法国南部地区，进入了充满夸张的民族主义虚构的维希政府所在的世界。法国这些地区曾经享有的相对的和不确定的自由已经成为过去。加缪返回阿尔及利亚的道路从两边都被封锁了。

加缪走了出去。秋夜很冷。白霜覆盖了一切。太阳只是慢慢地温暖着冰冻的大地。易碎的冰晶层开始消失，有时会发出几乎听不见的咔嚓声响。在散步的过程中，加缪到了两条溪流汇合的地方。他写道：

> 在最初几缕阳光的照耀下挣脱了霜冻，它成了这片洁白如永恒的风景中唯一的活物。[……]坐在船头的顶端，我在这冷漠麻木的土地上继续着这静止不动的航行。至少需要整个大自然和这白色的宁静呈现给灼热的心——才能抚慰我被苦涩的爱吞噬的这颗心。我看到一团否定死亡预兆的光芒在天空发散开来。对我这个一切都在诉说着过去的人而言，终于有了一个来自未来的征兆出现在我之上。

是啊，他被困住了，像只耗子一样。现在怎么办？

*

同一天在新几内亚：一场新的战斗。它可以说是复制了两三个星期

---

[1] 该地区的农民几乎都是胡格诺派的后裔，有着遭受迫害的回忆和帮助受迫害者的传统。他们藏匿犹太人的事是自发的，而且没有任何组织，这使得法国当局很难追查。这与各种难民逃难的地下网络形成鲜明对比，后者时常会关闭。

11月9日至15日

前在欧拉溪发生的战事。在他们面前是原始丛林覆盖的高地，那里是日本人通常会仔细向下挖掘的地方布满坑道、战壕，用原木建造的掩体，用藤本植物和其他攀缘植物编织而成的风暴屏障。那里有机枪和直射山炮，有高高躲在树上的狙击手。一切都像往常一样，用惊人的技巧掩盖起来。在茂密的热带雨林中，在开火之前是不可能看到对手的。日本的重型机枪被澳大利亚士兵称为"啄木鸟"，因为射速很低，而且通常是短促的射击。开火时听起来嗒嗒嗒嗒嗒嗒，好像啄木鸟在啄树，有人随后便应声倒地。

完全就和欧拉溪那边的战事一样，这边的战斗也已经日复一日地持续了将近一个星期。就像那里一样，澳大利亚士兵试探性地但坚定地进攻，穿过树丛，穿过湿气，而日本人则顽固地死守。对于那些把战斗看作绘制在军事地图上的蓝色和红色箭头的人来说，这些事情中是有一种逻辑的。那里有通往海岸的科科达小道，有长满原始丛林的山脊，有一条雨水冲刷出的溪流，有两个小村庄，西边的是奥伊维，东边的是戈拉里——后来这里进行的战斗就以它们的名字命名——那里会有突破攻击、侦察攻击、压制攻击、反击、包抄动作、重整旗鼓、佯攻。

对于中士贝德·索恩斯和第3营第10排他手下的澳大利亚士兵来说，所发生的事情只不过是看到浓密的绿色树叶中到处冒出的一缕缕脏烟，以及听到常见的刺耳噪声和回声：砰砰、砰砰、轰隆隆；喊叫和尖叫，往往是难以理解的；来自弹片、子弹和飞弹的呼呼声、嗖嗖声和咝咝声；断裂的树叶和树枝如雨般落下的沙沙声和哗哗声。不少情况下，澳大利亚士兵离他们看不见的对手如此之近，以至于能听到他们说话，听到他们拔出手榴弹保险环时发出的响声，或是听到他们将新弹药筒装入武器时的咔嗒声。

贝德·索恩斯和第3营一直在西边那个村庄奥伊维附近战斗。在这一地点的进攻没有取得太大的成功。自11月7日以来这里一直相当安静，除了澳大利亚迫击炮对日本防线持续炮击，[1] 以及时而有美国飞机呼啸而下，投掷炸弹然后飞开。而在东边，在戈拉里村所在的方向，炮火声则激烈得多。

前一天，也就是11月10日，星期二，索恩斯被召到营长卡梅伦中校那里。卡梅伦是全营军官里索恩斯唯一信任的军官。索恩斯不喜欢他到达新几内亚后接触过的许多军官。他发现他们软弱——身体上、道德上或两者兼而有之，拘泥于军事理论或过时的军事经验，不可靠或是自我中心，甚至是懦弱胆小。他特别鄙视后一类："他们从来就没有斗志。"该营的领导权是非正式的，主要掌握在像索恩斯这样的士官手中。他会拒绝执行疯狂的或不可能执行的命令，或破坏它们。

营长想让索恩斯再一次出去侦察。日军防线的侧翼在哪里？有几支巡逻队曾试图去找出来，但无果而终。索恩斯和第10排花了三个小时，穿过潮湿的树丛，之后他们带回了所要的信息和一名伤兵。

这天是星期三，该营将再次尝试在奥伊维村组织一次进攻。索恩斯将再次和他所在的排与敌人交火。他突然想到：这天是上一次大战结束的周年纪念日，也是他父亲1915年在加里波利负伤的日子。"这次是我自己在1942年的停战纪念日率领这场袭击了。"然而，这一次很容易，出乎意料地容易。日本人已经开始撤退了。

澳大利亚士兵有了喘息之机。暂时如此。他们也可以数一下他们自己的伤亡情况。在一周的战斗中，有121人阵亡，225人受伤。很久以

---

1 这种持续不断的轰炸表明在占领科科达小道之后战局发生了一个非常重要的变化：现在可以通过该村外的小型机场连续不断地空运补给。澳大利亚军队第一次有了充足的弹药，尤其是他们的重型武器有了弹药。伤病员也可以空运回去，大大增加了他们幸存的机会。

后贝德·索恩斯写了一首诗,题为"对一个垂死的人你能说什么?":

对一个垂死的人你能说什么?
把他叫作鲍勃、澳大利亚人或朋友
当你看着这张你已很熟悉的脸,
他的眼神在说:"已经晚了。"
你记得你们第一次在军车上握手时,
许多士兵出发去打仗。
在不同地方的军营里训练,
瓦尔格鲁夫、格列塔、巴特胡斯特、英格勒布恩等。
忍饥挨饿、精疲力竭、口干舌燥,
离开澳大利亚美丽的海岸之前
约克公爵酒吧里我们干完最后一杯。
他对亲人爱人的最后一闪念
你能感觉到,因为你是他的朋友。
如果你在这场暴烈袭击中幸存下来,
他们会问你他的生命是如何结束的。
就在三分钟前他还充满活力,
用他胯部旁的布伦轻机枪连续发射。
全排像过去一样发起冲锋,
这时他却突然中弹。
一个日本狙击手,如此致命,
从一个黑暗的枪眼里开枪。
狙击手也被他最后一发布伦轻机枪枪弹击中,
而我最好的战友倒在我的脚下。

"告诉他们我努力过了"是他说的最后遗言。

诀别话语滞留在我的唇边。

但是已发生了一些事情。这是第一次,他们统计到的日本士兵死亡人数远远超过了澳大利亚士兵。有一个地方躺着成堆的敌人尸体,这是他们所谓的"死亡谷大屠杀"导致的结果,一支日军指挥部的部队在那里遭到伏击。而原本军纪严明的日本士兵似乎也第一次出现了恐慌。他们不是撤退,而是逃走了,只留下大约 300 名惊恐万状的土著搬运工。

*

与此同时,在瓜达尔卡纳尔岛上,日军中尉若林东一自 11 月 5 日登陆该岛以来第一次抽出时间在他的日记中记下一些事情。显然,他一直在辛苦地忙于让他的中队进入阵地。

他们现在处于离海边有一段距离的一座山上。到了晚上他们几乎一直受到美国榴弹炮的攻击,而在白天,他们完全无法移动,因为所有敌方战斗机都蜂拥而至,围着他们转了又转,就像寻找猎物的猛禽一样,常常处于如此低的高度,以至于树顶都被飞机带起的风所吹动。若林东一在这天的日记中写道:"感觉就像是穿了束缚精神病患者的紧身衣。"他还创作了一首和歌:[1]

林莽叶片震

憎恨之情心头起

---

[1] 和歌就像俳句一样是日本的一种短小、凝练的诗歌形式,但由五行诗组成,而不是俳句的三行。

白星机身现

　　敌机嚣张如跳梁

　　厌恶之火意难平

*

　　同一个星期三，早上 9 点刚过，一个送电报的信差敲响了朴次茅斯中央路 6 号那所小房子的门。开门的是海员莱昂纳德·托马斯的母亲。收到电报本身是个坏消息，尤其是现在：死亡通知通常采用这种不带感情的形式。尽管对于一个家庭中几代都有男人出海的女性来说，男人死亡和失踪的威胁几乎是一直存在的，但无论怎么压抑或升华，这都是一个让人深感震惊的恐怖时刻。

　　她对她儿子莱昂纳德在做什么以及他在哪里，到底知道多少？我们相信是非常少的。不确定的感觉对她来说并非什么新鲜事。儿子第一次出海时才 17 岁。（可以肯定的是，莱昂纳德有会读书的头脑，但家庭太穷，无法让他继续去学习深造。）但这是不同的情况。就像所有其他在大后方的人一样，她也对很多情况一无所知，这种不知情是因为不仅新闻受到审查，而且所有信件也受到审查，而信件本来就经常延迟很长时间才到达，有时甚至根本没有信。

　　也许她知道儿子莱昂纳德在"阿尔斯特女王号"上担任机械师，虽然形式上看仍然是一名平民，但是根据海军的规则行事——此船最初是一艘快速的客运渡轮，20 世纪 30 年代曾经往返于爱尔兰和英格兰西北部之间，但被有点绝望的皇家海军征用，改装成一艘防空舰，涂上有些立体主义风格的白灰和暗蓝迷彩色，然后被派去保护饱受攻击的北冰洋护航队。

但她不太可能知道，莱昂纳德已经在 9 月初跟随 PQ18 护航队出发了，而终点站是阿尔汉格尔斯克——这个信息是绝密的。当然，她不知道这是自 7 月初以来第一批出发的北冰洋护航队，当时上一支护航队 PQ17 几乎被彻底摧毁了：在 35 艘船中，只有 11 艘到达了目的地——这个信息不仅是绝密的，而且也被有意掩盖了。莱昂纳德·托马斯本人知道发生了什么，但也只是知道个大概其，指挥官提到那场灾难时总是转弯抹角，闪烁其词。在前往阿尔汉格尔斯克途中，莱昂纳德本人曾一度看到轮船残骸和缺损腐烂的尸体在海浪中摇晃。他主动接受这个任务是为了避免被征召入伍，岂料竟到了这里。

托马斯太太打开了电报信封。发报人的地址是"苏联"。她读到了以下的电文："望您健康一切都好此致最亲爱问候莱昂纳德·托马斯＋。"

*

长岛异常寒冷的 11 月 11 日即将过去。现在已是晚上。多萝西·罗宾逊在她的日记中写道：

> 我相信我们终于意识到，我们面前的道路是漫长而艰辛的，要经历黑暗和困难，人人都必须以自己的方式助一臂之力。我们的整个生活模式都在改变，我们逐渐学会一天一天、一小时一小时地接受它，以至于有时回想短短九个月前的情景时都会觉得很奇怪。

当她向外面的黑暗中望去时，她可以看到不远处城郊通勤火车行驶过那座高架桥的模糊黑影。所有的车窗都按照新规定拉上了窗帘，她突然想到，自从这些新规定实施以来，她从未在任何一扇车窗中看到过光。

这是让人放心的。

*

同一天，有个邮包寄到了斯大林格勒的一个救护站。收件人是弗里茨·哈特纳格尔上尉。发件人是乌尔姆的索菲·朔尔。哈特纳格尔打开邮包，里面有一些图书、榛子饼干、巧克力——非常稀有的东西！——以及她的一封长信，信的日期是10月28日。

哈特纳格尔在写给朔尔的信中，曾告诉她自己与营中其他军官同事多次辩论。当那些军官在辩论中夹杂很多半生不熟的纳粹教条时，他发现很难为自己辩护。那些教条包括优胜劣汰、弱肉强食这一不可撼动的自然法则，对牺牲的推崇，或者是这样一种观点，即东方的整场战役从根本上说是一场自卫战，是在捍卫德国和欧洲文明，抵抗来自东方族群的威胁。

朔尔写道，她愿意帮助他进行辩论。我们可以看出她对那些使她的许多同胞着迷的教条或想法感到愤怒和不耐烦：

> 野蛮权力的统治总是意味着精神衰亡或至少变得无形——你们愿意这样吗，为我而战斗的你们？哦，那些懒惰的思想家！还想着他们伤感的"死而复生"。唯有从生命中才会出现生命。难道他们曾经见过一个死去的母亲生了一个孩子吗？他们曾经见过一块石头——有不可否认的生命外观，因为它存在和有命运——繁殖吗？他们还从来没有仔细考虑过这个荒谬的命题：只有从死亡中才能产生生命。他们渴望自我保护，这意味着他们将永远走向自我毁灭。他们对灵界一无所知，在灵界中，罪恶和死亡的律法已被克服。

朔尔的信对哈特纳格尔很重要，其重要性在于让他的头脑和精神在扭曲的环境里保存下来。一段时间以来，哈特纳格尔和其他士兵一直忙于挖掘地堡和土坑，由于冬季的寒冷已经抵达斯大林格勒，这使得这一旷日持久的苦差事变得更加紧迫和令人疲惫。然而，这个星期三他们不得不中断这一计划，以便用最快的速度建造一个土窖。因为他们收到了将近5吨土豆，需要尽快对其加以保护，以免它们被冻坏。

哈特纳格尔对朔尔送给他的巧克力特别满意。他在回信中写道："当我想到你自己多么想吃掉它的时候，我几乎想把它重新包装起来寄回给你。但我受到的诱惑不小，而与食物有关的一切在苏联这里都逐渐越来越重要。"哈特纳格尔幻想着不必在斯大林格勒过冬，而是得到一次意想不到的调动，比如说，被调去摩洛哥。

*

"永不疲倦"是不是形容"疲倦"邓禄普的最佳词语？"不知疲倦"似乎太弱了。他们在巴达维亚城外泥泞的5号俘房营待了还不到一周，但他已经做完了很多事情。除其他事外，他设立了一个部门来改善原始的厕所——属于高度优先事项——开始重组公共金库的管理，还写了一封信，投诉俘房营的各种缺陷，目的是让负责的日本官员读到，此外还使得讲课活动开展起来。

必须补充的是，邓禄普同时还担任俘房营1 400名战俘的医生。这个星期三，即11月11日，他和他的工作人员在简陋的医务室里进行了常规的病号检查工作。有三名重病患者被送往巴达维亚郊外的一所学校，在那里有荷兰人为所有国籍的战俘建立了一所医院。（如果需要手术，病员就会被送到日本的军队医院，由日本外科医生接管。）这天早上的一个病例让邓禄普感到困惑。他在日记中写道:"佩奇中士的病情:精神彻底崩溃,四肢无力;看起来绝对是神经症或歇斯底里。治疗:按摩和理解。"

他们从 3 月开始就在被俘状态了,但精神崩溃的病例很少。相反,邓禄普可以看到,令人惊讶的是许多俘虏,尤其是士兵中的俘虏,尽管面临着资源短缺、不确定性和种种威胁,却不闹不吵,反而似乎非常平和,有些人甚至很高兴。这看上去很不合理。当邓禄普试图去理解时,他想到的是,这"是因为他们的生活都被安排好了……而且没有进一步改善的可能,因此没有嫉妒或竞争的余地"。气氛出奇地好。[1]

老天爷知道,情况并非总是如此。自 3 月初投降后,这些人士气低落、沮丧,甚至有叛乱倾向。他们遇到军官时会吹口哨或发出嘘声。他们中许多人是仓促地从很远的地方被派来的——以邓禄普自己为例,他是从中东过来的——被投入了一场混乱的、计划不周且基本无望的努力中,试图阻止日军的入侵。这些战俘中的大多数人一枪都没有开过,甚至连枪声都没听到过,爪哇的盟军最高指挥官就命令他们所有人都放下武器投降。他们做出的牺牲毫无意义,这是显而易见的,也是令人心碎的。

之所以有这么多人,甚至是同盟国方面的人,认为轴心国即将赢得战争,当然是因为轴心国连续取得一场又一场的胜利,连续取得无法预料且无法想象的进展,至少在东南亚是如此。事态的发展似乎证实了发起攻击的国家极力宣传的观点:意志决定一切,胜负不是只由物质决定的,等等。比物质工具更重要的是携带这些工具的意志,战斗的意志,胜利的意志,牺牲的意志,权力的意志。迄今为止发生的一切难道不是有力的证据,证明民主制度真的已堕落、分裂、腐败和软弱,不可能比

---

[1] 顺便提一下,日本看守对此都觉得有些不可理解,甚至感到恼怒。人怎么能像这样活在失败中,甚至失败了还能生龙活虎?

得上生机勃勃、团结一致、纪律严明、朝气蓬勃的轴心国？如果缺乏使用武器的能力，那么一个国家能生产多少大炮和船只又有什么关系呢？

可能正是这一点，而不是船舶吨位、坦克产量和飞机性能的统计数据，让这么多人担心或是希望轴心国正在走向胜利；盟军似乎无可救药地软弱无能。到目前为止，从盟军方面看，这场战争表现为一连串几乎不间断的惨败、失误和错误。还有粗心大意。巴达维亚城外 5 号俘虏营里的战俘之所以落到这种地步，正是因为各种明显愚蠢的决定。

邓禄普已经成功地消除了士气低落的现象，这首先得益于重新建立军纪——列队和检阅，规则和惩罚，重视秩序和军容——但最重要的是建立前面提到的那种显得有些矛盾和脆弱的日常生活感，甚至是正常状态；这就是他们努力要达到的目标：排球比赛，古代历史讲座，航海课程，配有鼓、低音提琴、口琴和小提琴演奏的爵士音乐会，莎士比亚戏剧表演，选秀表演，等等。他们不光保持了理智，还开始抱有希望。[1]

和其他人一样，邓禄普本人体重也大大减轻了，但他感觉身体上和精神上都很强大。自从到新俘虏营的那次行军开始，他的脚踝就出现了水肿。一名医护人员给他打了一针"500 单位维生素 B1"，然后他就能健步如飞了。

*

与此同时，也是 11 月 11 日，星期三，在洛杉矶华纳兄弟电影公司占地 25 公顷的摄影棚厂区内，《卡萨布兰卡》的新结局即将录制。导演

---

[1] 很有意思的是，到了战后人们可以看到，那些最常参与教育活动的人通常身体状况也更好。

迈克尔·柯蒂斯打算用两个短场景来描绘瑞克和雷诺与美国军队一起返回，场景设置在某种军舰上。场景一发生在船上的无线电室，鲍嘉和雷恩斯的角色（全副武装）显然是想收听罗斯福总统原声的广播演讲，总统宣布了美军在北非登陆的消息并呼吁摩洛哥和阿尔及利亚的法国军人不要阻挡美军的道路。（"尽你们所能帮助我们，我的朋友们，我们将再次看到自由与和平重新统治地球的光荣日子。"）场景二是在船的甲板上，鲍嘉和雷恩斯以及大约50名扮演战斗法国军队士兵的龙套演员正要前往卡萨布兰卡，一切都笼罩在黑暗和迷雾中——我们应该想象是浓雾，就像原来的电影结尾在机场的场景一样，它在某种程度上减少了在摄影棚里拍摄的感觉。

一切准备就绪。两个布景都已经搭好等待拍摄，还有摄影师、音响师、灯光师、服装师、道具师、化妆师，以及至少一名烟雾操作工和各种类型的助理。穿着军服的龙套演员已经准备好了，亨弗莱·鲍嘉也已经准备好了。还有导演柯蒂斯——我们可以想象他穿着一向习惯穿的马裤和高筒靴。但是克劳德·雷恩斯在哪里呢？人们这才发现，他像往常习惯的那样跑回他在宾夕法尼亚州的农场去了，而且根据新的战时旅行规定，人们也发现，不可能在如此短的时间内为他弄到一张机票。

为了等雷恩斯来，这次拍摄只好推迟了。

*

爪哇岛巴达维亚城外的5号俘虏营："疲倦"邓禄普坐在那里，完成他诸多活计中的又一个活计：记账。他记录了药品仓库库存情况、粮食配给、军官的额外配给——"香烟10支、茶30克、黄油20克、咖啡70克、糖100克、香蕉150克，每周3次……"——尤其是给俘虏营的公共金库记账。

很少有事情会像稀缺金钱资源的分配问题那样要开如此多的会讨论，引起如此多的纷争，尤其是军官同事间的纷争。需要钱首先是为了从平民那里购买食物，尤其是鸡蛋与富含碳水化合物和维生素的绿豆，这些都是贫乏而单调的俘房营饮食所必需的。但许多其他大大小小的事情也需要钱，从获取皮革以便修理靴子，到为俘房营的很简单原始的牙科采购汞合金，再到为剧团购买化妆品，等等。

有许多战俘，尤其是军官，在投降时身上就带有自己的现金，现在军官——而且只有军官——还会得到日本人以荷兰盾支付的军饷。这看上去是一种偶然的待遇，而且属于日本人一反常态地遵守国际规则的做法。[1] 但是这些稀缺的经济资源应该如何管理呢？邓禄普的路线从一开始就很清晰而明智，但在俘房营中不受较富有的人的欢迎。所有资金都要收集起来，放到一笔共同的基金里，然后按比例和根据需要分配。每个人都各尽所能，每个人都按需分配。

社会主义实践在集中营里发展出来了，这是他们作为战俘的不寻常经历中最为了不起的事件之一。这一点，加上许多战俘对他们的将军指挥这场战争的方式持高度批评态度这一事实，很可能是邓禄普自己指出的某种现象背后的原因，这种现象即"我们的小伙子们明显左转，社会主义思想在辩论中总是得到热烈支持"。俘房营的管理在某种程度上也是很民主的。邓禄普成立了一个委员会，它由全俘房营选出的代表组成，可以讨论和决定重要问题，并把漫长而曲折的讨论都仔细记录在卫生纸上。

邓禄普本人没有什么明显倾向，[2] 可是对所有自私自利和逃避责任的

---

[1] 根据在所有军队中都很典型的官僚做法，军饷中当然被扣除了可观的"食宿"费。到俘房营外做工的普通俘房也有些报酬，但数额较小。

[2] 然而，邓禄普在战前是一个直言不讳的反法西斯主义者和张伯伦绥靖政策的批评者。

行为感到失望和幻灭。但他坚持自己的立场：唯一明智的做法是公平分配稀缺资源。正是出于这个原因，仔细记账很重要，要记下各种数额。对的就该是对的。他接着写道：

> 整个俘虏营每月开支约为 2 232 荷兰盾，额外的钱用于医疗用品和医院基金。我还从 CCS［伤员临时收容站］军官和弗雷德·斯麦德利那里为戏剧协会募集了 100 荷兰盾，分发给了 91 个人。我自己的捐献是 30 荷兰盾。

*

事情已告结束。库尔特·韦斯特已经筋疲力尽了。身体被掏空了。空的。在他眼里，那些还能站着的人看起来"像幽灵"。从他们的眼神中，他明白他们对他的看法也是一样的。他说："我觉得自从我们今天早上出发以来，这就成了永恒的样子。"从某种意义上说当然是如此：在这六个半小时的永恒的一侧，是那个年轻而天真的 19 岁的他，而在另一侧，是永远改变了的他，虽然实际年龄并无不同。

他已经杀了多少人？他没说，这辈子他也不再想说了，但肯定是有好几个人。现在是 11 月 11 日星期三中午 12 点左右，东卡累利阿斯维里河前线的据点"卡可"的争夺战结束了。暂时结束了。

清晨 5 点 30 分，在己方猛烈发射了 4 000 发炮弹后，韦斯特和发起第一轮攻击的其他战友冲进了 11 月的黑暗中，冲上了山坡，穿过"喀秋莎"火箭炮和苏联杀伤弹的枪林弹雨，穿过刺鼻的火药味，到达了四通八达的战壕，再向上冲向据点"卡可"所在的那座山顶。[1]

在射击孔和掩体中有多少苏军士兵，当时没有人知道，但至少有一个营，也许有500人。攻方采取了经典的战壕清剿战术，这意味着主要战斗是由三人一组进行的，而且最多只能三人一组，因为在壕沟里无法容纳更多的人：第一人手拿着冲锋枪，第二人投掷手榴弹，第三人则给第一人和第二人递上填满的新弹匣和手榴弹。第二人在战壕的下一个拐弯口上投掷一枚手榴弹，手榴弹一引爆第一人就拐过去并击毙任何移动的人，然后整个小组移动到下一个战壕拐弯口，第二人再投掷一个新的手榴弹，一引爆后第一人再拐过去射击，如此反复。[2] 在第一个三人小组之后，又有两个类似的小组紧紧跟随，准备在前一小组无法继续前进时顶上去。韦斯特属于第三个小组。这个战术奏效了。到9点钟，他们已经夺回了据点"卡可"上200米长的战壕中的大部分。但这也是付出了代价的。这时敌方发起了第一次反击。

此时已是正午，库尔特·韦斯特站在战壕里，军服上全是尘土、泥泞、血迹。他的脸上也一定满是硝烟的痕迹。尘土来自芬兰和苏联炮弹连续不断的爆炸，爆炸的巨响导致说话时若不大喊大叫就很难被人听到。泥泞是因为韦斯特要冒着极大的危险一次又一次地从泥土中拖出装满手榴弹的新箱子，一次拖两个箱子——韦斯特可能个子比较矮，但很强壮——他必须蹲着或四肢着地才能完成任务，因为战壕有一些部分已经坍塌了。而有血迹的原因是他经常不得不从死人身上爬过去，有些人身

---

1 他们本来是要去据点"特尔利"的，但判断据点"卡可"的情况更为紧急。
2 笔者得到了来自瑞典第61步兵团的老兵、传奇人物哈瑞·雅尔夫的帮助。战后他也是斯德哥尔摩王家图书馆馆长、卡夫卡专家和翻译家。他向笔者仔细解释了这个"战壕清剿"战术。这位温文尔雅的人告诉笔者，他真正擅长的只有三样东西："摄影、使用标点和战壕清剿"。

子半裸,皮开肉绽。在有些地方死人太多了,根本就难以向前走;他也曾经站在受伤或阵亡的战友旁边。(他那个小组的组长埃里克·贾卡斯在两人于战壕中擦肩而过的几秒钟后就不幸被炮弹直接击中——后来也没有找到他尸体的踪迹。韦斯特也曾帮助过另一个战友拉尔斯·奥贝里在背部被弹片击中后撤离了火线——他们回到部队营地的时候,发现这里到处都是受伤的、垂死的、已阵亡的人,而营地外面还坐着两个精神崩溃的人。)他脸上的硝烟痕迹来自炸弹气体和火药烟雾,被阳光映成了淡黄色。

就在苏联士兵展开反击的时候,韦斯特开始认真射击:先是用他的冲锋枪,接下来用从一个倒下的苏军士兵身上拿来的苏式自动步枪,然后是用他在战壕里找到的一把芬兰造的冲锋枪。他们一次又一次冲过来。"发起攻击的苏联人的数量似乎就没减少过,"韦斯特说,"大多数人离我们的战壕只有四五十米。"战斗发生在一座比足球场还小的山顶上,地面的狭小让人们的恐惧感更加强烈。土地坑坑洼洼,白雪变黑,树木被炸飞。远处是山峰连着山峰,有开阔的田野,被石头墙围起来的院子,房屋的废墟。韦斯特很久以后作为一个老人回顾他后来称之为"卡可的地狱"的这一天时,他意识到在这天之前和之后他都没有再见过这么多的死人。大多数阵亡的人穿着新的白色毛皮外衣和同样的毡靴。那是些亚洲人,有可能是一支精锐部队。[1] 无论如何,他们同心协力地战斗,就好像他们是一个人。

但到此时,战斗好像已经结束。积聚的所有能量都用完了。此刻到了面对事后反应的时候。

在这一天之前,库尔特·韦斯特一直在思考自己是否能应付这样的

---

[1] 对据点"卡可"实施反击的红军步兵团编号是 IR 326,在战斗中几乎全军覆没。

考验。现在他知道了。他叙述说:"我意识到,我在攻击期间实际上并没有直接感到害怕,但一切都感觉那么不真实。我自己对自己也不理解。"会不会这就是他经历的蜕变?但他现在更明白了一点:"我曾经非常害怕,但在需要压抑住恐惧情绪的时候,以某种方式成功地压抑了它。"他心中充满了一种奇怪的、几乎是快乐的解脱感。"我就只想在战壕的底部躺下,闭上眼睛,不再在乎这一切。"

在据点"卡可"的山头上,一个漫长的白天之后跟随的是一个漫长的夜晚。双方都发射了照明弹,都向对方投掷了手榴弹。韦斯特的一个战友在黑暗中投错了手榴弹,手榴弹反弹回来把他自己给炸死了。11月12日早上8点,他们被另一个团的一个营接替。9日早上,他们出发时的78人中,大约剩下了一半的人:有16人阵亡,19人受伤。气氛是压抑的。

*

张仲鲁继续在河南巡视,只是灾情越来越严重。他叙述道:

> 所到之处,都有成群灾民向南逃荒乞食,走不动的,即倒毙在途。只拿几个蒸馍,即可换得一个儿童。凄惨情况,令人酸鼻。随后来到洛阳,见车站附近,满是灾民,呻吟号哭之声,惨不忍闻。一有火车,争相攀登,车顶轮下,不管多么危险,亦都在所不计。有等数日登不上车者,囊空肚饥,男哭女号,出卖儿女,不讲价钱,只要有人接受,即可拱手相送。火车西进途中,开进涵洞之时,因车顶人如山积,超出洞口高度,被洞口阻挡,坠地摔死者不计其数。

灾情怎么会变得如此严重？干旱和蝗灾并不是全部的原因。从某种意义上说，中国的抗日战争随着日美交战而成为同盟国和轴心国之间新的全球实力较量中的重要部分后，局势实际上是像人们希望的那样发展的：日本侵略者现在在其他地区都忙得不可开交了。与此同时，这也产生了严重的、出乎预料的后果。从缅甸进入中国的补给路线被一条条陆续切断，中国军队再也无法从印度获得粮食。因此，重庆的蒋介石领导的中央政府决定向农民强征军粮，目的是让补给不足的国民党军队不至于消失。

问题在于这一决定对待农民的麻木和粗暴方式。（像张仲鲁这样的官吏只是国家控制机器中的一个齿轮而已。）在现实中，政府还在配额之外变相榨取粮食。不管干旱和蝗灾过后还剩多少，农民都必须缴出一定数量的粮食。[1]这种系统是残酷的，是管理不善和腐败的。

张仲鲁到达了郑县。县长，一个名叫鲁彦的男人，见了他泪流不止。中央政府要求收的粮食那么多，那是完全不可能做到的。鲁彦向张仲鲁讲述了一个李姓人家的事。他们服从政府命令，把最后一粒粮食都缴给了征粮的官员，然后全家就投河自杀了，甚至包括孩子们。

鲁县长跪在张仲鲁面前，哭着磕头，求他不要再去征收更多的粮食。

*

第3营是在日军撤退至新几内亚北部海岸期间去追击日军的部队之一。贝德·索恩斯和其他战友在潮湿的灌木丛中前进的时候，常被丢弃

---

[1] 河南已经很困难了，因为应征入伍的人数太多，而且由于靠近前线，被国民党军队强迫劳动的人数也太多。

的武器装备和自杀的日本伤员的尸体绊倒。当他们到达绿色的库姆斯河时,澳大利亚人发现这条河已经被大雨弄得泛滥成灾了。日本人不见了,但仍能看到一些人的足迹,那些人绝望地试图穿过宽阔而湍急的河水,这从被水冲翻的船只和穿军装的溺死者身上可以看出来。[1] 那些日本逃兵被迫把所有山炮都留了下来,而澳大利亚人现在已经不喜欢这些山炮了。

*

薇拉·因伯尔正为她在被围困的列宁格勒度过第二个冬天做最后的准备。一个房间比两个房间更容易保暖,因此她把沙发、餐桌和放瓷器的柜子都搬到了她坐在打字机前工作的房间里。前段时间她在那里安装了一个小炉子。最糟糕的穿堂风被她钉上的窗帘挡住了。夜里较晚的时候会断电,但她和她丈夫有一个小煤油灯可以点亮看书。因伯尔大部分时间都感到很疲倦,这是由于她因焦虑、炮击和空袭而夜间难以入睡。诚然,她有安眠药,但她并不总是敢吃——如果因此没听到空袭警报怎么办?

*

埃莱娜·贝尔坐在索邦大学温暖而拥挤的一号演讲厅里。(考虑到煤、天然气和室内暖气的短缺,供暖一直是人们谈论的话题。)她来听一堂英国文学的课,讲课的是她的老教授路易·卡扎米安,他可能是法国

---

[1] 顺便提一下,试图渡河而淹死的日军官兵中有先前常打胜仗的日本支队最高指挥官堀井少将,该部队曾威胁过莫尔兹比港,但现在已被击退。

相关领域最杰出的专家。她和让·莫拉维茨基之间发生了所有那些事情之后,又回到这个熟悉的走廊,熟悉的大厅,这让她感到头晕目眩,有点不真实。她在流汗。

贝尔坐在这个演讲厅里,实际上她却不属于这里。维希政权自己制定的反犹法律意味着不允许她攻读能授予她教课资格的"师资考试"课程(即不允许犹太人担任教师)。因此她不是作为学生,而是以私人身份在这里听课。她刚刚开始撰写一篇关于约翰·济慈和希腊主义的博士论文。

学习研究和索邦大学对她来说就像是一个及时的庇护所,某个一切几乎和过去都一样的场所。同时,她当然也知道,即使是这个庇护所也是虚幻的。然而,这些学习研究不一定只是逃避现实的表现。它们也可以被解释为一种反抗行为,一种她不愿屈服于环境的表现。(矛盾的是,继夏天发生了那件可怕的事情之后,索邦大学对犹太人的态度变得更加友好了。)下午第二节课是该系的另一位教授弗洛里斯·德拉特讲的。他是位诗人,也是弗吉尼亚·伍尔夫专家。这一次,贝尔也不得不费了很大劲才挤进了已挤满了人的演讲厅。这发生在11月12日,星期四。

*

与此同时,在洛杉矶西面的卡尔弗城,让我们到精力充沛、喜怒无常的制片人大卫·O.塞尔兹尼克的办公室里看看。塞尔兹尼克是以《乱世佳人》和新近的《蝴蝶梦》等超级热门影片而闻名的电影奇才。[1] 正是他在1939年邀请英格丽·褒曼来到好莱坞的,并将她在瑞典大获成功的

---

[1] 此外,塞尔兹尼克还娶了电影大亨路易斯·B.梅耶的女儿伊列娜为妻,这段婚姻也没有损害他的地位。塞尔兹尼克的巨大能量在很大程度上是由毒品苯丙胺刺激出来的,这是一种当时可以在药店合法购买到的药物。

电影《寒夜琴挑》翻拍成英文版。自那以后，他继续推动褒曼的电影事业发展。[1]

很可能就是为了推荐褒曼，塞尔兹尼克在前一天晚上会见了杰克·华纳，并观看了一场为他私人放映的《卡萨布兰卡》。就连塞尔兹尼克也认为这部电影确实很棒，他意识到这也可以让他扶持的褒曼成为大明星。因此这个星期四他给该电影的制片人哈尔·沃利斯发了一封电报。塞尔兹尼克开门见山，直截了当："我认为这是一部顶级电影，也是一次完美的电影制作。我尽全力向杰克解释说，我认为改变结局是一个可怕的错误。还有，我认为这部电影应该尽快上映。"

该电报于11月12日发出。塞尔兹尼克的语气如圣旨般的电文让东海岸的华纳公司董事们重新考虑了一下，最终放弃了拍一个新结局的想法。他们听从了华纳兄弟和塞尔兹尼克的意见，利用战争中发生的事情，尽快上映这部电影。首映日定于11月26日。还有两周时间。

*

一只沙漠瞪羚！这是维托里奥·瓦利切拉在穿越这个浩瀚沙漠的漫长旅程中第一次看到野生动物的踪迹。它是一种有角的小动物，有着美丽的浅棕色皮毛，白色的腹部，肩高不超过半米。[2] 瓦利切拉和他的战友们再一次在一堆废弃的车辆残骸中寻找东西，看看是否有水、汽油和食物。（这些残骸肯定是上一年留下的，因为它们已经生锈了，部分还被

---

1 由于褒曼的高个子、浓密眉毛和糟糕的英语，塞尔兹尼克事实上也对她的成功时有怀疑，但他还是力捧褒曼。
2 我猜他们看到的是鹿羚，一种完全适应了沙漠生活的动物——它可以终生不喝一次水，而是以它所吃的植物中的水为自己提供水分。

飞沙覆盖。）他们的旅程变得越来越艰难，越来越危险。几天前，他们遭到两架英国战斗机的袭击。他们的一辆卡车——带有大轮子的 TL37 卡车——被烧毁了，同时也烧掉了他们的一大部分汽油。贝里尼得了痢疾，他的体温正在上升。

他们拿出各自的武器——这是一种不常做的行为——然后散开。但是怕人的动物不见了。他们感到失望，继续在生锈的车辆残骸周边搜来搜去。在一辆英国装甲车里，有人发现了两罐水和两瓶威士忌。总是有点收获的。然后瓦利切拉听到了喊叫声："瞪羚！瞪羚！"巴鲁费举起自己的步枪，一声枪响。这只小动物翻了个跟头，立即倒下——死了。他们欢呼起来，大叫大笑。鲜肉啊！这件事也是发生在 11 月 12 日。

后来，在深黑色的星空穹顶下，他们享受了很久以来最美味、最香气扑鼻的一顿晚餐：烤瞪羚配意大利面和酱汁，甜点是水果罐头，最后收尾的是咖啡或红茶。（可以猜想他们也喝了点威士忌。）瓦利切拉非常开心。

他们与世隔绝，在沙漠中过着一种少有的特殊生活，摆脱了体系、秩序、谣言和新闻。他们完全不知道世界上正在发生什么，而世界对他们也一无所知。世界真会在乎他们吗？也许他们被列入了某个"失踪者"的名单？有可能也就到此为止了。沙漠的空旷成了他们目前所处的安全却悬而未决的状态的象征。"这些日子，"维托里奥·瓦利切拉在他的日记中写道，"是我们来到非洲以来有过的最美好的日子。"就在几天前，他不无意外地注意到，他们大家又都开始有说有笑了。

*

与此同时，恩斯特·容格尔正坐在一趟前往柏林的列车上。这是他前往东线的第一段路。容格尔此时思绪飞扬："之前我还从来没有开始过一次这样完全没有想法的旅程,不知其过程,也不知其结果会是什么样;我就像一个渔夫,在一个冬日把渔网撒在一片浑水里。"

是啊,这次旅行到底是为了什么?等待他的不是前线的服务。这项任务是由他在巴黎的上级卡尔·海因里希·冯·施蒂尔普纳格尔将军[1]交给他的,包括去东线调查德军指挥部军官的情绪,首先是高加索地区的情况。那么,是关于什么的情绪呢?没法明说,[2]但事情很明显,这次神秘的旅程是反对纳粹政权的地下抵抗活动的一小部分。这项活动已经在巴黎的参谋部工作人员内部试探性地开始了,以保守派的冯·施蒂尔普纳格尔将军为首。

恩斯特·容格尔遇到的所有矛盾都在这里。

早在20世纪20年代,容格尔就成了在民族主义者、右翼极端分子和反民主的退伍老兵中间备受推崇的作家。这也绝不是纯粹偶然的:他们既被他高度紧张的作品所吸引——这些作品把战争视为一种基本力量,这种力量使人类能够接触到存在的内在本质——也着迷于他对民主制度毫不含糊的拒绝,以及他对钢铁般的新人类的召唤,这种人是和所谓总动员联系在一起的。与此同时,容格尔又很早就拒绝了来自纳粹分子的所有示好。[3]

---

1 冯·施蒂尔普纳格尔将军本人也是一个复杂人物。甚至在战前,他就是一名积极的抵抗运动人士和反纳粹者,然而他在法国,尤其是在东线指挥时,却批准了对无辜平民的报复,尽管自己的良心越来越受到谴责。冯·施蒂尔普纳格尔将军是后来7月20日反希特勒政变中最积极也最成功的参与者之一,为此他于1944年8月30日被人用钢琴的琴弦绞死。
2 在刺杀希特勒未遂之后,容格尔烧毁了他在巴黎参谋部的文件,因此有关他去东线旅行的背景资料也大都消失了。
3 戈培尔是容格尔的仰慕者之一,曾多次对容格尔示好,但收效甚微。(容格尔还私下会见过戈培尔,惊讶地发现戈培尔此时使用了和公开演说中一样的陈词滥调。)希特勒也是容格尔的读者,有信息表明这个独裁者愿意对容格尔的过失忽略不计。

对于知识分子阶层的贵族、个人主义者和唯美主义者容格尔来说，纳粹分子是作为一群粗俗的暴民出现的，由空洞与平庸的口号所驱使。他也完全不理解他们的反犹主义，他觉得这是疯狂的而且不可理解。容格尔作为战争英雄和流行作家的地位给他提供了保护，但同时他也一步步消失在社会边缘。自1939年以来他的著作就不再被允许在德国出版。

容格尔不发声不仅是被迫的，更是一种自己的选择。保持距离进行观察是他的第二天性，而他已经开始把穿着军服的生活视为内在流亡的一种高级形式。在这方面他并不孤单。巧合的是，在巴黎的参谋部圈子里，恰好集中了数量异常多的对希特勒和他的追随者持怀疑或蔑视态度的军官。在那种环境中，希特勒式的敬礼形式和纳粹党的各个组织分支都不受欢迎，白兰地酒杯和雪茄烟雾则掩护了许多完全颠覆性的和半颠覆性的讨论。容格尔在这种环境里既受到了启发，也启发了别人。到此时为止，巴黎的抵抗运动更多是一种姿态，而不是一个具体计划。然而，容格尔的旅程可以看作一个转变迹象，表明在这些人的圈子里也有了一种严肃的态度，一种建立关系的希望，一种发展的意愿。不过，并不是与参谋部里的反对派人士的关系让容格尔感到心情沉重。让他心情沉重的是另外的事情。最终这段旅程必须被看作一种苦修，一种赎罪之旅。

除了做点别的事情之外，容格尔还把在火车上的时间利用起来，研究其他乘客，去幻想他们的一切。他特别喜欢一个年轻女人，甚至可以说是一个女孩，他认为从她的嘴角能看出她有过性经历的微妙迹象。"于是性欲就像一颗钻石一样刻在她的脸上。"

一到柏林，容格尔就住进了他的朋友、哲学家、法学家和纳粹分子卡尔·施米特的家。他在那里度过了几天舒适的日子。刚下了第一场雪。他和施米特穿过黑暗的街道一边散步，一边谈论摩拉维亚弟兄会，谈论诺查丹玛斯，谈论先知以赛亚，谈论一般的预言。未来也许是可以预见的，但这不是说实际的事件可以预测，而是说未来会遵循特定的规律。

*

这年冬天，在河南的段庄来了一位老人。他是又一个逃避饥荒的难民。老人在村东头一个被人遗弃的破房子里安顿下来。在段庄其实也没有吃的。河南的饥荒如何才能缓解？中央政府的反应太晚了；来自其他省份的援助物资难以通过几乎无法通行的道路；而粮仓——本来是专为此类紧急情况而设的——的情况表明，腐败官员让粮食储备只剩下一半，甚至是空空如也。

确实不妙，人们能得到的帮助太少了。饥荒正在往可怕的结局发展，几乎像是冰川崩塌，沉重地压向人类。一位目击者讲述道："野狗在路边吃人的尸体，农民们也在黑暗掩护下寻找死人肉。到处是被废弃的村庄，无边无际。乞丐们拥挤在每个城门前，婴儿被扔在一条条乡村道路上，任其哭啼和死去。"与此同时，河南各城市的餐馆却仍在营业。

*

夜晚充满了困惑和不确定性。双方试探性地、恐惧地、盲目地将他们黑暗笼罩下的船只驶向瓜达尔卡纳尔岛附近的广阔海域；这涉及相当数量的船只（包括大型的和重型的船只），它们就像两群牲口一样盲目地冲向对方，却不知道对方在哪里，也不知道实际上会发生什么。日本驱逐舰"天津风号"上的指挥官原为一舰长也是如此。

他们为什么到这里来？（"天津风号"与其他十艘驱逐舰和一艘轻型巡洋舰给两艘重型战列舰护航，它们计划在夜幕掩护下近距离摧毁美军仍然占据的机场。目的是为日军计划在第二天展开的大规模登陆打开通道。)为什么这个夜晚那么黑暗?(这里是热带,月亮在地平线下,此外天空也笼罩着厚厚的低云。)为什么日本护航舰队要保持一种如此复杂的队形?(无论如何,这就是原为一想知道的。)为什么战列舰"比睿号"突然开始用中波发送消息?(疯了,原为一想:难道是因为护航舰队司令在漆黑的夜里丢失了船只?)那么美国人在哪里?(他们全都感到纳闷。)为什么现在来了各舰同时180度转弯的命令,难道那个黑影不是陆地吗?(非常正确。驱逐舰群分散开来以避免搁浅。)驱逐舰"夕立号"已经锁定了敌人,但是"夕立号"在哪里呢?(没有人知道,所以报告也没有说太多。)

然后有一些探照灯在不远处点亮。

所有的地狱都打开了大门。

黑暗分裂成杂乱无章的一片闪光、灯光和炮口的火焰,战舰在开炮或被炮击,发射鱼雷或被鱼雷击中,正在下沉或已经沉没。"天津风号"差点被实际上瞄准"比睿号"战列舰的炮火击中(原为一回忆说,当时炮火如此强烈,"我都被照花了眼,在舰桥上站了很长时间")。有人发射了照明弹,那里就像在显影相纸上一样出现了五六艘敌舰的形状(原为一回忆说,"我吃了一惊,心脏紧张得多跳了几下")。他的驱逐舰发射了八枚鱼雷,而那里有一艘日本驱逐舰即将与一艘美国驱逐舰相撞,而同一艘美国驱逐舰又将要与另一艘美国驱逐舰相撞,后者却被"天津风号"的鱼雷击中了,发生爆炸并沉没——不,它没有沉没,而是直接消失了。(原为一回忆说:"那是一次壮观的撞击,我的水兵们爆发出一阵热烈掌声,但我没有听到那声爆炸。这好像太容易了。")当照明弹摇摇欲坠的光团一个一个熄灭时,黑暗重新笼罩在海峡平静的水面上——就好像相纸曝光过度而变成黑色——"天津风号"又往回转,他们看到了闪光,看到了灯光,看到了不远处有一条巨大的黑影,他们也朝那里发射了鱼雷(原为一回忆道,"我们的目标也升起了一团巨大的微红色火焰"[1]),然后开足马力朝西北方向驶去,脱离了战斗,朝着燃烧的战列舰"比睿号"驶去。那是唯一一艘还可以认出来的战舰。(原为一回忆道:"现场出奇地安静。被压低的、来自远处的炮声让人想起了节日的烟花。你无法判断谁在战斗。"——这是事实:在混战中双方都多次向自己人的战舰开火。)突然间(突然到让原为一惊叫起来),一艘巨大的黑压压的战舰出现在他们的正前方,就像一堵黑墙。舵手立即扑向舵轮。("当这两艘船迅速相互靠近的时候,我们在舰桥上的其他人只能站在那里无助地看着。")他们避免了碰撞,但是两艘战舰擦舷而过,太近了,原为一根本看不清另一艘船的全貌。

在这种情况下,原为一犯了四个致命错误。

错误一:当他看到这艘未知的船似乎没有炮塔时,他认为这也许是本方的维修船,可能是"迅鲸号",因此他对是否下达开火命令犹豫不决。然后他在"绝望中"下令打开探照灯,这时他看到那不是一艘日本维修船,而是一艘美国大型巡洋舰。接下来,原为一在肯定更加绝望的情况下,命令"用我们剩余的一切开火",包括发射最后四枚致命的鱼雷。[2]

错误二:在通常所说的激烈战斗中,原为一没有考虑到双方之间距

---

[1] 事后战报显示,原为一的"天津风号"用鱼雷击中了美国轻型巡洋舰朱诺号。该舰上有来自艾奥瓦州的沙利文家的五兄弟:乔、弗兰克、阿尔、马特和乔治。他们都战死了,其中三人是在该舰沉没时丧生的,但在大约100名幸存者中本来还有两人——阿尔和乔治。然而在混战中这些幸存者被遗忘了,救援行动延迟了一周才展开,这时只有10人获救。其余的人,包括阿尔和乔治,都死于饥饿、口渴、发疯或鲨鱼的袭击。

[2] 日本海军的鱼雷在各个方面都优于对手美军使用的鱼雷,包括速度、射程、炸药量,尤其是可靠性。

离太近（不到500米），以至于鱼雷的引信保险仍处于打开状态，因此只是无害地撞击到大巡洋舰的船体但没有爆炸。"而此时我的士兵还在继续开火，就好像他们陶醉在其中。每一炮都击中了目标。那艘幽灵战舰摇摇晃晃地向前行驶，整条船的船身都在喷火和冒烟。"

错误三：原为一在激动中忘记了下达关闭探照灯的命令。因此，当炮弹开始轰隆隆地落在"天津风号"周围的时候，他相信"这艘幽灵战舰已恢复过来，并开始进行最后的殊死搏斗"，因此他命令他的炮手继续射击。"干掉它！"原为一喊道。

这是他的第四个错误：炮弹不是来自那条沉默的"幽灵战舰"，而是来自另一艘美国巡洋舰。这艘巡洋舰显然看到了探照灯，并从"天津风号"左舷方向没被注意到的地方偷偷靠近了"天津风号"，现在正在猛烈炮击它。

当原为一明白过来的时候，为时已晚。

两声巨大的爆炸声，让他震耳欲聋。起初他什么也没听到。他只是慢慢地爬起来。他似乎无法思考，脑子里有几秒钟是空白的。他摸了摸自己的身体，但没有发现伤口。他环顾四周，看到有几个人站了起来，还看到有一名军官死气沉沉地吊在测距仪上。他看到这个男人满头是血。他喊着那个人的名字："岩田，岩田！"——岩田没有回答。他凑到话筒边上，呼叫炮火控制塔——没人回答。他呼叫无线电收发室——无人回答。他也闻到了火的气味。他看到了火。他知道如果那艘敌人的战舰再击中他们几次，一切就都完了。他下令释放烟幕。

过了很长一段时间，原为一才发现"天津风号"在原地打转。这艘船似乎已经无法控制了。是方向舵锁定了吗？液压系统被摧毁了。还有很多其他设备也一样。就在船员们努力控制火势，控制他们自己和这艘战舰的同时，敌人的炮火也停止了。他们在夜幕中躲开了攻击。"这艘战舰像一个醉汉一样移动，疯狂地左右摇摆。""天津风号"离开了瓜达尔卡纳尔岛的海峡。原为一因为大声喊叫而声音嘶哑，而且大汗淋漓，为自己的错误感到痛心。东方的天空开始出现火烧云。现在已是11月13日星期五的早晨。

夜间的海战总是充满混乱，但这一次海战创下了纪录。此后很长一段时间，双方的审查和宣传也加剧了这种混乱。需要经过很长时间，在某些情况下甚至要十年乃至更久，历史学家才能成功地呈现出一种合理连贯的画面，描绘出在短短40分钟里发生的激烈战斗。有些时刻可能永远不会被澄清。原为一将付出很多年的努力，试图去理解他和驱逐舰上的其他人究竟经历了什么事情。

不过，随着11月13日早晨太阳升起，有一件事对所有牵扯到这次海战的人员都是很清楚的：亨德森机场没有遭到轰炸。在黎明时分，美军战机照常起飞，满载着炸弹。

*

查尔斯·沃克是在陆地上跟踪的那场海战，如果说"跟踪"一词准确的话。这场海战对于他，就像对于原为一那样，是光和火花的超现实主义混合体；是图像的碎片，是若隐若现的几何形式；是光柱突然划过闪闪发光的水面又同样突然地熄灭；是炮弹发光的弧线低低划过黑暗，然后在数千米外突然的闪光中被吞没。

在灰蒙蒙的星期五的黎明，万籁俱寂。沃克瞥见就在几千米外的海面上有一艘倒扣的巨大战舰的船体，像一头垂死的巨鲸倾覆在那里。他认为这是一艘美国战舰。沃克叙述道：

坐着小艇的人员把幸存者救上来，不论是美国人还是日本人，并把他们带到岸上。我看着他们走向距海岸大约 300 米的战地医务室。这些人身上都包裹着厚厚的黏稠焦油。他们走下登陆艇，往战地医务室走去的时候，都没有了斗志，只庆幸自己还活着。许多人被这种焦油状的东西糊住了双眼，不得不被人引导着才能前进。日本水兵们似乎都垂头丧气，毫无恶意，他们对战争的参与已经结束了。奇怪的是，他们在伤员中间走来走去，没有人监管他们，他们甚至还帮助救护伤员。

沃克和他的战友们对日本对手既心怀恐惧，又带有不情愿的尊重和本能的、纯粹的仇恨情绪。在很多人眼里，他们不过是动物，应该受到动物那样的对待。（例如，士兵们通常会从阵亡的日本人身上取下某个部位作为纪念品。[1]）问题是，在岛上的这几个星期里，他有没有近距离看到过一个活着的日本人？他们的举止居然可以像普通人一样，这让沃克感到非常惊讶。

*

阿尔汉格尔斯克的冬天。更多的雪从铅灰色的天空中飘落下来。船只在港口的出口静静地排成一排，等待下一批出港的船队。（如果还有的话；有谣言说前面的一个船队，PQ18，是最后一支此类船队。）下锚停泊的冰凉的英国皇家海军"阿尔斯特女王号"上的单调是令人麻木

---

[1] 这种对敌方死者尸体的蔑视和羞辱，美国士兵也绝不是独一无二的：日本士兵也经常肢解他们碰巧遇到的美方阵亡将士。

的，这种单调表现在生活、思想、感觉、工作和食物等各方面。莱昂纳德·托马斯既不能上岸，也不愿意上岸；在这个黑灯瞎火、被大雪覆盖的城市里，几乎没有什么东西是他需要的。写信也没有意义；这些信件也是随这条船运送的，会和他一起到达。他读完了自己所有的书，有的还读了好几遍，现在他又重新来读。他洗了自己所有的衣服，洗得很仔细，而只要有了什么借口他就又洗一遍。他还一遍又一遍地听自己所有的留声机唱片，那些仍然完好无损的唱片；还剩下的主要是美国歌手宾·克罗斯比录制的唱片，而他们船上的水手们已经开始创作他们自己的淫秽改编版本。[1]

弹片对上层建筑的损坏，是德国炸弹或其他船只上可能喜欢乱开火的防空炮手造成的，早就被修补好了，所有可以重新喷漆的东西都被重新喷漆了。因此现在托马斯也加入了清洗工作，去打扫那些难以清理到的边边角角，它们通常是回到母港贝尔法斯特才去清理的地方，比如堆炉渣的场地和油箱。"不知何故，正是这些地方的氛围让我们一丝不苟地去做日常的琐事，做那些简单的工作。"

托马斯愿意把时间打发掉。他愿意离开那里。

他们的饮食单调乏味。几乎所有食物中都含有咸牛肉：切丁的、油煎的、煮的、炖的、烤的，或是切成薄片的——切片后放在干得会碎裂的面包上，这就是早餐了。有很多次他和他的战友们都跳过主食，只吃一块巧克力蛋糕，要一支香烟。托马斯的体重减轻了。"有时我们会陷入一种百无聊赖的精神状态，即使折磨我们的饥饿都无法用我们赖以生存的那些让人倒胃口的食物来缓解。"船上有时会安排一些才艺比赛，有时

---

[1] 具体是哪些唱片我们并不清楚，但很可能是 1942 年 7 月出品的非常受欢迎的《假日酒店精选歌曲集》。其中包括歌曲《白色圣诞节》：在离圣诞节还有一个多月的这个时候，此歌曲开始登上各大热门歌曲榜单。

会安排简单的游戏或体育赛事。一个小拳击队已经组建起来了。人们总是打扑克牌，还经常唱歌。

他们愿意把时间打发掉。他们愿意离开那里。

夜晚是最糟糕的。托马斯说，夜里有太多时间，让人"去思考，而不是去梦到，那些无法企及的事情，那些遥远和绝望的事情"。

*

在年青一代的身上，有些东西让多萝西·罗宾逊既惊讶又钦佩。她自己一直在拼搏，不屈服于自己的命运，而是与命运和解，甚至拥抱它。在有些地方她还是极力拥护家庭主妇的理想，对其他女性也会不避讳地提出尖锐评论，这或许证明她仍然在为这个问题挣扎。[1] 罗宾逊还记得，当她自己在她们那个年纪的时候，她在适应社会期望的过程中是多么不容易。

但是现在的年轻人，至少是她的两个孩子，尤其是阿特，现在面临着比她那一代人遇到的大得多的考验，而这种考验对于她来说实际上只是间接的。她对孩子们好像成长得如此之快感到有些害怕，惊讶于他们如何"走出去，成熟起来，以我从未实现过的方式毫不费力地接受生活"。

罗宾逊记得，当阿特在 6 月份大学毕业时，他是毕业名册上姓名旁标了星形标记的学生之一，那意味着"离开学校加入美国武装部队"，而他们都非常高兴，或者好像很高兴，甚至她和她丈夫也是，但他们两人的隐忧却掩盖在符合社会期待的表现里："表面上是微笑、挥别，看起来

---

[1] 尽管如此，多萝西·罗宾逊也可能成就另一番事业：她也饱读诗书，没错，她受过的良好教育绝非微不足道，受到的影响可从威廉·透纳到安托万·德·圣埃克苏佩里再到马可·奥勒留。她的母亲也是一位相当成功的儿童读物作家。

心思完全在那儿，但在内心深处有一种抽离感，就好像我们经历了一场什么都没发生过的梦。"

这天是 13 号，星期五，但对罗宾逊来说，并非一个不吉利的日子。邮递员，那个他们这些天来总是带着期望和恐惧等待着的人，送来了一封来自女儿佩吉的信和一封来自阿特的信。佩吉的信是从西海岸写来的：

> 菲尔[1]请了三天假，我们过得美妙极了，然后，就跟变戏法一样，他没说一个字就没影了。他说过会是这样告别，我以为我可以轻松应对，继续为在工厂上夜班的小伙子们做火腿三明治和咖啡。但是当我明白他真的走掉了的时候，我都不知道我是在黑麦面包上放了奶酪，还是在白面包上放了火腿。[……] 每天涌进来的食物堆积如山，唯一让我烦恼的是到了早上有那种蛋黄酱的气味——这种味道让我神经紧张。

而阿特的信是从英国一个不为人知的地方写来的：

> 英国皇家空军的小伙子们都不错，其中一个告诉过我有一次他紧急降落的事情，并把它称为"肚皮拍水"，这让我真的想起妈妈吹着哨子从我们家的山坡上冲下来的样子——让我有点想家。实际上我没那么想家，不过，等我们完成这边的活计，那么回家对我来说也是不错的事情。但现在我知道，平时我也一直那么想：我的家是在一架飞机里，而不是其他任何地方。

1　菲尔是罗宾逊女儿的丈夫，不久前回到美国海军服役。

到了下午，气温下降了，大风从大西洋刮来。到了晚上，第一场霜结在了草地上。

*

前一天星期四，阿尔及利亚西部下了大雨，而今天 11 月 13 日，太阳又回来了。前一天，美国战地记者约翰·帕里斯报道了六名阵亡的美国军人的葬礼，那是在一个机场旁边的棕榈树林中举行的，按照完整的军队荣誉待遇进行，有号手和所有其他仪式。而现在这天，帕里斯获准跟随一些军官坐他们的吉普车进入奥兰城。城内的法军现在已经投降。

早上 10 点，吉普车上了路。他们很快就把阿尔泽村留在了身后。这个小港口停满了卸货的运输船。卸到岸上的物资、弹药和其他给养数量大得惊人。

他们驱车穿过一片青翠山坡和橄榄树林构成的风景，穿着长袍的孤独的阿拉伯牧羊人在那里看守着吃草的山羊和绵羊群。过了一会儿，那种田园诗般的风景就消失了。沿路是烧毁的小型法国坦克和废弃的军用卡车。一些穿着军服的法国人正在残骸中搜寻，搬走那些还能搬走的东西。他们的吉普车驶过的时候法国人都站住敬礼。帕里斯在自己的日记中写道："很难相信，就在一天前，他们还试图杀死我们，而我们也试图杀死他们。"

下午 2 点 40 分，他们的吉普车驶过圣克劳德村，那里有些浅棕色的房屋和两旁种满棕榈树的街道。帕里斯在自己的日记中写道：

> 这里的人似乎不是特别友善。许多人在这里被杀死。主要街道两边的建筑物布满弹坑。教堂塔楼有一半消失了——我们的一枚炮

弹摧毁了那里的一个机枪据点。这里的抵抗是最为激烈的——有一位亲德的市长命令村民们拿起武器抵抗。[1]

在村外,他们又驶过另一群被摧毁的法国小坦克。就在旁边的田野里,有十几匹死马四腿朝天躺在地上。"腐烂发臭的马肉气味太可怕了。"他们还驶过一个法国人的送葬队伍,于是都自发地脱下了军帽。帕里斯很难摆脱一个想法:这一切对法国人来说是多么困难,让他们多么困惑。当他们最终进入奥兰城,穿过那些高大的白色建筑的时候,他注意到,在这里人们看待他们的目光也是冷漠的。他们的吉普车转弯后停在大酒店门前有棕榈树遮阴的地方,这个同样是高大白色建筑的酒店现在已被美军强制征用。街上的商店里挤满了来购物的美国士兵。

*

清理。受到重创的日本驱逐舰"天津风号"停泊在瓜达尔卡纳尔岛以北60多千米处,舰上正在为阵亡官兵的海葬做准备。死者被集中起来抬到船头。他们的人数是43人。这意味着舰上有大约六分之一的官兵丧生,而且大多数人是在短短几秒钟内丧生的。

这个星期五的日落时分,原为一站在舰桥上,看着死者的尸体(或尸体的残剩部分)先被热水清洗,然后连同重物一起缝入帆布中。这艘驱逐舰已经收到了好几封电报,它们祝贺该舰在前一晚海战中做出的贡献,但原为一就是高兴不起来。相反,他心里充满了几乎让他瘫痪的负

---

[1] 不过,在圣克劳德村进行抵抗的主要力量不是村民,而是一群顽固的法国外籍军团士兵,他们不仅击退了美军的多次进攻,甚至在第一次世界大战留下的数辆坦克的支持下发起了一次英勇的反击,但很快被击败了。

疚感。如果不是他的错误，说不定所有这些官兵现在都还活着？被包裹好的尸体一具接一具地被沉入海中。这个程序是周全的。军号手吹响他们应吹的调子。尸体放下去，水花飞溅。整齐排列的水兵敬礼。许多人在哭泣。

第一个送下去的死者是清水中尉，舰上的炮长。尸体包裹很小。因为唯一找到的残剩尸体是他的一条腿。海葬仪式在当天剩下的时间里继续进行。等"天津风号"再次北上，往特鲁克环礁航行时，已是漆黑的夜晚。

*

在所有真正的冒险中，他人的出现多半是威胁而不是希望，多半是回家路途上要避免的事情，而不是期待发生的事情。对维托里奥·瓦利切拉和他的战友们来说，当他们开着军用卡车在沙漠中前行的时候，也是如此。然而，当11月13日的灰色黎明仿佛不情愿一般地缓慢变亮，等到他们发现自己不再独行时已经太晚了。

他们开始在四周瞥见成群的人：一群，两群，几群，很多群。有数百名穿着德军军服和意大利军服的人，他们是被击溃的残兵败将。瓦利切拉和他的战友偶然来到了逃兵的一个集合点。有人鸣枪警告。他们被迫高举双手走下卡车。有一名德国中尉走过来，粗声粗气地问他们是什么人，从哪里来的。军阶制度瞬间就恢复了：贝拉中士走上前去（他大概先敬了礼并跺了一下脚后跟）并宣布他们是"'特伦托'师第3团第6炮兵连"的残部。与此同时，他们也让这个德军中尉的注意力转到贝里尼身上。贝里尼的痢疾加重了，发着高烧，只能躺在卡车车厢里。德国人检查了他的身体，说他们应该把他带到德尔纳去，那里有一家野战医院。啊哈,也许他们能逃走。那样他们就仍然是自由的。他们跳上了自己的卡车,准备继续开车前进,但这时中尉喊他们停下来。他们咒骂起来。他们的自由现在结束了吗?

不过没事,德国军官只是想告诉他们,他的部队有自己的救护车,半小时内将开往德尔纳。他主动提出要带贝里尼一起走。事情就这么办了。中尉然后通知他们,所有意大利部队或残部都会转移到德尔纳以外的一个地方去,他们将在那里重组。这名德国军官还递过来一张纸,并补充说英国军队正在接近。这天晚上图卜鲁格就将被放弃了。然后他脚跟并拢立正,转身走开了。他们在不断增加的焦虑和不安的情绪下读到:

"的里雅斯特"摩托化师最高指挥部
(总参谋部)
文件号码:41
日程:

　　"的里雅斯特"师已奉命用"布雷西亚"师、"博洛尼亚"师、"帕维亚"师、"特伦托"师、"闪电"师、"阿里埃特"师、"利托里奥"师和来自撒丁岛的迫击炮营的残部补充自己的兵力。我和本师全体战士向加入我师的所有军官、士官、普通士兵致以热诚和衷心的问候。有了如此的英勇之心、新旧荣耀和崇高的传统,"的里雅斯特"师将像往常一样,能够顺利完成它被召唤来执行的光荣任务。在这个关键时刻,每个人都必须全力以赴,不惜献身。每一分力量、每一分努力、每一分牺牲都会为我们伟大的祖国带来丰硕而幸福的成果。

　　意大利万岁,"的里雅斯特"师万岁。
　　PM 56 1942 年 11 月 12 日 XXI

所有这些说法（荣耀、牺牲、崇高的传统、关键时刻、伟大的祖国等）又一次出现了；这些措辞连同其图景和幻想，是他们数十年来的精神支撑，其逻辑不如其唤起的感受重要。根据瓦利切拉自己的说法，现在它们令他作呕。

许多意大利士兵不愿意打仗，这并不是民族性格有什么缺陷的问题。这归根结底是法西斯制度导致的结果。这种制度折腾了意大利几乎20年，政府腐败无能、任人唯亲，而这场战争把这种情况推向了极致，战败才将其暴露。[1] 瓦利切拉非常痛心。法西斯分子和高级军官们鼓吹祖国，却在官兵们忍饥挨饿的情况下自己过着优裕的生活，然后把"成千上万名武器简陋、装备很差、营养不良的年轻人派去送死"，还厚颜无耻地把所有方面都可预见到的灾难怪罪为"运气不好"。

他们继续往前行驶。瓦利切拉不想去德尔纳被人"重组"。但他们或许也能逃避那个陷阱？经过20千米的行驶，他们到了一条他们认识的沙漠公路；他们知道这条路是通到海岸的——那里就是了！波涛的轰鸣声，海浪的闪光，一望无际的青金石般发蓝的地平线。是大海！大海！大海！大海！他们脱掉衣服，赤身裸体在波浪中翻滚；他们从大海的泡沫中钻出来，就像是重生[2]。五个月以来，他们第一次可以给自己洗澡，揉搓掉虱子、沙蚤和身上一层又一层结成块的污垢。

瓦利切拉觉得这个地方真是太美了，成功地说服了自己的同伴们在这里留到第二天。到了下午，他和其他几个人一起沿着沙滩探索。他们

---

1 历史学家阿梅迪奥·奥斯蒂·圭拉齐认为，意大利士兵与其他国家的军队的巨大差异在于，德国人和英国人仍然信任他们自己的国家政权和军事领导层，信任他们的军官，因此"他们在这个极端危险的时刻能团结起来，团结在那些领导机构的周围"。而意大利士兵极度缺乏这种信心。

2 瓦利切拉在其日记中使用的词是"再生"。

很快发现，这里尽管很漂亮，但充满了战争垃圾：生锈的油桶、成箱的食物、到处可见的衣服——军服和日常服装——以及被冲上岸的尸体，面目全非，让人难以辨认，几乎只剩了骷髅。他们转身回去。那天的晚餐是意大利面加肉丸子。

*

在瓜达尔卡纳尔岛上，俯冲轰炸机飞行员约翰·麦克奈里和他的战友们也是生活在一个扭曲的、略显怪异的世界里，他们所听到的一切都可能是不真实的、经过审查修改的，或只是一种谣言，因此没有什么是真正可信的。他们可以知道他们需要知道的事情，有时甚至这种事情也不知道。别人告知他们的充其量是对已经发生的、正在发生的或即将发生的事情进行过剪裁和修饰的图景，这是一直存在的不确定性的核心部分，同时它也增加了被围困的感觉——被围困在巨大而无定形的某种东西里，一个人的生命在那里因不可理解或偶然的原因而被当作儿戏。希望，才是留给个人的东西。

麦克奈里当然也感受到了这一点。他在回忆录中写道，接到命令时，"我们的任务就是听命，说一声'是，先生'，仅此而已"。他们不需要知道他们的使命在全局中扮演的角色，如果存在全局的话。不过，这个晚上发生了一些不寻常的事。沉默和猜想的面纱被揭开了。

这是 11 月 13 日星期五的晚上，麦克奈里和其他几名飞行员正待命起飞。他们正坐在飞行中队通信中心敞开的营帐的黑暗中，这时一位将军走了进来。这是瓜达尔卡纳尔岛上的美国航空队的新指挥官。这个人走到展示太平洋这个部分海域的完整地图前面，然后对这一小群飞行员讲了一通显然没有提前准备的话，因此也异常地坦率。麦克奈里叙述道：

他说了一些事，大意是，在肖特兰群岛有 12 艘运兵船和 3 万名日军士兵[1]……属于占领了新加坡的那个师团，他们正在前来瓜达尔卡纳尔岛的路上，而明天一早他们将到达离此大约 240 千米的位置。他说，海军已经竭尽全力，而在这些日军和瓜达尔卡纳尔岛之间，除了我们的俯冲轰炸机中队外，已没有任何其他力量可用。如果我们不能阻止这些日军士兵，那么问题就只剩一个了：我们是否还有可能撤离。他最后说："我们把瓜达尔卡纳尔岛的命运交到你们手里，而且知道你们每个人都会尽力而为。"对于一个真的认为我们赢不了的少尉来说，这是一个非常戏剧性的时刻。

悲观的还不只是麦克奈里。你要么是沮丧，要么是绝望——这取决于你知道多少。有许多人担心，瓜达尔卡纳尔岛战役将演变成美国的又一次失败。士气因此受到了影响。

那天夜里晚些时候，他们的机场遭到岛外海峡内的日本巡洋舰和驱逐舰的猛烈炮击。（这很正常。夜晚属于日本人的天下。）这对他来说是一种新的声音：呼啸而来的炮弹"听起来就像货运列车从上面经过"。麦克奈里跌跌撞撞地躲进一个挤满人的地堡里寻求庇护，而货运列车的声音继续轰鸣着，地面摇摇晃晃。

在日军炮击一个半小时，扔下 1 300 发炮弹之后，麦克奈里和其他人在大火和刺鼻的火药烟雾中摸索着爬出地堡。长期以来，这个机场及其周边地区就一直是个垃圾堆积的地方，到处都是战争垃圾。现在则比以往任何时候都更是一片狼藉。当他最终到达飞行中队的俯冲轰炸机排列

---

[1] 这个数字是高估了。这些运兵船上有大约 7 000 名来自日军第 38 师团的士兵，该师团当时并没在新加坡，而是在 1941 年占领了香港——在那里该部队还犯下了战争罪。然而，哪怕只有 7 000 人，这也将使日本人在岛上拥有明显且可能具有决定性的兵力优势。

的地方，他惊讶地发现几乎所有人都没有受伤。11月14日太阳一升起来，他们的第一批飞机就起飞了。现在他们已经明白，危急关头来了。

*

在萨凡纳东南造船公司的二号船坞，船厂的第一艘自由轮的建造工作仍在继续。如前所述，这项工作是全天候的。每天三班倒，成千上万的工人——白人和黑人、女人和男人——在巨大的造船厂厂区进进出出。上班的人来自巨大的停车场或公共汽车停靠的车站，那些下班的人则往相反方向朝同样的地点走去，以赶回家。这个季节天气仍然干燥，也很暖和。这使得上下班等一切活动都变得相对容易些。

长达12年的经济萧条之后，萨凡纳突然转变成了一个"繁荣城市"，一个人口稳步增长、经济随之增长的迅速扩展的城市。所有在造船厂找到工作的人现在面临的问题之一是每天如何上下班。许多人共用一辆汽车——造船厂鼓励这样做——其他人乘坐为这个工作场所设立的专用公交车，还有些人乘坐渡轮。但是上下班往返时间很长。许多人到家后只来得及吃顿饭就睡觉了，醒来后就回船厂来上班。

然而，人员输送还是出奇地有效。住房也是如此。所有在战前几乎不可能解决的问题，一旦有了政治意愿，而且国家打开了钱包，突然间就变得轻而易举。

不仅仅是这家造船厂如此，美国各地的许多其他工业也迅速发展起来，它们还为工人们提供廉价但又优质的住房。[1] 由于政府的住房计划，

1　即便在这里，黑人工人也发现自己被边缘化了：造船厂附近正建造的新住宅区是只为白人保留的。

萨凡纳周围规划良好的新居住区已经建造并正在建造大批住房，那里还包括学校、公园、商店和公共设施，居民通过地区委员会而有自己的发言权。那里还会优先考虑社会福利和儿童健康。这些住房主要是带一小片花园的小型联排别墅，唯一确实引人注目的是它们都没有屋檐的排水管和落水管——这是因为节省金属的重要性，只有到了和平时候才会安装这些管道。

现在距离新船下水仅剩一周时间了。

*

这是曼德勒的很平常的一天。这年的季风带来的降水量异常大，但现在雨季已经结束了。天气暖和但不闷热，夜晚开始变凉，随处可见郁郁葱葱、生机勃勃的绿色植物。对于正在战地妓院大邱旅社[1]的文玉初来说，一切都和往常一样。这意味着她将在这一天结束之前与二三十名日军官兵进行性交。[2]时间表是固定的：普通士兵从早上9点到下午4点，军官从下午4点到晚上10点。如果军官支付额外费用，也可以整夜留宿。这些女性中最大的21岁，最小的才15岁。正如前面提到的，文玉初是18岁。

文玉初和其他17个朝鲜年轻姑娘要准备好每天服务，即使她们在经期也如此。那时她们被允许将织物或棉花球塞入阴道以便吸掉经血。她

---

[1] 经营这家妓院的夫妇和妓院里那些年轻姑娘都来自朝鲜的大邱地区。
[2] 有时她们被迫在一天内接待60多个男人，但在这种情况发生之后，她们通常会被允许休息几天。在有关妓院日常程序的描述中，除了文玉初在20世纪90年代初对日本政府的起诉书中所提供的证词外，笔者还使用了有关缅甸战地妓院的信息，主要是盟国战后的审讯记录。还有些战地妓院的规定被保存下来。

来月经时曾试图拒绝性交,但结果是她的生命受到威胁。士兵们经常是喝醉了的,或会施暴打人,但经管这个机构的那对夫妇或负责的军官看到这种事都不会有好脸色。嫖客们如果太吵闹,就会被赶出去。

尽管文玉初和这里的其他性奴一样都不是自愿的,尽管她实际上是这座两层楼的房子里的囚犯,每月只允许离开一次,但她绝不是完全无助的。就像外面排队的士兵表现各不相同,对待她们的方式也各不相同一样,这些年轻女性对待她们处境的方式也是各不相同的。文玉初会发脾气,有话经常敢于直说。有时个别士兵想不顾明文规定,不戴安全套性交——那些套子又粗又厚,若没钱买新的,用过的冲洗后也可重复使用——她就通常会把这种士兵一脚踢开,并威胁要向宪兵报案。[1]

文玉初会说一口流利的日语,也学会唱流行歌曲,给自己取过一个日本名字文原佳子,是能经常参加日本军官举办的宴会的唯一朝鲜女人。在这些军官被派往不太远的与印度接壤的前线之前,他们经常会举办这种宴会。顺便提一下,现在前线很平静,没有战事。宴会后她会得到小费,还有饮料和香烟,然后她会小心地兑换成现金。文玉初经常想念自己的家人,严重抑郁,但显然决心尽可能多存点钱。

当这一天结束,黑暗的夜幕降临时,文玉初收集起那些士兵用作入场券的棕色卡片,带着这些卡片去松本先生的办公室,让他清点。这种入场券,士兵要支付 1.5 日元,士官 2 日元,低级军官 2.5 日元,高级军官 3 日元。每月一次,这些年轻女人会收到军人们支付的钱的一半,不过会扣除衣服费、化妆品费、烟酒费、药品费等松本先生认为他替她们出的费用。日本军队从人贩子或她们的亲属那里买下这些女孩(的性服

---

[1] 除了违反规定外,士兵如感染性病也是要受到惩罚的。

务）时的"预付款"也会被扣除掉，[1] 有时松本还会扣掉一些几乎是随意的数额，称之为"国防献金"。其结果是她们中有许多人一无所获，甚至负债累累。文玉初不是其中之一。由于日军给予妓女的"准军事人员"身份，她找到了利用当地战地邮局寄钱回家给她母亲或者把钱存进一个银行账户的方法。

文玉初算不上漂亮，但也算得上相当可爱了。她经常穿着西式的服装走来走去，比如穿衬衫和裙子。

*

对于12岁的乌尔苏拉·布隆贝格和她的家人以及其他欧洲难民来说，对于这座城市的普通居民来说，特别是对于所有从乡下逃难到这座城市来的中国穷人和难民来说，上海这个冬天看起来会是相当严酷的。饥荒和瘟疫都在肆虐横行。自从日军占领这座城市后，原来运转良好的医疗机构已经崩溃——以前为医疗机构工作的人大多逃离或被安置到了难民营。现在有很多人得了斑疹伤寒。

对比是残酷的：在市中心美轮美奂的艺术装饰建筑与城市底层深不可测的苦难之间；在那些有闲又有钱且狂妄自大的人——赛马和时装秀仍在上演——与那些一无所有的穷人之间；在仅仅几年前还存在着的奢侈繁华的上海——当时是亚洲的娱乐中心，是游客和世界各地富豪名人的一个必去之地，一个拥有数百万人口的城市，以其豪华餐厅、舞厅、爵士乐俱乐部、购物街、夜生活、妓院、赌场和毒窝而闻名——与今天

---

[1] 在很多情况下，签订的合同里都规定一旦"预付款"还清（女孩通过性服务而还清。——译者注），女孩就可以回家，而且这种情况后来也确实发生过。

只剩下的冷酷而无趣的灰色外壳之间。

在人行道上看到死人也并非不寻常的事。大多数死者是直接死在街上的乞丐和其他无家可归的中国人，还有些人是死在家里后被亲属扔到街上的，尸体被卷在稻草编的席子里。每天都有卡车在这些街区四处行驶，把新尸体收集起来，装到车上运走。当时住在离乌尔苏拉家不远地方的一位犹太居民写道："在上海，人命一直是很低贱的，但今天好像完全没价值了。"

*

在东卡累利阿斯维里河前线争夺据点"卡可"的大战现在已经过去了两天。库尔特·韦斯特回到了"黑松鸡"，这里是他的据点。他写道：

> 聊天和纸牌游戏像往常那样又开始了。我们只有这样才能暂时忘却所有可怕的经历。对我来说，这种战火的洗礼可能与我想象中的完全不同。我想我在几天之内就老了整整一岁。

韦斯特试图去理解，为什么当其他许多人在这场大战中阵亡或者受伤的时候，他却能毫发无损，得以幸存。他得出的结论只有一条：这一定是因为某种神佑。（他来自一个笃信宗教的家庭，尤其是父亲非常虔诚。）

早餐之后，队伍集合听取任务简报。他们得知他们必须返回据点"卡可"。"这个命令在队伍里造成了一些骚动，到处可听到脏话和咒骂声，"韦斯特写道，"我们又要去前线了！没有其他兵力可用吗？"他们跺着脚上了路，完全没有任何士气。空中弥漫着战斗的噪声。到了这个时候，韦斯特已经认出了穿过白桦林和沼泽地的路，也经过了那个狭长的湖[1]，据点"卡可"就得名于这个湖。

但情况本可能更糟。因为等待他们的任务不是一次反击，而是帮助在"卡可"以北一点的沼泽地里建立一个新的据点。[2]因此，韦斯特和他的战友们开始挖战壕，用铁丝网路障建造工事。不时会有一发炮弹呼啸而下，但现在韦斯特已经学会解读这种声音。而且这种解读常常发生在一瞬间，不是深思熟虑，更多是通过身体而不是借助思考。

一名士兵需要一两个月的时间才能学会这一点，不仅要根据声音判断炮弹的（大致）口径及其（大致）弹着点，还要知道如何最好地解读地形，意识到地面上几乎察觉不到的一分米的下陷实际上也足以挽救一个人的生命。但是，在你获得这些知识之前，你的生命已有危险。这就是为什么很多新兵这么快就会丧命。

这种经验还会带来其他一些东西：一种强烈的自控能力，甚至是一种冷静情绪，通常还伴随着黑色幽默。总的来说，这意味着即使在压力很大的情况下，老兵常常也能保持冷静的头脑——因为如果你被恐惧控制，一切都会变得更糟。在这方面，可怜的新兵也处于非常不利的境地。新兵们经常在压力大的情况下惊慌失措，做出一些愚蠢的事情。对很多初出茅庐的新兵来说，恐惧甚至在他们遭遇任何危险之前就已经显现出来：他们只要想到将会发生的危险，就会感到心惊胆战和做噩梦。对

---

[1] 此即卡可湖。
[2] 韦斯特和其他战友当然不知道的是，有关"卡可"的情况甚至已经上报到总指挥部讨论过了。"卡可"是最关键的一个军事据点，因为它位于一条通往北方的道路上，一直通往彼得罗扎沃茨克，或叫艾尼斯利纳（该城当时被起的芬兰名字）。韦斯特的团长马蒂宁在与总司令曼纳林通话时曾说，试图夺回"卡可"全部地区就需要"飞机和装甲部队的大量支持"，而且他"不能让他年轻的芬兰士兵、瑞典士兵死于一场事先就注定要失败的战事"。曼纳林被说服了，改为在该据点以北一点建立一个新阵地。

大多数遭受精神崩溃折磨的人来说，这种情况发生在他们的第一场战斗中或是去参加这场战斗的路上。你只要在前线熬过第一个月，就像库尔特·韦斯特现在做到的那样，生存的机会就会大大增加。[1]

然而，没有什么系统或经验程度可以保证你的生存。从长远来看，决定生死的还是概率的安排。面对那些以咝咝声、嗡嗡声、脉冲声宣布它们到来的重型炮弹时，正如前面说的，是有机会躲避的。然而，苏联军队也使用轻型的直射反坦克炮，而那些炮弹以声速或更快的速度前进。特别是当双方的战线像在这里一样离得很近的时候，发射的爆炸声与炮弹落地的爆炸声几乎同时响起。没有什么预先的警告，就是一声爆炸。

韦斯特和其他战友正挖着战壕（这相对来说不算太重的话，因为霜冻还没来得及进一步深入地下），然后就出事了。一声爆炸的巨响。小块的黑色泥土和雪块形成烟一样的粉雾。一个挖战壕的战友不见了。他们往那里冲过去。那里躺着一个韦斯特认识的人，阿尔夫·努德贝里。他们年龄相同，在纽卡尔比村接受基础军训的时候是在同一连队。努德贝里是完全没有救了。他的身体从中间被撕裂。这事发生在11月13日星期五。

那么，在家乡的芬兰人对这个星期在斯维里河前线发生的事情又了解多少呢？起初，只有一个电报式的短句提了一下："在阿于努斯纳瑟中部发生了局部战斗。"此新闻所占版面还不如两条简讯，其中一条简讯说一位年轻的女业务助理不幸在鲁纳拜利耶路的一次有轨电车事故中丧生，另一条简讯则报道说一个10岁的孩子在利科兰皮走过冰层时溺水身亡。几天后，有条消息提到了敌人发起进攻但损失惨重；最后，到了11

---

[1] 直到一个极限。冷静会逐渐变成一种倦怠的随意。然后宿命论就不远了，而在它后面潜伏的是一种漠然的态度。那通常也是生命结束之所在。

月13日，才有关于这次行动的新闻被堪称随意地放在《首都日版》头版的右下角，标题是"苏联军队在阿于努斯纳瑟重新发起进攻——敌人在作战中损失400人"。与此同时，报上也开始陆续刊登讣告，上面装饰了典型的十字勋章。在标题"为了祖国"下面，有两三行文字提到了某些阵亡的人，夹在球赛彩票结果和多户住宅的热水使用新规定的新闻中间。

*

这是在被围困的列宁格勒的日常一天。有如此多的想法和琐事、时间和情绪，都围绕着一件事：食物。而在此时的列宁格勒，是围绕着食物的反面：饥饿。

莉迪亚·金茨堡说：

为什么正如德国人所意识到的那样，饥饿是削弱抵抗力量的最有效方式？因为饥饿是一种永久性的状态，是无法关闭掉的。它是一直存在的，会让人不断地感觉到（并不总是处在一种渴望吃东西的状态）；当人吃饭时，最绝望和最痛苦的事情是食物很快就吃完了，却没有填饱肚子。

还是莉迪亚·金茨堡的话：

有时候会有一些光明的间隙。那时，你觉得自己要狼吞虎咽，恨不得撑破肚皮，直到你看见食物会反胃，甚至到了呕吐的地步——只是为了结束羞耻感，只是为了解放你的大脑。但是饥饿让恐惧牢牢掌控了营养不良的大脑——如果食物消失了怎么办？如果这种由希望和目标组成的复杂心理支撑体系解体和消失怎么办？是什么东西如此令人恼火地相似？是从前世来的什么东西吗？没错——这就像不幸地坠入爱河，当她慢慢松开你们之间的纽带，你害怕随之失去的不是希望，也不是感觉，而是让你以为有保障且你已经习惯的填补空虚的东西。

薇拉·因伯尔说："Z.V. 奥格鲁布琳娜讲了一个故事。有个病房的病人对她说：'医生，我把你当作上帝。'——而另一个病人纠正说：'或者当作一千克面包。'"

*

他的外貌平常，一点也不给人深刻印象。他非常像一个被迫穿上了军服的簿记员：个子矮小，有点笨手笨脚，而且明显近视，戴着一副圆框眼镜，佝偻的腰背证明他在不同办公桌上伏案工作过太多个小时，甚至数年。他叫瓦西里·谢苗诺维奇·格罗斯曼，是苏联红军报纸《红星报》的记者。再过一个月他就 37 岁了，假定他还能活那么久的话。

其实，他应该早就死了。

因为，还有什么他没看到过呢？还有什么他没经历过呢？自从 8 月底斯大林格勒的城市争夺战开始以来，格罗斯曼就一直在这座城市里。早在那个时候，他就已经是个经验丰富、久经考验的战地记者了。自上年 8 月以来，他就一直在采写有关这场战争的报道，当时他——在学会了手枪射击并把体重从 90 千克减到 75 千克之后——第一次被派往前线，成了苏联军队一次又一次惨败之后的溃败混乱场面的震惊见证人。正如他后来描述过的那样，他也受到如下情况的折磨："对即将来临的生命损失有着揪心而敏锐的预感,还悲痛地意识到一个母亲、一个妻子和一个孩子的命运与被包围住的兵团和正在撤退的军队的命运已密不可分。人们怎么能忘记那些日子里前线的悲惨状况,忘记戈麦尔和切尔尼戈夫在火焰中毁灭,基辅也在劫难逃,马车在撤退,有毒的绿色火箭飞越寂静无声的森林和河流?"

上年那些灾难带给他的震惊还一直留在他的心中,既是作为一种感觉,也是作为一种洞见。它与深深的个人罪恶感的痛苦相混合,难以磨灭。

正如他的姓氏所揭示的,格罗斯曼出身于乌克兰北部城市别尔季切夫的一个犹太人家庭。那是一座从统计数字来看犹太人口非常多的城市,但许多犹太人都已被世俗化或同化了,并且正像他的受过良好教育的父母一样,有着俄语化的名字。早年,他的梦想是成为某个自然科学学科的研究人员,但后来他和梦想之间的路被以世界大战、革命和内战形式出现的宏大历史阻断了。他的家乡成为白色与红色、绿色(乌克兰民族主义者)与黑色(无政府主义者)之间反复发生冲突的场所,那里,有组织的大屠杀一直是对人的威胁,而饥饿是一种武器,到处是没有法制的状态,抢劫、强奸和谋杀成为日常生活的一部分。

他才十几岁的时候,就懂得了人类能够犯下什么样的暴行。然而,值得注意的是,那段经历并没有使他自己变得迟钝麻木或残忍,相反,通过某种心灵的炼金术,磨砺出了他的敏锐性和感知能力。这在很大程度上是他母亲的功劳。父亲早早就从他的生活中消失了,变成了一种遥远的伟大存在,一个在信件中才出现的父亲,但他和母亲叶卡捷琳娜互相越来越亲近。

母亲在身体上和精神上都保护了他,给了他无条件的爱,正是从她那里，他才学会了自律，得到了头脑的力量和多元的文化兴趣。[1]事实上，他最终成了一名化学家，有一段时间在顿巴斯的一家矿产公司当工程师，但后来文学的兴趣接管了他的生活。他写短篇小说，受到过米哈伊尔·布尔加科夫的关注，以及——也是更重要的——得到苏联社会现实主义文学教父马克西姆·高尔基的关注。从20世纪30年代中期开始，格罗斯曼就一直是全职作家。

是的，实际上他应该早就死了。身体上的勇气和道德上的勇气拒绝在同一个人身上共存的情况并不少见。也许存在某种补偿性的原则，只允许一方面发展，而以牺牲另一方面为代价？不过，格罗斯曼的勇气既是身体上的，也是道德上的。

没有身体上的勇气，当然还包括很大一部分运气，他就不可能在斯大林格勒的最后几个月活下来。战争已经进入第二个年头，但没有哪个地方受到的破坏和流的血比这个被炸毁了的城市更严重，每平方米的死亡人数与第一次世界大战中最惨烈的战场相当，但狂热和残暴超过所有那些最糟糕的战场。格罗斯曼去过许多场面极其糟糕的地方，比如雷诺克北部的前线、马特维耶夫库尔干以及巴里卡季兵工厂等；他曾经一次又一次地越过1 300米宽的伏尔加河（正如他在笔记中所写的，"像绞刑架一样可怕"），进入烟雾弥漫的废墟，在那里，"有前线常能闻到的气味，是太平间和炼铁炉的混合气味"。

同时，以他的道德勇气，他本不该在1937年至1938年发生的盲目的大清洗中幸存下来。当时没有人是安全的，许多人因为最荒谬的原因而消失，譬如熟人关系、亲属关系、一个谣言、一份旧档案中的几行字、一个告密者的嫉妒等，或者仅仅是因为当地的内务人民委员部有枪毙人

---

[1] 格罗斯曼的母亲是一位法语老师。

数配额和被监禁人数配额需要完成，诸如此类。格罗斯曼曾冒着巨大风险直接联系国家安全机构的最高负责人，那个可怕的叶若夫，为他自己刚被捕的妻子获得释放而争辩。这件事居然克服重重困难而成功了。在看到这部压迫人的社会机器以非常逻辑摧毁了社会和其自身之后，格罗斯曼就不再对他所处的制度抱有任何幻想了。

战斗仍在伏尔加河附近苏军坚守的遍地废墟的狭长地带周围继续，但现在德军的进攻规模已经越来越小。双方都已精疲力竭，等待着下雪和冬天到来。格罗斯曼暂时离开了这座城市。这天，也就是11月13日，他抽出时间给父亲写了一封信：

> 我工作很多，压力很大，人也相当累。我还从来没有处在像眼下这样一种焦虑状态。在这里我收不到信件，只有一次他们给我捎来了一整包信，其中有你的一封信和一张明信片……现在这里很冷，风很大。

格罗斯曼很累，这从他的心情就可以看出来：他很容易被激怒，态度也很生硬。他的一侧鬓角已经变白了。有没有哪天他没有想到他的母亲，想到他对母亲之死的责任？

*

有很长一段时间，奈拉·拉斯特的生活是在两个端点之间移动：一端是她的孩子，一端是位于巴罗因弗内斯镇伊克雷街9号的房子。是这两个端点定义了她的生活，为她的生存指明了方向。不是丈夫——永远不会是威尔。（顺便提一下，威尔也是在维克斯造船厂工作；他们生活中的一项常规是，她要确保在他下班到家时他的拖鞋足够温暖。）他当然是这种生活的先决条件，是这种生活得到保护和安全的先决条件。但他从来不是这种生活的中心。

男孩们都长大了，离开了家。阿瑟明年满30岁，在北爱尔兰担任税务稽查员——是安全地方的一份安全工作。克利福德，从来就只叫克利福，下个月就满24岁了，正在不知道哪个大陆的不知道哪个地方。他的部队是7月中旬在绝密状态下海运出去的，她希望这个男孩已经在相当安全的地方登陆，比如印度。[1]

房子怎么样了呢？多年来，奈拉·拉斯特看到了一个漂亮光鲜、井然有序、干净整洁的家让人产生的自豪感如何赋予许多女性生活的意义，尤其是在孩子们离家之后。但与此同时，这种自豪感也使她们局限在一种狭窄而有限的生活范围内。（克利福实际上警告过母亲，不要太"自豪"。）但是，从某种意义上说，上年5月那天晚上落下的炸弹夺走了她的房子。

房子仍然完全适合居住——屋顶还在——但是，如奈拉·拉斯特当时所写的那样，它"永远不再是老样子"了。最严重的损坏已修复了，她也修补了窗帘和沙发靠垫套上的裂缝，钻进最小角落和缝隙里的可怕灰尘也终于被清理干净了。然而，到处都留下了战争痕迹。房子的正面墙壁被炸弹弹片划伤，小车库移动了十几厘米，房子乳白色的墙壁上还到处可见长长的裂缝。她一直很喜欢春季大扫除，但"今年我对清洁没有任何自豪感，一点也没有"。正如她后来在日记中所写的：

---

1 这种猜想并非空穴来风。她和儿子克利福曾约好，他在信件中会使用某些密码，而他最后一封信中的密码说的是印度。而事实上，他此时身在北非。奈拉·拉斯特最害怕的是，克利福会被派往人们谈论得越来越多的"第二战场"，在欧洲大陆某地——例如法国的迪耶普——参与某种大规模登陆，这令她恐惧。

11月9日至15日

这种扫除更像是给一个受了伤的或生病的孩子提供小心翼翼的、"临时性"的照顾和关注：不能有任何过分用力的摩擦，以免墙面松动和损坏，或让天花板上的覆盖层脱落；在擦浴室和厨房角落的瓷砖时也必须将其按住，因为很多瓷砖都松动了。干完时只有一种"就这样吧，现在总算结束了"的感觉，而不是站着欣赏刚刚清洁过的家具、黄铜制品和地板的光泽。那天晚上我内心的某种东西死了——或许也有某种东西诞生了。也许我在内心达成了一种平衡。

现在已是 11 月份，上面倒数第二句中的"或许"可以删掉。她的生活确实发生了变化。焦点不再是房子、孩子和丈夫——她和丈夫威尔的争吵次数越来越多，而且几乎总是她在教训丈夫，而不是像以前那样正好相反——现在的焦点是外面的世界，是民防方面的服务，给战俘发放红十字会包裹等工作。

自从战争爆发以来，她丈夫威尔明显变得苍老了。毫无疑问，拉斯特会感到疲倦和沮丧，但同时她也比以前更有力气。她以几乎坚定不移的好脾气著称：她不再像神经衰弱者那样脸色苍白，每天都必须关起门休息好几次，大量服用阿司匹林，而是成了一个积极主动的人，一个安排、组织、帮助、支持、安慰和鼓励人们且敢说敢为的人。她比以前更加在意自己的外表，出门的时候几乎总会涂点口红。[1]

*

索菲·朔尔的生活又恢复了常态。也就是说有两面性。表面上看起

---

[1] 口红对奈拉·拉斯特具有一点象征意义，因为她结婚时被母亲禁止化妆。

1942年11月2日，一个英国坦克车队往阿拉曼最前线进发。这天是个决定性的日子。最前面的两辆坦克即基思·道格拉斯使用的那种"十字军"三型中型坦克。如图中那样太阳当空高照时，坦克内的温度能很容易上升到50摄氏度。

埃及亚历山大港最受游客欢迎的日光浴场斯坦利海湾，以其海浪闻名。图片摄于1942年，即使阿拉曼战役就在100千米外激烈展开时，这里也充满海水浴和日光浴的游客。

战败者一：大约 4 000 名意大利和德国士兵在阿拉曼战役中阵亡，这里是其中的四具尸体。其中一具是用绳子拉到这里的。苍蝇成群。

战败者二：阿拉曼战役中被俘的德军和意军士兵，集中在亚历山大港外的一个俘虏营中。图片中可见到很多饭盒。也许会有饭吃？

11月20日星期五,英军攻到了班加西。图中的浓烟很可能来自海港内被撤退的德军炸毁的建筑。英军会见了好奇的当地平民,其中有个男孩穿了一件意大利士兵的上衣。

华沙的臭名昭著的于姆施拉格广场上的犹太人群,他们都将被运到特雷布林卡集中营。几乎所有人都会在6到12小时内被杀死。很可能已经有人开始登上运输的火车。离摄影镜头最近的这群人已经背起行李在走动,其他人已经站起来等候。他们受到可恨的犹太人隔离区警察的监视。这些警察胳膊上有臂章、戴大檐帽。此外还要两名配备武器的德国兵看守。图片摄于1942年,从树叶来判断可猜测为九月份。这个时段每天有两列火车前往特雷布林卡。从影子判断这是下午的那班火车。

华沙的犹太人隔离区内。图片摄于1942年4月。三个月后开始从这里往特雷布林卡运送犹太人。

华沙的犹太人隔离区内的两个饥饿的孩子。她们看上去像姐妹。摄影者是一个德国游客。

运送犹太人（很可能是德国或奥地利的犹太人，也可能是捷克犹太人）的一趟列车到达了罗兹（波兰城市），很可能是到了拉德加斯特货运站，以便把他们关进隔离区。图片摄于1942年春季。

1942年8月的缅甸曼德勒：在5月里遭受日军轰炸并很快被占领之后，这个美丽的寺庙之城有五分之三被摧毁。文玉初被剥夺自由并被迫从事性服务的战地妓院就在这个城区外边。

一队日军士兵排队等候在中国汉口（今武汉的一部分）的一个战地妓院门外。这类地方用一种委婉叫法称为"慰安所"，在汉口这里，它是一个68座屋子构成的建筑群，我们可以瞥见其中几座屋子。（图片是一个叫村濑守保的日军士兵拍摄的，他也是一个很用心的摄影家，甚至用他的照相机记录下了南京大屠杀的场景。）

1942年在缅甸，日军朝某条河另一边的一个遥远目标射击。其使用的是一种九二式重机枪，一种庞大且命中率很高的武器，因射击速度慢而被盟军士兵称为"啄木鸟"。

1942年11月24日星期二在伦敦，人们排队等候购买蔬菜。在所有参战国家中，排队购买食物和其他生活必需品是妇女要做的一种很费时间的任务。（此图中只有一个男性。）排队的人平均年龄显然相当高：因16岁至45岁没有孩子的妇女有工作义务。天气好像很冷——可注意人们都戴手套。

1942年伦敦的皮卡迪利圆环。著名的爱神雕塑被掩藏在沙袋和鼓励人民购买战争债券的广告后面。在人行道上可见到不少穿军装的男人,其中还有美国军人——在此时段美军也是伦敦街景中的一个组成部分。

巴罗因弗内斯镇的轰炸破坏场景。多数毁坏是1941年的德军空袭造成的,因炸弹(通常)没有命中既定目标而落到镇内各处地方。此图是阿贝路边浸礼会教堂被炸毁后的废墟,是奈拉·拉斯特回家时乘坐的巴士经常驶过的地方。

芬兰军人会发现在东卡累利阿地区开辟雪路相当困难。在把汽车从雪地中挖出来时,有一两个苏联孩童在旁边观看。

来自斯维里河前线的图片,时间为11月18日星期三:一个芬兰哨兵在侦察无人区中暴风雪后的情况。哨兵和摄影者都可以如此暴露,说明此地战情并不危险。

斯维里河前线的一门芬兰轻型野战炮在夜间射击的情景。

11月25日,东卡累利阿地区一个芬军工事的坑道内的图景。照片显然是有意摆拍的,但内部装修完全是真实的,背景中的砖砌壁炉、放有饭盒的架子、晾衣绳上的袜子、年轻士兵的衣着,以及军服和民用服装的混杂等也都如此。

一艘美军航空母舰在前去支援法属摩洛哥登陆行动的航程中。图左边有轰炸机，和约翰·麦克奈里同时在瓜达尔卡纳尔岛战役中驾驶的美军轰炸机为同类型。图右边是战斗机。那些美国军机特别用黄色强调标志，以希望能恐吓法军飞行员不要攻击。但没有效果。

11月8日星期天。"火炬"行动已经开始，美军士兵正爬下运输船，来到等候的登陆艇上。

美国步兵正行军进入阿尔及利亚的奥兰城。图片摄于11月26日星期四，此时法军激烈的但时间短暂的抵抗早已过去。法国船员在路边安静地观看。

11月4日星期三。一艘潜艇在完成大西洋的任务后正在返航途中，战地邮件已分发出去。背朝摄影师的是一个军官。对于所有参战人员，看战地邮件是每天的一个固定不变的重要内容。

两个德国水兵在其潜艇上淋浴，这是很不寻常的行为，一方面舰艇水兵一般没有自己的淋浴设备，另一方面为了节约淡水也不鼓励在舰艇上勤于洗浴。

11月5日星期四下午两点左右,德军U-604号潜艇刚在布雷斯特潜艇基地的码头靠岸停泊。潜艇艇长,刚刮胡子的海军中尉霍斯特·霍尔特林在向欢迎委员会敬礼。

胆大妄为的德军潜艇攻击导致的受难者之一:潘濂在他服务的轮船被鱼雷击沉后作为唯一幸存者在这个救生筏上度过了133天。此图摄于他被救之后,是为记者摆拍的。

11月15日星期天黎明时分，美国无畏式轰炸机不懈并且成功地攻击了在瓜达尔卡纳尔岛塔萨法隆格湾搁浅的日军运输船。背景处是其中三艘船被击毁而冒出的滚滚浓烟。约翰·麦克奈里这天早晨在这里驾驶作战的正是此类型轰炸机。他后来在自己这天的日记中写道："肯定干掉了几百个"日军士兵。

日军舰长原为一在瓜达尔卡纳尔岛海战中指挥的顶级现代驱逐舰"天津风号"。

一艘日本海军战舰停泊于特鲁克大环礁,这是日本海军在南太平洋的庞大基地。几个日本水手用相扑来消磨时间。照片摄于1942年。

展示瓜达尔卡纳尔岛战役中的日本士兵的真实照片非常少。这里是其中一张。照片上站立起来的日本士兵正要扔出一枚手榴弹,这意味着他们的美军对手就在二三十米外,甚至更近的地方,从这个士兵的表情也能看出来。

又一张值得注意的照片。这是在瓜达尔卡纳尔岛上，日军步兵第16联队和第29联队连续几个晚上发起进攻之后，10月26日早晨的"血腥岭"场景。从依然发烫的武器装备或人的尸体上仍散发出热气。在阵亡士兵的尸体堆中间可见到一面日本旗帜，到处还能看到步枪冒出来。倒下的士兵大多数都是朝着高地的方向，说明他们是在发起冲锋的过程中倒下的。最靠近照相机的地方，边上躺着一个战死的美军士兵。在背景中还能看到几个他的战友，目光是向下的；他们保持着距离，多个还紧握武器，似乎随时准备射击，因为危险还没有过去。图片左下角有一个仰面躺着的日军士兵可能还活着，因为他的一个手臂是举着的。进攻将在下一个夜晚继续。

之后：秩序已恢复，战场已清理完毕，士兵们有时间和精力与战利品合影了。注意士兵们多么年轻，其中很多人还那么消瘦，因为……

……进入十一月后瓜达尔卡纳尔岛上的美国部队依然有给养问题。但很快美国军事当局就开始优化其最擅长的领域：后勤。图为装备和给养正被搬到该岛灰黑色的沙滩上。

很多苏联游击队战士的生命就是这样结束的：被处死。此照片1942年摄于斯塔利伊奥斯库尔（Starij Oskol）。这个城市该年夏天被匈牙利部队占领，他们吊死了这个人。更确切地说是勒死：这种处死方式既费时也让人非常痛苦。

德国占领者在追击苏联游击队时完全残忍无情。图为1942年在克尔歇被杀害的平民。杰出的苏联摄影记者德米特里·巴尔特曼茨的著名照片《悲哀》可能就是在同一地点同一时间拍的。

游击队的战地摄影经常是摆拍的，但此图非常可能是真实的场景。此照片1942年摄于普斯科夫附近的某个地方，展示了一支游击队及他们的伤员在一次战斗后撤退的场景。这种不那么反映胜利主题的照片被苏联审查部门禁止发表，直至20世纪60年代才公开。

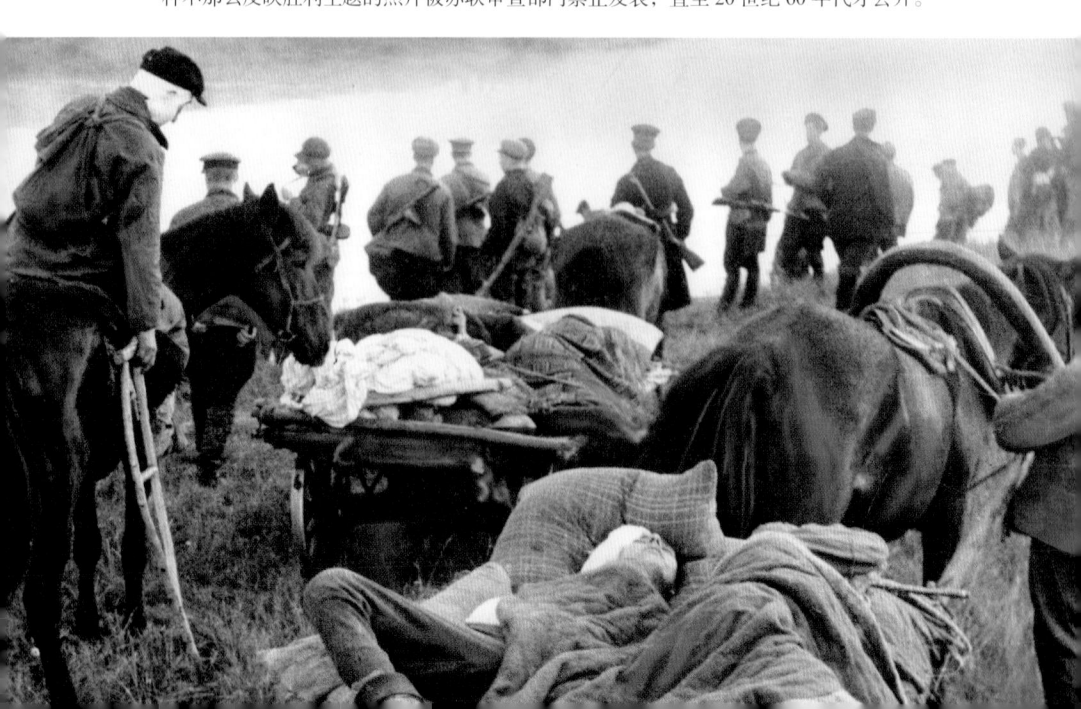

1942年6月,两名游击队的少年,分别是15岁和16岁,被德军俘虏并搜身。(德军士兵左臂上的白布可能意味着他们刚有过一次夜间行动。)左边的德军士兵右手还握着一枚苏军的手榴弹,从所有情况判断是来自被俘的游击队少年。被俘的游击队员几乎无一例外都被处死。恐惧可以从少年的脸上看出来。

来自《卡萨布兰卡》片场的图片。拍摄中的一个问题是女主演英格丽·褒曼比男主演亨弗莱·鲍嘉还高半个头,后来靠不同手段来解决这个问题:除了别的方式外,鲍嘉还站在一块特制的木块上。

上海外滩，也称为"十里洋场"，沿着黄浦江有河滨散步的大道。此图片摄于"二战"之前。

上海的很多犹太难民生活在动荡不定的条件下，但大多住在大面拥挤的住房里。此照片摄于1942年，显示了城市东部虹口区的一座住房，里面住满了欧洲来的难民。虹口有一点被看作非正式的犹太人隔离区。

第二次世界大战最有标志性的照片之一,由一个名叫乔治·西尔克的军队摄影师摄于1942年底新几内亚的布纳战役和戈纳战役期间。一个受伤且赤足的澳大利亚士兵在一个原住民的帮助下走在一条穿过高大莎草丛的小径上,前往等待着的部队营地。伤兵名叫乔治·惠廷顿,在此照片拍摄时刚被一个日本狙击兵的子弹射伤。帮助他的原住民的身份在20世纪70年代确认:他名叫拉菲尔·欧伊姆巴利。惠廷顿的枪伤后来治愈,但他几个星期后死于斑疹伤寒。欧伊姆巴利1996年去世。

来自与前图同一战役的照片（也是乔治·西尔克所摄），摄于12月28日。几个澳大利亚士兵站在一个遮掩严密、构筑完好但被攻破的日军掩体前，四个被打死的日军守兵尸体躺在掩体之外。

在新几内亚岛上无事不难：图为澳大利亚士兵拖着一门大炮一步一步穿过崎岖不平的原始丛林。

来自这场残酷战役的又一照片。一个美国士兵站在他刚射中的一个垂死日本军人前面。将死者身边并无任何武器,而美国士兵左手还拿着一副手套。很可能是该美国兵在执行清查战场阵亡者的例行任务(戴手套是避免沾血),但发现其中一人还活着,然后就击毙了他。

在新几内亚，占有优势的盟军物资供应机制也起了决定性作用。但如果没有当地原住民搬运，物资也无法送达。重病中的贝德·索恩斯撤出战场时用的也是这种运输机。

来自科科达小道的图片：澳大利亚陆军第 2/25 和 2/33 步兵营的士兵正在一条临时搭建的浮桥上走过一条水道。在背景中可见的一些士兵抓紧时机洗澡和洗衣服。

来自布纳战役结束时的图片：阵亡的日军士兵。背景中是一条登陆艇，那种用于运输物资和增援部队到桥头堡的船。这个海岸也极有可能就是摄影师乔治·斯特罗克抓拍到三个战死美国兵的著名照片的地方，该图片刊登在1943年的《生活》周刊上。因为死者数量如此巨大，这个海岸也被叫作"蛆虫海滩"。

图为三个美国妇女在装配一架 B-17 重型轰炸机。"二战"前女工在美国飞机工业劳工中仅占 1%，而在 1943 年已占 65%。

妇女并非只是装配飞机。此图中可见到 1943 年 22 岁的运输机女飞行员雪莉·斯拉德，除了别的飞行任务，她还曾经驾驶以难以控制闻名的 B-26 飞机到达待命的航空兵部队。

"铆钉工露丝"最初是在一首歌的歌词中的称呼，后来发展成为动员妇女工作的象征。民主国家美国、英国能够成功地调整战时经济，速度远比军国主义独裁国家德国、日本快得多，一个原因就是前者在让妇女参加工业活动时从来没有犹豫过。

11月20日星期五,当地第一艘自由轮"詹姆斯·奥格尔索普号"在萨凡纳的新船厂建成下水。

1942年灯火管制下昏暗的百老汇。这绝非儿戏。德国潜艇已经近在咫尺,沿着美国东海岸自由活动,直至该年的夏天。

斯大林格勒工业区北部的战斗中的苏联红军士兵。守卫者被慢慢压缩包围在伏尔加河边的一个区域。那些极其惨烈的战斗在晚秋阶段已集中在三个大工厂区。此照片摄于其中一个厂区"红色十月钢铁厂"的战斗中,该厂被完全摧毁。

德军第578步兵团第9连的士兵准备再次攻击血腥激战中的工厂区之一,即所谓的"拖拉机厂"。到了这个战斗阶段,大多数连队都已经混编。图左能瞥见一门突击炮,准备对他们的进攻提供支援,在他们后面则可以看到工厂的大门。照片摄于10月15日早晨,是连队的一个士兵汉斯·艾克勒拍摄的。这天的进攻出乎意料地顺利:拖拉机厂被占领,部队攻到了伏尔加河边。

斯大林格勒的深秋图一：一个深挖的掩体里的德军士兵在自己的机枪前侦察敌军情况。

斯大林格勒的深秋图二：枪炮声大作，显然双方距离很近。几个穿着异常齐整的德军步兵守在一个街口。从他们包裹严实的头和手部可以猜想到天气已经很寒冷。

包围斯大林格勒德军的行动已经开始。被俘虏的罗马尼亚战俘被带离前线。

德军在斯大林格勒北部的突围准备就绪,但这次行动从来没有进行。德军一支防空部队(第289陆军高射炮营)的士兵正忙着把弹药和配件装上一辆马车,与此同时,曾作为指挥部的房子正在燃烧。俯身在马车上的那个人其实是个"苏奸",即一个帮助德军以换取食物求生的苏军士兵。这个前线地段也是德军中尉阿德尔贝特·霍尔所在之处。

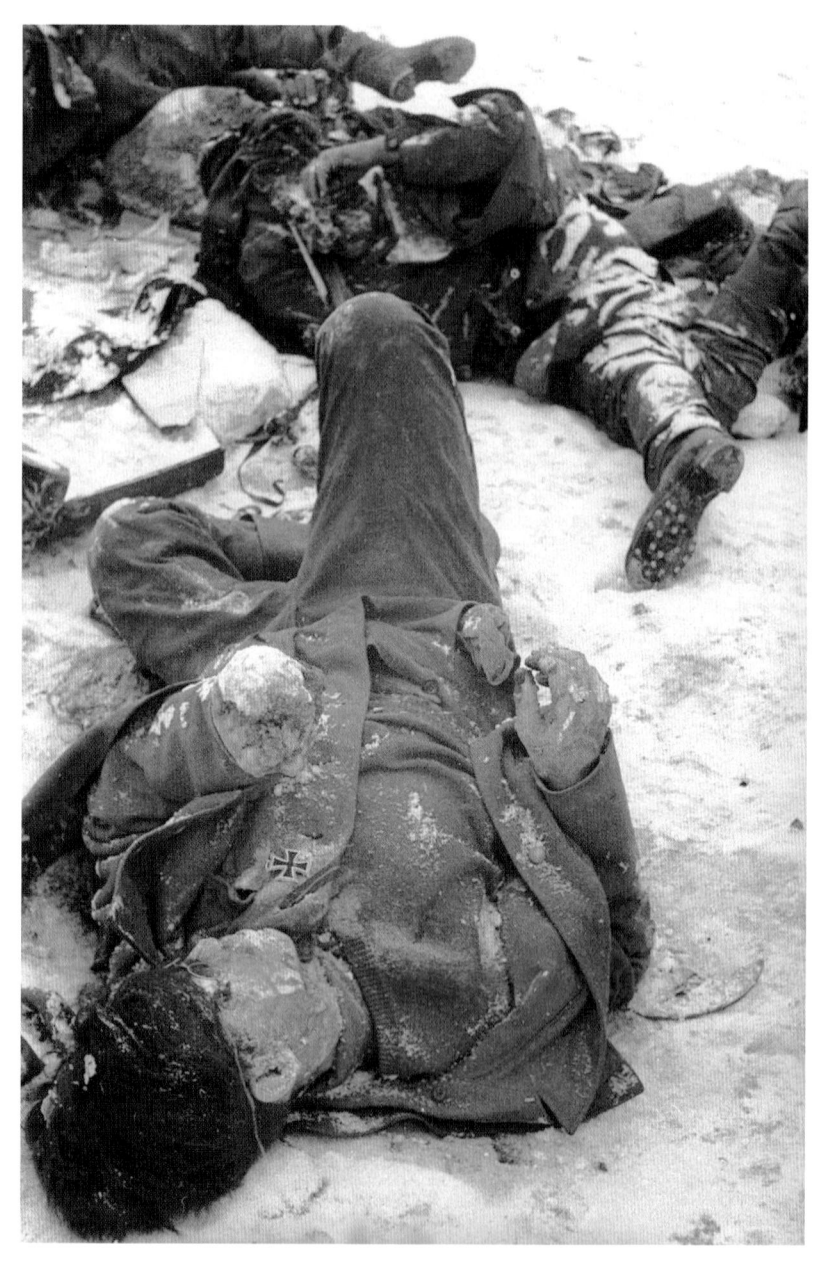

斯大林格勒的德军士兵尸体。一个搜刮战场者曾经翻找过他的裤兜，但留下了他的十字勋章。

在东线中央的所谓"勒热夫突出部",一场旷日持久但毫无意义的战斗和斯大林格勒战役同时展开——威利·彼得·雷泽就在那里。一个德国哨兵正站在自己的战壕里。他用富有经验的前线老兵的方式朝下抽烟斗,以防被敌人看到火星。

苏军士兵在勒热夫发起冲锋——这是他们经常的行动,但几乎总是徒劳无益。他们自己给这个前线地方取名为"绞肉机"。其战术、条件和损伤经常让人联想到"一战"时西线的战斗情况。

同时还能见到的图景:一匹被击毙的战马及苏联无边无际的雪原。

从受难者到受难者：这是 1942 年 4 月，从犹太家庭那里没收的家具被交给巴黎郊区比扬库尔的人家，他们的家被英国皇家空军的轰炸毁坏了。对于法国维希政府来说，这样的安排可以获得双重的政治收益。

能让法国犹太人和他们的基督徒邻居同时感到震惊的事情不多，其中之一便是从 1942 年 5 月底开始实行的犹太人必须佩戴星型标志的规定。此照片是法国摄影师安德烈·祖卡这年夏天拍摄的巴黎里沃利街的街景。

德国占领当局尽管有时也希望保持低调，但不可能避免显示他们的存在。这里是一组德语路牌，立于巴黎圣旺著名的跳蚤市场路口。

1942 年巴黎里沃利街的又一幅街景。豪华的莫里斯酒店正面都悬挂着纳粹标记的旗帜，自 1940 年起这里就是巴黎的德国军事指挥部的驻地。路右边是杜伊勒里宫，远处可瞥见卢浮宫。街道一般情况下都是这样空荡，没有汽车。11 月 9 日埃莱娜·贝尔和男友那次浪漫散步时就经过图中前方不远的路口。

1942年初冬的列宁格勒。被围困的城区几乎每日遭受德军飞机轰炸或炮击，这些行动的目的无非是制造恐怖。希特勒并无占领该城的想法，只想消灭或驱逐城里的人口。图中就是莉迪亚·金茨堡和薇拉·因伯尔面对的现实。

1942年列宁格勒主要街道涅瓦大街的场景。一个男人和一个妇女拖着一个家里的死者前往墓地。从尸体大小判断，那是个较大的孩子。即使在1942年深秋，这个城市的生活也是物资极度匮乏和死气沉沉的，但和前一个冬天相比程度已完全不同。

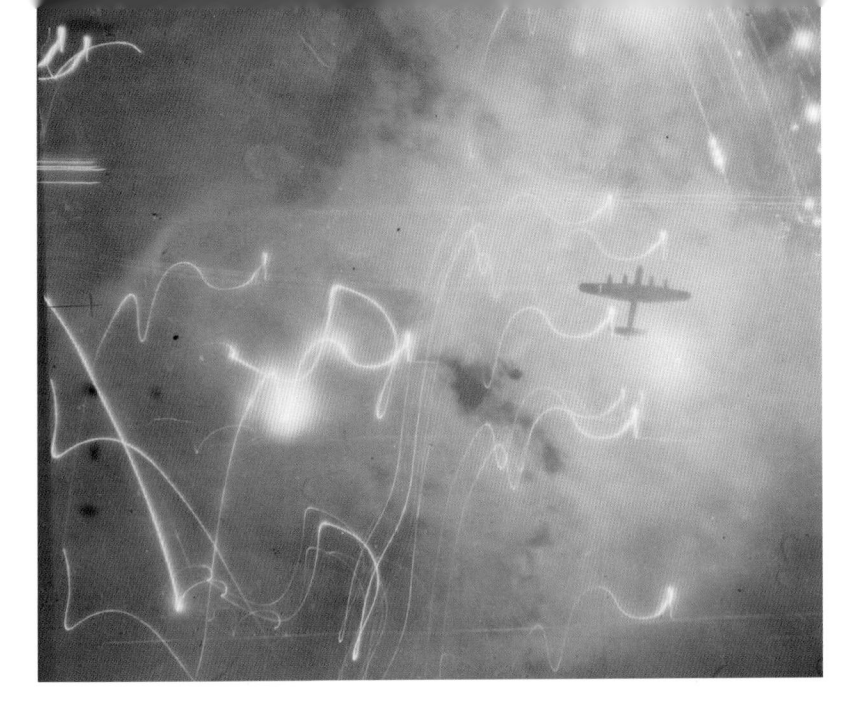

1943年1月30日和31日之间的夜晚汉堡上空的一架"兰开斯特"轰炸机。这张照片是用另一架轰炸机上的一个目标摄影机拍摄的。当英国轰炸机司令部对欧洲大陆不同目标展开越来越猛烈的轰炸时,看上去就是这种情景。那些较大的模糊光团是目标标记(约翰·布什比的机组的任务就是投放这些标记)。那些绕着圈的弯曲光线是地面防空部队的曳光弹轨迹,因摄像机的长快门和飞机的移动而扭曲。

这是从地面看的图景:还是有很多目标标记和曳光弹轨迹。这里是1942年深秋的意大利热那亚,图片显示的很可能是11月15日和16日之间那个夜晚,布什比也参加了那晚的空袭行动。

图为 11 月 18 日至 19 日之间的夜晚英国皇家空军对意大利都灵实行大轰炸之后的地面毁坏景象。约翰·布什比也参加了此次空袭行动。图片显示了轰炸给菲亚特汽车厂造成的损毁，布什比提到过他们机组看到并尝试击中这个目标。

保卫一座城市需要非常强大的地面防空火力。图片中，芬兰赫尔辛基城外的一门博福斯式高射炮在朝苏联轰炸机射击。1942 年秋苏联的空袭是零星而小规模的，但依然造成了损失。

1942年10月,一架"兰开斯特"轰炸机在英国林肯郡的一个空军基地进行保养维修。炸弹舱门是打开的,以便装载炸弹。机头的有机玻璃罩内有飞向目标时用的轰炸瞄准具。1942年不寻常的暖秋天气仍未过去:清洁机关炮的机械师工作时不但没有戴帽子,还卷起了衬衣袖子。

不可阻挡的气势依然可见：图为德国坦克和战车朝高加索和德国人梦寐以求的油田进发。这是1942年9月18日，德军战车很快会驶入皮亚季戈尔斯克，即叶连娜·斯克利亚宾娜在逃离列宁格勒之后落脚投亲的城市。

战前的皮亚季戈尔斯克是以疗养而闻名的地方。这张照片是该地区一个疗养院的医护人员集体照。借此我们也可以对斯克利亚宾娜在 1942 年德军占领时期所住的这个城市的面貌有一个良好的理解。

1942年11月的柏林，这个国家传统的"冬季募捐日"行动再次展开。来自不同的纳粹团体的义工拿着募捐盒在街头到处募捐。捐钱在形式上是自愿的，但实际上也是必须履行的责任：如果不捐，则募捐者不会有好眼色。图左戴礼帽的男子衣服上别了一个微型手册，那是捐钱者可得到的回赠品（其中有希特勒的照片或类似的宣传画），也证明这个人已捐过钱。请注意，此图中的德国首都在这个时间点还看不到轰炸造成的毁坏。

下两页大图：1942年在极权主义福利国家的首都柏林闲逛漫步的快乐和无忧无虑的人群。与此同时，纳粹德国在东部正为了他们而用毒气毒杀儿童。我们看到的是哈登堡大街的起点，摄影者的背后是法桑街（"奥斯兰新闻记者俱乐部"所在的地方，英国叛徒约翰·埃默里在这段时间频频造访该处），在教堂后面往右被遮挡住的是兰克斯街的起点（乌尔苏拉·冯·卡多夫和她的家人所住的街道）。在大约一年之后，图中的所有建筑都会被完全炸毁，包括右边那个巨大的"光荣宫"电影院，以及背景中的人们熟悉的威廉皇帝纪念教堂。图中可见到的教堂的巨大入口，后来是残留碎块的一部分。

1942年11月，德国少女正在包装要在这年圣诞前发给所有士兵的正式圣诞礼物包。（其中包括擦皮鞋的鞋刷。）这个包装活动是在柏林西部奥林匹克运动场区的巨大建筑之一里面进行的。

1942年7月22日在慕尼黑东火车站，索菲·朔尔要和她的哥哥汉斯（图左）以及其他几个男性熟人告别，他们要到东线去作为医护人员完成较为短期的服役。图右的年轻男子叫克里斯托夫·普罗布斯特。他们都是反纳粹小组"白玫瑰"的成员。

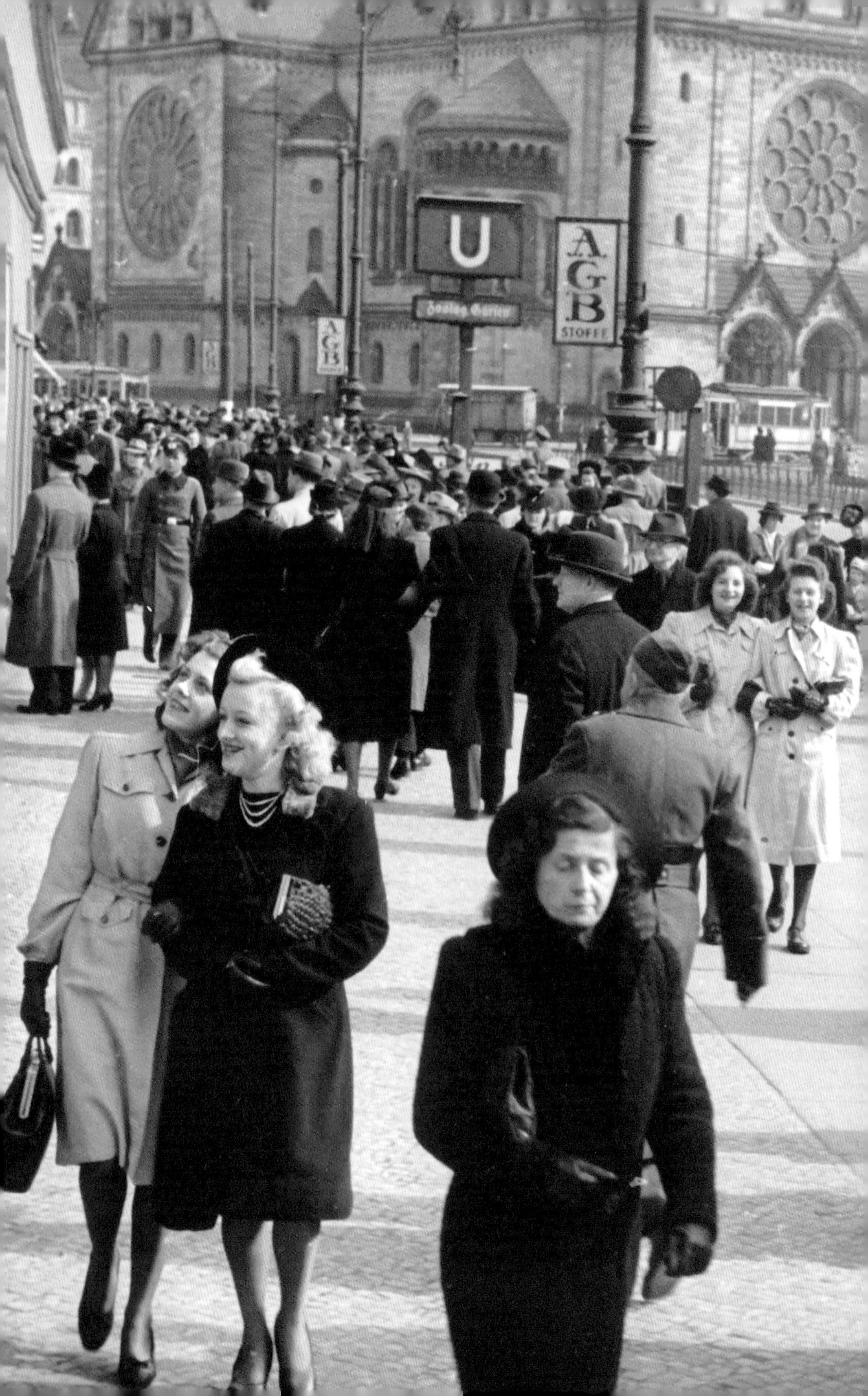
U
AGB
STOFFE

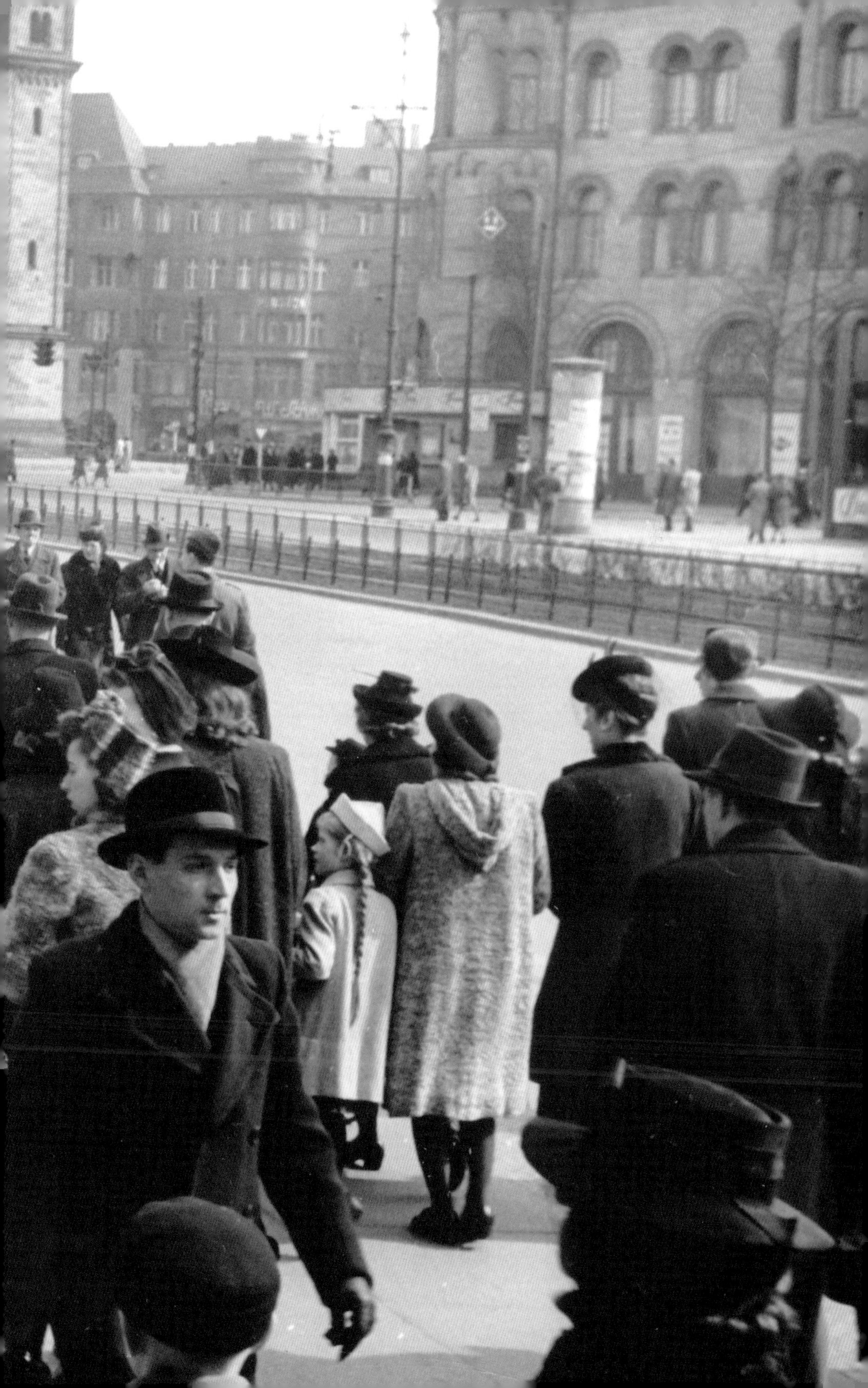

一个从来不受人欢迎的目的地：图为1942年1月在阿尔汉格尔斯克港口停靠的一艘英国军舰。它有可能很快要出海。水手们正费尽力气把锚链从冻结的冰中拔出来，背景中的烟意味着蒸汽锅炉已经点火。

这张富有戏剧性的图片摄于1942年9月13日，显示的是朝阿尔汉格尔斯克驶去的PQ18商船队。这次航程确实没有遭遇和前一个商船队PQ17同样大的灾难，但船队的40艘船依然只有27艘到达了目的地。船队当时正遭到德国鱼雷轰炸机的攻击。图中间的巨大烟团来自被击中而刚爆炸的"斯蒂文森帝国号"（船员无一生还）。图右可见可能来自"瓦科斯塔号"的烟雾，它也被鱼雷击中并很快会沉没，但船上人员还有时间爬上救生艇逃生。图左边缘可见一架将要坠落的德国轰炸机留下的烟。在不到15分钟的时间内，有8艘船被击沉。莱昂纳德·托马斯就处在这种险境之中。

图为托马斯工作的前往阿尔汉格尔斯克的船"阿尔斯特女王号"——该船本来是一艘小而快速的客轮，但被英国皇家海军征用，并在船上配备了防空高射炮。

1942年的下半年，对大多数比利时人来说情况开始变得很清楚，他们所抱的一种希望是个幻觉，这种希望就是战争和被德军占领的状态会毫无痛苦地和平结束。此照片摄于该年夏末，梅赫伦市内的集中营。来自比利时全国的犹太人（和罗姆人，或称为吉卜赛人）会被集中到这里，然后运到奥斯威辛集中营。这天晚上还有一批人会被运往该地。他们的行李被排列在两辆大卡车的两边。

比利时人和德国占领军的合作有各种形式，并有各种不同的出发点。甚至在民粹主义的、民族主义的和准法西斯主义的极右翼，政治姿态也不是清晰的。这张照片摄于1942年3月14日的布鲁塞尔，当时越来越受纳粹影响的极右翼保王党正在开会。

爪哇岛上的一个囚禁盟军战俘的日军俘虏营。图片显然是1945年战争结束之后拍摄的，没有展示"疲倦"邓禄普所在的俘虏营，但这些俘虏营正像邓禄普所在俘虏营一样是由一组低矮的、白色的建筑围成的。

这张画展示了万隆城外的邓禄普所在的俘虏营的真实状况，画图的是一个叫作雷·帕尔金的幸存下来的战俘。

来，她与她的兄弟及他们的朋友现在已经相处了很长时间：听课、散步、演奏音乐、读书、听音乐会、喝一两杯酒等。圈子里的一些年轻人还恢复了他们的击剑课程。他们中的一些人在合唱团唱歌，排练亨德尔的《弥赛亚》。朔尔继续给远在斯大林格勒的未婚夫弗里茨·哈特纳格尔写信，而且也越来越担心，因为弗里茨已经很长时间没有回信了。(他阵亡了吗？)然而，随后，在小心翼翼地关上的门后面，在充满烟斗的气味和被压抑着的不安的房间里，他们这个团体核心的六个人会小声讨论接下来做什么。他们似乎全都很沮丧，夏天散发的四份传单没有产生任何明显的效果。[1]他们决定，下一步的行动必须更大：要有更多的传单，散发到更多的地方。

当你自己处于危险之中，你是多么容易只顾着拯救自己和家人，逃离着火的房子，而不顾道德上的义务？而一个平平安安地站在房子外面的人，完全遵守道德要求，无须别人请求就自愿钻入烟火之中去寻人救人，这又需要多大的勇气呢？

*

沉睡的巨人醒来了。到目前为止，美国在瓜达尔卡纳尔岛上的行动一直以临时办法和权宜之计为特点，尤其是在美国公认处于领先地位的军事部门：后勤部门。(而它反过来说实际上是美国强大经济和工业实力的一种延伸。)这天是11月14日，星期六，查尔斯·沃克又一次来到海滩上。某种大事正在酝酿之中，因为在他们身后，一队又一队的飞机从

---

[1] 收到他们邮寄的传单的人中，有多达一半会立即带着传单去报警。从夏天开始，慕尼黑盖世太保内部有一个特别小组也在紧锣密鼓地寻找责任人，并联系了多位专家。要知道，盖世太保是一个小组织，确实人手不足，而且严重依赖告密者。当然，告密者还是很多的。

机场起飞，消失在远方。但沃克和他的手下有其他事情要做。他们奉命在这里捞出装满汽油的桶，这些汽油桶是美国货轮抛在海峡里的，预计水流和风会把它们带到岸边。

可见这又是一个临时想出的解决方案，是因为绝望还是出于狡猾很难说。然而，与此同时，有越来越多的迹象表明，美国武装部队开始将物资补给组织得井然有序。（美国的经济和工业实力现在开始产生让人切身感受到的影响，而非只是作为统计数据。）就在沃克和他的手下徒手把沉重的汽油桶从水里拖到椰子树树荫下，抬上等候着的卡车的同时，他也可以看到停靠在海滩上的大型登陆艇，上面满载着各种物资，包括一纸箱一纸箱的橙子和大量的冰冻无骨肉。但他很快就明白，这些物资是属于海军陆战队的，陆军分不到任何好处。军种间的竞争仍然非常激烈，敌意也很强烈。

那天下午沃克借了一辆卡车，偷了大量橙子和冻肉。这都是为了他自己的那个营。（人人都会从另外的人那里偷东西。）天黑后，他取得了一次真正的巨大成功：当又一次日军空袭开始，这边的守卫们都躲进战壕和掩体的时候，沃克设法从围起来的仓库里偷走了一桶医用酒精。"黎明之前，分赃就已经开始了，一直分到营长手里。"

在这个岛上和其他任何地方，酒精都是士兵间最抢手的商品之一。如果找不到酒精（在太平洋的这种偏远地区经常如此），[1]他们会自己酿造不同种类的麦芽浆，称之为土烧或葡萄干烧酒。它们是用糖、果脯、葡萄干、土豆皮等混合起来制成的，放在密闭的容器里发酵。[2]在瓜达尔卡

1　运到该岛的第一批啤酒要到 12 月才到达。
2　"海蜂"是建造和维护军用机场的非战斗工兵——顺便提一下，他们的功能非常重要，很好地展示了美军卓越的后勤优势——他们以擅长生产私酿酒而闻名，会把此类烧酒出售给士兵，或用来交换纪念品。

纳尔岛,有些找不到酒喝而绝望的人还会喝混合葡萄柚汁或通过面包过滤的须后水。他们喝酒是出于习惯,因为这是一个男人通常该做的某种事情;他们喝酒是为了逃避困难;他们喝酒是为了麻痹自己;他们喝酒是为了忍受。

第二天早上,沃克遇到的每个人都在某种程度上喝醉了。[1]连新来的营长和沃克的连长也都醉了。有人躺在地上,叫喊呻吟,醉得站都站不起来。负责维修飞机的中士醉得不省人事,被人用担架抬走了。喝酒一直持续到第二天。

*

11月本来就是一个颜色单调的月份,尽管是有些明暗对比的。但问题是上海这座城市是否曾经如此凄凉过?主要购物街的霓虹灯全都关闭了。街上除了日军的棕绿色军车,几乎看不到什么小汽车。燃料极难获得,那些囤积汽油的人会面临严厉的处罚。因此,乌尔苏拉·布隆贝格和其他人从花园广场附近去距离较远的地方时,就得骑自行车。然而,拥有一辆自行车需要一个许可证。[2]但即使你同时拥有自行车和许可证,你也无法不受阻碍地穿过这座城市及其行人、搬运工和黄包车汇成的人流和车流。你一离开法租界,就会遇到日本岗哨、铁丝网和路障。

但让布隆贝格最头疼的还不是这个,也不是斑疹伤寒的流行或当天的食物问题。她的生活远离了最糟糕的景象,受到了父母在他们有围墙

---

1 他们营的军医除外,他担心他们喝的是甲醇。他对酒精成分的怀疑并非没有根据。在这场战争期间,更多的美国士兵是死于酒精中毒而不是死于疾病。
2 自1941年新的战争开始以来,上海新发自行车牌照1.6万张。全市开设了数百家自行车修理铺。

的房子里的保护，也受到了城市特定地区梧桐树下奇怪的常态的保护，而危险、死亡和痛苦就存在于几个区域之外：很久以来人们一直难以理解这座城市，它有不同区域，区域之间有边界，也有各自对应的生活。[1] 而她的家人在这里却应付得很好，就算真有危机出现，也会有慈善机构来帮助这里的犹太难民。

让布隆贝格感到痛苦的是那种不确定性。她这样写道：

> 住在法租界里，给了我们不会受到日本人侵扰的一种幻觉，仅仅是因为他们的士兵不会像被日军占领的虹口那样挤满这里的街道。我们好像融入了一个混杂苏联人、葡萄牙人、德国人和其他"友好"族群的圈子，在这个惬意的城区里安宁的街道上定居下来。但这种情况会持续不变吗？

*

似乎是不会。至今为止表现得规规矩矩的日军士兵开始变得咄咄逼人了。有时他们会三五成群地闯入房屋，翻箱倒柜，寻找收音机、美元和黄金。此外，来自欧洲的流言也继续不断地传来，这些"让我们内心最深处感到不安和恐惧"的传言说犹太人被运送到东方的集中营，说犹太人遭受了"无法形容的侵害和虐待"。但这还不是全部。布隆贝格写道：

> 更多的传言通过虹口传了过来。我们听说盖世太保的一名高级

---

[1] 当时法国在亲德的维希政权统治下，被日本视为友好国家，因此日本人基本上维持了法租界原状。

成员，一名叫约瑟夫·迈辛格的上校，[1]访问了东京，为的是讨论那里的犹太难民情况。他现在到了上海，与日本政府官员讨论我们所有人的问题。这不是什么好消息。

有传言说，迈辛格的任务是消灭上海所有的犹太人，也许是通过大屠杀的方式进行。另一个传言是，一艘满载毒气的船已抵达了港口。难道他们跨越了半个地球，就只是为了遭受那种已经吞噬了他们在欧洲的许多同胞的命运？各种猜测和不祥的闲话传播开来。犹太难民中的自杀现象也越来越普遍。

前一天下了一场大雨。这天，11月14日，星期六，下起了毛毛雨，刮起了来自中国内陆的西北风。温度达到了16摄氏度，就深秋来说这是非常宜人的了。人人都知道，寒冷很快就会来临。

*

在伦敦，这又是个多雾的一天。薇拉·布里坦留在房间里写回信。（她的通信范围很广——她收到了很多读者的来信，同时也与分散的和平运动人士有大量接触。）她专心致志地工作，一点一点地处理一大堆信件。她从两个熟人的来信中得到最大的快乐，他们极力称赞了她新出版的书《带着荣誉的羞辱》。她的心情低落已经有一段时间了，不过这些夸奖的话，让她振作了一些。

---

[1] 迈辛格是个异常残忍和令人作呕的人，即使对于党卫军来说也是如此，而且腐败透顶。他被派往亚洲似乎是他的上级为避免令人尴尬的审判而让他离开的一种方式。顺带提一下，上海本身似乎就是各种无能和令人讨厌的纳粹分子的藏身之地，他们除了在夜总会和妓院闲逛外，大部分时间是在监视其他德国人和互相诽谤。

布里坦常合作的那家出版商对出版这本书犹豫不决，原因是书里表达的那种和平主义信息，因此这本书是由赫特福德郡一家很小的个人经营的出版社出版的。各大报纸迄今为止对这本书不是只字不提，就是给予很低的评价，因此朋友和熟人对此书的称赞对她来说很重要。

问题是，她的《带着荣誉的羞辱》是为谁写的？此书采用了写给远在美国的 15 岁儿子的信件的形式，这是写作中途改变的结果，效果很好。然而，很难否认的是，这本书尽管有说教的调子，但最终是为了让包括她自己在内的和平主义者相信，尽管他们有过很多误判和失败，但他们过去和现在都是对的。

正是第一次世界大战中的悲惨经历塑造了布里坦的世界观。就好像她陷入了一个无限的循环，一切都会回到 1914 年。难道是她的想象力不够，不足以让她摆脱历史常常引诱人掉入的过度外推的陷阱？那时的关于反对野蛮和为文明生存而斗争的伟大而光辉的话语被证明是谎言，那么它们现在也必定是谎言；如果那时公众就被编造的或夸大的暴行故事激发起了战争狂热，那么现在这些故事一定同样会被编造或夸大；既然战胜德国及其盟友在当时毫无意义，而且只为另一场战争创造了先决条件，那么现在的胜利也同样毫无意义。

因此，尽管布里坦谴责希特勒和纳粹主义，但她认为正在发生的事情主要是英国自己的错。[1] 英国不应该为波兰开战，唯一的出路是立即停战、和平谈判并慷慨地分享德国和日本现在感到要被迫以武力夺取的自然资源。

---

[1] 在布里坦 1940 年 5 月 26 日的日记中，她说得更为具体。她把英国卷入战争归咎于三个群体：煽动反德的共产主义者及其同伙；不负责任的自由主义者，他们"向全欧洲的小国提供安全保证，却不知道我们是否能够履行这些保证"；怀旧的亲法分子，他们将本国的命运与法国的命运捆绑在一起。

尽管布里坦在努力摸索、截取事实、提出希望时根据的是过去的经验和她自以为正确的热情，并因此对局势产生致命的误判，但在她身上和她的文本中也有一种明显的道德激情源于同样的过往经历，让她感觉到一些更本质的东西。她写道：

> 无穷无尽的悲剧经历使人的感官逐渐麻木了，造成了正常人不可或缺的一种冷酷无情的防御机制。由于不太敏感，这个过程很快就退化为野蛮。对我们所有人来说，曾经难以想象的行为现在被认为是正常的，或者在最坏的情况下是不可避免的。

她的文本的这一部分以对轰炸德国平民的尖锐批评作为结尾。在这一年中，英国皇家空军的轰炸机司令部在其新指挥官阿瑟·哈里斯将军领导下——布里坦引述他的话时带着厌恶口吻——开始了一种新型的空袭行动：针对德国城市的大规模燃烧弹袭击，其既定目标是打击平民的反抗意愿。（这些空袭越来越成功，针对的是一些德国主要城市，最近一次是五天前空袭汉堡。）这些空袭越来越多地占据了布里坦的头脑。这天的日期是11月14日。

到了星期六晚上，布里坦写完了所有的信，她可以带着喜悦和轻松的心情回到自己的小说写作上了——她已经有一个月没有继续写这部作品了。但这部作品还需要拖延一段时间才会最后完成。她的下一个大项目是一本直接质疑对德国平民的空袭轰炸的书。这将使她更加不受欢迎。

*

这是瓜达尔卡纳尔岛上的黄昏时分，约翰·麦克奈里站在那里看着他刚刚爬出来的俯冲轰炸机。他能成功地让它着陆本身就是一项壮举，因为这架飞机可以说已经报废了，成了一堆残骸。由于一些输油管被击毁，发动机已损坏；燃油泵也被击毁了，仪表盘上的许多设备以及无线电收发报机、有机玻璃护罩的大部分、投弹扳机和无线电操作员的机关炮上的一块护板也被打坏。飞行员座椅后面的装甲板上卡着好几发机枪子弹和一枚 20 毫米炮弹爆炸后留下的部件。机翼和机身上处处可见被枪弹打穿的破洞。他自己的一只靴子鞋跟不见了，也是被一发子弹打飞了，这子弹来自蜂拥而来的日本战斗机中的一架，它们在他这架俯冲轰炸机的周围开火，试图将它击落。有些弹洞则可能是他们刚刚攻击的日本舰艇上发射的炮弹留下的，日本人对他们发射了所有可以发射的炮火，甚至包括重型舰炮。

在光线开始昏暗下来的时候攻击敌舰是一种特殊的体验。那时可以清晰地看到飞弹留下的摇曳的椭圆形光带，而在热带正午强烈的阳光里，这种光带是看不见的。黄昏时，突然间还有可能察觉到空中充满了飞弹——只见一些光点缓慢地向上移动，突然伸展开，从他们旁边迅速掠过。

这架飞机成了一堆残骸。这是个坏消息。

这个岛上缺少的就是飞机。下面这种情况是常态而非例外：俯冲轰炸机带着满身弹孔返回机场，但机械师只是用铆接铝条封住弹孔，然后匆忙涂上一层绿色防锈漆；有些飞机看起来像补丁拼凑而成的，在浅蓝色的机身底色之上有许多绿色补丁。修补工作全天候不停地进行，以保持尽可能多的飞机能升空飞行。最让人紧张关注的是这个数字：做好战斗准备的飞机的数量。飞行员是完全不缺的。

这是一场机器的战争，人类只是这些机器的仆人。这场战争就可以这么解释，听起来像是陈词滥调。但陈词滥调的下面隐藏着原始的体验，这些体验如此复杂而又支离破碎、自相矛盾，以致无法被概括——因此需要"这是一场机器的战争"这样的公式。

即使在抽象意义上，这种说法也有一些道理：投入这场战争的那些组织——陆军、海军、空军——都可以被理解为一种巨大的机器，由几乎无数活动的和相互作用的部件组装起来，其中最小的、最不知名的、最常被替换的组件就是人。个人永远要服从庞大机器那冷冰冰的盲目力量。人在机器之外就什么都不是；而由于可被轻易替换，人在机器中也几乎什么都不是。这种从根本上深深令人沮丧、士气低落的认识在某个时间点会影响到他们所有人。

有一些机械师来把这架飞机从跑道上推走。麦克奈里和他的无线电操作员也走开了，去排队领饭，得到了一些吃的东西。他们很可能有一整天都没吃什么东西了。夜幕已降临，时间是11月14日晚上。

约翰·麦克奈里难以理解他所经历的这些事情。他写道："攻击和命中的次数以及是谁干的，永远没人知道细节。这一天包括起飞、攻击、返回、重新装载炸弹以及重复上述行动。没人确切知道谁参与了哪次袭击。"

当麦克奈里很久以后试图把所发生的事情作为一个故事讲述的时候，他和其他人的记忆与航海日志、轰炸机中队日志中的内容都不太相符，而后者又与各种不同的官方报告不太相符。然而，基本事实是很简单的。从清晨开始，他们的轰炸机中队就一直在对前往瓜达尔卡纳尔岛的日军大型运兵船队进行来来回回的空中打击，这支船队就是那个将军在前一天晚上提到的船队。"起飞、攻击、返回、重新装载炸弹以及重复上述行动。"所有可以想到的部队中的飞行单位和所有用得上的机种都参加了这场行动。

麦克奈里执行过四次空袭任务。第一次是在早上6点半，从起飞到降落用了不到三个小时，攻击了两艘巡洋舰。航海日志上说他的 500 磅炸弹击中了其中一艘的船尾，但据他的记忆，他没命中，只差了一点点。他最清晰的记忆也许是：当他们从敌方猛烈的防空火力中飞出来的时候，他松了一口气，终于可以抽支烟了。第二次任务只用了两个多小时，目标就是那个运输船队。这次他的炸弹也没有命中。他最清晰的记忆也许是：他第一眼看到运输船队时，觉得那是他见过的最大的船队。第三次任务耗时约两个小时，再次以船队为目标，现在船队越来越分散。这一次他命中了。他最清晰的记忆也许是：当他们飞回着陆以后，飞行中队队长，金发碧眼的小约翰·塞勒少校，一位比其他飞行员年长十多岁的职业军官——他们都钦佩他无畏的勇气，同时又因为他的坏脾气而有点害怕他——走过来对他说："你那一炸弹抛得太准啦，麦克。因此现在我们知道怎么做了，让我们重新再来一次。"他们也确实又来了一次。

　　麦克奈里后来翻看轰炸机中队日志的时候，并没有看到执行第四次任务留下的记录，但这又恰恰是"永远留在我的记忆中"的那一次。目前还不清楚麦克奈里是否击中了运输船舰，[1]因为他忙于躲避防空火力和日军密集的战斗机群，他也幸存下来了。他的眼睛有时会暂时失明，他的身体也会因重力时而摆向这边时而摆向那边。他也一直闻到那些熟悉的、刺鼻的气味：机油味、废气味、火药味、煤油味和热金属的气味。他最清晰的记忆也许是：在极低极低的高度掠过深蓝色的海洋，敌机枪弹留下的火光在他的俯冲轰炸机的机头上方、下方和前方四处舞动，他能听到枪弹撞击机身的噼啪声和尖锐刺耳的声音，被击中的水箱的水如喷泉涌出，其中一架日军战斗机离得如此之近，以至于他能清楚地看到那个试图夺走他生命的人的脸。但死去的将是那个日本人。

---

[1] 很有可能击中了。1943 年 2 月 22 日的航空队医生报告中提到，他"四次命中船舰"。

就在一个星期前,当麦克奈里刚到瓜达尔卡纳尔岛上,还渴望战斗的时候,他确信自己会在空战和这场战争中幸存下来,死的"总会是别的人"。而这个星期六夜色已深的时候,当麦克奈里躺在他的小小的军用帐篷里试图入睡时,一个念头在他心头萦绕不去:"如果再有更多的像今天这样的日子,我也许就活不下去了。"他内心的某些东西发生了变化。

*

与此同时,在同一座岛上,日军中尉若林东一也试图从所有似乎正在发生的事情中了解到底发生了什么事情。他从丛林覆盖的山上自己的位置,可以用双筒望远镜看到并且数出敌机在机场起降的次数,但他的部队既没有武器也没有弹药,无法做任何事情。若林也看到和听到了那场大规模的夜间海战,这促使他写下了另一首诗,这次是自由诗体形式:

巨响隆隆
炮声嘭嘭
如同数百道闪电同时袭来
我的战壕梦想无影无踪
从瓜达尔卡纳尔岛的顶端
我向北望向图拉吉岛的水域
红色的火焰燃烧着大海
分不清谁是敌谁是友
滚烫的炮弹撕裂空气
轻型炸弹从飞机上抛下来
并点亮我们的船。光在聚集,在颤抖。

> 银色山脉触碰着光与死的轮子。
>
> 我的驱逐舰在什么地方都再也看不见。
>
> 哦，一艘船在光下闪现的影子。
>
> 是敌方的战列舰之一。
>
> 一声雷鸣般的轰响震动大地。
>
> 一、二……火柱擎天而起。
>
> 全都毁灭。在虚无中被分裂粉碎。

若林东一知道，那支由运输船组成的船队，要在这一天内抵达瓜达尔卡纳尔岛。他在日记中写道："我为他们祈祷，愿他们成功。"他知道他们非常需要这些船只运来的数千名士兵和那些重型武器，但也需要构成了船队货物很大一部分的军需补给。他们因缺乏食物而一直在受苦。口粮少得让人惊恐不安。他指出："自从我登陆以来，我就一直渴望蔬菜。今天我甚至吃了一棵棕榈树上的树芽。"

进入11月15日的那个夜里，若林东一也听到从海面上滚滚而来的大炮轰鸣声。到了早上，运输船队已经抵达的消息传开了。若林东一写道："当我听到他们成功的消息时，我欣喜若狂。万岁！"几个小时后，他的中队被派遣穿过丛林，前往靠近北海岸的一个位置。"敌机蜂拥而至，到了我们头顶。"随着这天过去，关于到底发生了什么事情的信息变得越来越让人迷惑。

*

曼苏尔·阿卜杜林和其他一些士兵在朦胧夜色中穿过战壕，前往他们的岗位。这是11月14日星期六的晚上，战场又安静下来，只能听到他们的靴子踩在水坑薄冰上的咔咔声。早些时候，下过稀疏的冻雨，但现在乌云已经散去。气温下降了。

阿卜杜林站在黑暗中注视着双方之间的无人区，敌军防线就在300米外。一轮美丽的满月慢慢升上夜空，清晰明亮的月光照亮了战场原先平坦、毫无特色的表面上的各种形状、细节和图案。他们的攻击在几个小时前结束了，场面惨不忍睹。

这天早些时候，阿卜杜林所属的苏联红军第1034团奉命突袭正对面的敌人战壕，"并控制敌人的防御设施"。这是他们的第一次进攻，第一次真正的战斗。他们中间有一些老兵，是前一年的德军大屠杀的幸存者，[1]但绝大多数是新兵，他们大多只接受过三个月的基本军训。在大多数情况下，士兵和指挥官自10月才互相认识——当时该团和整个师在乌拉尔山脉另一侧的布祖卢克的一个补给站补充了人员和装备。因此在部队中中亚人占很大比例。[2]

在这年春天和夏天，这支部队卷入过一次又一次漫长而屈辱的撤退。在南线作战的那部分红军的士气一时之间似乎要彻底瓦解了。恐慌和绝望情绪成了家常便饭；逃兵人数飙升。[3]但自那以后发生了一些事情。

这在一定程度上是羞耻感和远见的混合。不断地撤退已经开始显得不可再持续了，而且表现在几个方面。撤退在道德上不可再持续：你正

---

1 第1034团所属的第293步兵师在1941年和1942年间多次（多半是出于偶然）避免了苏联红军许多其他单位遭受的命运：被包围、孤立、粉碎和消灭。
2 在这个时间点上，苏联红军中能见到越来越多的少数民族士兵，尤其是中亚人，这在一定程度上可用一种简单的人口方面的原因来解释：许多被歼灭的部队主要由苏联人组成，以苏联人为主的许多地区现在也被德军占领。尽管如此，也或许正因为如此，针对中亚人的歧视和偏见每天都会出现。
3 如果说苏联曾经差点输掉这场战争，那其时间点很可能是在1942年那个灾难性的夏天，当时红军似乎没有任何进展，而且该国庞大的工业基地还没有充分展示其重要性。

在将越来越多的本国同胞抛拱手让给一个占领者,而你在当前情况下已知道这个占领者有能力实施任何暴行。撤退在地理上也不可再持续:如果继续这样撤退下去,你很快就会把本国最重要和资源最丰富的地区丢在身后,而前方只有亚洲的空旷荒原。

但这也与人们的思想和行为的改变有关。之前苏联人的思维和行为模式,例如寻找替罪羊、强迫性的乐观主义、对不愉快事实的否认、本能的服从和同样本能的不愿承担真正责任,是苏联军事失败的一个因素,而失败的冲击最终导致了改变:具有内战背景的老党员和其他明显不称职的领导人已开始被清洗,党的政委干预军事决策的权力最近也被撤销了。

此外,还有一些象征性的变化,但其象征意义很重要。就在三天前,关于军功奖章的颁发有了新的规定。从此以后,苏联红军会迅速而慷慨地颁发勋章。[1] 而就在这个时候,即 11 月中旬,还传来了军官肩章要恢复的消息。这也是另一个标志,意味着从现在开始唯一重要的是军阶和军事技能。而由于肩章与旧秩序、旧沙皇军队联系在一起,反宗教运动也停止了,许多教堂已经开放——甚至还有传言说,可恨的集体农庄制度现在也可能会被取消——红军中的许多人又产生了新的希望:"第一次,士兵们可以真的敢于相信战前时代的秩序——巨头、劳改营和所有其他的一切——都将会结束。他们敢于相信,他们是在为实现一个许诺已久、期待已久的更美好世界而战斗。"[2]

但是,尽管大多数人在这个阶段已经意识到他们实际上是在为自己和国家的生存而战,尽管现在奋斗的理由比逃跑的理由更多,尽管意识形态上的理想主义和牺牲意愿在红军内部正强劲地增长,这个系统却依

---

[1] 值得注意的是,在许多情况下,奖章与直接的物质利益相关联,例如获奖军人家庭可得到更多补贴,还可免费旅行、减少房租、获得小额年金或其他奖励。

[2] 此处引自英国作家、历史学家凯瑟琳·梅里戴尔。

然有着冰冷坚硬的后盾：强迫。任何一个逃避或拒绝服从命令的人都冒着就地枪决的巨大风险。在这个阶段，可能没有人不曾目睹过或听说过这种当即处决的事情。[1] 就在紧靠前沿阵地的后方，总是有来自内务人民委员部的督战部队，奉命抓捕所有逃兵和投降者——他们有权当场处决这些人——并有权向已经开始逃跑或投降的己方部队开火。

曼苏尔·阿卜杜林站在战壕里，望向双方阵地之间的无人地带，他的营数小时前曾试图越过这300米的地带。（而奇怪的是，这次行动他们只得到了炮兵的象征性支持。）在黑暗中以几何形状或树桩的样子出现的东西，或看上去只是一簇簇结霜的草丘的东西，在满月的光照之下显出了真面目：那其实是一个个人，一个个死去的人，其中许多人是阿卜杜林自己认识的，或者是他知道名字的人。落下的雨水在他们的脸上和制服上冻结成一层光滑的冰膜，给人一种他们由冰制成的错觉。阿卜杜林回忆说：

> 有的人四肢伸开平躺着，其他人蜷缩着，扭曲着。有些人斜坐着还举着双手，好像在催促他们的战友继续进攻。有的人面孔已如石头样僵硬还睁大了眼睛，张大嘴巴好像在喊叫。成堆的尸体扑在铁丝网上，好像他们想用自己的重量把铁丝网压倒在地，这样就为战友们攻入纳粹分子的战壕铺平了道路。[2] 你无法在精神上接受这一景象，因为你无法把这冻结的画面当作现实来接受。仿佛如果有人突然重新打开相机，定格的图像就会开始活动。

---

1 甚至动摇的团级军官和其他高级军官也有被枪决的危险，这种情况时有发生。
2 对阿卜杜林来说，这是表达自己的一种方式。对面战壕里的敌方士兵其实是罗马尼亚人，不是德国人。

星期日前的这个晚上，下了第一场雪。

早晨到来的时候，这片平坦的雪景非常宁静，纯洁无瑕，所有发生过的事情留下的痕迹都被柔软的白色毯子盖住了。这就好像前一天的恐怖场景从来就没有出现过一样。

很久以后，曼苏尔·阿卜杜林得知，上面从来就没指望他的营"控制敌人的防御设施"。攻击的目的是找出敌人的重武器、支援点和雷区在哪里。这是红军发动重大进攻前的标准程序。[1]而在这次行动中，第1034步兵团只是诱饵，是消耗品。

*

第二天在斯大林格勒城内，阿德尔贝特·霍尔收到了一条让他感到高兴的消息。他之前就已经得到一个到柏林德博里茨步兵战斗学校去的任务，执行任务期间可在圣诞节请假探望家人。这好事简直不能再好了。和前线的许多士兵一样，他已经成为一个坚定的宿命论者：上帝、命运或运气将决定他在哪里死去以及如何死去，抱怨是没有意义的——这就是为什么老想着死亡和老想着逝去的战友没有意义。

他知道死亡的许多表现形式，他对杀戮也毫不犹豫。恰恰相反。他反复自作主张地到废墟里狙击敌人，这很难说是一名连长该干的事情，而且不是迫不及待的目标，只是为了追捕零散的敌军士兵。也许他属于

---

[1] 此事到了如此程度，连德军都开始将这些"侦察性攻击"视为苏军将在24小时内发动大规模攻击的明确迹象。然而，在这一点上，苏联红军也开始改变主意。红军将领们仍然认为这种血腥和无所顾忌的行动是发动一次猛攻之前必须进行的，但他们也开始明白，如果猛攻不在"侦察性攻击"后立即发动，这就会降低打草惊蛇的风险。因此这次也是。11月14日的袭击是苏联红军"天王星行动"前的准备工作的一部分。

那种发现杀人很容易，甚至被它吸引的人。没错，每个人都在战斗中杀人，因此这是不值一提的。

霍尔的态度很简单。服从命令就够了，别想太多。但他当然想回家——自从夏天以来他和妻子伊尔莎就再没见过面，而他非常爱她。这个星期日，团长通知霍尔，他可以在11月25日离开斯大林格勒，那就只剩10天了。

他几乎没有注意到美国人已经在北非登陆的消息——"我没有时间思考这些更大的问题"。他这天收到的一封信对他的影响更大。这封信告诉他，跟他在杜伊斯堡一起长大的几个老朋友现在已经死了，跟着同一艘潜艇沉没了。

*

同一个星期天，整个伦敦城的各座教堂都敲响了钟声，庆祝阿拉曼战役的胜利。这是新的胜利，上次发生类似的事情还是在上次世界大战结束时。薇拉·布里坦对这个敲钟举动嗤之以鼻。当然，布里坦关注报纸和广播对北非发生的事情的仔细报道，甚至她也有点不情愿地承认那里正在发生一件大事，也许是决定性的事件。然而，她觉得敲钟的举动是"幼稚可笑"和错误的，不仅因为这是丘吉尔的发明——她本能地不喜欢丘吉尔——而且因为她无法将那里的胜利与付出的代价区分开来，包括在家乡付出的代价。不，唯一值得庆祝的就是战争的结束。

这天下午，布里坦去伦敦北部的穆斯维尔山参加一个会议。布里坦是一个经验丰富的公共演说家，多年来她做了数百次登台演说，既有在英国的，也有在美国的。在这次会议上，除了其他内容外，她也朗读了《带着荣誉的羞辱》的片段。一切都很顺利，但她觉得自己要感冒了。

当天晚上，布里坦伤风鼻塞，甚至感到呼吸困难。整晚她都被奇怪的噩梦折磨。到了早上，她躺在床上没起来，直到女佣艾米出现并为她准备早餐。在早上送来的信件中有一封来自她在美国的出版商。他详细解释说，他也已经决定不出版《带着荣誉的羞辱》。这天的日期是11月16日，星期一。

*

这是米耶兹尔杰克小镇的深秋。达努塔和约泽克正在华沙路的房子里忙着布置一个像样的家。她拆包整理东西，装饰家里的陈设；约泽克会做一些木工活，并照顾他们年幼的儿子耶特鲁斯。达努塔会与邻居交谈，而约泽克大部分时间待在自己家里。他们的关系和在家里扮演的角色已发生了一些变化。

他比达努塔年长10岁，稳重而有经验，严肃而有智慧，戴着圆框眼镜，留着朝后梳的头发，而她像少女般天真、娇小、漂亮、虚荣。她开美容院的妈妈很方便帮助她保持这个样子，她的金发、清秀的五官、高高的颧骨和近乎完美的侧脸轮廓，确实很漂亮。这会以某种方式帮助他获救吗？正是她——一个被约泽克和其他人早先认为有点"孩子气"的人——实现了近乎不可能的事，在不合制度和逻辑的情况下，成功地让他从奥斯威辛集中营获释。

达努塔拒绝接受约泽克被带走并被押送到集中营去的事实，并开始努力让她的丈夫获释，而这样做的出发点好像是她天真地相信他什么事也没做，因此当然不应继续被关押。当时她还没想过，这不是什么一般的占领，也绝不是一般的战争；在这一点上，她可能真的得益于一定程度的天真。所以她花了自己大部分时间，不知疲倦，无所畏惧，精心打扮,在占领国迷宫般的走廊、办公室和哥特式建筑中到处恳求。她一封接一封地写信给每一个她可以想到的机构和人员,真的是一个都不漏——甚至包括阿道夫·希特勒。

后来发生的事情可以概括如下:在她发给约泽克的一封信中("奥斯威辛集中营第12排监房第3088号犯人"),达努塔写道,她想给他寄一张他们的新生儿的照片。在1941年8月31日约泽克的回信中,他回复说,她"不可以直接给我寄任何照片……"。达努塔把注意力都放在了"直接"这个词上。她整理了一份寄照片的请求,附上了两张照片,然后全都寄给了集中营的指挥官、党卫军突击队军官鲁道尔夫·赫斯。约泽克被传唤接受讯问。赫斯审问约泽克,问他为何被捕等等。约泽克用他完美的德语做了回答。赫斯思考着,并用手指敲打办公桌的桌面。(顺便提一下,赫斯就是在这张桌子上非常尽职地、教条地、带着技术官僚的冷漠制订出把集中营变成工业化死亡机器的计划的。)赫斯让波兰人约泽克看了那两张照片,但不许触摸。赫斯犹豫了一下,下令将约泽克送去"隔离"。约泽克揣度着这是什么意思,惊讶地抬起他本来一直对着地板的屈服和恐惧的目光。赫斯也盯着他。他的眼睛深陷,没有表情。在接下来的一段时间里,约泽克一方面接受了体检,一方面受到一种政治审查,以确保他将来成为"第三帝国的一个忠实仆人"。1942年1月19日,约泽克被从奥斯威辛集中营释放出来,衣袋里还有45马克,手持一张盖了章的"出营证明"。

为什么?会不会跟那封信有关系?达努塔有一个邻居,斯文斯卡夫人,她会说德语,是让自己注册为"德裔侨民"的人之一,拥有这种身份带来的所有特权。除此之外,斯文斯卡夫人还帮助达努塔写了这封信。这封信是用近乎文学语言的高级德语写成的。此外,约泽克本人的德语说得像德国人一样好。还有,达努塔和约泽克都是金发蓝眼睛,再加上达努塔看起来也异常漂亮。难道是赫斯在约泽克身上看到了一个纯种的德意志人吗？[1]

或者只是多愁善感的突发奇想？是被那个年轻漂亮的妈妈和她的新生儿的照片所感动了？像赫斯这样的工作人员有时会在孩子面前，在动物面前，在自然面前，在艺术面前，尤其是在音乐面前，突然流下眼泪。这不是异常的，而是他们的精神病态的重要组成部分。

多愁善感是以自我为中心的。这种情感是向自己和他人证明，即使他们实施或允许实施非人道的行为，但在内心深处，他们仍然是有感情的人。而这一点，再加上对受害者没有表达明显的仇恨态度，在他们自己看来免除了他们的道德责任。我们可以想象，当那天晚些时候赫斯再次见到自己的妻子和三个孩子的时候，他会对自己感到很满意。

如果没有达努塔坚持不懈的努力，那么就如前面所说的，约泽克在目前情况下可能已经命丧黄泉了。在某种程度上，你可以说，同样的不可预见的情况在击溃了他的同时也造就了她。他仍是被动的一方，而她现在是主动的一方。在那年夏天他们居住的村庄里，达努塔的勇气和在壁垒森严的德国官僚机构中进退自如、游刃有余的新掌握的能力使这位"来自华沙的女士"——人们对她的尊称——成为一个饱受追捧的人物，尤其是在该地区的农民中。

即使在波兰的乡村，德国人的经济剥削也是很残酷的。有特定配额的农产品必须无偿上交给德国当局——在最坏的情况下，那些未能交付的农民将面临死刑的威胁。当农民们遇到麻烦的时候，他们常常请达努

---

[1] 在新占领土上推行的"德意志化"并不总是按照狂热的种族主义理论家所提倡的伪科学的精确标准进行的。波兰当时被占领的地区被称为"但泽－西普鲁士帝国大区"。那里没有对人测量头骨、鼻子的角度或眼睛的颜色，也没有检查血统，但一个感觉像是德意志人的人在那里可能被认为是德意志人，无论头发什么颜色或什么名字。

塔出来为他们辩护。"她成功地让一个农民摆脱了牛奶配额,让另一个农民摆脱了土豆配额;她为一个家庭获准购买建筑材料做了安排,还为另一个家庭买到化肥。"她做这些事情得到的报酬是以实物支付的。在这段时间里,她实际上是为自己家提供食物的人,而他学会了做饭和洗衣服。

在华沙的时候,他们有时会在自己的小公寓里跟随着便携式留声机的曲调跳探戈舞。在这里他们也跳舞吗?在11月的阴暗的日子里,在华沙路上的房子里跳,或者得等到儿子耶特鲁斯睡着了之后?

*

同一时刻,叶连娜·斯克利亚宾娜仍在被德军占领的皮亚季戈尔斯克。气氛依旧诡异。一方面是对可能发生的事情的无声恐惧,另一方面是对正常生活近乎绝望的渴望。11月15日,星期日,她在日记中写道:

> 剧院开门了,而且总是满座。门票必须提前两周订购。我们没有这个问题,因为整个拉德洛夫斯基剧院的人几乎每天都来我们这里,我们得到了很多免费门票,甚至可以把它们转送给我们的朋友。

这是一个演音乐喜剧的小剧院,人们对可能发生的可怕事件感到恐惧:如果有苏联游击队员突然冒出来,决定杀死什么德国人,哪怕只是一个微不足道的德国人,这想想都很惊悚。她听说过传言,说德国人犯下那种史无前例的暴行,最近一次是在乌克兰的一个城市,他们在那里随意枪杀儿童。在斯克利亚宾娜的眼中,这些游击队员是会给她的孩子们带来生命危险的"恐怖分子"。

*

11月15日这个星期天,约翰·麦克奈里像往常一样在凌晨3点半就醒来了。他从自己的睡袋里爬出来,然后在黑暗中跟其他人一起走到那条大型飞机跑道另一头的中队通信中心。在那里,他们收到了当天行动的命令,然后吃了一顿简单的早餐——"我们都吃不下去的蛋粉、一片面包、果酱和不加糖或奶油的咖啡"。

天一发亮,他们就再次从瓜达尔卡纳尔岛起飞。约翰·麦克奈里驾驶的是一架新的满载俯冲轰炸机。目标是四艘日本运输船,现在它们是那个大型运输船队仅剩的全部舰艇了,还已经在离海岸较远的地方搁浅——那显然是一次绝望的努力,企图把部队和补给送上岸。

麦克奈里的一位战友觉得最近几天对这些运输船舰的袭击有点令人不快,因为甲板上挤满了士兵,轰炸机飞行员在望远镜式瞄准具中可以准确地看到他们的轰炸机上的重机关炮在拥挤的人群中有怎样的效果。然而,就算麦克奈里有同样的感受,他也一句都没提。

他精准命中了一艘仍在卸载以摆脱搁浅的运输船。当一枚500磅重的炸弹击中一艘船的时候,正如该中队的一名飞行员所说的,炸飞的"东西"会被抛到150多米高的空中。然后他们用重机关炮扫射海滩边上和椰树林里的日军士兵。之后,麦克奈里在他的日记中写道:"肯定杀死了数百人。"再一次,他们无法了解确切的细节,但他们都意识到自己参与了一些重大的、可能是决定性的事情。[1]

---

[1] 这次大规模增援运输行动被美军阻止,意味着日军实际上已经输掉了瓜达尔卡纳尔岛战役;如果运输船安然无恙地到达,他们就很可能会获胜。几乎所有人都明白这一点。因此,运输船队在这几天里的进展受到了极大而紧张的关注,甚至在白宫也是如此。罗斯福的一位部长詹姆斯·文森特·福雷斯特尔后来说,唯一一次同样紧张的情况是1944年美军在诺曼底登陆前一天的晚上。

*

同一个星期天，瓜达尔卡纳尔岛上的若林东一在早上的时候充满喜悦和希望，在这一天结束之际却陷入坚忍的悲伤。他得知他的两个好友刚刚在岛上阵亡了。一个是来自鹿儿岛的有冈，在一次反击中倒下，若林听说他拔出武士刀冲进美国自动武器火力组成的弹幕，"叫喊着他痛恨每一个该死的敌人"——英勇死亡的戏剧性细节大抵如此。另一个是军校多年的老熟人和酒友小岛少尉，自1940年华南的战争以来若林就没有再见过他。

若林东一不是普通的职业军官。他出生在本州岛上风景秀丽但不太富裕的地区，是一个收入微薄的家庭的次子，之前有过一个不太安分的青年时代。他于1933年以一般步兵的身份入伍。军事学院对他是不开放的，因为他之前犯过一些轻罪，留有案底。然而，若林东一在军中很努力，一步步上升，表现优异。

若林东一被形容为一个有头脑的人，不乏艺术气质，受人喜爱，勇敢大胆，有点不安分。他身体状况良好，擅长运动。他有特别善于和难以相处的新兵打交道的好名声——特别困难的情况通常会转交给他处理。[1]

自1940年以来，若林东一一直属于第228联队，一支训练有素、装备精良的老兵部队。[2] 后来他一直跟着此联队转战南北，首先是在1940

---

[1] 毋庸置疑，若林东一和所有日本军官一样，会殴打他的部下，甚至虐待他们，但这还不是他带兵能力的全部秘密。若林东一复杂的背景使他具有其他军官所缺乏的洞察力和心理技巧，这也体现在他对下属的真诚关心。

[2] 他们是日军第38师团的一部分，也属于日军B类部队，这意味着他们配备了在崎岖地形作战的装备，以及额外的火炮和轻型坦克——非常轻型的坦克。

年封锁中国期间,然后是在 1941 年 12 月成功地攻下香港的战役中——他的联队袭击了大火燃烧的九龙,并非没有遇到麻烦或损失,但在攻陷这座城市时发挥了关键作用。最近,他在荷属东印度群岛参与了成功的军事行动。

这些年来,若林东一还看到了什么其他东西,还做了什么其他事情?这些经历在他身上留下了什么痕迹?他只字不提日军对战俘和平民的大屠杀,而他的师团**事实上**在过去的一年里一而再、再而三地参与其中。当然,我们不可能知道他的沉默是表示不赞成、同意还是更糟的态度。他相信日本的伟大和正确,他相信这场战争,他真的相信建立一个新东亚的空谈,认为他们是在让东亚从白人的殖民主义和腐败的自由主义中得到解放,让一个新的、多样化的由亚洲国家和种族组成的联盟在日本坚定的控制下团结起来。[1]

而在这种意识形态的上层建筑之下,是情感的坚实基础。(因为生活在战争状态中,人最不可避免甚至最受诱惑的影响之一就是它既能激化又能简化一个人的情感。)十天前,当若林东一在瓜达尔卡纳尔岛登陆的时候,他心里充满了自信和侵略性,也毫不犹豫,这是一次又一次的大胜所滋养出来的。至此为止,日军已经打败了一切挡在他们面前的人。为什么不会继续如此呢?

与此同时,若林东一有点过于敏感,无法不去注意细节和氛围的感受。有冈和小岛都阵亡了,这个事实从象征层面上表明,情况可能并不像许多人想象的那么容易。虽然他发誓要为有冈报仇,但他和他的士兵大部分时间是在丛林中推进,以免不必要地引起敌方战斗机的注意。他

---

[1] 如前所述,"大东亚共荣圈"的概念在各地引起了不小反响,但大多数人最终看明白这个想法是日本帝国主义的特洛伊木马,日本的种族主义至少会和白种人的一样令人不快。

对这些敌机已痛恨得咬牙切齿。

当若林东一越来越接近海岸的时候,他远远看到那个日军运输船队的两艘船。两艘船都搁浅了,都在燃烧,升起滚滚的黑色浓烟。若林东一在日记中这样写道:"这是让人很悲哀的,但我想这是不可避免的。"

*

同一个星期天,保罗·加西亚·多米尼奥尼和他那个营的残兵败将已经到达了苏尔特。阿拉曼已经被他们远远抛在后面,马特鲁港、西迪巴拉尼城、塞卢姆、巴蒂亚、图卜鲁格、加沙拉、班加西和欧盖莱等地也是如此。这是海边一个灰暗潮湿的黎明。士兵们正在生火做早饭。加西亚·多米尼奥尼冷得瑟瑟发抖。他朝铅灰的大海望去。天空和海水似乎具有相同的颜色。唯一发亮的地方是在巨浪拍打海岸悬崖时冲天而起的白色泡沫水柱,那里还有一艘船的残骸,已破碎和扭曲得不成形状。有一阵冷风从西北方吹来。

一位年迈的贝都因人朝他们走来。这个人不懂意大利语,加西亚·多米尼奥尼用阿拉伯语跟他打招呼并问他想要什么。没错,他又是一个要面包和香烟的乞丐,但加西亚·多米尼奥尼对他产生了好奇心,因为老人的表情中没有卑微,倒有一种自豪感,说话也很让人动心。"31年前我们占领利比亚的时候他岁数已经不小了,学不会新来的征服者的语言。但他是个聪明人,一个来自沙漠的苏格拉底。"他们两人就交谈起来。

加西亚·多米尼奥尼问他对眼下发生的这一切的看法。不远处的海岸公路上空,有一架英国"飓风"战斗机在乳白色的晨曦中呼啸而过,飞得很低,还有机枪扫射的声响。那个老男人沉默了很久,目光越过眼前这个意大利人的头顶,在昏暗的海面上游移。最后他用一个词来回答:

"塔克菲尔。"

"塔克菲尔"可以翻译成"苦修",目的是赎罪。[1] 加西亚·多米尼奥尼在自己的日记中写道:

> 当这位老者走开的时候,这个残忍而可怕的词语好像充斥在我的周围。"塔克菲尔"就在那低矮的云层中,在"飓风"战斗机掠过后升起的那一团滚滚黑烟中,在被烧毁的车辆旁边的泥土里的那个红色士兵尸体中。现在一切都是"塔克菲尔",所有那些不可计数的无辜的人都是为了一小撮人的意志、野心和利益而牺牲了。在这场战争和所有其他战争中,"塔克菲尔"就像一个诅咒。

---

[1] 顺便提一下,"苦修"这个术语今天已经转变成了一个概念,为杀害被认为不按照经文诫命生活的穆斯林做辩护。

11月16日至22日
这可以称为转折点

"任何事情都可能在任何特定时刻发生。没有哪个决定是最终的：它可能会收紧、改变，或者被后来的法令所取代。独裁最糟糕的地方是它的任意性。"

"这是人民的战争，全体人民的战争。不仅在战场上必须战斗，而且在城镇和乡村，在工厂和农场，在每个热爱自由的男人、女人和孩子的家里和心中都必须战斗。"

"在这个地狱中幸存下来就不容易，而保持人性还要难上一百倍。"

11月15日和16日之间的那个夜晚，英国轰炸机司令部再次下令空袭热那亚。"兰开斯特"轰炸机ED311"K-国王"（替代R5673"L-伦敦"，那架飞机被打烂的残骸现在就躺在他们下方那个城市的某个地方）上坐着机关炮射手约翰·布什比，同他在一起的还有七人机组中的其他人员：飞行员比尔，他留着打过蜡的大胡子，围一条针织长围巾，喜欢交际但有分寸，具有一种天生的权威气质；另一个机关炮射手沃利，是一个瘦削的伦敦人，"理智而能干"，但在这个如此紧密团结的团队中有点受排斥；无线电操作员查理，是一个安静的利物浦年轻人；飞行中队里最好的领航员戴维，也喜欢交际，容易相处，"在炮火中能不慌不忙，沉着冷静"；投弹手比希，有着一种夹带讽刺但又让人温暖的幽默感，以及公认的出众技术，"永远镇定自若"，这并不容易，因为很少有人在身体上和心理上面临像投弹者那么大的风险，他们要趴在飞机最前部小小的有机玻璃罩内在目标区域上空直线飞行，穿过探照灯和爆炸的炮弹交织而成的光幕，调整他们的准星；随机技师汤米，"出生在诺森伯兰郡的一个友善灵魂"，是机组人员中最年轻的一个，很受人喜爱，但也是他们中唯一表现出开始不堪承受精神重压的迹象的那一个。

他们抛下闪闪发亮的目标标记和炸弹。然后他们转头返回,远离那个被浓烟和爆炸笼罩以致难以准确评估损失的城市。热那亚港口遭到了空袭,许多居民区也成为故意攻击的目标,该市的历史中心及其所有的小教堂、大教堂、宫殿和纪念碑也是如此。通过夜间空袭,共有936吨炸弹在不到一个月的时间里被投掷到热那亚。[1]

我们可以想象,飞机上的气氛是轻松的,甚至是欢快的。因为这一次,他们参与了一个"低风险的飞行任务",不像往常一样又执行一次艰巨的任务——那种经历事后经常会留下既轻松同时又苦涩的感觉。这次他们经历了一些少有的事情,完成了一次任务,但风险和损失都是最小的。在三个星期内,英国轰炸机司令部袭击了意大利北部的不同城市。与德国的情况相比,这些城市都是很容易被攻击的目标,这里并非完全没有空防,但近乎没有空防。地面上的灯火管制太粗心大意,没有雷达,夜间战斗机屈指可数,探照灯数量不多,高射炮也少得可怜——当轰炸机抛下炸弹的时候,高射炮通常也停止了射击。

如果说约翰·布什比和其他机组乘员还需要克服什么困难,那就是寒冷,也可能还有疲劳,因为航程往返需要八个小时。顺便提一下,这架轰炸机配备了一个便携式化学马桶,一个位于机尾的涂了绿漆的圆桶,牌子叫"爱尔生"——由于很多机组成员比在校的学生其实大不了多少,所以他们总是乐此不疲地拿"爱尔生"开玩笑。

---

[1] 空袭造成的物质损失是巨大的。有1 996座建筑被完全或几乎完全摧毁,1 249座居民住房仅部分可居住,4 438座住房轻微受损但仍可居住。在短短的时间内,热那亚城区大约有三分之一被炸毁。港口也许是最重要的军事目标,它也被击中,但并不很糟糕,很快就重新投入使用。死亡总人数比较少,为500人左右。这主要是因为这座城市地下有各种隧道系统,为居民提供了很好的保护。人们受到的惊吓还是很大的。维克多·伊曼纽尔国王访问了这座城市,当时它是意大利受害最严重的城市。

当他们到达英格兰的时候,浓密而低矮的秋天云雾笼罩了他们的机场,因此他们转到另一个空军基地去着陆。由于着陆速度过快,他们第一次着陆时几乎要撞地坠毁,[1]然后飞机拉起来在空中又转了一圈,重新尝试着陆,但这次在黑暗中差一点点就和另一架轰炸机相撞,他们没看见那架轰炸机在他们进场时就飞在他们的飞机下面。不管怎么说,第三次尝试他们成功了。

布什比、比尔、沃利、戴维、查理、比希和汤米,既疲倦不堪,又冻得手脚僵硬,回到怀顿基地有七张床的木板小营房后躺下就睡着了。也许睡到傍晚醒来之后他们又会去酒吧一醉方休。也许比尔会在军人服务社那架沾满啤酒的旧钢琴旁边坐下来弹一曲,而布什比和其他人一起来唱助兴的歌,"用上了最大的嗓门,脸上则红扑扑的。有些歌暗含黄色意味,另一些则更直白露骨"。

之后,他们可以去找地勤组长,取回他们在执行任务前按惯例要交给他的家属诀别书。这个星期一没有寄出这样的信件,不论是从他们所在的部队,还是从任何其他部队。连续两个晚上,没有一架参与空袭的飞机被击落。每完成一次空袭任务,轰炸机的机身上就会被涂画上一枚小炸弹,但眼下这些空袭被认为是非常容易的,因此机身上只涂画了一个很有风格的冰激凌甜筒。[2]

---

1 随机技师汤米——因为疲倦或是心不在焉——忘了放下让飞机减速的襟翼。
2 轰炸意大利城市的"意大利闪电战"是与盟军在北非的反攻相互协调的。其目的是削弱意大利人继续作战的意愿,这也取得了既定效果——实际上,这是按计划实现战略轰炸目标的唯一例子——但主要是因为它如此清楚地暴露了意大利法西斯政权的无力和无能,证明其无法保护本国公民。

*

U-604号潜艇上的人把这座巨大的宅子称为"新城堡",但它的正确法语名称是特雷瓦城堡。它在前一年被没收,现在德国海军人员可以来此休息和调养。它的尖顶、塔楼和箭垛以及巨大的花园,使它看起来就像一座传说中的文艺复兴时期的城堡,但实际上它只是一座浪漫的红砖仿古建筑,建造历史只有40年。

德军潜艇人员被送到这个地方来休养,这可能不是偶然的。它的位置偏远,在布雷斯特东南约一小时车程的地方。允许潜艇人员留在布雷斯特是有危险的。自上年3月以来,英国空军一直在轰炸这座城市,尤其是这里的大型潜艇掩藏坞。虽然英军没有取得重大胜利,但为了避免不必要的损失,潜艇人员都乘巴士尽快离开了布雷斯特城。

但是,还有其他类型的危险存在。作为一座古老的港口城市,布雷斯特对年轻水手有着丰富多样的诱惑:这里有咖啡馆、酒吧、舞厅,尤其是妓院。的确,即使在布雷斯特,也有军方经营并严密控制的战地妓院[1](其中一家的所在地直到不久之前还是一所犹太会堂),标准收费是3马克15分钟。潜艇人员还和所有其他穿着军服的德国军人一样,禁止与这些机构雇用的女人之外的其他法国妇女发生性关系,而且那些让自己感染了性病的军人确实会受到严厉的惩罚。(有意思的是,从这年起患上性病被算作"怯敌",可判十年徒刑。)但性病还是会出现,与法国女人通奸的事件也仍时有发生。上岸的潜艇人员愿意像强盗、寻衅闹事者、酒鬼、打架斗殴者和公物破坏者那样生活,这也成为一个问题。因此,像特雷瓦城堡这样的地方被美化为与世隔绝。

---

[1] 这年,在法国大约有100家这样的官办战地妓院。

根据计划，大约40名来自U-604号潜艇的年轻人将在这里度过10天，安静地休息，从事一些体育和"文化活动"。食物非常棒——与其他军人得到的食物相比，潜艇部队的人总是吃得特别好[1]——这里也有一个储藏丰富的酒窖，还有女人。男人们可以"无限制地使用"这两者。

现在是11月中旬。

到这个月月底，U-604号潜艇又要出海了。

*

爪哇巴达维亚城外的5号俘虏营。日期是11月15日，人们在一些椰子树的树荫下举行了星期天的礼拜。然而，"疲倦"邓禄普却心不在焉。他想着自己的未婚妻海伦·弗格森。两人是在墨尔本大学上学时相识的，并在两年多前订了婚。就像他们这代人中的许多人一样，战争迫使他们分开。这段感情早就是靠不断写信来维系了，但现在写信都不可能了。她甚至不知道他是否还活着。

一些小事情都能让邓禄普想起她，比如一次美丽的日出、一个音乐旋律、一个日期等等。邓禄普在自己的日记中写道：

> 可怜的心肝宝贝，我都不知道她怎么能忍受这么多年，只能在家里长久而无聊地等待。我想，如果她嫁给一个美国人或其他什么

---

[1] 这是德国潜艇舰队司令卡尔·邓尼茨为保持士气而采取的一个举措。另一个举措是赠予他们来路不明的珍贵二手怀表——它们可能来自被毒气毒死的犹太人。出海时，他们还会穿由动物毛发编织成的暖和毛毡样袜子，但很少有人知道里面用了人的头发——也来自毒气毒死的人。头发被打包成25千克重的包，并以每千克25芬尼的价格卖给有兴趣的公司。这种怪诞的织物是由德国汽车零部件公司舍弗勒制造的，该公司在距奥斯威辛集中营3小时车程的地方有一家特殊的工厂。

人，那对她来说才是最好的选择，但我不知道在这种情况下我自己的生活该怎么办。我生命中仅剩下她是稳定的——唯有她能让我在战争结束恢复和平的时候有所期待。对我来说，和平不知何故已经被破坏了。

*

现在已是11月中旬，基思·道格拉斯的团仍然驻扎在马特鲁港外面。他们需要休整，得到增援，而这既需要新坦克也要有新兵。（该团的22名军官中，已有16人阵亡或受伤。）但接下来会发生什么？

谣言满天飞，像往常一样，很多都是一厢情愿的想法，却被解读成了事实。也许他们会参加对突尼斯的进攻？也许他们会被派往叙利亚，或者印度？或者是回英国？或者是参加法国南部的大规模登陆行动？或者真像团长11月2日大进攻前的讲话中所说：其他部队追击被打败的德国人和意大利人，而他们将被允许返回开罗，可以洗澡、泡酒吧、享受娱乐和铺好床单的床铺？（顺便提一下，一周前攻占马特鲁港时，团长差点丧命：一发炮弹击毁他乘坐的坦克，杀死了他的驾驶员、炮手和装填手，但他自己幸存了下来。有些人认为能看出他的神经过分紧张，不过他至少和以前一样受欢迎。）再想想，再想想？兴奋无比。

在等待消息的时候，他们踢足球、下海游泳、做体操、听那些振奋人心的演讲、参加教堂的宗教活动、保养他们的坦克、临时起意地外出抢劫、争吵、大笑、睡觉、吃喝。全团正流行严重的肠胃病。道格拉斯的中队在一辆载重三吨的卡车上临时搭建了一个军官食堂。在那里，他们可以尽情享用葡萄酒、雪茄、香烟、巧克力、樱桃、果酱、薄肉片、可可饮料和德国的代用咖啡——道格拉斯认为这些咖啡味道非常好。由于他们还没收了大量小麦面粉,所以早、中、晚的菜单上都有樱桃糕点。

一天,道格拉斯在港口遇到了一位来自亚历山大港的朋友和情敌。这种重逢对他来说是痛苦的。这位朋友的脖子上挂着那个"她"的项链。他们以前在亚历山大港的时候,两人都追求同一个年轻姑娘,那个热情、皮肤黝黑而迷人的米莱娜,她就像那个有"五个种族、五种语言、十几种宗教"[1]的奇特城市一样,通晓各种语言和超越民族偏见。(她说一口流利的阿拉伯语、法语和意大利语,以及道格拉斯觉得口音"荒谬"的英语。)此外她穿上泳装也很好看。

他无可救药地坠入了爱河。有一段时间,他的爱看来得到了回报:他们一起去了可以游泳的海滩和咖啡馆,在舞蹈餐厅和鸡尾酒吧也玩得很开心,他见到了她的父母,写下了送给她的爱情诗,还画了她裸体的样子。

但她的爱冷却了,更糟糕的是,这位朋友在米莱娜的床上取代了他的位置。对于道格拉斯来说,这是一场无法忘怀的灾难。作为诗人,他试着把自己的失败,尤其是他在性爱方面的嫉妒写进一首诗中。这首诗叫《我听到了沙漠的风》,其中包括以下诗句:

> 哦,你在黑暗的床上再次转身
> 把曾经属于我的给他
> 我也要如你一般转身
> 亲吻我黑暗的情人——痛苦。

与这样的一种不幸相比,战争到底有几分真实——这只是一种分

---

[1] 引自英国作家劳伦斯·达雷尔。

心，一种背景吗？早在关系破裂之前，他就威胁说，如果她要离开他，他就去前线寻死。当他在战斗开始前擅自离开师指挥部的岗位，加入现在这个团的时候，他是否就有这样的想法？这就是他能如此轻松地去冒生命危险的原因吗？他的勇气难道只是抑郁情绪的升华吗？

此刻，道格拉斯清晰准确地记得米莱娜和他分手的那个场景，那是在一个餐厅。他记得，在他面前，在他的言辞面前，她的表情越来越厌倦，目光越来越冷漠。他还记得她如何沿着那条街走开，记得她的低语："别闹了，行行好吧，基思；人家都在看着呢。"

这位朋友请道格拉斯抽雪茄，请他喝用杜松子酒和橙汁配制成的烈酒。道格拉斯喝了很多，有关米莱娜的悲伤、痛苦、思念和记忆逐渐消失了。回到团里时，他已经是烂醉如泥了。

*

人们在街上相遇的时候，最经常谈论的话题就是食物。她经常这样愉快地问候人们："你今天吃鲱鱼了吗？"食物，这可能是占据她的头脑最多的事情，而且占据她的时间也不少。布鲁塞尔的安妮·萨默豪森试图计算出三个孩子需要的卡路里。他们能得到多少？他们需要多少？两个较大的孩子好像没有正常成长，她认为这是饮食不足造成的。（大家都知道，很多孩子的青春期此时都推迟了，估计跟饮食有关。[1]）7岁的孩子也越来越瘦，越来越体弱多病，身上长出奇怪的疙瘩，但是，在莱西讷的一个富裕家庭居住了一个月之后，他失去的体重又恢复了，身体也好

---

1 某些疾病如肺结核的患者正在迅速增加。同时，由肥胖和类似问题引起的所谓健康疾病则已大幅度减少。

多了。

是的,他们正进入战争开始以来的第三个冬天,但目前看来食物供应状况实际上比1940年——当时真的很糟糕——和1941年都好。[1]她的地窖里有很多土豆,而就像许多其他人家一样,她将自己的后院改造成了一个菜园子:那里现在长着圆白菜、红卷心菜、羽衣甘蓝和抱子甘蓝。此外,她的食物储藏室里存放着异常多的鲱鱼。

战争带来了许多奇怪和意想不到的后果。就像私家车的消失让布鲁塞尔的空气好多了,比过去宜于呼吸,许多工厂的消失也让比利时的许多河流变得更干净。鱼已经开始回归。虽然前些年渔业受到了很大影响,但鲱鱼已经恢复,开始以惊人的数量出现,因此那些不顾危险、敢于沿着海岸出海的渔船已经能够带回来创纪录的捕获量。

于是他们每天都吃鲱鱼,午餐吃,晚餐也吃。"咸的、酸的、油炸的、白葡萄酒煮的、腌制的,或涂上假蛋黄酱的、卷成卷的[2]、捣碎的",她在日记中写的也是"鲱鱼、鲱鱼、鲱鱼"。晚饭后,她和男孩们通常会清洗鲱鱼,煮鱼片或将它们放入桶中,"一层又一层光滑的银色鱼,上面覆盖着闪闪发光的白盐"。然而,这家人最喜欢的食物是面包布丁。萨默豪森的菜谱:1.将灰褐色的配给面包弄碎;2.让它浸在牛奶和鸡蛋的混合液中膨胀;3.拌入陈皮;4.放入烤箱烤约半小时;5.加糖吃。

萨默豪森正艰难度日。作为办公室工作人员,薪水低廉,不够家用,尤其是因为她和所有其他人一样,必须在黑市上购买很多他们需要

---

1 比利时的食物供应问题格外严重,因为战前该国50%以上的食物靠进口。然后人们还必须为德国占领当局辩护说,他们确实致力于改善食物供应,其中包括推动从肉类生产向蔬菜生产的大规模转变。

2 实际上是泡在醋中的鲱鱼一种变了花样的吃法。

的东西，比如黄油、牛奶和鸡蛋。[1]因此她卖掉了自己值钱的东西——最近一次是几幅画、吸尘器和她丈夫的便携式打字机，牌子是"科鲁纳"[2]——还把房间出租。目前的房客是两个来自伊拉克的妇女和一对年轻的德国夫妇。男的是一个电工，会有数个星期都不在家：他属于不断壮大的工人群体中的一员，他们开始在海岸上下建造掩体和防御工事，显然赚了很多钱。[3]

这对德国夫妇搬进了萨默豪森之前租给一位犹太女人的房间。她是一名来自奥地利的绝望而痛苦的难民（萨默豪森在日记中讳莫如深地称她为"Mlle V"），但她在8月里失踪了。许多其他犹太人，例如过去常为她缝制衬衫的那个老妇人，也失踪了。现在她在街上能看到的戴着犹太人六芒星标记的人越来越少。

因此，最糟糕的当然不是食物，而是不确定性。她在自己的日记中写道："任何事情都可能在任何特定时刻发生。没有哪个决定是最终的：它可能会收紧、改变，或者被后来的法令所取代。独裁最糟糕的地方是它的任意性。"

布鲁塞尔是灰色的、黑暗的和寒冷的。人行道上落满了湿树叶。空气中弥漫着一种全新的不同以往的威胁感。刺杀事件已经发生了。

1　"所有其他人"并非夸张。很少有哪个国家的黑市交易像比利时这样普遍，甚至是容许的。连德国军方也在黑市上大量采购，而起诉个别黑市卖主的尝试往往会失败，因为他们受到德国保护。
2　吸尘器和打字机在德国二手市场上都有很高的价值，因为以前制造它们的工厂现在都改为生产战争物资了。
3　除了高工资，德国人给工人的食物配给也接近两倍。

　　这是一个普通的壁球馆，位于芝加哥大学橄榄球场"斯塔格球场"空荡荡的西看台下方的地下一层。她对这座建筑非常熟悉，因为它有着雉堞状的外墙和新哥特式的窗户，也因为她以前曾在这里玩过。入口是朝向埃利斯大道的，但现在那里禁止进入，而在迷宫般的走廊深处，有武装警卫站在那里检查证件，只有获得特别许可的人才能进入。她就是其中之一。她叫利昂娜·伍兹，是一名23岁的物理学博士生。

　　在过去的一年里，她在系里变得越来越孤独。她的许多男博士生同学要么被征召入伍，要么不见了踪影，去工业界从事各种类型的战时工作。伍兹聪明、害羞、身材高大、性格坚毅、体格健壮，要不是因为她有夏季每天下午5点到密歇根湖游泳的习惯，也许情况就会一直如此。

　　在这些日常的游泳过程中，她结识了同一代研究人员中的另一位物理学家赫伯特·安德森。（在游泳的人中还有一个安静的、步入中年不久的意大利人，名叫恩里科·费米。伍兹一眼就认出了这位著名的诺贝尔奖获得者，几年前他被迫逃离本国的独裁统治。）安德森发现伍兹已经具有一些真空技术方面的特殊知识，因此把她招进了他在这所大学与费米一起运作的一个绝密项目，该项目的名称平平无奇："冶金实验室"。[1] 伍兹的主要任务是：制造和操作一种前所未有的测量仪器，以测量中子的活动。她还有另外一个任务，要在费米向研究团队介绍情况时做会议记录。

　　11月16日是芝加哥典型的冬季星期一。这一天开始时还比较温暖，

---

[1] 此研究团队又是一个更大组织的一部分，该组织也有一个同样平淡的名称："曼哈顿工程区"。

但到了下午，温度就迅速下降。壁球馆没有暖气，聚集在那里的人们穿着外套、白大褂或工作服，都能感受到气温的变化。在沿着一堵长墙设置的小小看台上，费米站在那里指挥安装工作。人们用绳索和吊机把一个奇怪的浅灰色气球皮立方体吊起来，一个几乎占满整个壁球室的立方体。其底部平放在地板上，顶部则固定在天花板上，有三个侧面固定到墙上，第四个侧面是面向看台，被卷了起来。

有人在底部画了一个圆圈。然后，身穿连衣工作服的男人们开始把长方形的、磨得光光的黑色方块在滑道上推入那个小房间。[1] 在明亮的电灯下，这些方块被小心地拼接在一起。当这个圆圈被方块填满时，就在第一层方块上再放一层方块，比上一层略大。这项工作需要时间，因为这些方块层是由一个同样经过精心装配的木框架固定在位的，这个框架直抵悬挂的气球布。没有详细的图纸，但有一个木匠在现场测量，然后去隔壁的房间，用一把圆锯把木块切割到一定长度。（采购大量标准直径的木材也是伍兹的任务。她是在斯特林木材公司采购的。她的订单引起了一些惊讶的反应，并不是说采购本身很奇怪，而是她随身携带了一份官方文件，声明这些订单具有"最高优先级别"，要排在所有其他订单之前。木材？）

装配工作一直持续到寒冷的黄昏。然后换成夜班接着做。此时伍兹可能已经回家了。她和妹妹就在球场旁边的一栋楼里合租了一个公寓。

利昂娜·伍兹的妹妹并不知道她做什么工作；球场西看台地下一层的大多数人也不知道自己是在做什么；伍兹是为数不多的知道这种奇怪的木块结构用途的人之一。他们要建造一种前所未有的机器，有些人甚

---

[1] 承担大部分手动工作的是大约30名年轻的"高中辍学生"。他们辍学是等待军队征召令，待命时把这项工作当作临时打工。

至不相信这种机器可以建造，到目前为止这部机器也没有名字，但它还是有个代号的：CP-1。[1]

其目的是测试是否有可能启动可裂变放射性物质的一种受控的链式反应，如果这一反应能按预想的那样有效，它就应该能够产生一种新物质，一种在自然界中仅有痕量存在的元素——钚。纯粹从理论上看，这种物质应该可以用来制造炸弹，其威力如此之大，一颗就可以摧毁整座城市。

这天晚上 11 点半，芝加哥广播电台播放了新闻简报（瓜达尔卡纳尔岛外的战斗、突尼斯的战斗、新几内亚的战斗、斯大林格勒的战斗），之后是哈里·詹姆斯和他的管弦乐队演奏的低俗轻松的爵士乐（曲目大概有《你让我爱你》《沉睡的潟湖》《复活节游行》等）。她可以睡去了，就像她身边，这座大城市一样无声、静止，而在那边的地下壁球馆里，装配工作一直在继续进行，没有间断。这是紧迫的事：CP-1 装置应该在两周内安装就绪。

*

爪哇巴达维亚郊外的 5 号俘虏营。"疲倦"邓禄普的这一天过得和其他任何一天没什么区别，但就在这个 16 号星期一，出于某种原因，他写下了平时简单的日程：

07：00 起床号。唤醒。

---

[1] 我们说的当然是核反应堆。使用的简称 CP-1 是"芝加哥核反应堆一号"的缩写。"堆"（pile）是费米自己给该装置起的名字，其他人也纷纷效仿，但它并不像某些人猜测的那样与意大利语中表示"能量发生器"的词语"pila"有关，而只是英语中表示"堆"的单词。

07：30 起床。然后洗脸和剃须。

08：00 早餐，随后整理床铺，打扫卫生。可休息片刻，吸烟和阅读。

09：30 在营地医院巡视。

10：00 体操。由阿尔达格中士领操。

11：00 法语课。［他已经放弃学习荷兰语。］然后在营地医院完成更多工作，既检查病人也执行各种行政任务。

14：00 某种形式的体育锻炼。经常是打排球。

18：00 阅读或下棋。

19：00 简单晚餐，"茶与闲谈"。

20：00 接着阅读或下棋。

22：00 就寝熄灯号。熄灯。

*

同一个星期一的晚上9点，恩斯特·容格尔在他神秘的东方之旅中再度启程。他的太太格蕾莎在柏林东站向他挥手告别。下一站是东普鲁士的勒岑。从那里，他的计划是乘坐运输机飞往基辅。

*

维托里奥·瓦利切拉和他的战友们继续靠抢劫、盗窃和以物易物的方式生存着。特别是靠抢劫。在这兵败如山倒的时刻，他们东躲西藏，不得不依靠一千年前士兵们就在用的方法活下去。

不过用"抢劫"这个词或许言重了。他们不威胁任何人，而是尽可能远远地避开人。他们不是强盗，反而可以被看作一种在战争垃圾堆上生活的拾荒者。他们以老兵油子敏锐的眼光搜索那些战争残骸、抛锚的车辆和废弃的营地，寻找水、汽油和食物等能用得上的东西。（通常就是按照这个顺序去寻找的，而且找的时候剩下的汽油往往只够用一两个小时了。）

就好比这个星期一，11月16日。1. 他们彻底搜查了德尔纳城外的一个被废弃的机场，发现了20个军用背包，里面装着各种可能用得上的好东西，只有些微烟熏损害。2. 他们在这个城外的沙漠中的一口井边成功地取了水，而半小时后这口井就被炮火炸毁了。3. 在那个港口小镇内，他们找到了一些即将被摧毁的仓库，其中一个已经着火了，他们抢搬出了奶酪、五麻袋粮食、两纸箱沙丁鱼罐头和30千克意大利面条。4. 他们从一个阿拉伯人那里换到了新鲜鸡蛋。5. 他们碰见了一位德国的下级军官，他是一位金头发的伞兵，会说意大利语，并同意用汽油换他们的香烟。

在即将日落之际，晚餐做好了。他们邀请那位德国伞兵军官和他们一起吃饭。菜单好得令人难以拒绝，而且像平时那样，将最新发现的东西组合了起来：配有沙丁鱼的意大利面条、咸牛肉和鸡蛋。金发的德国人则贡献了新鲜出炉的小麦面包以及一瓶矿泉水。这个美好夜晚是这样结束的：星光灿烂的夜空下，他们坐在防空洞里，抽烟、喝茶、聊天。那个德国人来自纽伦堡。他的意大利语为什么能说得这么好？哦，他童年时的夏天都是在佛罗伦萨和他的外祖父一起度过的。瓦利切拉觉得跟他很投契。

然后德国人开始谈论战争的局势。瓦利切拉和他的战友们已经两个星期没听到任何消息了，他们张着嘴坐在那里聚精会神地听着。德国人很冷静，似乎掌握很多信息。但瓦利切拉开始明白他们面对的是一个笃信纳粹主义的家伙。就在这个德国人要离开之前，瓦利切拉问他，他认为这场战争中会发生什么。"这场战争,"这个德国人自信地说,"明年将以盎格鲁－美国人的失败而告终。"他还补充说:"就在今晚,我们的电台报道说德国军队现在已经占领了整个斯大林格勒。"

*

在白俄罗斯的森林里,白昼变得越来越短。尼古拉·奥布里金巴发现作为一名游击队员生活绝非易事,并且这表现在几个方面。就在他短暂的红军生涯中,他已经发现杀人异乎寻常地困难。他写道:"杀人,哪怕是为了拯救你的生命,都意味着颠覆你头脑和内心的所有想法和感受。"他补充道:"在战争开始时,让人们做好杀人的准备——让他们变得更心硬——是对整个人类心态的重建。这是一个漫长而痛苦的过程。"

这个过程对奥布里金巴来说是否到达了终点?从某一方面看:是的。这天他将第一次处决某个人。从另一方面看:不是。烦恼和痛苦并没有离开他。最好他能不用这么做。

所发生的事情是,从对方那边跑来了一名逃兵,一个白俄罗斯人,一个所谓的"警察",是德国人建立的一支武装民兵部队的成员。[1]这种部队在大多数主要村庄和城镇都可以找到,其规模和效果各不相同,但它们无疑是占领者的延伸力量。(例如,这年他们在几乎全白俄罗斯发生的大大小小的大规模枪杀犹太人的事件中就扮演了重要角色。)他们与游击队之间的冲突也很常见,而且双方都很无情。双方都不愿收留俘虏。

游击队的指挥官怀疑这名警察逃兵可能是来做奸细的,显然是为了

---

[1] "警察"是最初的德语名称"辅助警察"一词的后一半,但出于意识形态原因更改为"保护队"。然而最初的名称还是持续不变。1942 年的这个时候,乌克兰和奥斯特兰(波罗的海国家和白俄罗斯西部的德语名称)几乎正好有 30 万"保护队"。

安全起见，他毫不犹豫地决定把这个人除掉。执行这个任务的人就是奥布里金巴，他得到了仔细的指示。这名逃兵已被告知，他将被护送到安图诺沃去，但其实他会在途中被处决。奥布里金巴和另一名游击队员会跟在并不知情的逃兵身后，奥布里金巴会从背后射杀他。

但是奥布里金巴能完成任务吗？

他知道有人在背后议论他，说他很软弱——毕竟他是一名艺术家，一个容易被感动的灵魂。奥布里金巴已经怀有罪恶感，比如说，在许多其他俘房都死去的情况下，他却在被俘后还活下来了。最近他了解到，他为其画过像的一个波兰妇女（当时他和游击队曾在她家的房子里停留过）被德国人杀害了，是与她的丈夫一起被杀的。原因就是德国人找到了那张画像。这个快乐而有点顽皮的女人因为好玩而在当模特时戴了一顶苏军的军帽，上面还有一颗红星。这个细节就足以让德国人处决她。

*

同一个星期一，一列拖着运牲口的车皮的火车抵达了特雷布林卡。车上有大约 1 000 个来自格尼耶沃索夫镇的犹太人，那里的 8 月份建立起来的犹太人临时隔离区正在最后清理中。[1]

"齐尔"拉伊赫曼一直在这个集中营的"牙医工作队"工作。他和上集中营里其他的"死犹太人"刚完成一星期的紧张工作。位于波兰东北部比亚韦斯托克周边地区的几个集中营和较小的犹太人隔离区都已经被清空了，一步一步地清空，犹太人被一列车接一列车地运过来。

---

[1] 根据特雷布林卡关于运输的文件，这天的日期为 11 月 15 日，即犹太人临时隔离区被清空的那一天，但考虑到程序和两地距离，这趟火车很可能要到第二天即 16 日才能到达。

作为专家，拉伊赫曼得到了某种保护，但即使是"牙医工作队"的二十几个人也很容易遇到大麻烦。最大的错误是不小心忘记拔已经通过的尸体上的金牙。通常会有一个党卫军的人站在埋尸坑边检查。拉伊赫曼叙述道：

> 有一次我曾碰到这样一件事，当时那个德国人看到有一具尸体的嘴里还有金牙闪闪发光。由于我在牙医的队伍中排在最后，罪过就落在了我的身上。我被迫立即跳进埋尸坑里，在里面连摔了好几个跟斗。我很快地拔出了金牙，等我一爬上来，党卫军就命令我趴在地上，两手撑开。我数了数，我被抽了25鞭。

前一天又发生了同样的事情。[1] "这次我被抽了整整70鞭。" 结果导致了败血症。在上集中营，遇到这样的事情就是死刑。德国人会枪杀所有的病人和弱者。[2] 但拉伊赫曼的"工头"齐默尔曼医生救了他。拉伊赫曼接着叙述道：

> 幸运的是，这件事发生在一个星期天，那时我们不用工作。齐默尔曼医生带来了他的仪器，在营房里做了手术，他还给我麻醉，开刀清洗伤口，这才保住了我的命。

---

1 这个日期是一个假设，因为这一插曲在拉伊赫曼的叙述中没有注明日期。然而它应该恰好是11月15日，因为它似乎是11月里唯一一个没有什么运人的火车到达特雷布林卡的星期天。
2 此时集中营里还没有医院，只有一个地方叫作卫生所，位于下集中营接待分类区的角落，一个入口处标有一个大红十字的围栏区域。其后方是一个长方形的坑，运人列车上的弱者和伤病者在这里被小口径武器从脑后枪杀——这是为了不引起新来者的不必要的注意。

星期一的程序同往常一样。来自格尼耶沃索夫镇的上千名犹太人中除了有少数人幸免于难,用来补充集中营"特别工作队"里人数不断缩减的工人队伍,其他所有人都在夜幕降临前被杀害了:有男人、女人和孩子。

*

白俄罗斯森林中的游击战不仅残酷,而且大部分是在道德的灰色地带进行的,一个英雄行为和犯罪勾当互相交织的边界地带。到目前为止,奥布里金巴参加的这种游击队组织杀害的本国同胞可能比德国人还多。

在白俄罗斯,就像在被占领的苏联其他地区一样,尽管纳粹将斯拉夫人视为非人,尽管这导致了对平民人口的肆无忌惮、不稳定和矛盾的政策,但仍有不少人选择与德国人合作。

对于一些合作者来说,这是让自己投靠新权力的一种方式,让自己也获得权力,发财致富,报仇泄恨,杀人而不用承担后果;他们许多是在过去以各种方式遭殃受害的人,对当权派和政党缺乏忠诚,这使他们对来自纳粹分子的诱惑持开放态度,而对其真正意味着什么视而不见。然而,对于大多数人来说,合作似乎是在一种紧急、残暴和极端不安定的情况下艰难求生的一种方式,因为给德国人效力意味着薪水、食物和其他好处,甚至能决定生死。[1]

为什么这名"警察"逃兵让自己被招募不得而知。这不再重要了。这个人必须被杀死,而杀死他是奥布里金巴的任务。就如前面说过的:奥布里金巴能完成任务吗?走在奥布里金巴前面的这个人不知道自己即

---

1 例如,为德国人服务也意味着一个人的家属可以免于强迫劳动。如果一个合作者被游击队杀害,家属可以领取抚恤金。对许多人来说,合作是避免成为战俘甚至是避免进入集中营的一种方式。

将被处死。奥布里金巴有什么武器？可能是他自己的纳甘牌左轮手枪。奥布里金巴把手枪拿出来。瞄准。瞄准哪里？可能是瞄准后颈，像人们通常做的那样。枪响了。那个男人跌了个跟斗。血。

这很可能是奥布里金巴杀死的第一个人。至少是在这么近距离杀的第一个。在他战后写的文字中，他说他后来在其他人面前"表现得很自负"。他已经证明他现在是能杀人的。但他的内心其实很痛苦。

后来，奥布里金巴难以入睡，因为在梦中他连续不断地回到了那个杀人的现场——然后就醒了。他又看到了。血。此刻他在想什么过去的事，是在战俘营里的事吗？"在这个地狱中幸存下来就不容易，而保持人性还要难上一百倍。"

*

维托里奥·瓦利切拉在北非目睹的不仅是意大利的一场军事上的溃败，也是一场殖民化的失败。自从利比亚在大约 30 年前被意大利征服以来，该地区——在地图上被笔直的线条划分成三个省份，即昔兰尼加、的黎波里塔尼亚和费赞——就一直作为殖民目标，经历着常规的殖民流程：入侵，战争，对所有当地抵抗力量的残酷镇压，[1]百姓流离失所，边界调整，游击战争，民族同化，白人殖民者蜂拥而入，原材料掠夺，修建公路、铁路、工厂、旅馆、纪念碑等等。

就和许多殖民计划一样，物质方面的收益远远低于预期，但意大利征服利比亚的最终目的是与经济无关的。利比亚是一个象征、一个海市

---

[1] 在利比亚发生的情况尤其残酷：镇压方法包括使用毒气（芥子气）、大规模处决、制造饥饿和送入集中营。据估计，昔兰尼加有四分之一的原住民被意大利人杀害。

蜃楼和一个梦想。该地区通常被称为意大利的"第四海岸",因为如果没有这片土地,墨索里尼在罗马威尼斯宫阳台上对聚集在一起的群众宣布地中海是"我们的海"的叫嚣都将毫无意义,不过就是天花乱坠的吹嘘而已。但利比亚赋予了"我们的海"地理的和几何学的现实性。

现在这种叫嚣都完蛋了。不仅是意大利军队被赶出了利比亚,还有意大利的官员、平民、殖民者,其中许多是在大萧条期间被引诱到这里的普通农民。瓦利切拉和他的战友们已经驾车穿过了白人居民被清空的很多城镇和村庄。在这辆卡车上的人对越来越咄咄逼人的阿拉伯人常常感到害怕,就像他们害怕英国军队一样。

他们越往西开,看到的景色就越有生气。那里有了房屋,是的,甚至出现了整个村庄,令人困惑的是这些村庄看起来就像他们的家乡意大利的村庄一样。瓦利切拉是农民的儿子,天生喜欢绿色的植物,很高兴看到被紫花苜蓿染成了蓝色和紫色的田野。他们在贝达利托里亚停了下来,这是一个建立了还不到十年的那种殖民化的模范村镇,有一个设计风格以未来主义为灵感的中心,象征着它所等待的宏伟未来。但现在这里空荡荡的,被人抛弃了。连教士都没了踪影。这是11月17日,星期二。

到了晚上,瓦利切拉和其他人闯进了一座被炮火炸坏的房子,这也是村里最大的房屋之一。在闪烁不定的灯光里,昏暗的房子变成了一系列的印象。里面有一张巨大的餐桌和装满瓷器、餐具和水晶玻璃杯的橱柜。有柔软的床铺铺着干净的白色床单。有一张留着胡子的一个富翁的照片。还有一张照片,照的是一群人,领头的留着常见的那种山羊胡子,他是巴尔博元帅,是一个飞行员、省长和法西斯主义者。还有一些年轻漂亮的姑娘的照片,她们都穿着泳装站在海边的沙滩上摆姿势。就像这座房子一样,这些照片散发着权力、富裕和遥远的幸福的气息。他们从那里能拿走的真正有用的东西只有干净的床单、一些枕头和一袋米。在车库里，他们发现了两只死猫。

*

前一天就有人悄悄告诉莱昂纳德·托马斯，"阿尔斯特女王号"和其他船只很快就可以离开阿尔汉格尔斯克了。他真是百感交集。终于要走了，但还没走。托马斯几乎要发狂，在轮机舱里来来回回踱步，踏得甲板嘭嘭响，思索、幻想、喜悦、担忧。一方面，他将摆脱自9月以来就成了他的厄运的单调无色、几乎像监狱一样的生活，最终能回家了。甚至可能赶上圣诞节。另一方面，他对等待他的事情充满恐惧，因为他们不得不再次穿越北冰洋，一路上就如穿越地狱的刀山火海。什么事情都可能发生。

跟随护航船队PQ 18来到这里的航程无疑是他一生中最糟糕的经历。

他们不仅要沿几乎全军覆没的北冰洋护航船队PQ 17的航线行驶，而且他们明白德国人有充足的时间准备，现在正等着他们，打算故技重演。作为一名机械师，托马斯是被困在下面的轮机舱里的，甚至如坐牢，被困在小心关闭的水密门和舱壁后面。当他像大多数其他人一样在恐惧中变得胆小和沉默时，那些危险的日子对他来说只不过是一些声音：是防空炮以不同节奏和不同音调发出的开火声，是空弹壳落在上面甲板上的噼啪声，是汽笛的哀鸣声，是发动机的轰鸣声，时不时还提升为巨响——总是一个不好的迹象，因为这意味着这条船需要急速转舵——还有深水炸弹的爆炸声，这声音有时会随着距离变远而模糊不清，有时又会大得让人痛苦，不过与所有声音中最讨厌的声音相比，这其实还是一种受欢迎的声音，是一种安全的声音。最讨厌的声音是一枚擦舰而过的鱼雷发出的微弱但不会让人弄错的唰唰声。

几天后，托马斯完全失去了时间的概念。这在一定程度上是因为睡得太少，而这不仅仅是因为所有的噪声，尤其是深水炸弹发出的声响。他睡不着也是因为他太害怕了，而且他害怕睡着。有一度他甚至避免向舷窗外看海，生怕会看到那样一个鱼雷。他们的护航船队 PQ 18 号称取得了巨大的成功，但在抵达时依然损失了 40 艘运输船中的 13 艘。托马斯有过怀疑的时刻。为什么要不顾一切地执行这样的任务？"有时候，合同和文件就是我们的死刑判决书。"

当"阿尔斯特女王号"驶出阿尔汉格尔斯克港的时候，已是又黑又冷的深夜。在港口入口外面，托马斯可以看到那些排队等待的运输船的黑色船影。这是船队 QP 15，而日期是 11 月 17 日，星期二。海上吹来了风。它们正慢慢地向西北偏北方向移动。浓重的黑灰色云层在其前面展开。一股深深的低气压正从北冰洋席卷而来。

*

同一天，德军在斯大林格勒发动另一次进攻——是最后一次吗？这座城市还没有下雪，但地上已经结了霜。在伏尔加河黑色的水面上，可以看到浮冰在顺流而下，缓缓地漂动。

阿德尔贝特·霍尔所属师的其他团已经转移到这座城市北部大草原上的新阵地去了，预计他们会在那里度过即将到来的冬天。而霍尔所在的团——如果它还可以继续被称为一个团的话，毕竟它现在只剩不到 90 人[1]——在与其他团会合之前还要参与一次行动，旨在清除苏军最后一批

---

[1] 该团中还有一些苏联人"志愿者"，属于苏军逃兵或之前的战俘。他们不必参加战斗，但可以帮助完成各种实际任务，例如运送弹药和伤员，以及去田里寻找食物。在德军第 6 集团军中大约有 6 万名这样的"志愿者"。

抵抗力量。他们团的具体任务是夺取城市北边的雷诺克和斯巴达诺夫卡这最后两个小郊区，这两个地方就像斯大林格勒的许多其他地方一样，在双方来回攻击和反击的死亡之舞中已被夷为平地。

在场的人中没几个相信这次计划中的袭击会成功。团长不信，后来跟霍尔交流过的几位营长也不信，霍尔本人同样不信——但他没有提出任何反对的意见。"我只是大机器上的一个小齿轮。"一起参加此次进攻的装甲师也有很多军官看不出这次行动有什么意义。军长感到气愤。[1] 然而，已别无选择，因为进攻的命令来自最高层，是可以想象到的最高层：元首本人。

希特勒签署的一项简短指令已在军事等级制度中逐级下达，一直下达到即将执行这次行动的已精疲力竭的部队。而第6集团军司令保卢斯将军，也和许多在独裁者面前俯首帖耳的将军一样，补充了一句话："我坚信，这一命令将赋予我们勇敢的士兵新的力量。"

想想吧，是元首本人愿意这样做！（独裁者对细节的控制程度已到了如此地步，就连要攻占具体哪些建筑群都由他亲自做出指示。）忠诚的霍尔一定也听过希特勒前几天的广播讲话，他在讲话中预言了这座城市的沦陷。霍尔写道："然而，归根结底，我们是必须服从和执行命令的士兵。一支军队的战斗效率取决于它对指挥官的服从和信任。"因此没有人再说什么。等级制度、服从命令、木偶游戏。命令就是命令。

霍尔没有到第一线去，而只是在后方听着战斗如何打响，这是让他不太习惯的。能见度很差。能听到的是噪声和嗒嗒的枪声。到了午餐时分，最初的战报送来了。这次进攻只前进了200米就停滞不前了。苏军

---

[1] 第94步兵师所属军的指挥官冯·赛德利茨将军评论说："在我们做出全部努力之后，收到了这个命令就像被打了一个耳光。"

炮火太猛了。(苏联人从哪里弄来的所有这些炮弹?)

*

有三天时间贝德·索恩斯和澳军第 3 营的其他人都守在库姆斯河旁待命,而工兵则在河上煞费苦心地搭建简单的索桥。直到 11 月 18 日星期三,他们才全部到达河的另一边。那天,营长派索恩斯和他所在的野战排去执行一次巡逻任务。他们要沿着这条河逆流而上,寻找"落单的日本人"。可以说,这个任务与其说是把他们带来,不如说是去杀死他们。

杀死敌方士兵,这种事索恩斯已不在乎。不管他之前有过什么疑虑,在看到过一具被斩首的澳大利亚士兵的遗体后,疑虑也就烟消云散了。他和其他士兵随后决定:"再也不要留情。"索恩斯本人应该是认识第 3 营的那两名士兵的。他们的尸体是在欧拉溪边的混战之后被发现的,没有了手臂,大腿和臀部上有大块肉被割掉了,这些肉后来在附近被找到,用树叶包着。有传言说日本兵正在挨饿,在绝望中他们开始吃人肉。这种传言现在得到了证实。

第 10 排的士兵再次穿过原始丛林,穿过那些灌木丛和湿地。贝德·索恩斯非常不舒服。和其他战士一样,他从 9 月初以来体重减轻了很多,那时他们开始沿着科科达小道行进。

根据出现的症状来判断,他发烧了,还头疼。

*

当原为一从舱壁上的舷窗往外看时,他瞥见了碧绿的海水、耸立的丛林覆盖着的火山岛,以及远处显示珊瑚礁所在处的浪花。还有停泊的涂成灰色的船只。驱逐舰"天津风号",或者更确切地说是这艘驱逐舰的残骸返回了特鲁克港。原为一走到舱外的甲板上。修理船"明石号"的一名工程师登上了他们的船,互致军礼和寒暄。原为一说,他希望自己的驱逐舰能在"一周到十天"内再次回去参战。

在一定程度上,这是一个令人惊讶的说法。显然,在13号前那个夜晚的瓜达尔卡纳尔岛外的海战之后,原为一依然处于某种震惊状态。人们认为他像是生病了。

不可否认,原为一是一位经验丰富的舰艇指挥官,他于1937年在上海港初次接受炮火洗礼,此后参与过数次海战——入侵菲律宾的海战,另外三场海战(其中包括有决定性意义的爪哇岛外的大海战),以及中途岛之战,尽管是处在一个旁观的位置——但他从未经历过类似这次瓜达尔卡纳尔岛海战的事情,无论是规模、强度还是后果都前所未有。

缠绕着他的失败感和负罪感是真实的。他曾经因为用鱼雷一举击沉两艘敌舰的壮举而让人称赞,但和他的误判导致43人丧生的记忆相比,那就没有什么分量了。过去24小时里发生的事件也重新唤起了他对海军部分领导层曾有过的不信任。而且,我们可以认为,他对这场战争本身就有过的疑虑也重新浮现了。

1941年12月之前,日本海军内部的气氛几乎是歇斯底里地好战求战。原为一是少数质疑与美国对抗是否明智的军官之一。这不是出于道德的顾虑,而仅仅是因为怀疑日本是否真的拥有获胜的资源——原为一曾作为一名年轻军官访问过美国。[1]

然而,许多人,不仅仅是高级指挥官,并未因事实和统计数据而明

---

[1] 原为一漫长的军队生涯也给他留下了20世纪日本深受西方影响的记忆,而这些影响在20世纪30年代被有效地驱散了。

显动摇，反而近乎全盘看不起对手，认为他们颓废、脆弱和不堪一击，同时宣传自己不可战胜的形象。（而且，在专制制度下，不受欢迎的信息和分歧往往会被迅速筛掉。）

然而，原为一想知道事实是否确实如此，事实是否如人们公式化地声称的那样，"不可战胜的日本人能够通过他们咄咄逼人的攻击性来粉碎数量上占优势的敌军"，诸如此类。然而，过去11个月里日军不可思议的巨大胜利让他对自己的疑问产生了怀疑。尽管事实上他知道有些胜利通报是夸大的，有些甚至是假的，原为一还是选择了返回武士的舒适角色——一个不关心政治的士兵，一个目光狭隘的技术人员："我不能让自己去考虑有关战争的整体问题，而是必须在我有限的角色中尽全力去战斗。"

从上次世界大战中我们了解到，人类生命的巨大损失不会自动地导致对战争的批评或重新评估。在某种程度上，它们反倒可能会产生相反的结果：让人们增强继续战斗的意愿，投入更多，更加努力。毕竟，我们不希望阵亡者白白地牺牲，徒劳无功，对吗？

原为一和那位修船工程师开始仔细地检查。检查持续了一整天。这艘驱逐舰确实已成了一堆残骸。在船身上，他们数出了32个直径大于一米的弹洞，加上五个较小的弹洞，是一些没有引爆的炮弹刺穿的。他们开始数弹片造成了多少伤害，但在数到40之后就放弃了。而机枪留下的小弹孔也如此之多，以至于——记录它们都已毫无意义。

到了下午，工程师宣布"天津风号"必须返回日本的造船厂大修，才能恢复完全的战斗能力。那里的修船工作需要一个月的时间。然而，为了能够完成这次返航，这艘驱逐舰还必须先在特鲁克港当场进行临时维修，而这也需要一个月的时间。这个消息让原为一陷入更深的抑郁之中。他缩进了他的小船舱的那张椅子里，那位工程师就站在他面前。他想去战斗。他提出一种蹩脚的抗议：

"但是,"我结结巴巴地说,"有迹象表明,敌人可以在不到60天的时间里就进行大修。为什么我们不能那样做?"我知道答案在于敌人有巨大的工业能力,比日本强得多,也意识到我的问题是多么令人尴尬。随之而来的是难堪的沉默。

维修在第二天早上开始。紧随其后的那段时间里,原为一可以礼貌地向来访的一群群人展示船上各处的情况,来访者包括参谋部的军官和其他大人物。他们很愿意近距离看看这艘驱逐舰,它在如此令人难以置信的损坏中还能幸存下来。有件事让原为一感到惊讶。这些大人物把弹洞累累、烟熏火燎的"天津风号"当作一种新奇的怪物,看得兴趣盎然;他们从来不问任何关于海战本身的问题。原为一这样写道:

> 这种对海战缺乏好奇心的情况持续了整整一个星期,我开始怀疑这些大人物的能力。他们是帮助制订战争计划和战略的人,对学习来自战场的最新经验却毫无兴趣,这点想想就让人不安。也许他们根本就不能胜任他们本应完成的工作。

*

11月18日,星期三,阿德尔贝特·霍尔所在的团在斯大林格勒北部再次发起攻击,他又一次从后方跟随这次攻击。根据战报来判断,他们这一次进攻处在伏尔加河对岸苏军炮兵的钢铁风暴中,似乎也没有前进很远。

问题在于这次行动到底是不是全心全意地进行的?正如前面提到过的,从集团军司令到下面的军官,就没有人相信这次行动有意义。或许他们已经尽了最大的努力，这样才能向上面有个交代，一层层、一步步沿着正确的顺序向上报告，从团到师，从师到军，从军到集团军，从集团军到集团军群，从集团军群到OKH，从OKH到OKW，[1]最后从OKW再到东普鲁士森林中那个封闭且略带发霉气味的地堡，就在那里，元首本人正俯身在一张比例尺为1∶10 000的地图上，手里拿着一个巨大的放大镜在看：是的，命令已经执行了，不过可惜的是……？霍尔很挂念他原来那个连队的士兵，以及他们现在正在经历什么事情：

最前线的人员要完成的任务几乎接近于超人才能做到。他们中大多数人仍然没有任何冬天的衣服。换句话说，他们必须靠普通装备坚持下来。在敌人面前，他们只能蜷缩在防弹掩体中，而他们只有所谓"军用小帐篷"来为自己抵御潮湿和寒冷。在那里，时间是永恒的。

*

这里也许有必要提一下，11天前的一个晚上，图林根发生了一件小事。有一列载着东线德国伤兵的医院列车开上了一条岔道，等待能继续前行的绿灯。（停车的原因是一次英军的轰炸造成的损坏——然而可以怀疑的是，那些在散发着血腥味、石碳酸消毒剂气味的空气中躺在车上忍受伤痛的伤兵是否得知了这一情况。）然后，又有另一列火车驶上了岔道停了下来。两列平行的火车之间的距离只有几米。从吊挂着的担架上，惊讶的伤兵能直接看到对面灯火通明、装修豪华的餐车，餐车上有一群穿着军官制服的人正在用精美的瓷器进餐，而这群军官的注意力都集中在一个打着手势说话的人身上。伤兵们立即就认出了这个人。就是他。

1　OKH是德国陆军最高司令部的缩写，OKW是德国武装部队最高司令部的缩写。

元首。"突然间,他抬起头,看到那些受惊的面孔正盯着他看。他非常生气,下令拉上窗帘。他受伤的战士们就又被扔回了自己的愁苦世界的黑暗中。"[1]

*

过去这几天瓜达尔卡纳尔岛一直很平静。约翰·麦克奈里上一次脱下飞行服已经是将近两个星期之前的事了。飞行服又破又脏。他浑身也是脏兮兮的。而且从他上次理发算起也已经过去两个月了。"几乎每天都下雨,所有的地堡都被泥土或雨水填满了。周围的地区不是泥泞就是尘土飞扬。"在分配到干净的内裤和新袜子之后,麦克奈里和其他一些飞行员决定去河里洗澡。这事发生在11月17日,也可能在18日。

在靠近大型飞机跑道西南端的地方流淌着一条绿树围护着的小河,伦加河。有很多人习惯了到那里去洗澡,甚至他们敬仰的飞行中队队长小塞勒少校也在那里洗澡。在去那里的路上,他们遇到了"一支海军陆战队的巡逻队,都拿着子弹上膛、时刻能射击的步枪,沿着那条小路悄悄走来"。飞行员们问他们在做什么。其中一名士兵告诉他们,有个日军的狙击手已经穿过美军的防线,[2]试图射杀河里洗澡的人。麦克奈里和其他人自愿提出充当"诱饵",还毫不犹豫地继续往河边走去。

---

[1] 此处引自美国作家威廉·克雷格。希特勒正前往慕尼黑,准备在啤酒馆对纳粹党人发表前面提到的传统演讲(演讲是为了纪念1923年啤酒馆政变失败十九周年)。他的演讲之所以令人难忘,有两个原因(除了这是此独裁者为数不多的既使用惯用声调又使用讽刺的演讲之一)。第一,这是希特勒在当年第四次预言犹太人将灭绝。第二,当时他在演说中还承诺很快攻陷斯大林格勒,增加了这件事对他个人声望的影响。
[2] 日军狙击手此段时间潜入亨德森机场是常见现象。那里确实从来都不安全。

麦克奈里觉得这条河看起来"很完美"。他们在树丛茂密的河岸上脱掉了衣服。现在能看出,他们的体重都在下降。这个岛上的食物既稀缺又难吃:主要是咸牛肉和类似的罐头肉,或是用这种肉做的汤,洋葱三明治、咖啡、干土豆和鸡蛋粉,以及单调的多少有些变质的米饭。[1]几乎所有人都得过腹泻,好了又犯,经常不断。疟疾和黄热病病例越来越多。

他们赤身裸体,潜入清澈而湍急的浅河中。河底多是岩石。他们现在还意识不到,生活是如此残酷,记忆是如此有弹性,那些有幸活过这个月和这些年的人,将来老了之后会对这段时光流连忘返,甚至可能渴望回到这段时光,尤其是像这样的时刻,这几乎是生活本该有的形态,是无忧无虑的,是在一片蓝天和永恒的、不断变化的云彩下玩耍,青春不朽。

*

通往亚历山大港的道路就像一部倒叙这次战役的电影。起初,基思·道格拉斯和他的两个同伴开车走的那条泥泞道路几乎和周围平坦的沙漠一样空无一物——这是撤退的最后阶段。但他们很快就看到了越来越多的垃圾,被扔掉的物品,被废弃的车辆,每刮一阵风就会在空中翻卷的文件——这是撤退的开始。然后是越来越多被烧焦和倾倒的卡车,它们常常排成长队,旁边是匆忙挖成的墓穴——这标志着溃败。随后是成群结队烧焦的装甲车、被炸毁的拖拉机、被废弃的大炮及其盲目地指

---

[1] 这些大米来自 8 月份占领的日军仓库,否则第一批登陆的美军很可能就饿死了。顺便提一下,一种更受欢迎的战利品是日本的薄荷糖。

向天空的炮管、盘旋的兀鹫——这是对防线的突破。最后但并非最不重要的是带刺的铁丝网，上面挂着破布，还有炸弹炸出的数量众多的弹坑。他们的车摇摇晃晃地驶过最后那段路上被重新填好的炮弹坑，挂上高挡，载重三吨的卡车在一片晴朗的天空下高速驶向那个大城市。

很少有什么地方像亚历山大港一样对英军士兵有如此大的吸引力——顺便提一下，他们把这座城市叫作"亚历克斯"，很少用其他名字。沙漠的空旷多沙与亚历山大港热闹的百姓生活和青翠的公园形成了鲜明对比。这座城市拥有一切——酒吧、咖啡馆、餐馆、电影院、高尔夫球场、私人会馆、购物街、时尚的酒店、宽阔的日光浴海滩——真正意义上的一切，甚至还有强盗、小偷、骗子、走私犯、仇恨英国的阴谋家、间谍、乞丐、毒贩和大量的娼妓，男女都有——在埃及没有哪个其他城市能像亚历山大港这样拥有如此众多的妓院。而这一切，现在就在还不到两小时的车程之外。

基思·道格拉斯此行有两个目的。首先，他带了 50 英镑和一份长得吓人的采购清单，单子上列着期待他为其所属的团置办的物品，包括 2 000 个鸡蛋和 3 000 个法式小圆面包。其次，他需要一副新眼镜。正如前面提到的，道格拉斯相当近视——但他的照片没有显示出这一点；他很虚荣，当人们拿出照相机要拍照时，他会小心翼翼地摘下眼镜——他已经丢了一副眼镜，另一副在这次战斗中也碎裂了。这是 11 月的下半月。

路边出现了棕榈树，这预示着这座城市已近在咫尺。他也看到了青翠的田野，看到了人口稠密的村落，看到了大海。他们驶入了亚历山大港。

在一座小桥边，他们不得不停下来，等待长长的一大队灰头土脸的战俘步履艰难地走过去。他们继续往前开，在闷热、拥挤的街道上缓慢行驶，在行人、驴车和电车之间穿梭。有些人对着他们这辆脏兮兮的、破烂不堪的军用卡车指指点点，或挥手致意。当他们到达市中心和穆罕默德·阿里广场时，道格拉斯心里只想着一件事：要不要忍辱含垢去找米莱娜。

他们沿着大海和两边种着棕榈树的拉格兰德海滨大道行驶，"[从]游泳者和日光浴者[旁经过]，五颜六色的服装像花园一样明亮；在赤柱湾，那些休假的士兵和大量无所事事的优雅淑女点缀着蓝色的半圆形海湾，把沙滩都盖满了"。这种场景形成了堪称典型的鲜明对比，因为就在这段时间里，就在 100 千米外的地方，有成千上万的人被枪杀或打伤，或被困在自己的坦克里活活烧死，而其他人躺在这里的海滩上，在五颜六色的遮阳伞下吃着冰激凌，或在赤柱湾富有特色的海浪中嬉戏，但道格拉斯好像对此并没有什么特别的感触，也许是因为如果他得到休假，他也会到这里做完全同样的事情。[1] 你以为你死的时候会发生什么吗？什么都不会发生。其他一切都会照常继续。

确是如此：一两个晚上过后，基思·道格拉斯本人就同样无忧无虑地坐在拉格兰德海滨大道众多咖啡馆中的一家里了。他的同伴是一位女性的老熟人。不是米莱娜。可惜这次约会变成了一次令人尴尬的失败。他很快就把她打发走了，然后鼓起勇气（或者说放下面子），匆匆去找米莱娜，邀请她一起去看电影。[2] 在看完电影回家的出租车上，他试图拥抱她，但那是徒劳的。他觉得他和她之间好像隔着一块"金属片"。是真的

---

[1] 顺便提一下，就开罗而言，情况有所不同。开罗到处都是军官，他们利用"老男孩的社交网络"在某个臃肿低效的参谋部门找一个舒适的职位，过一种懒惰和奢侈的生活，逃避所有危险，而在酒吧、妓院和马球场度日。前线士兵对这些军官的仇恨甚至超过了第一次世界大战时期。

[2] 道格拉斯没有提到他们看了哪部电影。很难想象他在当时情况下会看流行的众多战争片中的某一部，他们看的应该是更有娱乐性的影片。我们只能猜测。是奥逊·威尔斯导演的《伟大的安巴逊》，秀兰·邓波儿主演的《安妮·鲁尼小姐》，还是鲍勃·霍普主演的《最爱金发女郎》或贝拉·卢戈西主演的《科学怪人的鬼魂》？

11 月 16 日至 22 日

结束了,他已经失去了她。

*

这是 11 月 18 日,星期三,恩斯特·容格尔被困在了东普鲁士的勒岑。当然,他已经拿到了旅行证件,也拿到了机票,但由于天气恶劣,航班数量暂时减少了——就在三天前,一架大型三引擎运输机因机翼结冰坠毁。因此他必须耐心等待。

为了避免坐在那个破旧衰败的旅馆的房间里,容格尔出去到这个大湖边的小城市里转了转。早上他去访问了 1914 年阵亡将士的大型墓地,下午去参观了上一次战争后建造的小型博物馆。参观之后容格尔感到心里不安。他在博物馆橱窗里和墙壁上看到的所有那些东西都离他太近太熟悉了,变成了来自逝者的彼岸世界的影像,让他想起了他显然不想回忆的事情。毫不奇怪,战争墓地也没有让他精神振奋。那里太荒凉、太贫瘠、太空旷了——同样是鬼魂的栖息地。

*

第二天早上,当基思·道格拉斯和他的助手们登上他们的卡车,准备开回团里的时候,他的心情仍然出奇地好,尽管他与米莱娜的关系已惨败收场。这次出来采购,卡车上已装满了香烟、雪茄、杜松子酒、利口酒、鸡蛋、罐头肉,天知道还有什么别的东西。他们刚装上车的那几袋新鲜出炉的法式小圆面包闻起来特别香。剩下的任务是去城西边一点的阿拉伯堡的大集市中心购买啤酒和巧克力饼干。当他们开到那里的时候,它已经关门五分钟了。负责管理这个地方的下士拒绝通融。道格拉斯生气了，不由脱口而出："如果打仗的士兵也像 NAAFI 的员工一样对工作时间较真，我们就不要开仗了，更不用说打赢了。"[1] 但这也并没有让这名下士愿意合作。道格拉斯的情绪上升为无能为力的狂怒，他恨不得一枪打死那名下士。

前线士兵的日常生活与军事官僚机构形成了鲜明对比，后者规章琐碎、效率低下、恃强凌弱和麻木不仁，这才是引起不满和愤怒的真正原因。道格拉斯只能带着未完成的采购任务离开。亚历山大港很快就在他身后消失了，就像一场梦，他匆匆穿过单调的沙漠往回走。

*

"大地冻结了，"威利·彼得·雷泽叙述道，"有时风也会带来一种白霜和雪的感觉。"日常生活在这一天被打断，既受欢迎又不受欢迎。他的小组得到命令，要把他们至今仍未使用的反坦克炮移到一个后方的阵地上去——这是好事：那里的危险比最前线要小一些。但首先，它必须被拖回那里，这是一个危险的过程，并不那么好。

雷泽有一种常见的矛盾心理，而这困扰着他。他不是纳粹分子，也从来没当过纳粹分子。如果不是他的一位老师保护和帮助了这个有天赋的学生，他对这个国家缺乏热情的态度几乎让他失去了毕业资格。那时他的好友中有一个年轻人有点犹太血统，他们之间有频繁的书信往来。大约就在这个时候，这位好朋友被送到了东部一个被形容为大型劳改营的地方；雷泽还得知了他的囚犯编号和新地址："115613 / 2A 营房 / 奥斯

1　NAAFI 是 "海陆空机构" 的缩写。这是一家英国国有公司，既经营市场化的企业，也经营军人服务社和其他服务机构，为所有穿军装的人的利益服务。他们是同样不可或缺的人，无处不在，但总是遇到战斗人员的愤怒和不满。

威辛集中营/上西里西亚,邮局 2"。

虽然雷泽对这个国家的不满长期以来一直是被动的和默默无声的,但在过去一年里,这种不满变得更加明显。他有意破坏了让他参与新兵培训的企图,而且写了无疑会让他受到起诉的诗歌。就像这年早些时候他创作的这首:

>被谋杀的犹太人,[1]
>朝着苏联列队行进
>像一个咆哮的群体,
>被压迫人民,
>浴血奋战,
>被一个小丑带领,
>我们是使者
>来自所有熟悉之地
>在血中跋涉。
>我们举着旗帜
>带着我们的雅利安血统:
>它们很适合我们。
>我们喝酒和嫖妓,
>跟踪故意破坏者
>显示我们的道路。

---

[1] 很明显,雷泽早在 1942 年就知道正在发生的屠杀犹太人的事。他确切知道多少以及何以得知,他遗留下的文件中没有提供准确信息,但很可能是他近距离听到了传言。1941 年的娘子谷大屠杀发生时,他正随军穿过基辅,第二年夏天他在哈尔科夫时,那里也正发生类似的屠杀。

>我们发怒和尖叫，
>在女巫魔宴上畅饮作乐，
>与白痴们为伍。

但他对整件事也有自己的内疚感，且处于矛盾之中，一方面仇恨希特勒，另一方面又在为希特勒而战斗，或者正如他在下面这首诗中表达的那样：

>我们就是战争。因为我们是战士。
>我烧毁了所有城市
>勒死了所有女人
>杀死了所有孩子
>从这个国家拿走了所有战利品。
>我射杀了数百万敌人，
>荒废了所有田地，毁坏了教堂，
>踩躏了人类的灵魂
>流尽所有母亲的血泪。
>我已经做了。——我什么也没做。
>但我是一名战士。

与此同时，雷泽甚至从来没有过当逃兵的念头。

雷泽被授予勋章，为他自己忍受的一切而自豪，并且鄙视懦夫，或者更确切地说，鄙视那些让恐惧战胜自己的人。在东线的时候，他总是想家，但一到家，他偏偏又想回到前线。这种矛盾心理让他身心疲惫。雷泽试图保持1941年之前的那个他，同时也意识到那个他已经不存在了。这就是为什么他会站在那里，正如他所说的，"在自己面前是一个陌生人"。我们很容易理解为什么他喝酒越来越多，越来越频繁，借酒浇愁。顺便提一下，几乎人人都这样做。

在几匹马的帮助下，他们把半吨多重的大炮拖出射击阵地，把它拖过战壕和弹坑。他们遭到敌方的射击。雷泽的一名战友被击中，有一匹马也被击中。他的战友后来活下来了，但那匹马第二天就死了。不过他和其他人都很高兴，他们离前线远了一点。而且，他们会待在掩体里，比他们以前居住的潮湿泥泞的地洞要好多了。"我们对战斗的欲望早就转变成了疲惫的忍耐。"

*

那么，美国战地记者约翰·帕里斯现在在哪里？他曾对美国在法属北非的登陆进行了极为生动而又戏剧性的报道。他不在所谓的"前线"。随着美军和英军冲向了阿尔及利亚边境、突尼斯（包括突尼斯城），这个前线目前已是一个难以定义的移动的军事区域。也许帕里斯已经发现，他作为一个性格平和的人，不是什么追求刺激的行动派记者？不管怎么样，很快他会返回位于伦敦的合众社总部，并留在那里。[1] 进一步的跟踪报道已委托给了涅德·拉塞尔，他是帕里斯的同龄人，来自加利福尼亚的富家子弟，也是同一新闻机构的记者。

拉塞尔和其他几位记者属于同一个"人才库"，这是美国军方引进的一个系统，意味着能到现场的记者数量是有限制的，而同时这些记者

---

[1] 帕里斯会在那里出席新闻发布会，关注外交事件和大政治家。他不再尝试在战场报道战争情况。顺便提一句，为合众社做报道并非小事：战争爆发时，该社的材料被分发到52个国家的1 715家报纸和广播电台。

必须与他们的同事分享自己的报道。从军方的角度来看，这样安排的好处之一是让记者更容易被控制。

允许记者们看到的东西总是有限的，他们写的东西也总是被军队自己的审查官梳理过——这叫作"源头审查"，然后在材料发表时还可能会有删减，所以换句话说，过滤器是双重的。甚至可以说是三重的过滤。因为事实上，在上述审查之外，还会有战地记者的自我审查。理所当然，他们将自己视为战争努力的一部分——他们都穿着军服——而且他们希望避免用一种让战争更难以取胜的方式来描绘这场战争。但这也意味着他们塑造了一个简化的、理想化的和堆满陈词滥调的战争图景。

大层面和小层面的英雄故事经常被人讨论，要么是关于虚荣和渴望出风头的将军（他们的幕僚中有全职的公关人员），要么是关于某个当地人士不顾一切风险／在困难的情况下／在一个重要的地方实现了一项英勇的／奇特的／重要的伟业，等等。许多记者只是名义上"在前线"。他们大部分时间是在不同的指挥部之间穿梭，在那里听穿着军服的人用指示棒在大军事地图上指指点点，或者只是坐下来把官方的新闻稿改写为"我们的人在现场发来的报告"。

对他们来说，战争是风中传来的隆隆炮声，是远处弥漫的硝烟，是宣传板上的陈词滥调。他们所知道的或所看到的很多东西永远不能写出来，不是因为它们属于秘密，而是因为它们令人尴尬，或者仅仅因为它们不符合美化的战争形象，因此不可能向国内的观众提及。正如另外一位战地记者事后写下的那样：

> 例如，我们知道某一位非常著名的将军经常更换新闻官，因为他觉得自己上头条新闻的次数不够多。我们知道某一位高级军官把一名中士降级，因为这名中士从错误的角度拍摄了他的形象。有几

11 月 16 日至 22 日

位能干的部队指挥官遭到上级的嫉妒而被调离，因为他们在士兵中太受欢迎，在战地记者中也赢得了太多的赞美。经常有人反复请病假但实际上是严重宿醉，而且高级军官与"军队女兵"之间也有着让人大跌眼镜的亲密关系。[1]我们知道有人是凭着医生证明而退伍的，但那种"病"其实是愚蠢、残暴、怯懦，甚至是性变态。我不知道有哪位记者曾利用这样的见闻进行报道。即使不考虑战争时代对有些事要保持沉默的道德义务，把这样的事情公之于众也无异于断送自己的职业生涯。[2]

这一天，即 11 月 18 日，星期三，涅德·拉塞尔和另一名美国记者是在泰拜尔盖。这是一个漂亮的沿海小镇，有许多古代遗迹，紧靠突尼斯的边境。他们是乘坐火车和军用卡车前往那里的（途中的风景让拉塞尔想起了南加州，也可能是亚利桑那州），他们满怀希望地期待着继续像登陆以来那样快速推进。"我们谈到突尼斯城和比塞大时，就像已经征服了它们一样，我们中有些人甚至想知道要花多长时间我们才能到达的黎波里。"

但是，就在不到两天的时间里，这种情况发生了变化。之前相当温暖和阳光明媚的天气已经变得寒冷，还有冰雹和暴雨。自从盟军上岸，几天后法国守军放下武器投降，人人都在问德军哪里去了，他们会做什么。他们在北非的处境如此没有希望，他们现在肯定会逃跑吧？率先挺进突尼斯的英国军队现在已经和他们有了第一次交战，可惜的是，他们

---

[1] "军队女兵"的原文 WAAC 是"陆军妇女辅助队"的缩写。WAAC 的女性在许多军队机关中担任电话总机接线员、办公室文员或私人司机。

[2] 此处引文作者为未来的诺贝尔文学奖获得者约翰·斯坦贝克，他曾在"二战"中担任特约战地记者，在文集《曾经有一场战争》中回顾了其随盟军攻入意大利时的情况。

遇到的德国人并没有表现出较大的逃跑意愿。相反，他们看来得到了增援，尤其是坦克和飞机的增援。

这两名战地记者被带到一家废弃的工厂，那里堆满了成堆的干燥软木塞。这个厂房现在是英国陆军第 36 旅的指挥部。一位少校介绍了新的战况。前方有激烈的战斗。英军的前进已经被阻止。白天沿着道路行驶是有生命危险的。低空飞行的德国战斗机会从低矮的云层下俯冲，射击所有车辆和所有的人。此外，英军自己的补给线已经濒临中断，因为所有的道路都被雨水弄成了泥汤。[1]

拉塞尔已经明白，向突尼斯进发不会是什么轻而易举的高歌猛进。当天晚上，他和另一名记者回到了他们前一天的出发地波尼。他写道：

> 这次回程有可能比来泰拜尔盖的糟糕旅程还要糟糕得多。我们蹲在一辆敞篷卡车车厢的一个帆布帐篷下面，雨水和冰雹像鞭子一样打在我们脸上。有一度，当冰雹突然以异常大的团块砸下来的时候，我不得不把钢盔扣在脸上。

在卡车里蹲了五个小时之后，他们到达了波尼。此时已是午夜。

拉塞尔知道，他应该报道一些事情，但是报道什么呢？国内的人们必须知道，原本被描绘成不可阻挡的朝突尼斯方向的进攻现在已经被阻挡住了。但是怎么让他们知道呢？他当然清楚那个简单而直截了当的事实——英军在德国的火力、坦克和飞机的优势面前陷入了困境——但这

---

[1] 不仅仅是道路泥泞。盟军航空部队也不得不从距离很远、条件恶劣、泥泞不堪的机场展开军事行动，而德军和意大利空军情况正相反，在很近的地方就拥有良好的空军基地。这位少校可能还提到，补给不仅非常紧张，而且实际送达前线的物资中有相当一部分是没有必要的东西，例如发油，而炮弹和食物等物资却严重短缺。

么写"不会通过阿尔及尔那边的审查"。

不能这么写,拉塞尔就另写了一篇文章,其中尽可能以玫瑰色的乐观色彩呈现了所发生的事情。是的,盟军的计划可能出了差错,撞了墙,但至少它是"在正确道路上出的错"。所发生的事情被归咎于一种成功的悖论:进展出乎意料地快,以至于后勤补给没跟上。现在,前线的部队必须"潜伏在沼泽样的泥泞中",等待"增援、重型装备和空中支援"。

写完,拉塞尔就把他的报告发送出去了。两个月后,涅德·拉塞尔得知他的委婉风格并没有带来什么好运。阿尔及尔那边的军队审查官把他的所有文字都删除了。

*

索菲·朔尔可以松口气了。她的未婚夫弗里茨·哈特纳格尔还活着!她终于收到了他从斯大林格勒写来的一封信。朔尔的性情气质有点封闭倔强和棱角分明,在她日期为11月18日星期三的回信中,她忍不住表达了自己的恼火,因为等待他的信给她带来了不必要的恐惧和黑暗的幻想。

不过,她还是平静下来,提到她和他两人共同的信仰,敦促他参加圣餐礼,要祈祷。但是,随着文字在信纸上流淌,就好像有强烈的情绪再次抓住了她:

> 哦,弗里茨,如果我现在不能给你写什么别的事情,那只是因为当一个人溺水将死,而那些海底生物的神秘触手正抓住他的腿和胳膊,海浪正在他身上拍打而过,这时候他不去求救,反而开始谈论这个或那个科学、哲学或神学的话题,这就太荒谬了;那也只是

因为我感到焦虑，除了焦虑之外其他什么话都没有，我只渴望有个人能把我从这种焦虑中解救出来。我离上帝依然如此遥远，以至于即使我祈祷，也感觉不到上帝就在我身边。是的，有时当我说出上帝的名字时，我愿意沉入一种虚无。这一点也不可怕，也不会引起眩晕，它什么都不是——而这更令人不悦。

第二天，索菲·朔尔的父亲罗伯特得知，他已被禁止工作。因为他被认定在政治上是不可靠的，所以不允许他再担任税务律师。[1]那么这家人能否继续住在他们位于明斯特广场的大公寓里？朔尔兄妹还能继续在大学读书吗？

*

这是11月18日星期三至19日星期四之间的夜晚。约翰·布什比和"兰开斯特"轰炸机ED311"K-国王"的其余机组人员再次进行了长途飞行，朝法国南部飞，飞越阿尔卑斯山，到达意大利北部。这次的空袭目标是都灵。

他们所属的军事单位，即第83中队，不是普通的空军部队，而是所谓的PFF（导航组）的一部分。他们都经过严格挑选，经过特殊训练，有特殊装备，在密集如水流的轰炸机群前方飞行，并用不同颜色——红色、绿色或黄色——的显眼照明弹标记轰炸目标，然后跟随的几批飞机只需瞄准这些目标轰炸即可。"K-国王"上的导航仪器使用了一种

---

[1] 罗伯特·朔尔是一个自由派、和平主义者（因为他在上次世界大战中的经历）和自由思想家，这在有些时候会让他显得有点偏执。这年早些时候，他因发表对元首希特勒不敬的惊人言论而被判处时间较短的徒刑。

新的无线电导航系统,叫作 GEE(布什比和其他人总是称之为"呆匣子"),这个系统使他们和所有其他导航者大大提高了夜间找到目标的可能性——之前,目标的准确性接近于零。

他们找到了都灵,没有问题。如通常那样,这里防空能力很弱。布什比回忆道:"目标标记得像教科书一样精确。我甚至找到了那个庞大的菲亚特汽车厂,汽车测试跑道的圆形轮廓成了我们可以瞄准的一个大靶心。"

当"K-国王"和其他重型轰炸机返航的时候,他们可以看到都灵的工厂区已燃起熊熊大火,不过连市中心也同样一片火光:有 121 吨炸弹被投了下去。[1] 返航的航程没有发生什么事件,除了布什比和"兰开斯特"轰炸机上的其他人员飞到法国北部时遇到了雷雨天气。布什比回忆道:

> 堆积的积雨云好像燃烧起来,闪烁着内在的光芒。我们第一次也是此生唯一一次看到了在学校课本上才提到的现象:"圣埃尔莫火"。我们着迷地看着,明亮的蓝色电火花在我们飞机的机关炮炮口之间来回飞舞;螺旋桨成了四个闪着蓝光的虹彩环。光球沿着所有天线电缆跳动,就像发出荧光的雨滴。然后我们穿过了云层,进入另一边的晴朗天空。

*

在曼德勒,这天是每个星期的检查日,文玉初和战地妓院的其他年

---

[1] 这是 11 月和 12 月期间进行的共七次空袭中的第一次,甚至使用了四吨重的巨型炸弹。在这里,震惊也是巨大的,以至于大约 25 万都灵居民很快放弃了家园,逃离了这座城市。

轻朝鲜姑娘都会接受检查，以确保她们没有携带任何性病病菌。检查需要几个小时，这是一个受欢迎的暂停时间，可以不用为房子外面看上去永远络绎不绝地排着队的穿军服的男人服务。

姑娘们的工作量很大，尽管曼德勒很快就会有九家战地妓院了。（有一家是专为军官保留的，叫海之屋，那里只有日本女人；有三家是朝鲜女人，大邱旅社是其中之一；一家是中国女人；三家是缅甸女人，其中一家叫新面馆，是只为缅甸助理人员服务的，他们是被选出来与日本人一起对抗他们的前殖民主子英国人的。[1]）当然，平民开妓院的情况也并不少见，松本夫妇的生意其实就是这种情况，但他们的妓院是根据与军方的协议经营的。在这个系统中，每个机构在组织上都直接隶属于一个特定部队，某一个联队或者整个军团。大邱旅社隶属于总部8400师团，由军警负责监督和维持秩序。负责妓院后勤工作的是军队单位，他们必须为妓院提供从房舍和避孕套到被褥和食物的一切——仅在那一年，就有超过3 200万个避孕套被送到了日本军队的各个单位。如前面提到的，在文件里，性奴们被看作"准军事人员"，并处于军法管制之下。[2]

文玉初从朝鲜到缅甸的路线显示了军方组织性奴服务的程度和规模。她和其他17个朝鲜女孩在夏初被松本夫妇招募，谎称她们会到国外的餐馆、超市和类似场所工作并获得丰厚的薪水。这听起来很诱人，一方面是因为文玉初想赚钱，另一方面是因为她认为自己"在家乡大邱没

---

[1] 在这个时期，大多数缅甸人并不认为日军是占领者，反而是希望通过日本人从他们仇恨的英国人手中赢得独立。

[2] 随后这年，文玉初因杀死一名用武士刀威胁她的严重醉酒的嫖客而被送上了军事法庭受审。令人惊讶的是，当时有多名日本士兵为她出庭做证，证明该男子是一个恶徒，而且非常会惹事，她因此被无罪释放。

多大前途"。她家境贫寒，母亲独自带着四个孩子，靠做裁缝和用人勉强养家糊口。文玉初只接受过三年初级教育，之前曾做过家庭女佣，也在一家鞋厂当过女工。她通常会带着自豪感和理所应当的样子，把她赚到的钱全都交给操劳过度的母亲。母亲并不真正清楚文玉初到底是如何赚钱的。

文玉初和其他朝鲜年轻女子在被招募时并不知道的是，松本夫妇和一批其他的朝鲜平民"办事员"（他们中有许多人曾参与有组织犯罪）得到了军队的一份订单。因此文玉初是这年7月10日在釜山港登上一艘军用运输船的703名朝鲜妇女（均持有军人身份证件）中的一员。与她们一起上船的还有90名"办事员"和他们的家人以及一些士兵。

这艘船作为一个由六七艘船组成的护航船队的一部分向南行驶。在漫长的旅途中，这些妇女被分成由各自"办事员"带领的小组。文玉初回忆说：

> 许多妇女晕船。我在整个这次漫长旅途中都没有生病，也许是因为我下定决心要赚钱，也许是因为我身体很好。我帮着为我们组做饭，清洗她们呕吐后留下的脏东西，照顾那些晕过去的人。当我看到其他组里那些女人的时候，我问她们是否知道我们要去哪里，她们都回答说我们要去什么餐馆工作。似乎没有人知道等待我们的是怎样的命运。

她们什么都不懂，也许是因为她们不愿意去懂，也许是因为她们没办法懂，因为在她们自己的世界观的框架里没有什么是可以理解的，她们只知道她们被某种比她们所有人全加在一起都大得多的东西所吞没。

船队在台湾短暂停留，在那里还有另外22个女人登上了船。又过了一段时间,她们到达了新加坡(顺便提一下,日本占领者将其更名为昭南),许多女人被命令下船。然而,载着文玉初和大约200名其他年轻姑娘以及不同办事员的船继续前往仰光。在那里,她们开始明白等待她们的是什么事情。其中有一个女人跳入水中结束了自己的生命。

在港口就有很多卡车在等候,然后这些卡车把这些女人分组载往不同的方向。文玉初现在知道,缅甸各地都有战地妓院,因为随着日本军队占领土地的扩张(这年一直在扩张,没有停过),她们这个系统也同步扩大。[1]因此,这年夏天在朝鲜的"招募活动"导致她和其他女人被骗出国,漂洋过海来到缅甸,来到了曼德勒。

这天文玉初和其他女人一直在接受健康检查。同时她们的床位也要用强力消毒剂进行清洁。这项检查提供了几个小时受欢迎的喘息之机,但也可能导致比这时间更长的暂停,尽管代价是很高的。

只有一种方式可以避免双腿分开躺在你的隔间里服务,那就是当你的会阴部变得如此肿胀以至于开始到处渗出黄白色脓液,或是你感染了疾病(尤其是性病)。治疗过程中会使用各种药膏,或注射一种"六〇六化合物"[2](文玉初不知道它是什么),注射时极度疼痛。她们会被允许留在自己的隔间里,拉上隔帘,而挂起一个牌子:"本周禁止入内。"

---

1 这年9月3日提交给日本陆军省的一份官方报告声称,在400个地点存在被委婉地称为"军队慰安所"的场所——注意是"地点",而不是400个场所:在汉口(现为武汉一部分),当地慰安所是68栋房屋组成的建筑群。中国北部有慰安所100个,中国中部有140个,中国南部有40个,在"南部战区"——其中包括缅甸——有100个,在南太平洋有10个,萨哈林岛(库页岛)有10个。在缅甸大约有3 200名性奴,其中2 800名是朝鲜女性。朝鲜性奴的总数在10万到20万之间。
2 洒尔佛散,这是一种世界范围内广泛用作抗生素的砷化合物,除其他疾病外,对梅毒有特效。而年轻女性担心反复使用它治疗会使她们不育,这种情况经常发生。

*

这是一个雾气弥漫的星期四早晨。气温在零下 7 摄氏度左右。夜间的绵绵大雪正在慢慢变得稀疏。炮弹爆炸声传到曼苏尔·阿卜杜林的耳朵里,就如一种持续不断的轰鸣,如震动传入他的身体,这是通过他的脚底传上他身体里的震动。这些爆炸让他的鼓膜很疼痛。冰冻的土块从战壕的土墙上震落到他身上。这天的日期是 11 月 19 日,地点是在克列茨卡亚的桥头堡以南一点点,曼苏尔·阿卜杜林还从未经历过这样的事情。自早晨 8 点半以来,自己这方的大炮已经射击近一个小时了,而炮火丝毫没有减弱的迹象。[1]

阿卜杜林和他的迫击炮小队的战友们穿着新的白色雪地服装,压低身子蹲在战壕里。他们在等待冲锋的命令。当他们从坑道里抬头望去的时候,能看到的只是低矮的灰色云层。刚才他们尝试过一起呼喊一声"乌拉",但从他们因恐惧而绷紧的喉咙里发出的只是刺耳的、有点傻兮兮的"啊啊啊",因此现在他们又沉默了——要盖过大炮的轰鸣声、撞击声和砰砰声还是不可能。阿卜杜林很可能有点喝醉了,醉到刚好能平息最坏的恐惧,但还不足以削弱他的判断力和身体机能。[2]

9 点半,声音有所调整。音量还是一样的,但是发生了什么事情,改变了爆炸的回声和节奏。炮火又持续了一刻钟,然后停息了,但取而代之的是成排"喀秋莎"火箭拖长了的轰鸣声,它们箭一样在他们的头顶上方划过,化为噼啪作响的爆炸声。就在这中间,又来了一阵刺耳的

---

[1] 这个炮兵部队要炮击的区域宽度不到 3 千米,每千米都有 77 门各类支援火炮和 8 辆坦克的炮火。

[2] 就在数天前,苏联红军恢复了一条规定,即每名士兵在战斗前可获得 100 克伏特加,也就是大约两杯。

隆隆声。是他们自己的坦克在前进。其中有一些直接滚过了阿卜杜林的战壕,他和他的战友们马上向下压低身子。雪和泥土纷纷落在他们身上。涂成白色的钢铁巨人越过半米深的雪地,快速而不受阻碍地朝着敌人的防线碾轧过去。

现在到时候了。

跳跃起来前进之前,他们都深吸了一口气。

阿卜杜林站起身来,爬出了战壕。

当他把目光移向敌方阵线的时候,最后的火箭弹刚刚落在那里。空气中弥漫着黑色的烟雾。

他们往前移动。他们是5个人:扛着迫击炮瞄准具的小队长苏沃洛夫,扛着20千克重的炮架的弗阿特,第三个人则扛着圆形的大约20千克重的底盘,第四个人扛着装有炮弹的四方铁皮箱,然后就是阿卜杜林本人,他扛着1米长、重达19千克的炮管。这还不包括他们的普通装备。他们奔跑起来,膝盖因负重而微微弯曲。在他们的旁边和前面,一群群穿白色雪地服装的男人匆忙地奔跑。其中一些人已经跑到了数百米外升起尘幕的地方,边射击边消失在其中。

到处仍然有爆炸声,但那些声音似乎是从很远的地方传来的。坦克发出尖厉的和隆隆的声响。阿卜杜林喘息着,心跳着,然后他也跑进了慢慢落下的尘幕中。世界在一瞬间关闭起来,变得黑暗。

然后他从尘幕另一边钻出来。他们全都还在:苏沃洛夫、弗阿特、扛底盘的人、扛弹药箱的人。他们经过一条被炸烂了的战壕。它是空的,完全空的。阿卜杜林甚至没有看到任何尸体。雪地因爆炸而又黑又脏。

*

一个人的死亡是另一个人的解救。维托里奥·瓦利切拉和他的战友们继续过着他们的边缘生活，仍然开着他们的卡车绕来绕去地缓慢向西行驶，仍然过着自由自在而孤独的生活，依靠他们能找到、偷窃或交换来的那些东西度日。但即使他们继续绕过路障、检查站、集结区和车队，时间已不多的感觉也在增长。

最糟糕的混乱阶段已经结束。秩序正在恢复中。他们迟早会被人发觉而被捕，再次成为军队的一部分。中士贝拉开始变得越来越紧张，经常谈论他们必须找到什么部队，让他们的存在被人知道。瓦利切拉和其他人则希望尽可能延长这一时间的到来，最好避免它。"我们打仗已经打够了。"这是他的论点。

这一天，即 11 月 19 日，[1] 他们远远看到，有四架低空飞行的英国战斗机从海上飞来，攻击沿海公路上的长长的车队。（英国皇家空军是他们最大的恐惧。尽管烈日炎炎，他们还是扯掉了卡车的篷顶，这样他们就可以及时看到飞机。）他们停下来观看，看得惊恐万分。地面没有防空设施，因此那四架飞机可以准确而系统地射击那个车队。正如瓦利切拉在他的日记中所写的那样，其结果犹如"一场大屠杀"。大约 15 分钟后，当英军飞机飞走时，空中已升起一股又一股油腻的黑色浓烟。

太阳落山以后，瓦利切拉和几个伙伴偷偷溜到了那个地方。他们主要是在寻找燃料。黑暗中，他们在车辆残骸之间悄悄寻找，从一个接一个油箱中抽取汽油，直到收集了将近 80 升汽油。当他们返回的时候，他

1　根据其日记，可能是 11 月 20 日。瓦利切拉自己说，到了他们的鲁滨孙式流浪中的这个时候，他已开始失去时间感。

们在一片漆黑中找不到自己的车了。他们呼叫贝拉和多利曼的名字。没人回答。他们坐下来等待天亮，一边抽烟一边聊天。

当太阳升起的时候，他们惊恐地发现，他们竟然是与大堆的尸体在一起度过了一个夜晚。他们花了半个小时才找到自己的那辆卡车，迅速加满油箱就从那里开走了。

*

同一个星期四的晚些时候，阿卜杜林第一次遇到一些对手，他们是以罗马尼亚战俘的形式出现的。[1]这些战俘似乎都松了一口气，因为一切都结束了。

他们反复说着："安东内斯库完蛋了！""斯大林好！苏联同志们好！"有点讽刺意味的是，战俘中有一个用自己的口琴演奏了那首有名而旋律优美的有关喀秋莎的歌——在她心爱的人保卫祖国的时候她忠诚地等待着他。然而，阿卜杜林最感兴趣的是罗马尼亚人的马：美丽而且饲养得良好的纯种马，配有嘎吱作响的全新皮革马具，包括马嚼子和缰绳。这和他们自己的又小又毛茸茸的蒙古马很不一样，其马具也粗糙。他翻身跨上了一匹罗马尼亚人的马。

阿卜杜林和其他人继续向西南偏南方向前进，穿过乳白色的冬季风景。枪声和炮火声持续不断，一直在空中交织回旋。气温也开始慢慢上升。

---

[1] 这是罗马尼亚第 13 步兵师的士兵，在此战役第一天就被击败。阿卜杜林的第 293 师也是苏军第 21 集团军进攻最成功的步兵师。要注意的是，人们普遍认为罗马尼亚军队一触即溃，但这种观点并不正确。有些部队经过苦战，也打得很好。例如第 21 集团军的另一步兵师即第 96 师就遇到了顽强抵抗，以致他们被迫中止了进攻。

到了午餐时分,他们已经走了 4 千米,到达了罗马尼亚军队的第二道防线。他们还没来得及开始冲破这道防线,漆成白色的坦克(主要是T-34 坦克)组成的密集纵队就从他们身后的大雾中冒出来了。[1] 坦克纵队隆隆地驶过他们的队伍,一边射击一边就冲进了罗马尼亚人的防线,雪和泥土在履带上飞溅。

看起来进展很顺利。

*

从午夜到11月19日星期四的凌晨3点,薇拉·布里坦是消防值班员。她已经经过了培训,参加过了演习,尽职尽责地完成了她的值班任务。这不是太麻烦累人的事情。正如前面提到过的,伦敦遭到轰炸已经是很久之前的事了。根据新的、更宽松的规定,消防值班员可以留在家里,在床上睡觉,前提是要穿好衣服,随时准备出发,并做好报告。她戴有一个特殊的臂章和一个难看的头盔,还穿着裤子——后者让她尤其感觉不习惯。

比布里坦小 3 岁的她丈夫乔治·卡特林是学术神童、政治学教授和失败的工党政治家,在白天就出门了,又一次去巡回演讲。她对此并不难过。他们这个婚姻的特点当然是相互尊重,但在性爱方面却很乏味。[2] 然而,折磨她的是与孩子们的关系。两年多前她和丈夫做出决定,把孩子们单独送到安全的美国去,这可能是她面对的最艰难的决定。(布里坦决定,如果孩子们乘坐的轮船被鱼雷击沉,她就自杀。)现在,当空袭轰

---

1 这是第 4 坦克军。军长是碰运气,把他的战斗力最强的部队投入第 293 师在罗马尼亚防线上打开的缺口,结果显示效果非常好。

2 数年前布里坦和她的美国出版商曾有过一段婚外情,从那之后她就对他怀有一种强烈的、隐秘的单相思。她曾向丈夫提出离婚,但他坚决拒绝了。

炸已成为过去，她比以往任何时候都更加想念孩子们。她几乎每天都在寻找把孩子们运回家的方法。也许可以乘飞机途经葡萄牙？

她只有在工作时才会感到快乐。

*

更多来自河南大饥荒的故事，是事后搜集的：

一对父母把他们的六个孩子绑在树上，这样他们在出去寻找食物时孩子们就不会跟着他们。

一位母亲带着一个婴儿和两个大孩子走不动了，让两个大孩子到下一个村子去讨饭，自己则坐在树下喂奶；当孩子们回来时，母亲已经饿死了，而婴儿仍在吸吮她的乳房。

一对父母再也无法忍受听到他们两个饥饿的小孩子乞求食物的声音，把孩子们杀害了。

一家人变卖了他们的一切，买了他们能买得起的最丰盛的一顿饭，吃完之后就都自杀了。

*

11月20日，星期五，萨凡纳黎明时分，一片浓雾从大西洋上飘来。如果自由轮仍然留在这里，那将是可惜的，因为这是它的"大日子"。数千张邀请函已经发出，同时警察将准备就绪，拒绝所有好奇但未被邀请的人前来凑热闹。造船厂的所有工作都停下了。当这里的第一艘自由轮下水之际，很多人都愿意目睹这一时刻。

起风了，河面上的雾也飘散了。一个长长的、沉重的、漆成灰色的物体形状从薄雾中慢慢显现出来。为了这个日子，船的上层建筑张挂着五颜六色的三角旗，船头挂满了美国国旗。在船的龙骨下方搭建起来的高台也以同样的方式装饰，城里的一些政要聚集在那里。在高台下方清扫干净的混凝土地上，一支军乐队在演奏着进行曲。有人抓住了麦克风，要求人们安静。

船台上回荡起《星条旗之歌》的音乐。人们都跟着一起唱。歌词特别适合这天上午："啊，你可看见，透过一线曙光／我们对着什么发出欢呼的声浪？"从河上吹来的一股风掀动起船上悬挂的旗帜。

到了发言的时间。宣布仪式开始的人直接面向聚集在船台下或爬上起重机、脚手架或屋顶的大批参加下水仪式的工人："当我们庆祝佐治亚州第一艘自由轮下水时，造船厂的男男女女可以获得最大的荣誉。没有他们就不可能取得这些优异成绩。"他提到了女性，这是新鲜事。观众可以看到，在戴头盔的男工人当中，还有很多身穿连体工作服的女工，其中许多人都把头戴的焊接面罩掀起来了。

下一个走到麦克风前发言的是一位法官，他说道，这是一场战斗，目的是"捍卫那些理想，它们[……]已深深融入我们美国人的生活中，因此，如果需要的话我们会为之献出我们拥有的一切，甚至献出我们的生命，因为没有它们，活着就没有价值"。这关乎"人民享有自由的权利，人民有权建立为他们服务的政府，而不是自己成为国家的服务员"。

一名身穿海军将领军服的男人走向麦克风。他也强调了这些船对取得胜利的重要性，但被迫提早中断了讲话。发言者名单上的下一位也收拾起他的发言稿。原来是有新情况了，海潮已经涨上来了，很可能是因为来自大西洋的风，而重要的是让船在河里水位最高的时候下水。[1]

---

1 有些人担心下水的船会横穿河流，在正对面狭长的无花果岛搁浅。

现在时间有点紧张了。在一位工长的命令下，两位焊工（其中一位名叫麦克内特尔斯）分别在船头两侧，开始以仔细协调的动作烧断起固定作用的金属底板，它是目前将船固定在船台上的唯一部分。

很快就只剩下一个铆钉了，参议员夫人露西·赫德·乔治走上台，要将这艘船命名为"詹姆斯·奥格尔索普号"[1]。她挥动系在一根带子上的一瓶包装完好的1857年的香槟酒，但酒瓶没打中船头。也许是她太紧张，也许是观众中正好有了一阵窃窃私语的声音。一般来说，这样的事情意味着一条船会有厄运——但她镇定了下来，重新挥动酒瓶。这次打中了。酒瓶子随着一声香槟酒喷出的巨响而爆裂，同时卡住船尾的最后几块木楔子也被敲掉了。很快，那漆成灰色的巨大物体开始缓慢移动。雷鸣般的欢呼声从数千人的人群中升起，淹没了军乐队的演奏，欢呼声还伴随着数十个气锤发出的嗒嗒声，作为一种祝贺和致敬。这刺耳的声音先是与"詹姆斯·奥格尔索普号"低沉、哀怨似的声音混合在一起，然后逐渐消失，此时这艘船正在涂了油的滑轨上越来越快地向后滑行，最后在轰响的水花声中船尾首先落入了泥绿色的萨凡纳河。

军乐队的人收拾起他们的乐器；台上的人们也离开了造船厂，到东自由街上豪华的德索托酒店享用午餐；观众都回家了；工人们返回到相邻的两艘船上各自的工作岗位；装饰的彩旗等被折叠好，收起来以便下一次下水仪式时再使用。第二天星期六，或最迟是后天，新的龙骨将开始在这个暂时空置的二号船坞上架设起来。

还有一类人在萨凡纳造船厂举行的"詹姆斯·奥格尔索普号"下水仪式的发言中或报道此仪式的报纸中均未被提及，但他们显然也在场：黑人

---

[1] 詹姆斯·奥格尔索普是一名英国军人，生于1696年，被认为是佐治亚殖民地的奠基人。他在佐治亚禁止了奴隶制，此外还有其他贡献。

工人。[1]

他们也是很被需要的人。但是在女性可进入的地方，黑人仍然被迫按照在美国南方有法律效力的种族法规生活，这些法规要求白人和黑人不能在同一家餐馆吃饭，不能使用同一间厕所，不能在同一个棒球队打球，不能上同一所学校，不能在同一海滩游泳，不能被关在同一个牢房，当然也不能互相通婚！当黑人去造船厂的时候，他们必须坐在公共汽车的最后面，而到达了那里，他们必须使用一个专为黑人而设的特殊通道，而且他们毫无例外地只得到最简单、最肮脏和报酬最低的工作。他们中许多人受过例如焊工的培训，而且他们通常比造船厂的白人工人工作更仔细、喝酒更少、病假也更少，但这些都没有用。[2]

但拥有一份简单的工作总比没有工作好，尽管他们也意识到，对德国的胜利不太可能改善他们的处境。相反的可能性更大。[3]也许他们怀有和他们的父辈和他们父辈的父辈一样的狂热希望，即通过为美国做出贡献，他们将赢得一些东西，让他们的生活更美好，哪怕只是赢得一点尊重。

---

[1] 但也许他们并不在船坞。我们很难在下水仪式照片中找到黑人面孔。也许他们不被允许进入那里？

[2] 诚然，自1941年以来联邦就有了一项反种族歧视法，所有建造自由轮的造船厂都必须遵守。但这一次又一次地引起了白人工人的暴力抗议。（1943年5月在莫比尔的一家造船厂，12名黑人的升职导致白人工人发动了严重的种族骚乱。）萨凡纳造船厂管理层选择忽视这些法律条款。

[3] 重量级拳击运动员乔·路易斯——在1938年与雅利安人拳击奇才、德国人马克斯·施梅林的带有意识形态色彩的复赛中获胜——在被问及他为何自愿加入美国陆军时说："美国可能有很多错误，但希特勒什么错误都解决不了。"他当然不是黑人中唯一持有此观点的人。

　　暴风雨降临到他们头上,他们再也看不到地平线了。起伏不定的汹涌大海深深地掘入低谷,又掀起巨大的喷涌浪峰,在那里,旋涡般的泡沫随风上升,与之融为一体。这艘船微不足道,大海主宰着一切。"阿尔斯特女王号"的船头一次又一次地堕入黑暗。大浪扑来,覆盖了整个船身。冰已经开始在绳索和天线上结成白色的圈环。

　　任何人都不许留在上甲板,只有几个防空人员除外,他们也是每隔两小时换班。莱昂纳德·托马斯瞥见过他们的样子:他们紧贴着自己的武器,挤在一起取暖,身上还裹了一层又一层的油布雨衣。甲板下已没人吃饭。(船上已经停止播送用餐的信号。几乎所有瓷餐具都摔坏了。)也很少有人睡觉。到处可见一小群一小群的人,全都裹得严严实实,浑身湿漉漉的,已经疲惫到了极点或是极度晕船。他们在舱内的地板上半坐着或躺着四处挪动,甲板滑腻,因为到处是泥浆和呕吐物,跟随着这艘不安分地甩来甩去的船一起颠簸不定。这一切也是发生在 11 月 20 日,星期五。

　　风暴就这样一小时又一小时地持续着,一直持续到漆黑、狂暴的夜里。

　　天亮的时候,大海平静了一些。托马斯和船员中其他几个人冒险登上结了冰的甲板。当他们眺望环绕着他们的灰色寒冷、无边无际的大海时,他们发现这个世界空空荡荡的。

　　他们的船成了一艘孤舟。风暴驱散了 QP15 船队。[1]

---

[1] 这场风暴确实导致几艘船受损和一艘船沉没——巨浪撕裂了一艘苏联驱逐舰的尾部——但这种天气现象可能对他们更多是帮助而不是危害,因为风暴使德国飞机无法起飞,而等待袭击他们的德国潜艇"狼群"(代号"北风之神")也难以找到他们的船队,更不可能攻击他们。

*

若林东一的中队花了两天时间才到达山上的新位置。他很生气。他对他的士兵们大吼大叫,不过几乎立刻就后悔了。

毫无疑问,要在瓜达尔卡纳尔岛茂密的原始丛林里劈出一条道路,手脚并用地强行前进,总是很困难的;毫无疑问,大雨把小路和沟壑都变成了又泥泞又湿滑的小道,但若林东一很清楚为什么花了这么长时间才到。士兵们走不动了。(因此队伍拉长了。有人掉队,有人倒下。)过去这几天,他们靠一半口粮维生,现在口粮减少到三分之一——而且是最多如此。从几天前起士兵们就在挨饿了,而现在他们快要饿死了。"战友们以前的圆脸,现在变成了裹在绷带后面的憔悴瘦脸。"他在11月20日的日记中写道:

> 食物,食物,食物。我们极度渴望食物。我要看到士兵们吃饱了,这样他们才能出去打仗。我就只有这一个愿望。即使炮弹像热带风暴一样落在我们身上,或者炸弹将地面夷为平地,好像农田,我也无动于衷。但我不忍心看到士兵饿得好像没了生命。我不想看到我这个中队的士兵垂着头死去,双手还紧抓着饭盒或筷子,像我在其他地方看到的那样。

他们两星期前下船登陆时背包里的肉罐头和味噌粉都吃完了,几乎所有的米也是如此。还剩一些腌制的李子。该大队有一个小队已被派往海边煮干海水,用这种方法提取一点盐分。[1] 这已是绝望之举。

---

1 对盐的需求特别大,因为人人都在热带高温下出很多汗。

士兵们也在寻找可食用的东西。棕片、红薯、野姜、水芹等都能找到，但也很少见。若林东一猜测，一百名士兵中也许只有一名能发现这种东西。他们还吃蛇和蜥蜴，据说有人甚至用蜥蜴肉制作红烧肉。但到了眼下的阶段，连所有爬行动物似乎都被吃光了。

日本1941年参战时决策不够慎重的特点到此时仍然是日本作战安排的特征，也是瓜达尔卡纳尔岛战役的作战计划的特征。日本军队长期以来一直是一支后勤尾巴较小的军队——与这方面做得最好的美军相比，实在小得惊人[1]——这使得日军很灵活，但也很脆弱。之前这不是什么大问题，直到现在。在这场战争和之前的战争中，比如17世纪欧洲的战争，人们通常是在各国领土上移动，必要的时候能够靠抢劫老百姓来获取物资。但这在瓜达尔卡纳尔岛上是不可能的。就能为人类所用的食物而言，这个岛尽管绿树成荫，但等于一片沙漠。日本统治者没有充分地算计过这一点，计划也死板，一味依靠士兵的士气和牺牲的意愿，具有考虑不周甚至玩世不恭的特点。若林东一完全知道他们使用的战斗口号，但他根本不相信。他在同一天的日记中指出：

> 假装对饥饿无所谓，说什么"真正的武士即使饿着肚子也能像饱腹时那样战斗"，这是愚蠢的。当然，一两天不吃饭还有办法对付过去，但要忍受一个多星期的饥饿，还不知道你是否能得到什么给养，这显然会影响士气。

---

[1] 这可以用单位PTMD来衡量，即每千名士兵每天需要多少吨各类给养，才能发挥作用和战斗。当时日军的PTMD标准量为4吨，但他们在瓜达尔卡纳尔岛上的部队只收到了其中一小部分。与此同时，他们在岛上的对手美军所获给养的PTMD超过了20吨。（在1944年的西线战场上，美军后勤机构设法将PTMD增加到令人难以置信的70吨。）

就是在这里，在南太平洋的这个岛上，日本帝国主义的宏伟目标与实现它们的可利用手段和资源之间的鸿沟第一次引人注目。

临近傍晚，雨停了。若林东一镇静下来，稳定了情绪。他看到夕阳染红了他头顶上高高的树冠。"孤身独一处，只闻鸟鸣声。"后来，他开始在防空洞里铺床过夜。

*

现在是战神在歌唱。声音越来越密集，成为一个由撞击声、爆炸声、呼啸声、咆哮声、轰隆声和重物砰然落地的声音组成的大合唱。这样的音乐瓦西里·格罗斯曼以前听过很多次，但从未听到过它这么大音量、这么集中。这是1 077门迫击炮、野战炮、榴弹炮和"喀秋莎"火箭炮共同射击的轰鸣声，它们像暴雨一样往整整65千米宽的敌方战线倾泻而下。你无法判断那边的罗马尼亚人是否在反击。地面在震动。冬天的景色渐渐消失，笼罩在一片淡淡的薄雾中。

格罗斯曼向前凝视着硝烟和灰尘组成的帷幕，以及炮火在敌人的防线上迅速滚动的闪光。他位于离察察村和察察湖还有一点距离的地方，在斯大林格勒以南60千米处，这里是第4骑兵军的一个前线指挥所。显然，他在最后一刻才得知了即将开始的攻击，然后获准跟随发动攻击的各路大军中左翼最远端的这支部队。[1] 根据所有迹象来看，前一天，在北方顿河附近，苏军已经发起了一场大规模攻击——来自莫斯科的官方新

---

1 他们右邻的部队是第4机械化军，计划是以弧形包抄敌军防线，与来自西北和顿河的部队会合——包括阿卜杜林所在的第293步兵师——合拢包围敌方第6集团军的袋子。与此同时第4骑兵军奉命沿一条略微靠外的弧线发起进攻，形成包围网的外层。

闻通报却好像什么都没说——而这天，11月20日，星期五，轮到南方这里发动进攻了。

格罗斯曼很可能没遇到什么麻烦就让他的请求得到批准了。他是一位知名的记者，而更重要的，他也是一位备受尊重的记者。他在苏军《红星报》上的文章几乎被所有人阅读，在国内尤其是在前线传播。作为红军自己的报纸，《红星报》在前线的读者比《真理报》和《消息报》都要多。格罗斯曼的风格、对人的兴趣和对真相的热情，再加上对所有廉价宣传的强烈厌恶，使得他的文字既受到普通士兵的欢迎，也得到高级指挥官的赞赏。就在这个夏天，《红星报》发表了他的一部将要完成的长篇小说的部分内容。[1] 小说主题来自1941年的战事，这更巩固了他在"前线斗士"中的声誉：他是唯一的真正讲述战争到底如何的人。而他还不是共产党员。

事实上，人人都读他的作品。有传言说，斯大林对格罗斯曼这样的犹太人持怀疑态度，他认真阅读了格罗斯曼所有的文本；这位记者的一位朋友说，斯大林是他最重要的读者，也是他最危险的读者。与此同时，格罗斯曼因为自己的前线报道而如此出名，这一事实对他提供了一些保护。

他的文章当然会受到审查，经常要修改——这是让格罗斯曼一直感到沮丧的一个原因——但这些文章本身仍然是独一无二的。他在心理方面很敏锐，所以是一个很有洞察力的采访者，可以让那些内心最封闭的人在一次看上去很普通的谈话中敞开心扉。由于他非凡的记忆力，他不需要在采访的时候做笔记，而是在采访后才在小笔记本上用别人难以

---

[1] 发表的这些部分后来构成了长篇小说《为了正义的事业》的基础。该小说于1952年出版并获得斯大林奖提名，但由于当时开始的反犹运动，提名被立即撤回。如果不是斯大林在1953年3月意外地心脏病发作猝死，此书很可能会导致格罗斯曼被处死。

辨认的笔迹记录下来。尤其是将军们,他们的虚荣常常与他们的残暴程度不相上下,因而他们愿意被人书写,而格罗斯曼知道如何利用将军们的这个弱点。原则上他可以去任何他想去的地方,和任何他想采访的人交谈。

现在,炮火已轰鸣一个小时了。"喀秋莎"火箭炮留下的红色尾迹不时从他们头顶掠过。早上 8 点 30 分,格罗斯曼可以听出北方的爆炸声改变了,变得更遥远了,回声不断,这是进攻已经开始的确切迹象。

一刻钟之后,炮火蔓延到了格罗斯曼所在的地方。身穿白色雪地服的苏军步兵从战壕中爬出来,开始往硝烟和雾气之中前进。格罗斯曼跟在他们后面,是步行。他身穿一件厚厚的军大衣,大翻领还是羊皮的。他注意到,许多士兵把他们的小型步兵铲子当作临时的盾牌,当子弹嗖嗖飞过的时候,他们将铲子举到脸前。

罗马尼亚军队没有连续的防线,只有孤立的据点。到了中午,连最后一个据点也被攻克了。格罗斯曼在他的笔记本上写道:

  一个画面:被一辆坦克捣毁的据点。那里有个被轧扁的罗马尼亚人。有一辆坦克从他身上碾过。他的脸变得很苍白。在他旁边躺着两名被碾烂的德国兵。那里还有名我们自己的战士,被半埋在壕沟里。

  空罐头、炮弹、手榴弹、一条血迹斑斑的毯子、从德国杂志上扯落的几页纸。我们的战士们坐在尸体堆中间,在一个大锅里烹煮从一匹死马身上切下来的肉片,还把冻僵的手伸到火堆上烤。

步兵们的心情都很好,充满希望。格罗斯曼听到其中一个人说:"哦,如果能打到基辅就太棒了。"而另一个人回答他:"啊,我想打到柏林。"

*

与此同时，在柏林，又一个风雨交加的日子即将结束。天气更冷了。前一天，这座大城市下了一场雨夹雪。

报纸的标题很单调，除了战斗还是战斗：在高加索和斯大林格勒，在所罗门群岛和太平洋，在地中海和大西洋沿岸，以及北非的各条战线。报上还说，为了实地了解"英国恐怖空袭造成的破坏"，德国国民教育和宣传部长戈培尔博士访问了鲁尔区，并于当天下午在伍珀塔尔市政厅做了一场演说，赢得了"热烈的掌声"。在演说中，除了其他话之外，他还说："我们的最终胜利只是时间问题。"

兰克斯街21号冯·卡多夫家的公寓大门门铃响起时，天色已开始暗下来。乌尔苏拉打开门。外面的楼道里站着两个人，犹豫了半天才进来。在门口的衣帽间的灯光下，她看着这两个人。他们都戴着犹太人的黄色六芒星标志。他们是布雷斯劳的一个商人的亲戚，这个商人拥有乌尔苏拉父亲画的一幅画，这两个人随身带来了，现在希望他能买回去。两人在吃了一点食物之后，紧张感消退了一些，他们开始畅所欲言。乌尔苏拉·冯·卡多夫这样描述他们："这些人正在忍受的事情是无法形容的。就在他们被带走之前，他们试图进入地下躲起来，把身上的犹太人六芒星标志扔掉了，然后谎称是从莱茵兰空袭后炸坏的房子逃出来的，要另外找个住处。"

越来越多的德国犹太人移除了标志身份的六芒星，隐藏起来，并使用一个假身份，这已经是众所周知的事情。他们被称为"潜艇"或"潜水员"。[1] 乌尔苏拉显然是心情沉重，对正在发生的事情、犹太人的整体

---

1 仅在柏林这类假身份犹太人的人数就达到六七千人，其中1 700人活到了战争结束。

情况以及眼前这两个犹太人是如何缺乏保护感到震惊。因为她知道,犹太人正被运送到东方去遭受大规模屠杀,她也知道她的大多数同胞对"灭绝所有犹太人""肯定麻木不仁,甚至表示赞成"。[1] 她还担心这样一个事实,即"你只能秘密提供帮助,除非你想危及自己的自由,否则不能在公共场合与他们见面"。

不过,即使她家里的所有人都很厌恶这种迫害,他们也会以不同的方式对待正在发生的事情。哥哥克劳斯是前纳粹冲锋队成员,可以轻松地摆脱这种事带来的不愉快,但她的弟弟,虔诚的于尔根,却要受更多的精神折磨。"他和父亲一样,不像现在的很多人那样让自己心硬如铁。"在这件事上她自己处于某种模糊不清的中间位置。有时是苦恼忧虑、良心不安、无精打采,有时又充满了突如其来的生活乐趣和快乐心情,甚至连她自己都开始觉得这是不负责任的,甚至是幼稚的。夜里的梦境也经常是黑暗的,充满威胁的。

当然,她父亲买回了那幅画。父亲看来也明显是心烦意乱,可能到了绝望的边缘,因此当整个交易完成,大门在这两个来自布雷斯劳的客人身后关上的时候,乌尔苏拉显然松了口气——这也许连她自己都感到意外,主要是为了她的敏感父亲的缘故。她很高兴,家里的犹太人老朋友都移民国外去了,因为"父亲有很长时间对发生的事情已无法忍受"。她自己似乎并不理解,她自己的道德世界已经缩小到了什么程度。

也许她现在坐下来翻了翻报纸。幸运的是,报上并非只有涉及各条战线战况的官方公报。在11月20日星期五这天的简讯中,她可以读到那些人最近获得了骑士十字勋章,希特勒青年团开始为丈夫在前线的妇

---

[1] 这是乌尔苏拉·冯·卡多夫在战后修改日记的许多地方之一。在1943年1月2日的原稿中,她写的是"灭绝所有犹太人,对这件事广大民众肯定麻木不仁,甚至表示赞成"。在发表的版本中,把"甚至表示赞成"删除了。

女收集柴火，一个名叫保罗·斯的男子因盗窃两只兔子而被判监禁七个月，一头野猪袭击了兰茨贝格的一个骑自行车的人，两枚十年前丢失的结婚戒指在于特博格的一块田地里被幸运地找回来了。在一则广告中，某位伊尔玛·科贝夫人悬赏寻找她的伞，这把伞是她上上个星期五17点42分乘坐从柏林到卢肯瓦尔德的火车时遗忘在车上的。收音机里的《帝国计划》正播放欢快的舞曲，而德意志广播公司的频道则放着海顿的乐曲。而在漂亮的楼道里，再也听不到回荡的脚步声。

*

在芝加哥，同一个星期五是一个灰蒙蒙但温暖的深秋日子，偶尔有阵雨。在停用的橄榄球场的西看台下，CP-1装置正马不停蹄、夜以继日地施工。这项工作是以极大的决心推动的，那种坚决感是气氛的核心成分；与此同时，空气中也弥漫着不安的情绪。

穿过黑暗的走廊，就像穿过一片嘈杂的呜呜声、嗡嗡声、嘎嘎声和吱吱声混合的噪声——穿过一排排光明和黑暗。在一个房间里，人们用圆锯把木头锯成木梁，在另一个房间里，人们在处理又长又黑的11厘米×11厘米厚的石墨条：它们被切割、打磨，有些还钻了孔。切割和打磨是用普通的电动木工工具来完成的，例如电刨和电锯。有些是9千克重的木块，带有圆形的孔。精度很重要——孔的直径必须正好是8厘米——所以要用一台钻床来加工这些孔。钻车的刀片是钢制的，变钝后用手再磨利。新磨尖的刀片可以使用大约一个小时，这意味着大约钻60个孔。计算表明，在CP-1装置可以运行之前，他们需要钻1.9万个孔。

灰色的石墨粉尘飘浮在空气中，也落在一切东西上：地板、墙壁、工具、衣服、手、脸。[1] 干燥的粉尘使地板变滑，人很容易滑倒。空间越发狭小，只有努力挤过穿着脏衣服的人群才能移动。加工好的石墨棒用小推车推到壁球馆里，在那里一层又一层地添加到最终成为 CP-1 装置的地方。穿连体工作服的男人们提起沉重的东西，唱着工作歌曲打发时间。

利昂娜·伍兹与小组中其他物理学家一样苦闷不安，这种不安现在实际上由两种恐惧交织而成。她后来叙述道，那种影响到他们所有人的巨大恐惧是"我们已经错了（在我们研制这种炸弹的方式上），而德国人领先于我们。这是一种持续存在的恐惧"。它是整个项目的基础。作为一名科学家，伍兹知道德国物理学家是世界上最好的，而且他们当然知道理论上是有可能制造出如此强大的炸弹的——一想到希特勒可能配备了类似的装置，任何关于制造这种世界末日武器的道德疑虑都烟消云散了。因此，美国必须率先完成这个项目。但是想一想，如果不是他们首先完成，会怎么样？

随着壁球馆里小心翼翼地搭建起来的那堆东西越来越大，另一种恐惧，或者更准确地说是另一种精神紧张，也随之增强。所有参与此事的专家都同意，他们正在搭建的这部机器应该不会爆炸。而这当然也是一种安慰。但他们面临着其他的令人不安的未知因素。想想看，如果他们的设计不起作用怎么办？这是不是意味着希特勒将赢得制造炸弹的竞赛？然后还有问题：想想看，如果它有效，但他们无法阻止连锁反应怎么办？当反应堆充分负载并达到所谓的临界质量的时候，它将会包含超过 40 吨的放射性物质，如果失去控制，反应过程无法停止，那在这个有百万人口的城市

---

[1] 此项活动正在进行的唯一外在标志是那些大而丑陋的金属板风扇管道，这些风扇管道被拉到看台的新哥特式正面墙上，排出石墨粉尘。

中心，会发生什么？[1]

即使在这一点上，她的老板费米也一直在那把他总是随身携带的骨白色计算尺上计算，计算，计算，而且一直在思考。这台机器要配备一个三重的制动系统。这应该足够了。

利昂娜·伍兹出生在伊利诺伊州拉格兰奇县的一个农场，习惯了干艰苦的工作。业余时间里她通常会帮助在城外种植土豆的母亲。然而，领导这个项目的一位物理学家不希望女性参与搬抬和放置石墨块这一繁重的、西西弗斯式的体力劳动。因此，尽管伍兹毫不犹豫地参与其中，但她大部分时间都花在自己建造的三氟化硼计数器，以及另外两种仪器上，所有这些仪器都是进行CP-1装置实验所必需的。她用石墨和放射性材料建造了一个自己的小反应堆，以便校准她的计数器。这个星期五要铺设第15层，这也是应该把计数器的传感器放入反应堆里的时候。伍兹可以证实：中子活性在增加，而且增加量符合费米的计算。

*

这是11月21日，星期六，对埃莱娜·贝尔来说是一个重要的日子。她的心上人让·莫拉维茨基要来到她在埃利泽-雷克吕大街的家里，和她的父母见面。这使他们的关系几乎确定下来，甚至是一种非正式的订婚。在像贝尔这种被同化的犹太人的圈子里，让·莫拉维茨基是天主教徒这一事实并不那么重要。

---

[1] 从安全角度来看，这个实验地点绝不是最佳选择。该反应堆本应建在芝加哥西南的偏远森林地区，但当时建筑工人举行了罢工——如前所述，罢工在战争年代的美国是相当普遍的事件——而时间仓促，因此他们选择了使用那个壁球馆。顺便提一下，使用此馆他们没有告知大学校长。

贝尔一上午都在跑来跑去办几件事，还给让·莫拉维茨基写了一封长信。稍后她会把那封信交给他。她知道，这是他走之前他们的最后一次见面，此后很长一段时间里他们都见不到面了，因为他即将秘密离开，去参加战争。信写得很长。都已到了午饭时间，他快来了，她还没有换好衣服，还没有化好妆。她得抓紧时间了。

然后门铃终于响了。是他站在那里，身材瘦削，穿着得体，有一点害羞，留着相当长的头发，向后梳，彬彬有礼，眼神严肃，鹰钩鼻子。贝尔的父母雷蒙和安托奈特非常友好地接待了让·莫拉维茨基。

贝尔满心欢喜。父母在她的世界里是极其重要的，她和他们两个都非常亲近，尤其是温和而充满爱心的母亲，贝尔除了叫"妈妈"外从来不用别的名字称呼她，也与她分享许多痛苦和秘密。（母亲对埃莱娜的昵称则是琳琳。）然而，54岁的父亲才是家里的中心人物，不仅对她如此，对所有的人都是如此。他是这个家庭的善良家长，无可争议的保护者，危难中的救星，意志坚强，遇事不慌，凭借他的悟性、他的成功和他的影响力，他们家富足而有保障的生活成为可能。

同时，如此热情地欢迎让·莫拉维茨基的雷蒙·贝尔与哪怕只是六个月前的他都大不相同了。埃莱娜注意到了他的这种变化，这让她很痛苦。她还注意到他如何徒劳地试图在他妻子和女儿面前，隐瞒他自己的痛苦。

事情是这样的：这年夏天，6月底，雷蒙·贝尔在没有得到任何预先警告的情况下突然被逮捕。这事发生在大型化工合成企业库尔曼公司大楼他的办公室里，雷蒙·贝尔是该公司的高层主管之一，也是最重要的创新发明人。逮捕他的借口是他没有按照规定方式戴好表明他犹太人身份的六芒星标志，没有用线缝起来，而是用按扣固定的。

同一天，就在他要被转移到德朗西的大型集中营之前，埃莱娜和她的母亲获准去一个警察局和他会面,并交给他一些衣服和其他东西。很难说是什么让她最感到痛苦:是看到只有法国警察在管这些事,还是看到她的骄傲的父亲被如此羞辱,如此被迫出丑。他脸上带着一种奇怪的笑容,显然是很难为情,没错,他几乎为这种情况感到羞耻,而且他没有打领带。埃莱娜几乎从没见过父亲不穿背心不打领带。

三个星期之后,就发生了所谓"大抓捕"事件,当时出动了数千法国警察——没有一名德国士兵参与[1]——在精心策划的黎明突袭中,他们在巴黎各处逮捕了多少有些国外背景的1.3万多名犹太人,其中很大部分是妇女和儿童,这些人都被运送到德朗西集中营或被驱逐出境。在这段时间里,她父亲就是在集中营拥挤、困惑和绝望的人群中生活的,贝尔和她的家人每天都生活在恐惧中,生怕他也会被送上开往东方的臭名昭著的火车。她知道有许多犹太人正被送往克拉科夫附近一个据说很大的集中营。

这次"大抓捕"改变了一切。[2] 即使犹太人中最乐观的人也明白了,他们所有人,不论性别和年龄,不论有无财富和关系,不论有什么头衔和军队的荣誉勋章,都毫无例外地受到了威胁,并且他们的对手是毫无顾忌的。在先前的逮捕犹太人的行动中,许多法国基督徒已显示出,他们准备假装没看见,甚至为官方的宣传鼓掌。他们会说,这是驱逐危险的外国人或是潜在恐怖分子的行动,尽管他们已经意识到,有些事情不对头。为什么连女人和儿童也不放过?他们在东方作为强制劳工有什么用处?

---

[1] 必须公正地指出,整个抓捕行动是德国施压的结果,但是同时法国国家机构愿意遵循纳粹德国的指令,在某些情况下,法国人实际上做得超过了德国人的要求。据我们所知,没有一名法国警察拒绝参加突袭抓捕行动。如果没有法国警察的参与,从纯粹的实际角度来说就不会有此行动:在法国驻扎的德国士兵人数太少了。

[2] 历史学家几乎一致同意,"大抓捕"在民意上对法国维希政权是一场灾难,极大地降低了该政权的合法性。

贝尔的父亲在他的公司秘密支付了一大笔赎金之后，于9月底获释。但是在他内心已经有什么东西破碎了。当然，这天他似乎正在努力，尽力表现出自己最好的一面。埃莱娜、让·莫拉维茨基和她父母在餐桌边坐下。母亲准备了一桌美妙的午餐。父母对他们的关系表示认可。埃莱娜对此当然喜出望外。那就"好像一场梦"。饭后，两个年轻人就一起听唱片。

然后就到告别的时候了。

大门被关上。

他的脚步声在外面的楼道里消失。

埃莱娜知道痛苦将会到来，为了平息它，她邀请了一些朋友到家里来。现在他们都陆续来到了这个公寓。在这中间，让·莫拉维茨基回来了。他错过了出发的时间！又有一个短暂的时刻能在一起了。然后又是一次告别。埃莱娜在日记中写道："我是太不小心了[1]（因为当时有禁止外出的宵禁），把他送到了地铁站。当我回家时，被邀请的客人还在家里。我的思绪被打断了。"

*

外面更冷了。冬天快要到来。现在，他们家在米耶兹尔杰克小镇华沙路的房屋里有了四个人。约泽克去了华沙一趟，说服达努塔的母亲雅西娅来和他们一起住。她带来了更多的东西，尤其是冬天的保暖衣服。他们现在一起装修临街的那个小房间，把它装修成一个小小美发室，雅西娅就可以在那里工作。达努塔的待人严厉又酗酒的父亲阿莱克被囚禁

---

[1] 此处埃莱娜·贝尔用了英文单词 reckless（表示"轻率""大意"）。贝尔在日记中不时会插入英文单词。

在首都臭名昭著的莫科陶夫监狱。根据警方的资料，这是因为他在长期担任电工的造币厂搞破坏——不过这一指控肯定是某种借口，因为如果德国人真的认为他是搞破坏，他们肯定会当场枪毙他。他们家不时会给阿莱克送包东西。

华沙已经成了一个越来越危险的地方。很少有哪天没有那种突如其来的大抓捕，波兰人自己称其为"塔盘卡"[1]，那时德国人会封锁某条街道，并把所有没有正确身份文件的人抓起来送走——通常是送到德国去从事强制性奴役劳动。每天都有大约400人以这种方式被抓走，有时甚至高达3 000人。[2] 之前只有在街上的人被带走，但是现在德国人也开始进入咖啡馆和餐馆把顾客带走。这完全是无法无天，导致人们能不出门就不出门。

米耶兹尔杰克小镇及其周边地区也不再是什么庇护所。即使在这里，人们也被集中起来运走，然后消失。不过到目前为止，德国人的主要抓捕目标是当地的犹太人。有传言说发生了多起大规模枪杀事件。

这一天，达努塔出门到这个秋天的灰蒙蒙的小城里买点东西，这时她看到有一个女人从对面走来。达努塔意识到她是犹太女人——很可能是因为她身上有六芒星标志——还注意到她怀里抱着一个婴儿。当达努塔看到在带着孩子的犹太女人身后不远的地方走着一个身材高大的党卫军男子的时候，这个场景立即有了不一样的意义——而他正在走近她。

就在达努塔眼皮底下，发生了一件既奇怪又可怕的事情，而且发生得很快。很明显，抱着孩子的犹太女人意识到自己受到了跟踪。她

---

[1] 此名称"塔盘卡"出自波兰儿童的一种游戏"塔法特"。（类似于中国儿童的游戏"捉迷藏"。——译者注）

[2] 重要的是，不能把这种抓捕称为"逮捕"，因为它们缺乏任何法律依据，而且正如笔者所言，其主要目的是获得强迫性劳动力。

和就走在达努塔前面一点的另一个女人目光相接,产生了某种无言的交流——也许这只是一个几乎无法察觉的手势,一个眼神或一个表情——于是另一个女人张开了一点双臂,紧接着,犹太女人走过时毫不犹豫地就把孩子抛了过去,而且这个母亲还用她的身体挡住了孩子,这样那个党卫军跟踪者就看不到发生的事了。他显然确实没有看到。

这是一个容不得人做出选择的选择,两条不同的路和一个永恒的损失,这一切都发生在几秒钟内,在这片刻之间,犹太女人没有任何犹豫,这表明她知道等待她的是什么。她自己的生命很快要结束了,而她的婴儿还有千万种未曾经历过的生活等在前方。达努塔转过身看到:"再往前走了一个街区,那个犹太女人被抓住并带走了,带到她的死神那里去。"她被震撼了。她刚才所目睹的一切令人完全无法理解。

达努塔、约泽克、儿子耶特鲁斯和她母亲雅西娅住在米耶兹尔杰克小镇这里,弟弟兹比泽克住在华沙那边,而父亲阿莱克是在监狱的牢房里,他们全都被囚禁在这种不可理解的情境中,什么事情都有可能发生,而且随时都可能会发生——即使是以前不可能发生的事情。恐惧一直存在,就好像它是地球重力的一种补充,使一切都变得更重、更慢,有时甚至变得寸步难行,它最终形成了一种不确定性。而这不确定性并非来自未知——情况谁都知道,因为现在这一切都发生得如此公开,几乎没有家庭不受到牵累。他们对正在发生什么事情是很确定的,不确定的只是这种事什么时候以及如何牵累他们自己。

不确定性促使人们沉默,就如恐惧导致沉默一样。祸从口出,说话是很危险的。谁知道什么人在听?全世界都有人在听吗?除了自己命运的不确定性之外,还有战争中实际发生了什么的不确定性。一家地下新闻机构确实存在。当他们住在华沙的时候,达努塔有时会阅读《信息简报》,这是许多非法流通的报纸之一——持有此报可能会遭判死刑——

报纸通常很薄，简单油印，而且在传阅的过程中磨损严重。

像往常一样，不可能知道什么是真相，什么是谣言，什么是事实，什么是希望。斯大林格勒那边发生了什么事？北非正在发生什么？（此外许多人也不再打听消息，因为消息通常太糟糕了。）

如前所述，波兰人被禁止拥有收音机，但达努塔的父亲在华沙的家里的客厅角落地板下藏了一台小收音机。有时他们可以接通俄语的新闻台，但只有她父亲听得懂这种语言。"遥远的说话声忽来忽去，忽高忽低，甚至在太空的背景噪声中完全消失。"

*

等待终于结束了。恩斯特·容格尔乘坐的三引擎运输机在一场小雪中从勒岑机场起飞。时间已经是早上9点多。飞机飞得很低，容格尔很用心地研究了下面的风景：湖泊、森林、村庄、偏僻的房屋、蜿蜒的溪流、蜿蜒的道路。一两个小时后，他睡着了，尽管机舱里很冷，而且透过飞机薄薄的波纹金属舱壁传来了发动机的噪声。

容格尔突然醒了，是被某种声音或某种动作惊醒的。有些事情不对头。飞机的外观发生了变化。他在向舷窗外望去时，只见一条淡红色的火焰像一面长长的三角旗一样从圆形的发动机盖中飘然而出，掠过机翼。飞机在逆风中颠簸。地面朝他们上升。坠地好像只是几分钟的事，或许只是几秒钟。

在这里，容格尔发现自己脱离了自我元素，无论是从比喻意义上还是从字面意义上。他被囚禁在庞大而脆弱的机身内，被囚禁在飞机朝地面快速下坠的航道中，他什么都做不了。绝对是什么都做不了。就在此时，在这种强制的被动状态中，发生了一些既出乎意料又合乎逻辑的事情：他，这个无所畏惧的人，带着他身上所有的伤疤和勋章，现在充满了恐惧。他动弹不得。容格尔僵硬地坐在那里，透过那个小小的长方形舷窗盯着外面。随着砰的一声巨响，而不是一声轰鸣，这架沉重的飞机落地了。让他惊讶的是，他看到他们是降落在一个机场上——而且是正确的机场，是基辅的机场。此时是 11 月 21 日，星期六。

平安地进入城里后，容格尔得知自己将入住大皇宫酒店，据说这是苏联已被德军占领的地区最好的酒店。酒店正面外观非常真实地展现了奢华和帝国时代的辉煌气派，但内部装饰已破败不堪。宏伟的大理石楼梯上少了些台阶，到处都是粪便的味道。房间里既没有毛巾也没有墨水，马桶也不能冲水，浴室的水龙头不管他怎么拧都没有水流出来。中央供暖似乎也不起什么作用，而且到处都有老鼠窜来窜去。容格尔还不得不与一位年轻的炮兵上尉共用一个房间，不过他看来非常友善。

容格尔出去散步，但很快就回来了，对这个地方、它的废墟和自大的建筑感到厌恶。他在日记中写道："就像我们的世界上有被施魔法的国家一样，我们也了解到其他一些魔法已被解除的国家，在那里魔法没有留下任何痕迹。"

*

同一个星期六。叶连娜·斯克利亚宾娜就好像在一个深渊上走钢丝。她牢牢地盯住远方，努力捍卫她为自己和她的家人在皮亚季戈尔斯克赢得的脆弱生存。她在占领军政权的内部培养自己的人脉，主要是在强大的经济指挥部内部，但也在其他方面。她和她年轻的亲戚塔尼亚都被一位名叫祖尔茨巴赫的、友善而乐于帮助她们的德国空军军官追求。斯克利亚宾娜很有礼貌地退出了情场，但塔尼亚接受邀请，去参加了聚会。这座城市不仅像往常一样充斥着流言蜚语，而且还充满了猜疑、阴谋和指责。你不能相信任何人。

斯克利亚宾娜担心她的小姑子丽雅丽雅和她有一半犹太血统的女儿薇拉会出什么事，这种担心一直困扰着她。她在日记中写道：

> 最近几天，关于异族通婚的人和这种婚姻生下的孩子被带走的传言越来越多了。丽雅丽雅的一些朋友向她建议，在有人向当局告发薇拉的父亲是犹太人之前，把薇拉带走，离开皮亚季戈尔斯克。丽雅丽雅对此非常担心。可是她又能到哪里去呢？

人们正被运走。运到什么地方去？斯克利亚宾娜掂量着这些传言，自己做些分析。很有可能是送去强制劳动。德国人正为他们工厂里缺工人而发愁。这是谁都知道的。[1] 然而，小姑子还是做好了最坏的打算：在隆冬时节紧急逃生。一旦她为自己和薇拉买好了暖和的衣服，她们就马上离开。

---

[1] 数以百万计的犹太人在纳闷中感到安慰：为什么德国人要在战争这样的紧急情况下还如此不合理地处理掉完全可利用的劳动力呢？正如英国历史学家亚当·图泽表明的那样，在纳粹德国有一种内在的紧张关系，一方面是经济目标，人力资源要优化使用；另一方面是意识形态的目标，其首要任务无疑是灭绝犹太人和东方的斯拉夫人。同时也可能发生另一些情况——例如1942年上半年德国出现粮食短缺——当时杀害多达数百万的有潜在劳动能力的人，无论是犹太人还是非犹太人，从经济和意识形态的角度来看都是合理的。这些有时交织起来相互作用的因素在地方层面引起了矛盾的反复无常，在潜在受害者中引诱出一厢情愿的想法。

*

同一个星期六,有几列火车抵达了特雷布林卡,总共加起来大约有 40 节运牲口的车皮,总计有来自比亚韦斯托克周边地区的犹太人 4 000 到 6 000 名。[1] 除了少数人幸免于难,用来补充集中营"特别工作队"里人数不断缩减的工人队伍,其他所有人都在夜幕降临前被杀害了:有男人、女人和孩子。

上集中营干活的"死犹太人"的死亡数字仍然是巨大的。党卫军和乌克兰人找个最微不足道的借口就处死人,但被监禁者中的自杀人数也很多。囚犯不仅生活在无边无际的恐惧之中,因为他们知道下一小时或下一分钟就可能是他们的最后一刻,而且他们看到了每天超乎想象的恐怖事件。绝大多数从火车上下来的人在站台上被挑选的过程中就已经和他们的妻子、孩子、兄弟、姐妹、父母、其他亲戚、邻居、朋友分离开了。他们知道这些人都被谋杀了,甚至也许已经见过他们的尸体,抬过他们的尸体,在埋尸坑底瞥见过他们的胳膊、小腿、大腿、臀部、嘴巴、阴茎、乱蓬蓬的毛发和 3 岁幼儿的手,它们成堆地压在一起,几乎都无法辨认了。

"齐尔"拉伊赫曼仍在营地的"牙医工作队"工作。他是和 19 岁的妹妹丽维卡一起来到集中营的。他知道她已经死了,因为他到了集中营后不久就在参与整理的堆积如山的衣服中找到了她的裙子。他从裙子上撕下一块布料,时刻带在身边,一天也不例外。他还怀有一种负疚感,因为她已经死了,而他还苟活着——还因为他没有让她从他们共用的食

---

[1] 在每节这样的运牲口车皮里,党卫军通常会塞进 100 到 150 人,是正常装载量的 2 倍或 3 倍。

物袋里拿东西吃：他怎么能知道后来的事？因此她很可能是饿着肚子进了毒气室的。他每天都背负着这种负疚感——并且将继续如此，直到他2004年5月7日在蒙得维的亚去世。

待在特别工作队的第一天是最糟糕的。要么你熬过这一天及其在认知和道德层面产生的彻底混乱的感觉，要么你失去理智。但即使在这一天之后，内心遭到的啮咬也几乎是直线式增加：人们都崩溃了，既是在身体上，也是在心理上。人人都有一个极限。"每个人都有自己不知道的力量储备：它可能很大，也可能很小，或干脆没有，只有在极端的逆境才能评估它。"[1]

囚犯自杀是每天都发生的事情。一个50多岁的男人名叫扬克尔·维尔尼克，他和拉伊赫曼睡在同一个营房里，拉伊赫曼每天都会见到他。他在"牙医工作队"存放桌子的木工车间工作。他这样叙述道：

> 我们当中有些抵抗力比较差的，尤其是那些更聪明的，在处理完一整天尸体之后，耳中依然不断回荡着遇难者的惨叫声和呻吟声，神经就崩溃了，回到营房就上吊自杀了。这类自杀发生的频率为每天15至20起。

拉伊赫曼自己也在日记中这样写道：

> 在我对面，我看到一个已经上吊自杀的人。我指给邻铺的人看，而他只是用手势指给我看另外两个已经上吊自杀的人。在这里，自杀已不再是什么新鲜事。今天上吊的人数比平时少。他告诉

---

[1] 引自普里莫·莱维。

我们说，上吊的人每天都会被［从营房］扔出去，没人在乎这些鸡毛蒜皮的小事。我看着那些吊死的人，对他们很嫉妒，他们得到了安宁。

尽管完全是黑暗的绝望之举，但自杀仍然具有抵抗的特征——许多人一开始完全被压垮了，甚至没有力量结束自己的生命。"通过自杀这种方式，他们不再完全是奴隶，因为他们可以在寻死或继续战斗之间做出选择。"[1]大约在这个时候，特雷布林卡的上集中营也发生了重大的变化。在漆黑的营房里，囚犯们开始互相帮助，把自己吊在房梁上。

这是他们从一群支离破碎的、内疚的、受辱的个人转变为一个集体的第一步，这个集体能够相互帮助，并且，从长远看，能够抵抗，组织逃跑，是的，甚至可能起义，不管这是多么没有前途。

*

自从曼苏尔·阿卜杜林所属的步兵师突破了顿河边上罗马尼亚军队的防线之后，他们就一直稳步以一条弧线向东南偏南方向移动，徒步或骑马艰难地穿过在他们前面滚滚驶过、消失不见的坦克纵队留下的空地。[2]

随处可见战斗之后留下的东西：一座又一座燃烧着的房屋、被打坏或炸毁的卡车、被烧毁的坦克残骸、边沟里的尸体、积雪道路上的尸体，它们被无数车辆驶过碾过之后抹开，被压成几厘米厚的一层。其中大多

---

[1] 引自犹太裔法国作家让-弗朗索瓦·斯泰纳。
[2] 该师一部分部队使用了匆忙征用的卡车。

数东西体现了一场混乱的撤退：废弃的卡车、扔掉的武器、丢下的大炮、成堆的弹药和其他物资、马车和马匹——许多马要么已经死了，要么只剩了三条腿不能动弹，那些没有受伤的马已经被先头部队拦截住了。

时不时他们会碰到成群疲惫不堪、士气低落的罗马尼亚士兵，他们都戴着他们特有的高羊皮帽，通常是不同信号兵和后勤部队的残兵败将，急于投降，但从他们旁边驶过的T-34、KV-1和T-70坦克的炮塔上的战斗人员，只挥手让他们后退，因为坦克战斗人员现在只有一个目标，要尽快到达顿河和顿河畔卡拉奇。

阿卜杜林对正在发生的事情知道多少？他的上级会告诉他们多少？在发起进攻之前，这个谜团是巨大的，但现在他应该已经开始理解了。他们突破了敌人的前线，现在是在这些战线的后方很远的地方活动，这一点无论如何是显而易见的。（苏军在这一天里还占领了一个小型飞机场，缴获了25架飞机——这是一个明显迹象，表明他们已经到达了多么深入的地方。）他知道此次行动的重要性吗？很可能。但是他知道这冒了多大的风险吗？一切结束之后，在他写下的文字中，没有任何痕迹表示他有这种恐惧。（如大家熟悉的，所有故事都是以倒叙的方式构建的，即是从事情的结局开始的；这意味着不合适的内容后来就被删掉了。）苏联红军以前曾发动过很多次这样的攻击，但这些攻击无一不是在灾难中终结的。每一次，德国人都显得太强大了。

他们继续挺进。向前进，向前进。这个团在道路上被拉开，就像一条参差不齐的由白衣战士、马匹和车辆组成的珍珠链条。朝向顿河！

*

11月22日星期日清晨，恩斯特·容格尔继续他的旅行。他先飞到斯大林诺，然后飞到罗斯托夫。目的地是伏罗希洛夫斯克，但天气又变坏了，他只好留在这里，希望最终能坐上火车继续前行。甚至罗斯托夫展示的也是一幅令人沮丧的图景，展示了无聊、破坏和人类的苦难。他又一次被苏联巨大的建筑震惊了，他把这些建筑的废墟比作被破坏后的巴别塔。（"在这些理性的作品中总是内置了那种可怕的破坏。它们具有一种吸引火焰的寒冷，就好像铁会把闪电吸引到自己身上。"）创造生活的一切都不在这个城市里。这里不仅没有光明和温暖，也没有欢乐和幸福。

不被人注意的孩子们在废墟里转悠，翻找东西，借用小钩子来找木块和其他能用的东西。衣服破烂的人常常受到某种负担的重压，不停地移动，但这种移动看起来似乎没有计划，漫无目的，就像被踢碎的蚁冢里的蚂蚁。唯一能打破这种痛苦的事情，是他看到一些孩子在溜冰场上快乐地玩耍。"这就像在地狱中看到一道彩色的光芒。"

*

曼苏尔·阿卜杜林这个团沿着通往顿河的道路大踏步前进。向前进，向前进。然后就发生了那件事。一声喊叫急速传开："空袭！"阿卜杜林还来得及思考，认为这样的事是不可能的。天气没变，和这次进攻开始时的天气几乎是一样的，有低低的云和雾气，这种天气到目前为止一直保护着他们，使他们免受可怕的德国空军的袭击。但这个念头刚闪过他的脑海，他就听到了急速增大的飞机发动机的轰鸣声。他回头一看，几架圆形的德国双引擎轰炸机正飞来，飞得很低，大概只有一百米高，沿着道路纵向飞来。炸弹舱的舱口已经打开了，正当他看着的时候，炸弹已开始从舱口里滚出来。

那些轰炸机雷鸣般地掠过他的头顶，只延迟了一会儿，那些暗黑色的、带小翅膀的圆筒炸弹就掉下来了，落向他身后和面前的地面。阿卜杜林本能地奔跑起来。

时间在变慢。

他用余光看到他的排长正要从马上跳下来。阿卜杜林跳过那些扑进掩体躲避的人，他也跳过那些炸弹；大多数抛出来的炸弹还在运动中，滑落，旋转，滚动，他看到在他前面可能还有十多个炸弹；为什么它们还不引爆呢？[1]

然后他听到了身后的第一声爆炸，很快又是一声接另一声；轰鸣声传开，越来越近；泥土从他背上滚落；他突然想到他必须离开公路；他跳起来，但是在边沟里还有一枚炸弹在打转翻滚——时间拉得更长了。肾上腺素对他的大脑起了作用，因为他突然感觉自己的动作变慢了，他在那个翻滚的炸弹上一跃而过，就好像他是"被一块巨大的磁铁吸引住了"；当有什么大东西飞来并且就落在他面前的时候，他几乎被自己这种想象中的缓慢激怒了；那是一匹马被炸飞的头；阿卜杜林扑倒在地，而就在同一瞬间，这枚炸弹爆炸了；冲击波把他背上的背包都撞掉了；他被卷入了尘土和黑暗中。

然后他又听到几声爆炸，接着还有一两声，直到最后一声响起。

在寂静中，可以听到飞机发动机发出的嗡嗡声在逐渐消失。尘埃散去。阿卜杜林靠着发颤的腿挣扎着站起来。背包不见了。他开始耳鸣。还有烧焦的气味。

雪已经不再是白色的了。

阿卜杜林朝公路那边望去。他看到被炸断的胳膊和腿。他看到身体

---

[1] 这些炸弹显然是设定了延迟引爆，这是飞机在如此低的高度攻击时的一项必要措施——否则飞机可能会被爆炸伤到自己。

的残剩部分。他看到了内脏。他看到了血。他低头看那个马头。他还认得那缰绳：这是他的排长的马。阿卜杜林开始呕吐，一次又一次地呕吐，直到再也呕吐不出任何东西。

*

薇拉·因伯尔从收音机里收听到一个特别播出的新闻节目。在越来越兴奋的状态中，她听到播音员告诉听众，现在苏联军队在斯大林格勒已经从西北方和南方这两个方向发动反攻，他们已经前进了六七十千米，并占领了顿河畔卡拉奇。接着是最让她兴奋的那些话："前进仍在继续。"她在自己的日记中写道："也许这就是通常所说的战争转折点？"这天的日期是11月22日。

*

同一天，多萝西·罗宾逊读了《纽约时报》的头版，不无忧郁。引起她关注的不是盟军在北非继续取得成功的消息，不是英国皇家空军再次轰炸了都灵的消息，不是关于盟军在瓜达尔卡纳尔岛取得进展的文章，也不是关于德军在斯大林格勒和高加索的攻势现在好像终于被阻止的简讯。

相反，她关注的是该报头版最左边的两条专栏新闻。它们报道称又有几类商品和食品要采用配给制。罗宾逊在自己的日记中写道：

汽油配给量将削减到每周三加仑[1]——咖啡销售从下周日开始

---

[1] 美制1加仑约合3.785升。——编者注

将停止一周,然后每五周配给一磅——东海岸的取暖油可能会进一步削减——鲜奶油将很快从市场下架,黄油采取配给制——肉类配给从新年年初开始——运输的蔬菜减少,被制成罐头的更少——没有葡萄干,也没有巧克力、橄榄油、培根——一切都会更少,包括火车、公共汽车、轿车和电话。

正如前面说过的,罗宾逊选择关注(和不关注)哪些新闻不应被解释为有没有敏感性;尽管存在所有互相矛盾的对比,但这与其时其地她最惦记的事有关,像世界各地的许多女性一样,她需要承担让日常生活正常运转的责任。[也许莉迪亚·金茨堡、薇拉·因伯尔、薇拉·布里坦、奈拉·拉斯特和其他妇女都会很乐意用她们的问题来交换罗宾逊的问题,但战争在部分意义上不正是和人们对日常生活的需要(其实是过正常生活的权利)有关吗?在有时琐碎的正常生活里,缺少巧克力不也可以成为一个让人困扰的问题吗?]

最重要的是,正是在不得不应对意外的限制和新的短缺的过程中,多萝西·罗宾逊才真正感受到了这场战争,因为到目前为止,她认识的人还没有受伤或死亡。美国经济在过去一年中发生了巨大转变,从一个相当无忧无虑的消费机器变成了只优先生产战争物资的战时经济,这种变化到处都能感受到,到处可以看见,尤其是因为这种转变是如此迅速,而且取得如此惊人的成功。[1]

---

[1] 正如许多历史学家所指出的,这里有一个有趣的悖论:美国、英国这样的民主国家在使经济转为战争状态方面比它们所反对的独裁国家要成功得多。希特勒的德国(部分是寄生经济,建立在对战败国的掠夺和奴役劳动的基础上)有很长一段时间尤其不愿意进行这种转变。这一方面是因为稳定的消费品流通被视为对付民众不满的保证,另一方面是因为意识形态障碍使得他们在动员妇女等方面会拖延很长时间。

对于所有在军工产业工作的人来说，无论男女，无论是有色人种还是白人，这都是好日子——就算还有每周长时间工作的代价——工作条件得到了改善，工资也不断上涨。但像罗宾逊这样的家庭主妇大多只看到战争经济的负面：物资短缺、家务的麻烦事、室内温度降低、洗衣机修不好等等。她写下这些事，是因为它们构成了她日常生活的很大一部分。但她并非对其他事情毫无觉察。这年夏天他们连一天都不能开车去海边，这当然是让人遗憾的，但她很清楚为什么汽车车主必须登记，汽油必须定量配给，而新轮胎是根本不可能买到的。

不过还有其他的事情她没有写——战争新闻之外的事。例如，她没有提到当天的《纽约时报》写到的最近几天里主要由家庭主妇负有罪责的囤积浪潮（不仅是囤积咖啡，还有黄油等），把商店货架席卷一空；她也只字未提那些弄虚作假的人，那些试图逃避服兵役的人，那些在黑市上投机倒把的人。她也一字没写那种矛盾，即人们投入一切以击败纳粹主义及其荒谬的种族理论，同时美国的种族主义却有增无减；她只字不提日益增加的青少年犯罪现象和性滥交行为，这是人们移居到那些新的战争工厂后出现的；她也不写某些人认为有威胁的家庭解体问题。但也许这种明显的视而不见是她捍卫自己的平静生活的一种方式？

"一切都少多了。"罗宾逊在自己的日记中评论道。但她的想法还不止于此。她知道为什么必须是这样，而且正在发生的事情绝不只是坏事：人与人之间的距离比过去近了。她继续写道："但更多的是睦邻友好和家庭忠诚，以及对我们长期以来认为理所当然的这个国家的美丽、自由和尊严的欣赏。我们都在同一条船上，在高高飘扬在船顶的旗帜下，我们都会走出困境。"

*

现在比较凉快了吧？不，可能并不凉快。现在查尔斯·沃克已经在瓜达尔卡纳尔岛待了一个多月，在这段时间里，他的身体已经开始适应这里的湿热，他的感官也开始适应丛林的声音和气味。心情也开始变了。他们已经把最初那段时间的不确定性抛到了脑后，那个时候他们极度害怕，担心盟军在这里又一次战败。但日本士兵显然不是不可战胜的，而盟军武器库的重要性和不加限制的纯粹威力已经开始显现。

沃克和他的部队已经转移到机场以西的一个岬角，叫克鲁兹角。如果用一个望远镜沿着北海岸观察，他可以辨认出远处那些搁浅的日本运输船的细长形状。现在这些船都只剩下被炸毁的船体，海里和岸上到处都是日本兵尸体和破碎的东西。

然而，他们的对手依然没有被打败，而且凶险难测。的确，只有一两千人上了岸，没有任何重装备，也几乎没有任何补给物资，但他们就像野兽一样在克鲁兹角以西的原始丛林中等待着。两天前，星期五，日军对新抵达的第182步兵团的一个营进行了夜袭。（顺便提一下，袭击者属于若林东一的联队——在这个时间点沃克和若林东一之间相距大约10千米。[1]）

新抵达的美军随即扔下武器，魂飞魄散地逃回马坦尼考河对岸。沃克所在的营被派去替代他们。仓皇逃跑的痕迹是明确无误的，被遗弃的美国装备随处可见："机枪、迫击炮、背包、步枪和超强的新型声力电话，不需要外部电源就能工作。"他们交出了大部分东西，但保留了这些神奇的电话。

---

[1] 数天后有人告诉若林东一，他们检查了阵亡的美国士兵，发现他们不是海军陆战队的，而是来自美国陆军。

现在是 11 月 22 日星期日早上。一切都很安静，无声无息。前一天也很平静。唯一能听到的是几声较小的爆炸声，但沃克并不担心。那只是有些士兵在巨大的乌鱼群中捕猎，那些鱼群闪着发亮的银光，在温暖碧绿的浅滩中游动。士兵们把炸药扔进水中，每次爆炸后，他们都能捡起成袋的死鱼或被击晕的鱼。然后他们把鱼清洗干净，拿来油炸。有越来越多的士兵涌向海滩。

*

同一个星期天晚一点的时候，在列宁格勒，德军对这座城市展开了一次炮击。许多炮弹落在彼得格勒区，薇拉·因伯尔和她的丈夫就居住在这个区，他们的房子位于比索查纳雅街。她听到异常强烈和逐渐增加的爆炸声，紧接着地面开始震动，房屋摇晃。如此猛烈的炮火对准这个城市北面的几个岛，实属罕见。有传言说，德国人已经把他们这年早些时候用来打击塞瓦斯托波尔的那些重型远程列车炮中的一门带到了这里。这些怪物只要有一枚炮弹就可以导致半个街区的房屋倒塌在一团灰尘和瓦砾中。

因伯尔和她的丈夫离开了他们的家，一座相当小而且容易损坏的房子——她称之为"我们的鸟巢"——跑到附近的一个防空洞躲避。（我们能猜出她的着装吗？是不是她引以为傲的那件搭配暖手笼的黑色波斯皮大衣？）尽管没有什么系统，尽管主要取决于偶然性，但人们的心理平衡依赖于这种信念，即面对这些盲目的力量，一个人并非完全无助，这里有安全区，这里有对付炮火的办法——同时，足够悖谬的是，他们为欺骗死神所做的事情，有时正好是使死神赶上他们的原因。莉迪亚·金茨堡解释说：

混淆了空间和时间范畴。头顶上的炮弹呼啸声更令人恐惧,但也更容易理解。它显示了一种空间存在——在这一时刻,在这个时空(只要呼啸声持续存在),它们确实在你的头顶上方。遥远的爆炸声则完全是另外一回事。原本无迹可寻的现时,当它进入你的意识中,便已成为过去。相反的顺序是:首先有声音,然后是对尚未发生的事情的恐惧。再然后是一片寂静,在这短暂的寂静中,一个人的生死成为定局。这取决于她是否向电车站多走了两步,或弯下腰去捡起掉落的手提箱,或从人行道走到行车道。人们相信,一切都会按顺序发生——会有一声呼啸,然后是她从侧面看到的爆炸,之后会有些事情发生在她身上。她知道这是错觉。就因果关系而言这是一个错觉,而当一个人在一次轰炸中赶紧加快脚步,以免炮弹追上她,这同样是一种错觉,以为这样就能保命。

当因伯尔在防空洞里坐下的时候,有一人进来告诉说,有一枚重磅炸弹落在了她住的街道上,有人在旁边的房子里被炸伤,门牌号是10号。一名救护人员被派到那里去,但很快就无功而返。有一名妇女被窗户里飞进来的弹片击中了,但救护人员进去时这名妇女已经死了,可能是当场死亡的。

因伯尔计算了两次爆炸之间的间隔,这似乎是一种试着了解正在发生的事情的方式,但很可能也是一种控制神经的仪式。她得出的结论是,轰炸以15分钟到20分钟的间隔进行,这使得有关德军轰炸时动用了巨大的重型列车炮的说法更加可信了。(没有任何东西可以防御这种大炮的巨大炮弹。如果被这种炮弹击中了,你大概是没反应过来就没命了。)在12个到15个这样使大地震动的炮弹落下之后,一切又宁静下来。时间是凌晨4点钟。薇拉·因伯尔从防空洞出来,发现自己站在一个难以形容的美丽冬夜里，月亮的蓝光在白皑皑的干净雪地上创造了一种粉红色的反光。

*

同时，在柏林利特街上的《德意志汇报》报社举行了一次会议，显然是一个特别会议——因为这是星期天。会议气氛是压抑的。在编辑部的窗外有雪花飘过。乌尔苏拉·冯·卡多夫的日记里没有讲述在编辑部内的压抑气氛背后到底是什么。有人谈论了北非的情况。我们能知道的就是这些。

这家报纸的一位和乌尔苏拉同年的明星记者弗里茨·德特曼刚从战争现场回来，而他"报道了非常悲观的情况。盟军的登陆在四个地点取得了成功"。正因为是德特曼提交的报道，这篇报道就有了特殊的分量。没有人会怀疑他在哪方面是一个失败主义者：德特曼既是纳粹党党员，也是民族社会主义机动车军团的成员，而且之前是德国空军中尉，这使他能够在战争爆发后成为一名备受赞誉的前线记者——他的专长是讲述激动人心的空战故事。[1]（我们当然能设想他身穿中尉军服甚至是沙漠迷彩类型的军服坐在那里的样子。）很可能德特曼证实的消息他们早已听说过了，但他以眼见为实这种不可否认的方式确认了那些是事实。

然而从乌尔苏拉·冯·卡多夫的日记中可以看出，会议气氛压抑，

---

[1] 至此德特曼的报道已选入多部战争报道选集，他还撰写过两部很成功的专著：《我方在挪威的战斗》和《敌区飞行四万千米》，这两部书也被翻译成多种语言。他还开始撰写此年9月在北非阵亡的德国王牌飞行员汉斯·约阿希姆·马赛的传记。"民族社会主义机动车军团"原文为缩写语 NSKK，即 Nationalsozialistisches Kraftfahrkorps 的缩写。

部分是因为他们继续受到宣传部的抨击。乌尔苏拉写道："政客们试图在他们的评论中透露一些信息，但在大多数情况下会产生相反的效果。读者什么都没领会，但宣传部反倒看出了问题。"[1]

在纳粹德国，冯·卡多夫从事的这种记者工作是很复杂的，而且还有点危险，尤其是如果你在像《德意志汇报》这样的报纸上撰稿。该报自称为右翼保守派的报纸，并希望在某种程度上给人一种独立于纳粹党的印象。（因为如果你做错了，你会被罚款、丢掉工作，甚至会让几个来自盖世太保的彪形大汉卡住脖子。宣传部甚至可以对该报纸本身发布临时的出版禁令——这样的事并不罕见。）这份工作需要适应能力，一种橡胶般的软脊梁骨和随遇而安的良心。[2]尤其是你必须能够在这种语言规则组成的轻微精神病丛林中摸清方向，这个丛林是这个政权控制现实的形象（也是控制现实本身）最重要的方法之一。

语言环境永远不会一成不变。几乎每天都有来自宣传部的新规定，内容涉及哪些词语可以使用或不可以再使用，哪些术语取代哪些另外的术语，什么可以描述或不可以描述，如果可以描述，是以什么方式。[3]对于大多数人来说这是很容易理解的，例如为什么现在要用"重整"这个词而不是用"撤退"，为什么把犹太人和其他人驱逐到不确定命运的地方应该被称为"向东方迁徙"，当然也不难理解"勇敢"一词为什么永远不能用在敌方士兵身上。但比较难理解为什么不能称英国轰炸机机组成

---

1 此处"宣传部"原文为Promi，是德国纳粹"宣传部"（Propagandaministerium）的缩写。这是又一个流行的缩写词。乌尔苏拉说的"政客们"指该报负责社论的编辑部成员。

2 有关规定在数量和细节上几乎是有辱人格的。对戈培尔本人来说，这几乎就是有意为之。他说过："将来，要让每个身上还有点荣誉感的人，在成为记者之前，都学会三思而后行。"

3 这些语言规定早在1933年就开始实行，至纳粹神话结束共发布了8万到10万条这样的指令！

员"懦弱"[1];为什么必须用"防空洞"而不再用"防空地下室";为什么来自被轰炸城市的平民不能再被称为"撤离者",而是必须被称为"搬迁者"[2];等等。

然而,这星期日的编辑会多半和北非局势的恶化有关。德特曼还看似不经意地提到另一件事:他注意到苏军在顿河上取得了某种突破。

两个月之前,记者和公众就听说,尤其是从元首本人那里听说,斯大林格勒会很快落入德国人手中,很快。就在一个月前,德国宣传部还就如何介绍这座城市被德军攻陷的消息提出了详细的指示。除其他安排外,他们还考虑让一批参加过攻城战斗且功勋卓著的士兵飞回柏林,接受广播电台的采访,出现在影院放映的新闻短片中,当然还要得到如《德意志汇报》这样的报纸的专题报道。也许现在不会这样安排了。

*

再回过头来看看长岛的多萝西·罗宾逊。很多事情都发生了彻底的变化,是的,而且并非仅是变得更糟。她生活在一个新的女性团体中。男人在大多数情况下都不在家,因此女性亲戚、邻居、朋友就以一种全新的方式互相帮助,从做饭和烘焙面点到洗衣服,看孩子,买东西,修理家具,产妇临产的时候陪她一起去产院。有福同享,互相支持安慰。她们也一起去看电影——电影院几乎总是满座,因为过去从来没有现在

---

[1] 其想法是,继续使用贬义词可能会引发疑问:如果他们如此懦弱而德国空军如此干练,为什么英军每晚能继续轰炸?

[2] 原文为德语词 Umquartierte(搬迁)。后来甚至连"灾难"这个词也被禁用,取而代之的是"紧急状态"。

这么多人去那里，每周售出的电影票都超过8 000万张——最近她和萨莉去看了《忠勇之家》，这是当年最受欢迎的影片。这部电影一直萦绕在她的脑海里——毕竟，这有点像是关于她的。

电影主人公是一位女性一家之主凯·密尼弗，她和她的中产阶级家庭在战争爆发时住在伦敦郊外泰晤士河畔的一个田园诗般的村庄里。她离不开舒适的生活和漂亮的衣服，但生活发生了彻底变化。大儿子志愿参军，成为英国皇家空军战斗机飞行员；她的丈夫驾驶他的小船参加了敦刻尔克的撤离行动；密尼弗太太自己在她的花园里发现了一名受伤但绝不肯服输的纳粹飞行员。这家人自己的房子被一枚炸弹炸碎了。但是生活还要继续下去，人们之间形成了越来越紧密的联系。

然而，对罗宾逊来说，电影中的关键场景并不是那个著名的结局，当时教区牧师在被炸毁的教堂里发表了一个激情的演讲。（"……这并非仅仅是身穿军服的士兵的战争。这是人民的战争，全体人民的战争。不仅在战场上必须战斗，而且在城镇和乡村，在工厂和农场，在每个热爱自由的男人、女人和孩子的家里和心中都必须战斗。"）对罗宾逊来说，关键场景是有人说战争将会结束村里传统的花展——这个元素在剧情中起着重要作用——车站站长兼业余花卉种植者巴拉德先生回答说："不要胡说八道。你还不如对英格兰说声再见。玫瑰花总是会有的。"[1]

"当报纸上的头条新闻让人觉得一切都已改变、和过去不再一样的时候，"罗宾逊在她的日记中写道，"这句话是值得让人记住的。"11月

---

[1] 《忠勇之家》是1940年秋天在洛杉矶的米高梅电影公司开机拍摄的，当时美国仍然属于中立国，但随着局势紧张加剧，这部电影的导演、德国出生的犹太人威廉·惠勒成功地改变了剧本的倾向性，尽管电影公司反对。电影基调变得越来越亲英和反德，不少场景被重新拍摄。例如，牧师的讲话被反复修改：最终版本由惠勒和扮演牧师的演员在拍摄场景的前一天晚上才定下来。该演讲后来在盟军的宣传中被有意识地重复使用。

22 日星期日，一开始天气很冷，气温在零度左右，但后来又慢慢变得暖和一点。罗宾逊通常会坐着织毛衣，直到睡觉。她这晚也会这样做吗？

*

一切都在移动，也应该是这样的。瓦西里·格罗斯曼跟随的第 4 骑兵军第 81 骑兵师——总计有 5 000 名士兵和大约 4 000 匹战马——朝西南偏西方向追击敌人。在突破敌军防线和罗马尼亚的第 4 集团军突然崩溃之后，这里出现了一个奇怪的真空。草原是空荡荡的、白色的，像是一张没写过字的纸。任何有组织的抵抗都没有再出现。

他们会时不时地碰到一群群溃散的罗马尼亚士兵，或是碰到没来得及逃开甚至可能没搞明白发生了什么事的罗马尼亚后勤部队。在大多数情况下，他们的对手立即放下了武器。有时会有些感到困惑的人还想抵抗，但交火很快就会结束。以下引文来自格罗斯曼的笔记：

> 一名阵亡的罗马尼亚士兵和一名阵亡的苏联士兵在战场上并排躺着。罗马尼亚士兵身上有张纸，上面是儿童画的一只野兔和一条船。我们的士兵身上有封信："下午好，或者也许是晚上好。您好，爸爸……"这封信的结尾是："来看望我们吧，因为当您不在这里的时候，感觉回家就像是回到一个租来的公寓里。我非常想念您。快来看望我们吧，我希望我能见到您，哪怕只是见面一个小时。我写这封信的时候，眼泪止不住地流。写信人是您的女儿妮娜。"

战局在变动，一个小时一个小时地改变。这并不全是好事——再也没有人知道前线在哪里了。到了晚上，格罗斯曼和一位名叫卡普勒的记者同事决定停止前进,在一个废弃的房子里过夜。过了一会儿,他们听到了一些噪声。有一些士兵进入了这座房子。格罗斯曼从天花板上这些人留下的阴影看出他们没有戴苏联士兵的头盔。原来这是些罗马尼亚士兵。这两个苏联人缩成一团,胆战心惊,不敢发出声音。格罗斯曼有一把手枪,他也是一个很好的射手。他现在把枪拿出来了吗?但是罗马尼亚人突然消失了,跟进来时一样突然。这两个苏联人没有被发现。

*

同一个星期日很晚的时候,《德意志汇报》的编辑部会议终于结束了。乌尔苏拉·冯·卡多夫步行穿过柏林寒冷、黑暗的街道。(或许她途中有一段路乘坐了电车?这是人们很少在日记中会写到的那种细节。)眼下她是去一位名叫奥博斯特格的瑞士外交官家里参加晚宴。她是一个快乐、善于交际的女人,通常喜欢这样的场合——尽管周围越来越黑暗,但这些场合会让她振作起来。

乌尔苏拉·冯·卡多夫既不傻也不瞎。作为一名记者,她通常比一个普通德国人了解的情况更多,讽刺的是,这在一定程度上要归功于来自宣传部的语言规定和那些挑剔的指令。它们让她和她的同事们在被压制、被禁止和被划掉的地方瞥见了另一种现实,这种现实是模糊的、扭曲的,就像在一面哈哈镜里。她看到了,她知道了,她感觉到了这个国家政权能做些什么,但她已经选择了去适应它。同时,这可能并非仅仅有关一种双重标准的双重生活,就如前面提到的那样。问题是,那种一度让她满意地迎接纳粹"接管政权"的看法,是否依然保留在她心里?那是对秩序、可预测性和团结的渴望。或者,对她来说,有一种让她自己感到安全的存在状态也许就足够了,在这种状态中,特权和消费使日常生活中不可避免的顺从变得滋味甜美起来?

物质生活对她来说当然是有作用的,就如对她的许多同胞来说也一样。工资继续上涨,尽管有各种形式的配给,但商店存货依然相当充足,尤其是来自被占领地区的商品。这个国家政权还善于制造富足的假象:商店橱窗里经常陈列只展示但不出售的商品。[1]

化妆品是不缺的,美容院、美发师和美甲师都是顾客盈门。尽管她母亲不喜欢,冯·卡多夫还是愿意去烫头发。分散人们注意力的还有度假——冬季运动胜地将很快在这个季节开放——同时,当然还有夜生活和娱乐,尤其是看电影。在德国,人人都去电影院,而且现在去的次数比以往都多。[2]（这一点她肯定是知道的。她在《德意志汇报》的工作任务之一就是给新的娱乐电影写评论——这是一项很花时间的任务。）然后还有各种聚会和社交活动,就如这次瑞士外交官家里的活动。

但是这天晚上有些事情不对头。也许是编辑部会议上的阴暗情绪还在她的脑海里挥之不去。她平时常有的欢快心情,现在无论如何也无法出现。后来,冯·卡多夫在她的日记里带着明显的失望写道：

> 无论物质享受是多么诱人,这将是我最后一次参加这类活动。在接受外国人的招待时泄露信息的风险太大了,我不再能够进行纯

---

[1] 战前几年在德国盛行的人们日益富裕的感觉并非虚假,因为人们将其与萧条时期相比。某些令人向往的商品变得比较容易获得,例如手表、收音机和私车——私车的拥有量增加了两倍,而且这种商品一直生产到这一年,这与美国的情况形成鲜明对比。美国在战争爆发后中止了私车的生产。然而,正如英国历史学家理查德·格伦伯格指出的那样,对生活水平持续提高的预期和实际改善一样重要。(太多商品甚至在1939年前就变得稀缺和更差。)

[2] 从1933年到1942年的9年间,德国的观影人数翻了两番：1942年德国的电影票销量达到10亿张!

粹的交谈了。

*

瓜达尔卡纳尔岛上的夜晚。约翰·麦克奈里和其他三名飞行员睡在一个小小的帐篷里，或者说试图入睡。亨德森机场从来就不安静。前线如此之近，他们不仅能听到每一声枪响，每一枚手榴弹的爆炸声，甚至还能听到人们的说话声。有时候，日本狙击手或巡逻队偷偷穿过山脊那边的防线，导致夜间发生混乱的交火。麦克奈里睡觉时习惯在枕头下放一把上了膛的 .45 口径的手枪。不时会有一颗炮弹落在某个地方，这是日本远程大炮从一个丛林覆盖的远处发射的。亨德森机场从来不安静，也不安全。恐惧是一个固定不变的因素。你可以否认，但它始终在那里，就像一种耳鸣。

每天晚上，"洗衣机查理"[1]都会到来，一架孤零零的敌机在星空下盘旋，时而在这里投下一枚炸弹，时而在那里投下一枚炸弹，既没有精确度，也没有任何值得一提的实质性破坏，但足以唤醒人们，迫使他们从自己的睡袋里爬出来，蹚着水到泥泞、漏水的防空洞去躲避。

现在麦克奈里已经不像最初来到瓜达尔卡纳尔岛的时候那样害怕这些夜间的入侵者了。相反，他和他的战友们通常站着，好奇地试着靠探照灯的光柱和闪闪发光的曳光弹留下的美丽尾迹发现像蝙蝠围着一盏灯一样飞行的入侵者。他还没有看到其中哪怕有一架飞机被击落。然而，无论如何，效果还是有的：他们总是被吵醒。

---

1 这个绰号是指故意装上不同步的双引擎的飞机，这样装置会产生额外刺耳的机器转动声。

他们睡得太少了。睡眠不足使他们眼睛发红、粗心大意、容易发火。

不过,麦克奈里当然还总是期待着夜晚和黑暗到来,它们多少能给人一种幻觉,仿佛承诺能让人得到休息、体力恢复——还有做梦。在又骗过了死神一天之后,当太阳开始落山时飞回瓜达尔卡纳尔岛,这是一种特殊的体验。麦克奈里注意到,在高空中,人们可以清楚地看到黄昏并非"降临"的:黑暗是从大地上升起来的。

11月23日至30日
这次我们赢了

"相信某人或允许自己对一个更美好的世界抱有希望,都是愚不可及的,就像停止为之努力一样愚不可及。毫无希望地努力,听起来也很可笑,但这是可以做到的。"

"当战争夺走了我们的青春时,我们可以梦想它;我们没有活过的生活,我们可以满怀渴望地去描绘它。从前,有这么个夜晚,那时有酒喝,有歌唱,有舞跳,有很多亲吻,还有成千个其他的夜晚充满音乐、魅力、陶醉、欢笑和思考、漫游和幸福的忧郁。但它们从来不属于我们。"

"从我不杀人的那一刻起,我就注定要被绝对孤立。创造历史的将是其他人。我也知道,我显然不能谴责这些人。"

失败看起来就是这种样子。胜利也是如此。瓦西里·格罗斯曼继续跟随第81骑兵师在雪原上往西南偏西方向横扫。除了在个别据点还有交火外,敌人仍然谈不上有任何抵抗。他一次又一次地经过一群群朝相反方向走去的罗马尼亚战俘。通常他们以一两百名为一组,都是伤残的、沉默的人,只有两三名苏联士兵押送着。他们的靴子踩在地面上的声音与军用水壶和饭盒的叮当声混合在一起,这些水壶或饭盒是用绳子或铁丝拴在他们的腰带上的。他们看起来一点不像军人,因为天气寒冷,许多人的肩膀上披着不同颜色的毯子。

格罗斯曼抵达了一个战斗现场。他写道:

> 沿路都躺着罗马尼亚士兵的尸体;用草原的干草伪装的大炮已被废弃,炮管还指向东方。有战马还在土沟里游荡,拖着已断裂的缰绳,被炮弹击中的车辆冒着青烟。路上还到处有装饰着罗马尼亚国徽的头盔,数以千计的子弹夹、手榴弹和步枪。这是一个罗马尼亚据点。机枪射击口旁是堆积如山的发黑的空弹壳。战壕里还有白色的书写用纸。这个本来棕色的冬季草原被鲜血染成了红砖颜色。

有枪栓被苏联军队的子弹打碎的步枪。而成群结队的战俘还不断地向我们走来。他们在被送往后方部队之前会被搜身。人们在罗马尼亚士兵的背包和口袋里还发现了一堆堆本来属于农家妇女的东西,看起来很滑稽,也很可怜。这里有老太太的披肩,妇女的耳环、内裤、裙子,甚至尿布。

在前面不远的地方,格罗斯曼看到了更多被遗弃的大炮、卡车、指挥车,甚至还有一些装甲车。罗马尼亚军队似乎彻底崩溃了。

*

晚上阴冷多雨。维托里奥·瓦利切拉正打算爬进他的防空洞睡觉的时候,他得到命令,要去炮兵指挥官那里报到。他得去参加夜间巡逻。夜间巡逻?瓦利切拉简直不敢相信自己的耳朵。

就是为了躲避这样的蠢事,他和其他人才尽可能地躲开部队,能躲就躲。但几天前,不可避免的事情还是发生了:他们被意大利宪兵在一个检查站抓住了。那时他们已经十分疲倦、垂头丧气,还有点震惊。他们刚刚遭到一架低空飞行的英国战斗机的袭击,"希腊人"受了伤,小腿中弹,需要治疗。他们的鲁滨孙式漂流就结束了。

作为"特伦托"师的幸存者,他们现在正式转入"的里雅斯特"师的剩余部队,隶属于第21炮兵团。一位好心的上尉确保了这个小团体的同伴能继续待在一起。瓦利切拉展示了他在漂流之旅中随身带在卡车上的打字机,得到了半个承诺,有望去当军需官的助理——收发邮件、支付工资等。这是一份很好很安全的工作,在眼下尤其如此,因为现在有传言说他们要留下来挖战壕,试图阻止英国人。英国人到底去哪里了?

瓦利切拉多次产生这样的愿望：也许英国人也对这场战争感到厌倦了。

*

这是 11 月 23 日，星期一，北大西洋的日落时分。在缓缓变暗的光线中，莱昂纳德·托马斯和他在"阿尔斯特女王号"上的战友们看到一片黑暗的陆地正在出现。"没有灯光，只有来自一个冰川的耀眼光芒，一种不真实的光，有一点怪异，但我们知道，它所在的地方会有某种生命、住房和安全。"

那是冰岛，自 1941 年以来就被来自美国的部队占领。他们看到的是岛的东海岸，很快他们就驶入了又深又长的塞济斯菲厄泽港，那里有一个盟军的维修基地。一进入峡湾高而陡峭的两侧之间，海面就突然变得"难以置信地平静"。峡湾平静如镜的水面成了他心境的写照。在 192 小时前他们离开了阿尔汉格尔斯克。最糟糕的阶段已经被他们抛在身后。

这艘船停靠在一艘停泊的大型油轮旁边，并开始加载燃料。有人上气不接下气地跑出来告诉他们，这艘油轮的另一边是一艘美国海岸警卫船，船上有一个杂货店，可以向大家出售商品！他们蜂拥而去，爬上那艘船，从惊讶但被逗乐的美国水兵身边挤过去，进入了一个托马斯自己形容为"阿拉丁的洞穴"的地方。他们来自刚刚进入开战以来第四个冬天的英国，一个采取配给制和物资稀缺的灰暗国家，而且他们刚刚离开苏联，在那个国家，物资稀缺不是造成生活不便的可悲事实，而是正在形成极度匮乏的局面，有时甚至会饿死人。而他们现在看到的是他们几乎不敢相信的情况：富裕充足。

这里什么都有，所有的东西。站在柜台后面嚼着雪茄的那个美国人也提供了相当不错的汇率。托马斯的目光扫过那堆令人眼花缭乱和着迷的商品，其中一些是他多年未见过的东西（有些可能是从来没见过）。这里有糖果，尤其是好时公司著名的巧克力棒[1]；有最优质的香烟，如万宝路、切斯特菲尔德，以及亨利·克莱牌的成盒雪茄；有蜜丝佛陀公司生产的化妆品（天晓得为什么在大西洋中的一艘军舰上还有化妆品？）；有成架的女式内衣（在一艘军舰上！）；有香水、剃须水和爽身粉；有商品中可能最抢手的也是最具标志性的锦纶丝袜。

美国战时经济的巨大力量和几乎无法估量的分量，当然可能用所有这些新舰船、新战斗机、新坦克等形式来衡量，但是一个这样的商店，充满了几乎被人们遗忘的奢侈品，给了它一个甚至更明显可见的形式，至少对于一个在朴次茅斯出生和长大的英国水手来说是这样的。托马斯和他的战友们几乎把身上所有的钱都花了。人人都很满意。

*

维托里奥·瓦利切拉根本不愿意去夜间巡逻。他从一开始就反对，表示了不满，而且公开表现出来。现在他们找不到路了，那位新中尉对路在哪里已经没有把握，不时拿起手电筒去照。瓦利切拉对此嗤之以鼻，告诫他必须更加小心；如果你不得不打开手电筒，你应该在衣袋里打开，最好是压根不打开；你甚至不应该点燃一支香烟。那位中尉生气了，对瓦利切拉大喊大叫，但瓦利切拉并不让步。这是严肃的事情，你必须放

---

[1] 巧克力之所以出名，是因为美军个人应急口粮中包含它，因此它随处可见——据估计，战争期间生产了 30 亿块巧克力——但不是因为它们的味道：味道有意做得苦涩和平淡，以防止滥吃。后来，美国军队推出了一种仅由糖果组成的应急口粮，即所谓的"糖果突击口粮"，在困难的登陆和类似行动前分发，参加这种行动的士兵有很大风险在最初得不到普通食物。

聪明点，要完全遵守相关纪律和其他规定。而中尉自己夜间巡逻过多少次？中尉不得不承认，这是他的第一次。那很可能也是你的最后一次，瓦利切拉咆哮着。

雨已经停了。月亮已经消失在一片厚厚的云层后面。夜是漆黑的。黑暗中的争吵升级了。中尉举起步枪，准备用枪托打瓦利切拉，但还是自己住手了。相反他突然崩溃了，开始哭泣，"像个小男孩"。令他惊讶的是，瓦利切拉也开始和他一起哭。两人最终都投入对方的怀抱，抱头痛哭。擦干眼泪后，一小队人继续在黑暗中摸索。

过了一会儿，这队人发现了一个空的地堡。瓦利切拉和其他人都爬进去，再小心地盖住了入口，然后他们就在里面坐了一整夜，边抽烟边聊天，同时喝着中尉带来的一瓶白兰地。什么事都没有发生。没有枪声，没有发动机声，没有照明弹。什么都没有。当他们头顶上的星星开始熄灭，灰色的黎明逐渐亮起时，他们回到了炮兵连。白兰地早就喝完了。这是11月23日，星期一。

*

同一个星期一，在南大西洋，11点40分，一艘德国潜艇发射的两枚鱼雷击中了"贝洛蒙号"。这是一艘130米长的民用货轮，13天前离开南非的开普敦港。（目的地是荷属圭亚那的帕拉马里博，它将在那里装载货物，然后再把货物运往纽约。）这艘船是单独航行的，但它每小时可以航行12海里。这样快的商船有时会获准单独出发，指望靠速度甩开所有危险。船长是一位44岁的苏格兰人，名叫约翰·毛尔。

由于货舱是空的，舱壁被鱼雷炸裂，流入的水很快就会灌满"贝洛蒙号"的舱内。船体扭曲着、摇晃着，裂开了。船员们开始仓皇弃船而逃。其中一名船员是24岁的中国人潘濂，他是船上的服务生。潘濂抓起了救生衣，冲向栏杆。鱼雷命中此船的大约两分钟后，大量的海水灌入了锅炉。锅炉在一团蒸汽中爆炸，到处是烟雾，炸碎的部件四处横飞。可能有一些船员当即毙命，甚至可能有经验丰富的船长毛尔，他不太可能很快离开。冲击波将潘濂抛出了甲板，他在空中翻飞，最后消失在了水里。

潘濂从起伏的波浪中冒出头来发现，"贝洛蒙号"只剩下了四处漂浮的残骸。

*

当第1034步兵团在黎明时分进入顿河边上的这个小镇[1]的时候，战斗早已结束了。当曼苏尔·阿卜杜林走过那些泥泞的街道，睁大眼睛看着大批坦克造成的混乱时，他确实吃惊不小。到了这个阶段，他当然知道战场是人们可以找到的最混乱的地方之一，但这个地方是（或者说过去是）——就像这个平坦大草原上的许多其他村庄和小镇一样——参谋部、维修站或补给仓库的所在地，因此这里有太多的东西要破坏、抢夺，四处乱扔。

德国人似乎被打了个措手不及，仓皇逃跑。有些人看来惊慌失措，打开关着的玻璃窗就跳了出来。阿卜杜林看到有一个死去的德国人吊在一个窗台上，还穿着睡衣。

---

[1] 阿卜杜林称之为"顿河畔卡拉奇"，但它很可能不是，而是顿河边某个更小的地方或是较大的村庄。

骑兵们已经到达了阿布加涅罗沃，这是一个稍大一点的村庄，位于从罗斯托夫和萨利斯克一直通到斯大林格勒的铁路线上。瓦西里·格罗斯曼和村里的一些平民交谈。他们很高兴，终于被解放了。其中有许多人在哭泣。格罗斯曼写道：

> 一位老农妇向我们讲述了这三个月敌军占领的情况。"这里空荡荡的。没有一只母鸡咯咯叫，没有一只公鸡打鸣。没有一头母牛可以在早上被放出去吃草，晚上再被牵回来。罗马尼亚人没收了一切。他们几乎鞭打过我们所有的老人：有的是因为没干活，还有的是因为没交粮。普罗多维塔亚的长老被鞭打过四次。他们还带走了我儿子，一个残疾人，跟他一起带走的还有一个女孩和一个才九岁的男孩。我们哭了四天，等着他们回来。"

他在这一刻怎能不想到他的母亲叶卡捷琳娜？这无疑是瓦西里·格罗斯曼希望他母亲会有的命运：一个被困在敌方阵线后方某处的年迈妇女通过苏联红军的一次突进而获救。但这并未发生。

战争爆发时，年届七旬的叶卡捷琳娜·格罗斯曼留在了格罗斯曼出生的乌克兰北部小镇别尔季切夫，她仍然在那里教法语。当时他有个想法是让母亲来莫斯科，但格罗斯曼的妻子说服他打消了这个念头——她觉得他们家的小公寓里没有母亲住的地方。几个星期后再想接母亲来，就为时已晚了。别尔季切夫和乌克兰北部随后都被大举进攻的德军吞并。格罗斯曼确信她已经死了。作为一名记者，他不仅了解那些传言和所有的故事，而且自己亲眼看到的也足够多了，知道希特勒在演讲中提到的灭绝犹太种族并非空穴来风。

格罗斯曼做了一个梦——也许是个反复出现的梦——在梦里他进入了一个空房间，里面有一把扶手椅，是叶卡捷琳娜过去会在里面睡觉的那种，椅子里放着一条披肩，他认得出是她的，她常在晚上睡觉时用它来裹住双腿。他盯着那把空扶手椅看了很久。当格罗斯曼醒来时，他确信母亲已经死了。[1]

格罗斯曼告别了那位老农妇，继续在村里转悠。

火车站停着几排货车车皮。格罗斯曼绕着车站走了走，注意到那些车皮来自欧洲各地，当然有德国的，还有从波兰、法国、比利时抢来的。车皮里装满了东西，从一袋袋面粉和玉米到大方罐子装的食用油，再到弹药、皮帽和奇怪的木底冬鞋。

黑暗降临。第二天一大早他们将沿着铁路继续前进。他们越往西南方向走，离斯大林格勒越远，德军就越难营救那些被包围的人。他们希望在夜晚到来之前到达小镇阿克赛。到那里还有12千米。风很大，很冷。

*

潘濂是"贝洛蒙号"货轮上的22名中国船员之一。这艘船上几乎有一半船员来自中国。顺便提一下，这是许多英国商船上经常能看到的

---

[1] 而她也确实死了。1941年9月中旬，德国的一支特别行动队在别尔季切夫发动了一场对犹太人的大屠杀，当时该市的1.2万名犹太人在机场被枪杀。叶卡捷琳娜·格罗斯曼是遇害者之一。直到很久以后格罗斯曼才知道确切细节。在他1950年为她写的一篇文章中，除其他内容外，他还这样写道："我曾数十次，也许数百次试着想象您是如何死去的，您是如何走向死亡的。我一直在想象那个枪杀您的人。他是最后一个见到您的人。我知道您很想我——整个这段时间里一直在想。"

情况：白人海员严重短缺。虽然它们接纳所有志愿上船的人（甚至有来自瑞典和葡萄牙等中立国的人），但现在在这些船上干活的许多船员是中国人、印度人、西非人或越南人。[1]

潘濂来自中国的海南岛，对大海并不陌生。他的一个哥哥早已经出海了，潘濂的父亲认为这是一个更好的选择，总比被抓到中国某个默默无闻的——而且很快就被消灭的——部队当炮灰要好，因为他们是跟日本人在不平等的条件下打仗的。

潘濂16岁时就在一艘英国船上当服务员，但那时不得不忍受船上白人的很多殴打和侮辱，以至于1937年该船在香港停靠时他就逃跑了，转而去学习当机械师。但大约一年前，他又和一个同辈一起到船上找工作。部分原因是他想逃离即将落入日本人手中的香港，部分原因是战争迫使英国人以多种方式改善了有色人种水手的条件。

潘濂身上的衣服大部分在爆炸中被撕掉了。他可以瞥见远处有五个人蜷缩在一条救生筏上。那是他能看到的一切。更多的人都看不到了。然后汹涌的大浪重新掀起，把他冲走，那些人就从视线中消失了。两个小时过去了。潘濂看到有一条救生筏漂了过来。它是木头的，四方形的，边长大约是2.5米，是靠周边几个空油桶建造起来的，那条船下沉的时候它就漂浮出来了。他够着了木筏，或者说木筏够着了他——潘濂不太会游泳。他爬了上去，看到木筏是完全空的。他赤身裸体。数小时过去了，天也快黑了。

这次沉船事件发生的确切位置是北纬0度30分，西经38度45分。或者翻译成更简单的地理表述：亚马孙河口以东1 210千米处。在潘濂周围只有海，除了海还是海，以及从地平线延伸到地平线的天空。

---

[1] 在英国商船队的18.5万名海员中，约有4万人有此类背景。这些平民水手中约有四分之一在工作时丧生，这一损失率高于一些穿军服的战斗人员。

*

基思·道格拉斯竟然还能睡得着觉，这看起来很神奇，但更神奇的是他还睡得非常好。（这是军旅生活教会你的一件事：随时随地都能睡觉。）他躺在一个空气床垫上，空气床垫靠在坦克的发动机盖上，坦克则被固定在一辆重型运输车上，而运输车正沿着那条沿海的大公路吱吱嘎嘎摇摇晃晃地行驶。道格拉斯醒过来，睁开一只眼睛。他注意到太阳已经升起来了。

这天是 11 月 23 日，星期一，[1] 自前一夜开始，道格拉斯所属的团在整体向西进发，往班加西和逃跑的敌军的方向。不对啊，这根本不是团长承诺过的事情。团长承诺过，这场战斗结束后就将他们撤出最前线，允许他们去开罗洗个澡。那些伪装成谣言的美好愿望也没有实现，那些谣言说他们团很快就会被派往叙利亚或印度，或英国本土等。然而，道格拉斯并不感到惊讶，他早就预料到了。道格拉斯也没有进一步感到失望。自从美国人在法属北非某个地方登陆的消息传到他们那里之后，他和部队中几乎所有其他人都相信，剩下的事只是几星期更轻松的战斗，只是些战场清理工作。随后这个战役就结束了。

道格拉斯看了看自己的手表。手表显示时间是 8 点 5 分。天气很暖和。他决定继续躺在充气床垫上。他以 90 度角斜视着眼前空旷的、被太阳晒得仿佛燃烧起来的沙漠风景。时不时他们的运输车会从旁边驶过敌军仓皇撤退后留下的残余物：烧得焦黑的成堆残骸、废弃的车辆和用十字架标志的坟墓。

---

[1] 这天也可能是 11 月 24 日。根据斯坦利·克里斯托弗森的日记，这次调动是 23 日开始的，但根据道格拉斯的传记作家德斯蒙德·格雷厄姆的说法则是 24 日。

那些坟墓引起了他的兴趣，主要是因为它们迎合了他对什么是德国人和什么是意大利人的偏见。他认为，很容易看出哪些坟墓里埋的是意大利人，哪些坟墓里埋的是德国人。德国人的坟墓装饰更多更华丽，十字架上仔细标明了名字和军衔，每个十字架上都顶着钢盔。意大利人的坟墓通常都是粗枝大叶地挖出来的，而且装饰着那种道格拉斯认为丑陋得可怕的热带头盔。他写道：

> 悬挂着的钢盔给人留下了深刻的印象，它把这些死者与埋在自己的盾牌和武器下面的中世纪骑士联系起来。但是，意大利人用荒谬的、破旧的、廉价的遮阳帽［原文如此］来代替钢盔，这是多么平庸的逻辑和人性——这是一种无意识的喜剧，让人很难对他们生气。钢盔是一块令人印象深刻的墓碑，也是它自己的墓志铭。但是硬纸壳制成的遮阳帽［原文如此］似乎只是在表示这里埋了某种垃圾，我们还不如留下一些垃圾来标记这个地方。

运输车队停了下来。飞扬的尘土也都落定。他们从被阳光晒烫的坦克上爬下来，吃了早餐。道格拉斯心情很好。他期待着到达这次旅程的遥远目的地班加西，据说那里的风景是真正的绿色。他当然也期待着更多掠夺，更多的战利品。前面还有1 000多千米的旅程。他们一点都不知道有什么在等着他们。

正是在这里的某个地方，基思·道格拉斯开始有了转变，变坚强了。说他失去了希望，那是错误的。更准确地说，是他主动抛弃了希望。他是不是像许多其他人一样，可能已经发现，如果一个人让自己狠下心来，开始认为自己实际上不会幸存，那么焦虑就会减少？（道格拉斯当然曾在不同的情况下对不同的人说过，他认为自己在这场战争中不会幸存下来。)他后来在一封信中写过这样的话:"现在多愁善感或情绪化对一个人自己和其他人都是危险的。相信某人或允许自己对一个更美好的世界抱有希望,都是愚不可及的,就像停止为之努力一样愚不可及。毫无希望地努力,听起来也很可笑,但这是可以做到的。这只是一种保险,并不意味着在绝望中努力。"

*

这一天,瓜达尔卡纳尔岛上的若林东一更多是感到无聊,而不是害怕。尽管美军的炮弹像阵雨一样,一次又一次落在丛林覆盖的山上的日军阵地,让地面震动摇晃,空气中弥漫着灰尘和硝烟,尽管成群结队的美国飞机向所有移动的东西射击,但因为日军的防空洞和掩体是像日本人平时那样认真仔细地建造的,只要他们匍匐在那里,他们就很安全。

因此这就是他和他手下的士兵所做的:压低身子,蹲下,等待。(经常是在雨中。不过这天没雨。天空难得地一片湛蓝。)这就是他们在大部分时间里做的事情。压低身子、蹲下和等待。等待食物运送队或取水员返回。等待进攻的命令。因为若林东一认为他们很快就会发动攻击。进攻优先的原则在他身上已留下了烙印,就像在日本军队的规章制度、思维模式和文化中留下了烙印一样;当一个问题出现时,那么第一个解决方案就是进攻。

这天,从师团长那里下来了一道日常命令,言辞文雅又含糊不清,这也是日军特有心态的一种表达。若林东一读到:

考虑到瓜达尔卡纳尔岛战事的严重状况,所有军人都应按照战士应有的荣誉感所要求的那样,确保武器装备保持良好状态,并随时准备对任何情况做出快速反应。

书面命令很少有清晰明了的，报告也是如此。委婉用语是标准。人们通常不愿把不受欢迎或令人尴尬的事实诉诸书面文字。重要的决定有时可以通过非语言方式传达，包括手势、面部表情、声音和上升语调，它们出自一种避免公开冲突的文化，反对意见常常会以"默杀"——有明显意义的沉默——来表达。话里几乎总是有另一层深意。

那么这个最新的命令意味着什么呢？若林东一将其解读为决战即将来临。而他已经准备好了。他在日记中写道："我们从一开始就为此做好了准备。我们将像大东亚战争中最荣耀的花朵一样凋落，在瓜达尔卡纳尔岛献出我们的生命。"但他们还没有到那个时刻。即使是英勇牺牲，他们也必须等待。

等待和乏味是两个重叠的概念。若林东一感到很无聊。他的士兵也感到无聊。在没有噪声、轰鸣的炮声和砰砰的枪声的时候，若林东一有时会偷听旁边的防空洞里士兵的谈话。早先主导他们谈话的话题——女人和性——现在已经不复存在。若林东一在日记中写道："在瓜达尔卡纳尔岛上极不可能还有谁会有性欲。"（这种现象是很普遍的。力比多和致命危险是不能并存的：性欲在前线会消失。）早些时候的秋天，在爪哇东部的那段时间，他充满激情地开始了与一个年轻的穆斯林女性的恋爱关系，但当情况很清楚，他的联队要继续前进的时候，他就与之断绝了来往，当然分手并不是没有痛苦。他在日记中提到她已经是很久以前的事了。[1] 若林东一指出，当年轻士兵提到他们在老家的妻子的时候，那些

---

[1] 有趣的是，这个女人的种族和宗教背景似乎都没有成为若林东一的障碍——这在某种程度上违背了日本人自以为在种族上优于所有其他种族的常理。这段关系也并非不严肃的：他已认识了她的家人。

故事几乎总是以"他们的妻子给他们做了一大桌美味佳肴"来结束。胃口的需要胜过了性的需要。

那么,这个 11 月 23 日的星期一,若林东一在他的防空洞里做了点什么来打发时间呢?他正在写另一首诗歌。他是写在自己的日记(当然如此)里的。正如前面提到的,他偷听了他的士兵们的谈话。他做着白日梦,梦想着英雄般的死亡,梦想着即将到来的胜利。他拿出他的指南针,找出北方和祖国的方向。他研究了一些地图,一张是整个亚洲的地图,一张是澳大利亚周边地区的地图,"大胆地让我的想象力自由发挥"。他好奇地看着那些在他的防空洞里到处爬来爬去的昆虫。他为此写了一篇短歌:

> 苍蝇往下爬
> 短暂间隙入洞中
> 大炮轰轰响
> 只见它怡然自得
> 揉搓自己的脚爪

*

同一个星期一,索菲·朔尔的哥哥汉斯和他们这个圈子里的另一个人亚历山大·施莫雷尔——她对他曾有过一段痛苦的单相思——将乘火车返回慕尼黑,会在那里继续他们的学业。[1] 几天后,她也会做同样的事情。

---

[1] 这个日期不确定,一般认为是在 12 月,但有迹象表明这次旅行可能发生在 11 月 23 日或前后几天。

朔尔从 5 月初开始就在慕尼黑大学注册上课了，在那里学习哲学和生物学课程。这表明她兴趣很广泛，也很聪明。原本她是打算学习艺术的，但因为对自己这方面的天赋有怀疑而放弃了。[1]但她雄心勃勃，对自己要求很高：她无法忍受成为一个平庸之人的想法——那还不如什么都不做。她不得不等待了很长时间才开始在大学上课，这已让她沮丧。由于纳粹德国现在运作的制度，年轻女性必须和年轻男性一样，首先要服从国家的安排。

因此，在 1941 年春天高中毕业后，朔尔被迫先在锡格马林根郊外的一个地方报到参加"国家劳动服役"，即半军事化的义务服役；她和其他年轻姑娘一起被安置到一个营地，在那里她们一方面要接受意识形态培训，另一方面要在这个地方的农庄干活，清除杂草和清扫牲口棚的粪便。（私人书籍在这里是被禁止的，因此她只能偷偷读书；吸烟也是被禁止的——人人都知道元首希特勒对抽烟的看法，尤其女人抽烟被视为恶习——但朔尔也偷偷在抽；除此之外违禁的事情当然还有写信。）随后，朔尔在黑森林边上的小镇布鲁姆贝格进行了半年的所谓"战时劳动服役"，担任学前班的教师。只有完成了这些服役之后，朔尔才能开始自己的大学学习。而这些课程还没开始，她就得到命令收拾行李回乌尔姆，参加一次新的"国家劳动服役"，这回是在该市东北部的康斯坦丁劳赫螺丝厂。

上面提到的最后这次服役对她影响最大。与其说是因为在工厂的流水线上工作长达 10 个小时让她变得完全迟钝，彻底厌烦，不如说是因为她实实在在地和从东部来的强迫劳工肩并肩一起干活。当然，这段经历让她心里充满了怜悯和愤怒，但也让她感到失望和困惑，因为她从厂里

---

1 除了能演奏乐器外，这位多才多艺的年轻女子素描也显然很好。

的大多数工人那里看到的是一种冷漠，尤其是那些普通的德国工人，但在某种程度上也包括被派到那里的苏联人。在给她父亲的一封信中，朔尔讲述了她是如何"用目光扫过巨大的工厂大厅，看到大约一百人站在机器旁边，他们好像天真地在他们自己创造的权力下受苦，而这个权力现在成了他们的专制君主"。[1]

因此，索菲·朔尔也会很快恢复学业。名义上是如此。只有她知道，她哥哥和那个朋友根本不在来慕尼黑的路上。相反，就我们所知，他们将旅行到更远的地方并前往几个城市——仍有很多情况至今也不清楚——包括斯图加特和开姆尼茨，目的是和联络人对接并为他们的小抵抗组织招募更多成员。这次旅行本身是充满危险的，因为所有旅客，尤其是那些去一个像开姆尼茨这样的边境城镇的旅客，随时都可能会受到一般巡警的检查，或是秘密警察以及宪兵的检查，后者偶尔会登上火车，逐个车厢查看所有人的证件。

作为朔尔早些时候所做的准备工作的一部分——当时其他人还在东线——她列出了可能值得他们去接触的人的名字。其中包括朔尔父亲的一位老朋友和商业伙伴，她认为这个人可以帮助资助该团体。这个人就是她哥哥汉斯和亚历山大·施莫雷尔现在要去见的人之一。[2] 是的，下一个行动将更大，大得多。在更多地方进行更多涂鸦和散发更多传单是不够的。他们还必须开始建立一个网络，一个组织。汉斯·朔尔和施莫雷

---

[1] 正是如此的经历让朔尔和其团体里的其他人都放弃了对"人民"的希望，而转向志同道合的人。

[2] 这个要见的人是尤金·格里明格尔，一个不发声的反纳粹分子。在开姆尼茨他们还要与法尔克·哈纳克会面。哈纳克的兄弟是盖世太保所谓的"红色教堂"的一个成员，"红色教堂"则是一个分支广泛的间谍和抵抗网络，与莫斯科有联系。朔尔和其他人通过收听BBC广播发现了这个网络的存在。（或者更确切地说是"曾经存在"，因为该网络在秋天已被粉碎，大部分成员在12月被处决。）

尔的旅程是计划中的一个重要步骤。

回到家里，情况一切如常，而且必须是这样的。一些对话必须在紧闭的门后或在户外进行。在有其他人进入房间的时候，有些对话会立即改变语调和内容。索菲·朔尔的母亲和姐姐英格也没察觉出什么。在她们看来，索菲本应该是个兴高采烈的人，但她们和她相处的感觉却是索菲很孤僻内敛，不愿和外人来往。

*

约翰·布什比看到诺曼底悬崖峭壁的海岸越来越近，悬崖之外可以瞥见英吉利海峡的水面在强烈月光下呈现金属般的黑色。"兰开斯特"轰炸机ED311"K-国王"此刻正在返航途中，他们看来已经完成了这个夜晚的实验。在远处，一道道曳光弹的轨迹在黑暗中闪烁，然后逐渐熄灭。这是他能看到的一切。

对于布什比和其他人来说，这次战争具有不可把握的特点。几个小时前，他们还在一座燃烧着的德国城市之上的夜空中翱翔，与下方6 000米处他们参与创造出的现实没有什么联系。他们的道德宇宙缩减到一根摇摇晃晃且高度脆弱的硬铝和钢制造的机身管道里，大约21米长，建造的总成本是4.2万英镑。那些在英国皇家空军参谋部办公室工作的穿制服、不露面的官僚们，策划了布什比和他的机组人员（比尔、沃利、查理、戴维、比希和汤米）正在参与的实验，对他们来说，整件事只不过是一个抽象的概念而已。

他们是前一天星期天18点10分驾着"K-国王"从空军基地起飞的。现在已过了午夜，他们与大约220架其他轰炸机一起空袭了斯图加特。尽力而为地轰炸。这个城市上空有很多云。[1] 所谓实验包括他们在去那里和返回基地的路上都必须在尽可能低的高度飞行。在早些时候的通报会上,他们得到了为什么让他们这样做的解释:"空军司令部想知道的是低空遭遇轻微防空火力的结果与我们通常预期的高空满月光线里敌方战斗机攻击造成的损失之间的关系。"也就是说,案头专家们带着他们的计算器坐在那里等待,准备制作出更多的数据和图表。

布什比和"K-国王"其他机组人员被迫放弃了他们认为最好的保护:高度,尽可能飞高的可能性,高于实际标准,高于飞机制造商阿弗罗公司推荐的适用于"兰开斯特"轰炸机的高度。由于这个原因,他们得到了"平流层小男孩"的绰号。飞行中队长在通报会上注意到了他们的疑虑,试图靠开玩笑来化解,拍着他们的飞行员比尔的肩膀笑着说:"看来今晚你们运气不太好!"

很久以后,约翰·布什比还会记起这些话,就像他也会非常准确地记得那个性命攸关的日子里的其他细节一样。比如那个星期天早晨阳光灿烂,但异常寒冷;又比如在他们的飞机上工作的机械师手上戴着连指手套,"他们的呼吸带着哈气";再比如他们飞得如此之低,以至于他可以看到人们打开家门,以及在那些发亮的矩形窗户中人们抬头往上看的轮廓。

*

恩斯特·容格尔已经知道得够多了。他还一直在罗斯托夫,等着有

---

[1] 由于能见度低,炸弹散落范围相当广,主要落在了斯图加特南部和西南部城区。结果:88栋房屋被毁,334栋严重受损,28人死亡,71人受伤。旧火车站被烧毁。

一列火车能带他去伏罗希洛夫斯克。晚上他能听到排枪齐射的声音。枪声来自火车站旁边空荡荡的工业区。他的日记中没有直截了当地说明，但枪声的含义是很清楚的：秘密枪决正在黑暗的掩护下进行。

但是这个简单的观察只是他顺便提到的，对他来说绝对不是决定性的。（被枪决的可能是逃兵，也可能是破坏分子、抢劫者、游击队员，以及尼古拉·奥布里金巴那样的人。）在他前往东线之前，在某种程度上也可以说在这场战争之前，他就对此有所了解，因为在他早先远离纳粹主义的时候，他肯定就觉察出那些人代表着某种残酷的新事物。转身离开，离开事情发生的地方——搬离柏林，搬到乡下去，搬到基希霍斯特——离开公众的视线，以精致的寓言写出文明崩溃的威胁，如发表于1939年的《在大理石悬崖上》，沉默无声，这是容格尔抵抗他们的一种方式——通过保持距离来抵抗。然后，到了要重新穿上军服的时候，他没有热情，多半是带着悲伤和绝望的感觉，就好像已意识到他的预言即将成真。

甚至穿着军服的特殊流放和巴黎提供的精致生活也无法让他摆脱新的真知灼见。他已经知道，精神病患者正在被消灭。他所见过的那些从东部回来的军官不仅带来了模糊的传言，还带来了亲历者关于大屠杀、大规模处决和无限兽性行为的详细描述，这些描述让他感到暗无天日，实际上让他想到了自杀。

此外，他还目睹了法国首都的犹太人是如何开始遭到追捕的。就如

---

1 这部作品在德国以外也受到注意。在下一个月，即1942年12月，英国记者沃伊特写了一篇《在大理石悬崖上》的书评，其中包括这样的评语："通过对现代暴君和使暴君们成为可能的冷酷知识主义的大胆和严厉的抨击，此作品令人震惊。暴君噩梦般的形象和他给自己以及他的同胞带来的灾难，启示性话语的解放力量，精神的最终胜利，都以一种大胆和富有远见的强度描绘出来，使容格尔这部书成为世界文学的大师作品之一。"戈林想要禁止这部书刊行——这部书中的邪恶天才，最高林务官，可以解释为对戈林的一幅讽刺画像。但希特勒反对禁止。

6月7日，他第一次看到有人戴着黄色的六芒星标志，那是他在皇家街遇到的三名年轻女性。他感到非常震惊，以至于他为自己身穿德国军服而感到羞耻。当驱逐犹太人的行动第一次影响到他认识的人时，比如街角的药剂师西尔伯贝格的妻子，他在自己的日记中写道："我绝不能忘记我周围都是些受苦的人。这远比所有的军事荣誉和文坛荣誉或来自年轻人的空洞掌声更加重要，年轻人总是一会儿喜欢这，一会儿喜欢那。"当风险不太大的时候，他也尝试过帮助几个受迫害的人。

毫无疑问，这可以解释为什么恩斯特·容格尔现在睡眠不好、精神抑郁、体重下降。他与巴黎参谋部里有反纳粹倾向的军官来往，而且走上了这次奇怪的旅途，这些都可以解释为一种赎罪行为。

当然，这个有着敏锐智慧和洞察秋毫的人一定明白，尽管他之前一直保持距离，但他的文本在某种意义上，为他现在如此蔑视的政权铺平了道路。年轻读者出于错误原因追捧他，这让他感到非常难受。他们穿着和他一样的制服，并不为他们的粗鲁和野蛮行为感到羞耻，反而称这表示他们没有多愁善感；他们似乎认为容格尔是从同一块布上剪下来的，就好像他变成了他曾经讨厌的一切。

11月23日星期一下午，容格尔来到了罗斯托夫火车站附近的一家咖啡馆，这是几个苏联平民获准经营的——顺便提一下，叶连娜·斯克利亚宾娜同时在不太远的地方皮亚季戈尔斯克经营的也是同一类型的咖啡馆。价格是极高的。一小块蛋糕3马克，一个鸡蛋2马克。然而，让他沮丧的不是价钱，而是人们的目光，他们只是坐在那里虚度光阴，被动地等待一次"出发，到某个可怕的目的地去"。

过了一会儿，一些事情发生了。宪兵出现并进行大搜查，也搜查了这家咖啡馆，追捕等着被运回德国的士兵。这些士兵和其他请了假的士兵都被集中在一起，组成队伍，然后都被送上火车，运回前线。所有假期都被取消。有人告诉容格尔，苏联人已经突破了斯大林格勒北部的防线。

*

再说回约翰·布什比和"兰开斯特"轰炸机 ED311 "K-国王"上的其他机组人员。飞越法国的低空航程是"在月光照亮的屋顶和山谷之上令人振奋的狂野之旅"。而现在，海岸已在视野之中，他们可以恢复到巡航高度了。布什比能看到、感觉到和听到飞行员比尔开始小心地向上拉这架大飞机，已经提升了一些高度。"我们本能地松了一口气，知道我们几乎到了安全地带。然后就出事了。"从下面来了一排齐射的曳光弹，是轻型的防空炮弹，不超过六枚。它们笔直地升入漆黑的夜空。

有一些炮弹击中了他们的飞机。

这事发生的概率是多少？是的，没有任何系统能保证你幸存下来，高超技能和胆量也无法保证。(尤其是胆量不能保证：许多人死了，正是因为他们有胆量。)最终结果，只由运气来决定。

后来，记忆的画面纷至沓来。

比如比尔叫着拿灭火器来时的声音还是那样沉稳，或许还带着一点轻微的恼怒口吻；比如他看到沃利四肢着地向他爬来；比如他抓紧的那两个木把手是漆成黄色的；比如那撕裂的、咆哮的轰鸣声消失在黑暗中；比如嘴唇上的咸味，他明白了那是海水；比如他头顶上方那长方形的灰光，随后他意识到这是逃生舱门打开了，接着是那个困惑的想法"这是谁干的？"；比如海浪的声音；比如那个从外面传来的喊叫声把他叫醒；比如那个黄色的东西，他立刻意识到那是救生筏，它就在机翼旁边摇晃；比如海水凉得多么可怕；比如那种沉重、麻木和无力的感觉，以及再也坚持不下去的恐惧感，尽管他感觉到救生筏的橡胶已贴在他的脸上，有人还抓紧了他的手臂；比如比尔绝望地喊着要一把刀，想把救生筏的绳子从破裂、沉没的飞机残骸上割断，然后又是困惑的想法——"他们必须把我拉上去救我。他们必须。我有刀！"；比如他终于在救生筏底部坐了起来，看着其他人因吸入烟雾或吞咽了海水或其他什么东西而"咳嗽和呕吐"；比如他注意到比尔的大胡子被烧掉了一半；比如他和其他人意识到汤米不见了的那一刻。

随后发生的事是最糟糕的，尤其是因为，在某种意义上说，这件事只发生在布什比一个人身上。他叙述道：

> 我们开始呼唤他的名字，声音在水面上回荡。然后我听到了，也只有我听到了他的回答。后来其他人都发誓他们什么也没听到，但我真的活生生地听到了他的声音，而且知道就在那一刻他还活着，就在我们面前那片寒冷、黑暗的水中。他从海那边什么地方回答着，一声清晰的哭喊，表明他一定是在一个人生命的最后一刻；那一刻，一个害怕黑暗的小男孩本能、绝望的哭喊声从他的嘴唇上升起，他又变成了一个焦虑和孤独的孩子，在他生命最后一刻喊出了与他生命最初一刻一样的声音。"妈妈！"那就是全部的声音。

当德国人的船救起他们时，天还黑着。

*

同一个星期一，在柏林，新的一周是以异常阴郁的天气开始的。强风和冰雪夹杂的冷雨席卷过这个城市的街道。乌尔苏拉·冯·卡多夫遇见一个上了年纪的老熟人马丁·拉施克。风度翩翩而富有魅力的拉施克是在年青一代中很有名望、很受追捧的作家，20世纪20年代时可以说是神童，天赋异禀而多产，声音洪亮。如今，他已结婚并育有两个孩子，仍然是多产的。

他们两人既是朋友也是同一代人，都欢迎过希特勒上台。拉施克和卡多夫一样，对这个政权及其追随者的态度往好了说或许可称为矛盾的。他还像她一样适应现状，因此自1933年以来，他一直靠广播电台委托创作的报酬丰厚的作品过着不错的日子，尤其是关于乡村生活、血与土以及"民族共同体"的广播剧。[1]

前一年，拉施克应征入伍，担任身穿军服的战地记者。很明显，他——就像冯·卡多夫的两个兄弟，或者像索菲·朔尔的哥哥一样——并非只是受到了这次战地经历的影响，而是被这一经历改变了。虽然1940年在西线的战争好像证实了这个政权的战争宣传形象和德国的卓越表现，但在东线已发生和正在发生的战事在规模和残酷性方面都缺乏相似之处。[2] 正像现实对冯·卡多夫来说已变形，现实对拉施克来说也已经开始扭曲。但他是如何处理的呢？

这天，拉施克为冯·卡多夫大声朗读了他最新作品的选段。这是一本薄薄的小册子，名字是《东线的对话》，是根据他在军营和前线的笔记改写的。它的问题不在于廉价的宣传效果，而在于某种同样糟糕的事情。在

---

[1] 得到纳粹政权赏识的德国艺术家、演员、作家等可以指望获得高薪收入，在某些情况下甚至收入极高。举例来说，希特勒最欣赏的雕塑家阿尔诺·布雷克的年收入是宣传部长戈培尔的三倍。（"民族共同体"德语原文为Volksgemeinschaft。——译者注）

[2] 从进攻苏联开始，德军的损失就前所未有：通常每月有4万到5万人阵亡，甚至更多。（1940年在西线取得全面成功的战役，包括占领丹麦和挪威，总共造成近5万人阵亡。）此外还有伤员和失踪人员。仅在莫斯科前线和随后冬季战役的失利中，所有类别的损失就总计约70万人。如此惊人的损失是不可能用一贯的宣传口径来掩盖或伪饰的。

这本书里,"我"和"他"之间高度文学化的内心对话提供了对这场战争的反思,引发反思的是某个景象或某种情况——如一座新挖的坟墓、一个燃烧的村庄或一些被炮火摧毁的坦克——但这些都被抽象化和审美化了。

这本小书得到的反响很好,销量也很可观,[1] 书里实验性和风格化的伪哲学内容非但没有导致它滞销,反倒很可能是它畅销的原因;对于那些需要更精妙的措辞来为自己的行为辩护的人来说,这本书是受欢迎的。乌尔苏拉·冯·卡多夫也留下了深刻印象。这是智慧和风格驱动的文本。但出于某种原因,它们并没有抓住她的心。或许是她已经知道得足够多,能感到它们的核心其实只是一个谎言。

*

曼苏尔·阿卜杜林属于那种可靠的人。他父母都是苏共党员,他本人也已是共青团员。他因在战斗中的贡献已经得到奖赏,被授予一枚奖章,难怪他最近也成了一名共产党员。[2] 成为一名共产党员并不容易。士兵和军官由于意识形态的原因、纯粹投机的心理或入党带来的好处而申请入党的情况确实已变得越来越常见。但入党就要求你在前线表现出色。士兵们应该记录他们杀死了多少德国兵或摧毁了多少辆坦克等——所谓的投名状。如果没有这些出色的表现,几乎不可能被接纳入党。[3]

这对阿卜杜林来说不成问题。他有一个这样的小笔记本,第一页上

---

1 至当时为止,该书已加印了 11 次。
2 曼苏尔·阿卜杜林还是一个"组织委员",主要负责招募新党员。
3 这听起来可能有些自相矛盾,但新党员的涌现是战争期间开始的相对软化的政策的一部分,党与社会之间的差距也因此有所缩小。许多人被接纳仅仅因为他们是优秀的士兵,其意识形态训练和真实信念往往是有名无实的。到 1945 年苏共高层领导开始意识到这一趋势的危险,再次加大了入党的难度,并加强了党内监督。

有营政委签名的一个证明，其中写着阿卜杜林在1942年11月6日成为这个新组建的团中第一个杀死敌军士兵的人——被杀者就是那个他第一枪没打中、第二枪才干掉的背着稻草捆的德国兵。阿卜杜林不是狂热分子，但他认为斯大林那个著名的第227号命令是不错的（"一步也不后退……制造恐慌者和怕死的懦夫必须就地处决"等诸如此类的话）。如果有被德国人俘虏的危险，阿卜杜林就打算立刻结束自己的生命。

党员身份也给阿卜杜林带来一些不太愉快的小任务。比如要寻找本方的阵亡者，要收拾好他们的身份文件等。这就是他现在忙着做的事。在最近这次战斗之后，迫击炮连的一些人失踪了。阿卜杜林看到了其中一个人倒下的地方，那是来自博代博的西伯利亚人。这个人在他们的队伍里并不是与他素不相识的，实际上还是他的熟人。战争前，这个人与阿卜杜林和阿卜杜林的父亲在西伯利亚同一个矿场工作。阿卜杜林找到了这个人的尸体。他为国牺牲了。看不到血迹。阿卜杜林在雪地里跪下来，试图解开这个人的背包。背包压在这个人的脖子上，异常沉重。阿卜杜林把尸体翻过来。身上任何地方都没发现有子弹或弹片留下的伤口。不过头骨后部好像已受伤。于是阿卜杜林打开背包寻找文件，然后他在那里找到了一样东西——居然是一台缝纫机。这个人是不小心被什么东西绊倒了，倒下的时候后脑勺重重地撞在缝纫机上。阿卜杜林惊讶得朝后退了一步：

> 我感到非常不舒服。这算什么死法啊！这个西伯利亚人是一名优秀的士兵：勇敢、沉着和坚毅。在平民生活中，他是个好工人，一个体面的一家之父。对他来说，一台缝纫机是富裕的象征。他想把它从这场战争中带回家，送给他的妻子。

他是否应该把这件事向连里报告？这种死亡是那么没有意义，那么荒谬。人们会拿来开一些愚蠢的玩笑，或者说死者是个白痴。阿卜杜林决定什么也不说，让这个人仍然当为国捐躯的英雄吧。

*

在英格兰的巴罗因弗内斯镇，冬天也快来临了。11月的天气一直异常晴朗，阳光灿烂，但前一天来了第一场霜冻。当奈拉·拉斯特在这个星期一早上打开迟到的当地报纸《巴罗新闻》并阅读那些短讯的时候，她看到了让她感到很不舒服的事情。儿子克利福的又一个朋友阵亡了，这次是迈克尔·霍基。这是不到两周前发生在北非的事。[1]

拉斯特对这个男孩和他的家人都很熟悉。他是那对夫妇唯一的儿子，人人都知道，他们有很长一段时间过着极其节俭的生活，住一栋小房子，只为省下钱送他上剑桥大学。拉斯特很喜欢他的母亲，说她是"我见过的最可爱、最和气的女人"之一。那个女人通常会到红十字会的房子来，"上周四我们大家还在一起说笑逗乐"。当时霍基太太还带来了一束菊花——而前一天的霜冻把花园里所有的花都冻死了。

到了战争的这个阶段，拉斯特已经知道有很多人阵亡或失踪，有熟人的孩子，有儿子的老玩伴，有她在服务社工作期间认识的年轻人。以前她已经经历过这样的事情，翻开报纸，看到了一张张模糊的小照片，照片上"面带笑容的男孩是我看着从小长大的，现在却上了'失踪'名单"。她在自己的日记中描述道，她看到的古老圣诞装饰让她仿佛落入了

---

[1] 在阵亡者登记册里，霍基的死亡日期是11月11日。他葬于埃及法耶德的大型军人墓地，该墓地是为当时设在该地的许多军队医院而建的。一切情况都说明他是在阿拉曼战役中受伤的，后因伤重不治去世。

兔子洞，回到了过去的时代，她想到了"肯和劳里在空军阵亡，比尔和泰德在敦刻尔克失踪，而快乐的多萝西成了一个悲伤的寡妇"。

不过，拉斯特通常不会对这种噩耗做出那么强烈的反应，至少现在不再会了。她自己也有些不悦地注意到，她已经变得心肠很硬了，尤其是当噩耗涉及的人是关系一般的熟人的时候。大约三周前，一位经常来她们服务社的澳大利亚飞行员在这里被埋葬了。他们本来都很喜欢他，因为他非常友善、健谈，对他们讲述过大洋洲的冲浪、高温天气和热带水果的滋味。那时她在自己的日记中写道："我们变得那么硬心肠——或者说哲学化？——除了说上一句'可怜的家伙，我还以为他会晚点来'[服务社]，对那些被浪费的生命表示一点惋惜，就没有其他评论了。那些本来会让我们从心里感到震动的事情，现在只得到了一句轻描淡写的议论。"

这一次她的强烈反应是很有意思的。当然，这是因为她与这个年轻人和他的父母关系太近了，太熟悉了。（此外，报上提到的另外两个男孩她也非常熟悉，据报道他们是"受了重伤"。）当然，这使得她对克利福的不断担忧变得更加急迫了。但可能还不止如此，有一点复杂。

这年新年伊始，奈拉·拉斯特就和她的丈夫真的大吵了一架，原因是儿子克利福决定志愿报名参军，到国外去作战。她丈夫认为这个决定是疯狂的，儿子不应该去，相反，应该找机会在国内安全的地方服役。奈拉·拉斯特意见相反，认为儿子去参军是正确的。她说："荣誉和责任就不重要吗？"而丈夫却说："你总是在说该死的傻话——我要的是**我的孩子平安无事**。"那时拉斯特的内心里有什么崩溃了，显然是多年来的沮丧和被压抑的愤怒爆发了出来。这个自私的、没有进取心的懦弱男人已经控制了她的生活那么久，现在还要来控制儿子的生活吗？她大声回应，可能是尖叫，因为在日记里她说她当时"气得浑身发抖"：

就算我知道我的孩子在走向死亡，我也不会拉住他——即使我可以拉住。我们都必须用发给自己的牌来玩自己的游戏，而不是试图从别人那里偷到一张 A。克利福必须**真正生活**——不是逃避这种生活，不是总害怕什么事、什么人和什么想法，在他经历过青春的热情和渴望之前就成了一个老头子。[1]

是**他**，一想到要失去儿子就泪流满面；是**她**，对儿子说：去！此时此刻，当奈拉·拉斯特在当地报纸上读到少尉迈克尔·霍基阵亡的消息时，她是否感到一丝悔恨？因为此刻她脑海里闪过的想法和千百万其他母亲在类似处境中的想法是相同的，只是措辞有些不同而已："如果我们的孩子在他们美好人生的清晨就被割下头颅，那他们为什么还要出生呢？"在这一天剩下的时间里，那个年轻人的身影，他的"微笑，他说话时有点急切的小结巴，他那男孩子一般瘦弱的肩膀，他从剑桥回家时穿着西装上衣的样子，他把自己包裹在围巾里却不穿好大衣的可笑模样"，一直在她脑海中挥之不去。

*

同一天晚上，乌尔苏拉·冯·卡多夫坐下来给圣诞礼物打包。这些圣诞包裹要通过战地邮局送到那些还穿着军服的朋友和熟人手里。自战争爆发以来，这已成为一年收尾的大节日前的例行仪式。顺便提一下，这也是痴迷于仪式的纳粹政权统治下的许多仪式之一，就如星期天那些

---

[1] 最后那句话很好地概括了拉斯特对丈夫的看法，她认为这是无趣的、缺乏想象力的丈夫缺少的东西，这也是她对他变得如此麻木冷漠的原因。

简单的"一锅烩"晚餐;就如带着红色募捐箱的男人们蜂拥赶到冬季紧急救助点来拿食物——上帝宽恕那些什么都不给(哪怕只是象征性地)的人;就如那种强制性的希特勒式举手礼,从充满热情地做,到完全没有了热诚;就如当元首在广播电台里发表演讲,或者当广播电台里播放出那种闻名的号角齐鸣的声音,表示德军最高司令部即将宣布又一场伟大胜利的时候,餐馆和咖啡馆都要按规定保持沉默。

上个月,政府大幅增加了食品配给,本着同样的精神,为圣诞节准备的消费品也有所增加,向休假的士兵提供了额外的烈酒、糖果和所谓的元首包裹。德国人民必须保持幸福。即将到来的周日将是降临节的第一个周日。

她弟弟于尔根和她的老情人埃伯哈德·乌拉赫各自会得到一纸箱香烟,"纸箱盖上贴着我的照片。这可能会让他们开心,因为是意外的"。她真的很为乌拉赫担心,因为她知道他在高加索前线的某个地方:"那里的情况似乎很糟糕。"她就这样坐着打包,一直到深夜。

*

同一个星期一,斯大林格勒寒冷而又晴朗。大雪已经开始覆盖住这座城市无边无际的断壁残垣。和许多其他人一样,阿德尔贝特·霍尔将大雪比作一块裹尸布,它掩盖了许多丑陋、发黑和破损的东西。与此同时,大雪也凸显了这座城市是多么死气沉沉,一条又一条街道上都是寂静、破败的建筑,有些只剩房屋的正面外墙或是怪诞雕塑一样的废墟,到处都是空荡荡的、被炸毁了的窗户。

两天前,霍尔就已知道第 6 集团军被包围在斯大林格勒了。这在实际行动中有所体现。他们已经开始节约弹药,这天霍尔还发现口粮也将被削减。这在作战中也是显而易见的。所有本方发起的攻击全都被打退。自9月以来就持续不断的枪声和爆炸声曾经像一种背景音乐一样笼罩着这座城市,现在这种声音也已经很稀疏了,有时甚至是无声无息。在通常情况下,你可以通过火光,通过双方不断发射的信号弹准确地看到前线所在的位置,但是从星期日晚上开始,黑暗之后还是黑暗。显然,双方都在喘息。

中午的时候,霍尔收到了一个命令——它的序号是118——这个命令让他吓了一跳。所有仍有汽油的车辆必须做好启动准备。只装载绝对必需品,尤其是弹药。所有其他不能带走的东西都必须销毁,尤其是开不动的汽车和没有牵引车的重型武器装备。所有重要文件都必须烧掉。

大军要突围了,朝西南方向突围。

霍尔不由自主地愤怒起来。在这种被围困的处境下——而且装备还严重不足——开始一场全面撤退的想法让他感到恐惧,此外这一行动还会让他们的所有努力都化为乌有。不是要在这里决定战争的胜负吗?霍尔写道:

> 我们步兵带着多么大的能量和进攻锐气,才一路打到了这个地步,而且还付出了那么大的损失!现在要回去?我的战友们——我接触到的所有人——也都持有相同看法。我们不喜欢这个主意。

如前所述,自1933年以来霍尔就一直是纳粹德国的热情和忠实的拥护者。这个国家对这次战争的扭曲看法也是他的看法,就像斯大林格勒的其他许多普通士兵一样。如果元首说,这是为了"生存空间"而战,那么它就是为了"生存空间"而战。正如他自己所写的,他们来这里也是为了"防止被称为布尔什维克主义的红河流入我们自己的国家和欧洲"。他们是"以服从命令为天职的士兵"。**命令**就是**命令**。于是他和其他人都乖乖地听从指挥，把还能开动的车辆装载上弹药，开始销毁不需要的设备，焚烧文件。

*

这是 11 月 24 日，星期二，在芝加哥。前一天城里下了点雨夹雪，这天已经放晴了。气温是零上几度。冬天快到了，太阳才刚刚升起，利昂娜·伍兹就从她的公寓走一小段路到达斯塔格球场地下室的工作地点。

CP-1 装置的建造正在加速进行。夜班刚刚下班，白班就开始了。反应堆现在已经变得如此之高，以至于他们不得不安装一个小型升降机，用它来把材料运送上去。一丝不苟的拼装工作还在继续。现在每个人都知道这个系统：一层仅由石墨块组成，然后是两层石墨块，每个石墨块上钻有两个孔，铀金属圆柱体放入其中。然后是又一层石墨块，接着又是两层加了铀金属圆柱体的石墨块，如此等等。在这一天里伍兹还多次用她的三氟化硼计数器测量反应堆里的中子活性：中子活性越来越高，实际上比预计的高得多。物理学家们一致认为，原因很可能是他们使用的石墨比实验中使用的石墨质量更好，最近开始交付给他们的铀也比他们之前见过的纯净得多。

这当然是好消息。（该项目的其他部分显然也正在取得进展。）根据恩里科·费米的初步计算——到目前为止他的所有计算都被证明是完全准确的——反应堆需要 76 层高才能达到临界质量。再次查看他的计数器之后，这个镇静的意大利人说现在 57 层就足够了。[1] 他们将会及时完

---

1 更高的中子活性也意味着反应堆不必密封，而密封是气球布本来要发挥的功能。

成。这个星期二他们铺设了第 27、第 28 和第 29 层，反应堆至此已建成了一半。由于它将缩减近 20 层，因此它的形状将不是最初设计的球体，而是一个略高于 6 米的椭圆体——如果你愿意的话，可以把它想象成一个稍微有点扁的圆面包。

这一天工作结束后，利昂娜·伍兹回到她和妹妹合住的公寓。她洗掉了身上的石墨粉尘，这些粉尘在反应堆周围的空气里到处飘浮。她必须像往常一样长时间淋浴。第一层油腻的灰黑色石墨很快就会被冲掉，但即使在热水中浸泡半小时之后，仍然会有石墨从毛孔中渗出。

如果她在睡觉前还有精力读当天的报纸，她只会粗粗浏览一下有关战争的大标题新闻，之后转而看简讯：芝加哥市正在考虑引进停车收费机；在帕尔默酒店举行了一次大型会议，讨论青少年犯罪浪潮；一场有著名小提琴家雅沙·海菲兹演奏的音乐会因流感不得不取消；一名 85 岁的寡妇在她的厨房里被一名身份不明的抢劫谋杀犯活活烧死；洛杉矶一家法院宣告著名演员埃罗尔·弗林无罪，控告他的强奸罪不成立；查理·卓别林当天早些时候参加了东方大使酒店的下午茶会，这是苏联战争救济协会安排的活动的一部分。

*

11 月 24 日前的那个夜晚，阿德尔贝特·霍尔是在紧张的等待中度过的。突围的命令什么时候会到来？他和参谋部的其他军官都没有心思睡觉，而只是打瞌睡。大部分时间他们在聊天。霍尔总是像警犬一样关注他的上级，仔细记录他们说什么、他们声音的语调，他们表情是什么，他们的握手给人什么感觉。他惊讶地注意到"甚至格罗塞上校也参与了谈话"。不过，团长每隔一段时间就会去野战电话机旁，转动摇柄几次，询问情况和收听汇报。

午夜时分传来了消息，霍尔所属师最前线的部队已开始撤离。由于霍尔所在的团是预备队，他们还得再等一段时间。他们的北方再次响起了战斗的枪炮声。（苏联人从哪里弄来的所有坦克？）天亮了，什么也没发生。他们等啊，等啊。到了中午时分，他们得到了相反的命令。没有突围行动。第6集团军就地自卫。[1]霍尔认为这样最好。对他来说，唯一的问题是回家的旅程原计划是第二天出发。这次旅行完全有可能泡汤了，相反，他可能会被困在斯大林格勒，至少会待一小段时间。他已经开始梦想着家乡，梦想着德国。

*

被围困的列宁格勒的日常生活。冬天已经到来了。莉迪亚·金茨堡叙述道：

> 我们再次意识到了一件此前现代人毫不知晓的事情：这座城市的真实规模有多大。以前有有轨电车、公共汽车、私家车和出租车的时候，我们很难体会到这一点。如今，一个新的城市面貌已经展

---

[1] 第6集团军司令保卢斯在11月22日就已经请求希特勒给予"行动自由权"，以用于立即突围，这在后勤补给已经紧张的情况下是唯一明智之举，而且大多数人已意识到，戈林提供空运补给的承诺像往常一样在现实中是无法兑现的。11月23日整天他们都在等待来自元首总部的回应，但徒劳无果。霍尔的第94步兵师所属军的指挥官是明智的冯·赛德利茨将军，他随后自行决定开始撤退，希望能迫使犹豫不决的保卢斯让全军同样开始撤退。希特勒一听说此事，马上禁止所有撤军行动。如前所述，斯大林格勒对希特勒来说是一个声誉问题。撤退导致第94步兵师遭受了重大损失，并且是一个错误，因为放弃了北部的完善防线。

现出来，有岛屿，有带有支流的涅瓦河，有清晰的分区系统。冬天到了，没有了电车、电话，住在华西列夫斯基、维堡或彼得格勒那一侧的朋友们已有几个月没见过面了，就是死了也没有其他人会知道。不同的地区具有不同的特征。有些地区遭到炮击，有些地区成为空袭的首选目标。跨过一座桥有时意味着进入风险或机遇不断变化的区域。也有边境地区准备抵抗敌方的袭击。如此这般，短距离的重要性就增加了。

这天没有风，但还在下一点雪。日期是 11 月 25 日。

*

是什么决定了谁能幸存下来，谁要死去？正如前面说过的：是神圣的概率安排。没有什么可以把你从概率游戏中拯救出来，这一事实会在不同的人身上引起不同的反应：有人拒绝，有人讨价还价，有人郁闷，有人讲宿命论。身体强壮当然有作用，但不一定是体力决定生死。只有在纳粹的低级达尔文主义虚构的世界中，那种原始的力量才被奉若神明。在南大西洋的木筏上漂泊的潘濂，很瘦也很矮，身高只有 1.65 米，但他忍耐力很强。这也许是他从父亲那里继承的最重要的遗产：穷人找到出路、坚持不懈的能力。

到目前为止，概率的安排一直有利于潘濂。他本可能会在"贝洛蒙号"货轮被击中并爆炸而沉没时就已丧生，但他被抛了出来。如果不是那只救生筏正好从他身边漂过，他肯定也已经淹死了。木筏上没人，这个事实对他来说也是幸运的。木筏上有几盒压缩饼干、一个装有 40 升淡水的容器、巧克力、几罐肉、奶片和一袋由压缩糖制成的糖面包。也正

罪恶与梦想

因为潘濂是独自一个人，这些食品就能支撑很久，坚持到他被人发现并救上来。被人发现也应该是相当容易的，因为水上交通繁忙，而且在木筏上有一个手电筒、两个烟幕弹和一些应急照明弹等工具，可以发信号让自己被人发现。

太阳开始落下去，海面平静下来，如同轻轻摇曳的画布。木筏静静躺在海面上，在这无边无际的空旷水域中一动不动。在迅速退去的日光中，潘濂开始想家了，想海南岛，想他的父母，想他的妻子，并且开始怀疑他是否还能再见到他们。

大西洋的夜色包裹住了他。正如前面提到的，潘濂在沉船事故中几乎失去了所有的衣服，但木筏上有一块大篷布，白天可以用来防晒，到了夜里可以起到一些御寒的作用。

然后又到了早晨，而当温暖的太阳突破地平线的时候，潘濂就甩开那些阴暗的思绪。他不想放弃。如果没有了精神的力量，那么体力就没有什么价值。潘濂在他用来记录日子的绳子上又打了一个结。

*

在特鲁克环礁，日本驱逐舰"天津风号"的维修工作仍在继续。这一天，日本来的信件终于送到了。（通往南太平洋的邮班没有规律且不安全。）其中有两封信是寄给原为一的。一封来自他母亲。他读道："我每天早晚在家里的祭坛上祈祷我们的祖先和慈悲的佛陀保佑你。你多保重，要活着回来。"

另一封信来自他的妻子：

小千人昨天夜里突然惊醒了，大声哭了很久。起初我以为他病了，但他最后解释说他是梦见你遇到危险了。他说你看起来脸色苍白而且害怕。我想知道你昨晚在哪里以及你做了什么。报纸上报道了南方的那些激烈战斗。我很为你担心。

这封信上写的日期是 11 月 13 日。

原为一哭了，主要是因为这些信件让他想起了 43 名阵亡水兵，而且他想起了一件他迄今为止在悲伤苦恼中忽略了或忘记了的事情：作为这艘战舰的指挥官，他必须给阵亡者的家属写一封慰问信。这是理所当然的。他把自己关在舰长舱里，拿出文件和文具。原为一花了 8 个小时来写这些信。当他走到甲板上的时候，太阳已经开始落到火山岛丛林覆盖的悬崖后面去了。

*

这天瓜达尔卡纳尔岛上的天气好多了。这意味着下雨少了。这当然也增加了不断在高高的树梢上空盘旋的美国战斗机袭击的风险。（约翰·麦克奈里很可能驾驶着他的蓝灰色俯冲轰炸机从若林东一的头上掠过一次或多次。）若林东一想知道，飞机里的那些人怎么能忍受一个小时接一个小时地飞行。虽然他不情愿如此，但敌方飞行员的坚韧不拔给他留下了深刻的印象。

就连煮饭这样一件事情现在都是一种冒险行为。这必须在特殊的小木棚里操作，小木棚是用棕榈叶仔细伪装起来的，因为如果在热带雨林的树顶上方出现哪怕一缕烟雾，敌人就几乎立即会以炸弹、手榴弹或其他弹药来回应。不过，前一天夜里，若林东一的士兵们能够在黑暗掩护下做饭，因为月亮是蛾眉月——只是漆黑天空中的一弯细镰刀。

尽管如此，11月25日星期三这天，若林东一还是欢迎穿过高大的树叶洒落下来的阳光。连绵不断的雨使得所有类型的交通都更加困难，所有行动都变得更慢。他已经注意到，潮湿也会影响士兵们的情绪和健康。中午的时候，他爬上了山顶。在晴朗的天气里，看清敌方战线后面的情况是没有什么问题的。他可以看到两艘敌方的运输船（由四艘驱逐舰保护）正在卸载必要的物资；他可以看到美国士兵正在挖掘野战工事；他可以看到机场和在飞扬的尘土中起飞的飞机。他痛苦地注意到："如果我们有弹药，控制这个机场是多么容易。敌人每天至少开火1万次，而我们每月才100次。"

就连若林东一也惊讶并且有点恐惧地注意到美国火力的规模：发射炮弹如流水，似乎永无止境——他的一名士兵开玩笑说，这种声音听起来像是20名训练不良的日本艺伎在不同步地击鼓——此外还有大量的自动武器。他还从来没有经历过同样的事情，当然在中国没经历过，在与英军和荷兰军队的战斗中也没有经历过。他已经明白，现在他们正在与"一个拥有一切的国家"作战。

这是否意味着他们没有机会获胜？不。若林东一也相信意志至上，相信灵魂战胜物质；相信"精神"，这是一个难以定义同时又基本的概念，它描述了日本武士道的卓越战斗勇气和牺牲意愿；他相信这一点，不仅因为这是他的国家和军队中一个无可争议的信条，而且很可能是因为如果他要让自己坚持到底，还抱有希望，就必须这么做。敌人唯一拥有的不就是资源吗？要不然他们为什么会如此害怕近战？前一天他在自己的日记中写道："你们中间那些只会依赖资源的人，就等着瞧吧。我们会给你们点颜色看看。他们面对日本精神的全部力量的时刻很快就会到来。准备好看看金钱的力量对我们精神的力量是多么无能为力吧。"

＊

是的，每个人都有一个极限，保罗·加西亚·多米尼奥尼少校已经达到了自己的极限。疲惫一部分是身体上的：他体重减轻了很多，有些时候走路都很艰难。（他从军是不是有点太老了？）但肯定也是心理上的疲惫吧？他痛苦而且愤怒，他的愤怒与其说是针对敌人的，不如说是针对罗马的当权者，以墨索里尼为首的所有法西斯政客、走狗和理论家，他们对这场灾难负有最终责任。

20年来，他们一直生活在墨索里尼的极端民族主义和军国主义的文字梦想中。加西亚·多米尼奥尼手下的许多年轻士兵都是在法西斯主义的环境中成长起来的，他们只知道法西斯主义世界，这个世界综合了浮夸与平庸，让这些年轻人迷失在战争的梦想中，对战争充满希望、渴求和陶醉。长期以来，人们一直可以感觉到言论与现实之间的差距，但这种差距从未像这次屈辱中的感觉那样巨大。这些年轻人中有一位，长期以来一直是法西斯主义的信徒，说几乎没有人"早先明白过他本人在广场和街道上用尽力量呼吁的是这样一个结果，而且只有这样一个结果"，直到现在他才明白，那不过是"重复百遍以让人听见的空话，有名而无实"。

但加西亚·多米尼奥尼对法西斯主义的愤怒其实和表象与现实之间的差距无关。这个差距他早已感觉到了；作为参加过上次世界大战的老兵，他不再抱任何幻想。愤怒肯定与他的贵族背景有关。（他的正式称号是第14任西拉文戈男爵。）加西亚·多米尼奥尼把他接触到的一位高级军官描述为"来自一个随着压力表、活塞、工人阶级独裁者和赫兹波一同消失的时代的幸存者"，这个人——与他那个阶级的很多人一样——发现法西斯主义和纳粹主义粗俗不堪，甚至令人不快，但他们选择不抗议，而是穿起军服作为对另一个对象表达忠诚的行为，比如对国王、对国家或历史。（就好像这样的区分是可能的。）当然，不难想象，加西亚·多米尼奥尼对这位高级军官的描述其实也是在描述他自己。

毫无疑问，这和之前提到的他在罗马的陆军情报部任职期间获得的敏锐洞察力有点关系，在那里他有整整 14 个月坐在办公桌前阅读来自国外的标记为机密的报告和未经审查的报刊。他不仅可以看清意大利人民被灌输的现实是一幅多么荒谬的讽刺漫画，而且也注意到了这个政权的"政治腐败、军事无能、投机行为和肮脏的骗局"的真相。这就是他去寻求部队实际战斗职位的原因——它是一种逃回现实的方式。

人们对现实的反应不同。并非所有加西亚·多米尼奥尼手下的士兵都对这个政权失去了信心。[1] 仍然拥护这个政权的人并不少，因为法西斯主义——就像它的德国同类一样——如此成功地对他们说教，让他们相信，忠诚和无条件服从是生存的基础，或者是因为他们已经在其世界观上投入得太久太多，或者仅仅是因为他们需要在这场危机中抓住一点坚实的东西，就像一个快要淹死的人抓住一个救生圈。幻想往往是能找到的最持久的东西。

但是，当保罗·加西亚·多米尼奥尼现在——以及未来——试图从这场灾难中找到一些意义的时候，他寻求的方向，我们可以称之为"受害者的尊严"。在他将会培养出的失败英雄主义中，牺牲绝不会因为它是在没有成功希望的失败事业中做出的就减少了意义。恰恰相反，牺牲是英雄的行为，对他来说，具有一种不分场合的内在价值。因为他愿意记住的是英雄的行为，而且只愿记住英雄的行为，而不是那种回避战斗的

---

[1] 这一点在意大利投降（距此时不到一年）后尤为明显，当时该营中的某些人选择成为游击队员，某些人保持被动的平民身份，还有些人选择为臭名昭著的萨洛共和国战斗到 1945 年年底。

懦夫，心甘情愿地放弃，逃跑，被恐惧压倒，精神崩溃，失去理智。

保罗·加西亚·多米尼奥尼躺在一个担架上被人抬上了野战医疗船"格拉迪斯卡号"——以前这是一艘豪华邮轮，在南美航线上，但被意大利海军征用，涂成了白色，而且几乎整个船体都涂有一道绿色条纹，船体两侧和烟囱上还有红十字标记。

那么，当他上了船并且最终跨过地中海向北前往意大利的时候，他有什么感觉呢？耻辱。他一直瞧不起那些离开前线时身上连"一个像样的枪伤"都没有的人，而现在他自己就在这样做。在他周围，有很多身体非常好但现在"出于健康原因"偷偷溜回家的军官。他突然闪过一个念头。想想吧，如果有人认为他也是其中一个怎么办？加西亚·多米尼奥尼很后悔离开了自己的营。

*

大雪也来到了勒热夫的前线。到目前为止，冬天还一直是温和的。与一年前不同的是，他们现在有了真正的冬装：宽松的、带兜帽的衬里为白色的外套和配套的大裤子，可以穿在常规的军服外面。另外还有厚厚的分指手套和毡靴。威利·彼得·雷泽和他的小组中其他人居住的地堡显然很狭窄，不过很暖和，而且具备他们有理由要求的一切：一个睡觉的地方，一条可以坐的长凳，一张桌子。他们喝兑了温柠檬水的白兰地，在炉子里烤面包。

前一段时间，前线看来又活跃了过来。夜晚充满了炮声和闪光，五颜六色的照明弹和摇曳的珍珠串一般的曳光弹。不安的情绪蔓延开来。苏联人会再次发动袭击吗？但什么也没发生。一切又恢复了平静。这样一来，小组内部的紧张气氛和争吵就减少了。这是彼得·雷泽感到失望的很多事情之一，当外部的压力变得足够大的时候，前线的那种人们常提起的战友之情几乎总是会崩溃。这个群体被原子化了。人们都消失在各自的世界里。彼得·雷泽在上个冬天就记录了这一点：

> 只有那种对睡眠和遗忘的无限渴望才是死亡的果实。只有少数人试图镇定下来，大多数人用肤浅的事情，用赌博、残忍和仇恨来麻痹自己，或者是靠手淫自慰。

但现在迫在眉睫的危险已经缓解，那么气氛也就轻松了一点。而且天气很好。雷泽自己总算也有一次满意了。他叙述道："晴朗的蓝天，树枝和草地上的细碎雪花，晨光中闪闪发光的白霜和前线的平静安宁：这就是我们想要的世界。"

*

对埃莱娜·贝尔来说，前一天从所有方面来看都是黑暗的。她坐在家里，"整个下午都在和 J.M. 默里做斗争，心情郁闷"。[1] 但现在已是 11 月 25 日，星期三，这一天在所有方面来看都是光明的。阳光再次照耀着巴黎，她收到了让·莫拉维茨基寄来的一封信，而当她做完志愿照顾孤儿的工作，又回到位于埃利泽－雷克吕大街的家中时，还有来自他的一束康乃馨在等着她。（粉红色？红色？）这束花来自他们之前一起去过的一家花店，那家花店位于通往歌剧院大道的十字路口。是 9 日星期一那次散步的

---

[1] 从贝尔的日记中无法确定默里这位英国批评家和济慈专家的什么论文给她带来如此大的麻烦，但一种猜测是写于 1929 年的《上帝，作为元生物学的一个导论》。

记忆吗？有些时刻是永远不会结束的。贝尔在她的日记中写道："我完全沉浸在喜悦之中了，而昨天只像是一场噩梦。去过索邦大学注册。"

*

一种英雄行为是从何而来的？11月19日，在克列茨卡亚城外发起进攻之后，曼苏尔·阿卜杜林所在的团已经连续行军了五天，深入德军防线中被迅速拉开的裂缝。随着坦克大军向更远处开进，西北方向的攻击部队和东南方向的攻击部队包抄会合，裂缝现在又扩大为一个缺口，缺口的有些地方有七八十千米宽。德军第6集团军已被包围在斯大林格勒。这是一条轰动的新闻，是那种他们等待已久的一条新闻。这在报纸刊登的地图上看起来很棒。

不过，地面的情况仍不确定。德军一如既往，面对这种致命威胁不会坐以待毙。前一晚阿卜杜林和他疲惫的战友们到达了前线，而这天，也就是11月25日星期三，他们已经开始向东进攻，向已经形成包围圈的大袋子内进攻。[1]

这并不容易。阿卜杜林很快就明白了这一点。地形平坦开阔，无论是抵御子弹还是抵御刺骨的寒风，都几乎没有办法。他们面对的也不再是罗马尼亚军队，而是德国军队，他们像往常一样进行了残酷有效的防御。你可以通过枪声的音量和频率，以及对方无处不在的速射机枪发出的撕裂、拉锯般的声音（噗突突、噗突突）来判断出对手是德军，光是声音就很可怕。（红军战士称它为"破肚开膛手"、"骨锯"或"电动机

---

[1] 正是由于害怕德军的救援行动或突围，苏联红军领导层想尽快消灭口袋内的德军。然而，他们严重低估了被困在大约60千米×40千米的"大锅"内的德军士兵人数。

枪"。）从反复的刺耳高音炮声中，他也明白敌人有很多直射反坦克炮，甚至可能是某种装甲炮。[1]不，这并不容易对付。

他们有几辆坦克支持。阿卜杜林的连队跟随一个涂成白色、碾过雪地时发出吱嘎声响的庞然大物向敌军阵地前进。他们前面不是互相连接的战壕，而是许多据点，这些据点显然是仓促建立起来的，却顽强地守卫着。那里有一个更大的村庄，叫伊拉里奥诺夫。还有一道沟，是草原上到处可以看到的那种又长又深的雨水冲刷出来的沟。从两边都传出了咔嗒声和砰砰声。两边都必须攻下来。

一枚穿甲弹击中坦克时，会发出特有的咔嗒声，坦克立即停下来，浓烟和火焰滚滚而出。阿卜杜林看到一个人从坦克里跳了出来。这个人身上已经着火了。阿卜杜林也看到前面的士兵正在闪开。谁都知道，高温会导致冒烟的坦克内的弹药爆炸，这只是时间问题，没有人愿意留在旁边。

身上着火的那个人在雪地里打滚，把火扑灭。他一次又一次喊着："同志们，救救上校！"阿卜杜林的第一反应是跟着其他人逃离燃烧的坦克，现在坦克随时都可能发生大爆炸。英雄行为可以产生于两种截然不同的驱力——一种是自私的（但伪装的），另一种是无私的。伪装的自私驱力与脱颖而出、赢得认可和赞扬的愿望有关；无私的驱力更多是一种冲动，一种突然的、几乎不可抗拒的干预、拯救某人或某事的需要，无论情况如何。然而，最终结果将是相同的。

瞬息之间，有不同声音在阿卜杜林心里交替闪现。首先是："那些已经跑过坦克旁边的人应该救救里面的人，因为他们还有时间。"然后是："好吧，一秒钟也不能耽误了，救救他！"然后又是："不，来不及了！时

---

[1] 他们面对的是德军第3摩托化师，该师还很快得到第14装甲师的增援，其军力相当可观。

间已经不够了!"最后是:"好吧,你必须试试!"最后的声音占了上风。

阿卜杜林爬上坦克,当他湿漉漉的手套碰到粗糙的钢材时,坦克发出咝咝冒气的声音——它已经很热了。

他难以抓紧任何东西,脚下打滑。他环顾四周,没有发现可以抓住的东西,便后退助跑了一段距离,然后纵身一跃,又打滑了;他又跳了一次,这回抓住一个着力点并爬上了炮塔,炮塔盖子已经打开,刺鼻的烟雾从里面源源不断冒出来。他什么也看不见,真的什么都看不见,但有一双手拼命地抓住阿卜杜林的衣服,他将手臂伸进滚滚涌出的浓烟中,只是凭感觉摸,因为他必须在滚烫的烟雾前面转过脸去,闭上流泪的眼睛。他抓住了一个人的身体,开始往外拉,慢慢地,慢慢地。从来没有哪个身体让他感到如此沉重,但最后他把这个熏得乌黑的生命拉上了炮塔,拉过了盖口,又用力一拖,两个人就都顺着坦克破烂的侧面翻滚下来,重重地落在雪地上。

在喘了几口气之后,阿卜杜林将这个人拖到二三十米外的地方,到了那里才发现那个人的腿无力地垂着,已用不上了。然后爆炸来了。炮塔被掀到五米高的空中,金属碎片如雨点般落下。这个男人真的是名上校,拥抱了阿卜杜林——"我亲爱的小伙子!我不会忘记这件事!"他把自己的手枪递给了阿卜杜林,作为一种感谢的表示。有些医务人员出现了。他们用雪橇把上校拖走了。

*

被围困在斯大林格勒的德军中的气氛依然很好。阿德尔贝特·霍尔并不担心。包围的时间是不会很长的。这件事是会解决的。"我们的领导层不是昨天才诞生的。"前一天,集团军司令保卢斯的最新命令已经下达，宣布现在的打算是原地自卫，等待外界救援。与此同时，他们将从空中获得给养。指令在结尾处提出了一个鼓舞士气的口号，这个口号在许多人耳中听起来不错，并且反复被人提起，也没有讽刺的意味："只要坚持到底，元首就会带我们出去！"[1]

于是他们就坚持到底。霍尔的团剩余的人连同遭到重创的第94步兵师的残部守卫一条临时的防线，这条防线从城市北郊沿一系列高地和一个堤坝一样的铁路路基向西直线延伸。苏军曾多次尝试突破这里。11月25日星期三这天也不例外。

早上天一亮，警报就响了起来。苏联人打过来了。霍尔从他睡觉的地洞里钻出来。两千米外可以瞥见的白雪覆盖的高地上传来不断高涨的战斗声浪。听起来情况很严重。根据声音来判断，一切武器都用上了。霍尔往团指挥部所在的地方走去。

还没有人得到任何冬季装备。战斗人员没有雪地服装，而是系上了白色床单，然后开了个洞把头露出来。10点钟左右有两辆坦克开到了团指挥部。团长格罗塞上校命令霍尔"亲自"指挥它们前往最受威胁的地点"135,4高地"。天空在平坦的、白雪覆盖的大地上呈现出寒冷的蓝色。

霍尔挥手示意那些坦克跟在他后面，然后自己带头拼命地跑，气喘吁吁地跑。他跑过左手边的奥尔洛夫卡村，离那些高地越来越近。在他身后，坦克隆隆作响，履带碾碎了地上的雪和冻土。霍尔跑下一条深沟，又爬上一个高地，最后气喘吁吁地站到了"135,4高地"后面。在向坦克指挥官指出了什么地方视野良好，可以看到高地前面的平原之后，霍尔就转过身，开始往远处的团指挥部走回去。他很快就听到在他身后，德国坦克炮发出第一声典型的清脆爆炸声。"干得好，小伙子们！"他心

---

[1] 德语原文是："Drum haltet aus, der Führer haut uns raus!"如果要保持相同节奏和押韵，或许可以翻译成："只要坚持到底，元首会来救你！"——译者注

想,"现在你们自己保重吧。"

*

回过头来再看看曼苏尔·阿卜杜林和他在同一天参加的进攻行动。当他从燃烧的坦克中救出那个人的时候,阿卜杜林的连队在继续向前推进。他振作精神,跑步追赶他们。

很快他就看到一个士兵从对面的方向快速爬过来。看起来他几乎像是在向前弹跳,但那是他的身体在抽搐中摇晃,同时他用胳膊肘和一个膝盖撑起身体,就好像他是某种三足动物。当这名士兵爬过阿卜杜林身边时,他看到这个人的一条还拖着毡靴的腿几乎是断了,每次在雪地上弹跳,都会让这个人的身体一阵剧痛。然后阿卜杜林就听到一声号叫。他转过身站住了。

这名士兵把受伤的腿拉近自己,开始用刀割断仍然连在他身上的肌肉和筋腱。不过,那把刀很小,而且明显钝了。阿卜杜林还来得及思考:"我应该帮助他吗?"但他也好像麻痹了,除了盯着看,别的什么也做不了。那名士兵把自己连着那条腿的最后一部分也割断了,将皮帽盖在流血的残肢上,用一根皮带系紧。"然后他拾起断掉的腿,把它抱在胸前,就好像它是一个小孩子一样。"

*

阿德尔贝特·霍尔指挥两辆坦克到达了"135,4高地"之后,在原路返回的途中听到了那个声音,当时他已经是在一个小高地的另一侧了。在过去的几个月里,他已经学会了害怕那可怕的呼啸声。"喀秋莎"火箭炮声。（苏联人的所有火炮是从哪里来的？）当他转过身时，他看到第一批火箭弹在他身后的烟雾和灰尘中引爆。现在一切都发生得非常快。他环顾四周。这里根本就没有保护自己的地方吗？霍尔自己是这样描述的：

> 哇，那里有个小坑！它大约有40厘米宽，10厘米深。几乎没有什么用！我一生中从未尝试过让自己缩得那么小。我双腿紧贴地面，脸朝下，双臂向前伸展。爆炸是一次接一次。我躺在那里，没有任何保护，是无助之人的一堆肉体，屈服于诞生自人类之手的这种力量的集中展示。火箭弹一直在我周围爆炸，一次在这里，一次在那里。它永远不会结束吗？弹片在空中呼啸而过。我等着，不知道自己是不是在做梦。我一动不动地躺了几分钟——完全被这"晨祷"麻醉了。

最后他镇静下来，站了起来，仍在震惊中，但奇迹般地毫发无伤。[1]

后来没有发生更多意外，霍尔回到了团指挥部。他在那里向团长格罗塞上校汇报了情况，并开始往下朝地堡走去。霍尔问团长是否要跟他一起下去，现在这里很危险，但上校想再等一会儿。霍尔刚走下六级台阶，就听见砰的一个沉闷的爆炸声，门也被气压冲开了。有人跑下来说："团长受伤了！"

格罗塞上校被抬了下来，血流不止，而且有剧痛。一大块火箭弹片已经插进了他的胃部。霍尔冲到这位重伤的军官前面，但即使在这个急迫的情况下也注意用了尊称："上校先生，您为什么不听我的劝？"格罗塞上校

---

[1] 面对这类炮击时幸存下来是有可能的，因为"喀秋莎"火箭弹弹壁很薄，没有普通炮弹弹片的杀伤效果，大部分弹片直接飞上了空中。反弹的火箭绝对是最致命的武器。

被注射了吗啡,并被送往斯大林格勒城里的一家野战医院。诚然,医院里已经开始人满为患,但一位上校自然会得到优先照顾。[1]

后来,他们接到来自前线的战报。苏军的进攻被击退了。两辆 T-34 坦克被炸毁,大约 30 名敌方士兵的尸体留在了阵地上,有 80 人投降。

实际上,食物的短缺比敌人的袭击更让霍尔担心。每天的配给现在设定为 400 克面包(几乎减半)、120 克肉(通常是马肉)、125 克蔬菜和 30 克油脂(两者也都是减半)、160 克果酱(通常是 200 克左右)、7.5 克盐(通常为 15 克)。[2] 这是个坏消息,尤其是在冬季。霍尔评论说:"我们的身体在寒冷时需要摄入更多的卡路里。"但他们要坚持下去。救援很快就会到来。

*

这个下午,若林东一中尉离开山上的瞭望哨,向山下的马坦尼考河走去。他打算在那里洗个澡,这是两个星期以来他第一次洗澡。地点选得很好,是一段长约一百米的河道,隐蔽在两岸的悬崖峭壁之间。静静流淌的河水清澈见底。看起来像鲤鱼的鱼群游来游去,小龙虾在石头间爬行——可惜像鲤鱼一样,它们也出了名地难抓[3]——斑驳的阳光穿过周围的热带雨林洒落下来。若林东一发现这个地方就像天堂一样。对于有尸体在小河上游和下游漂浮,这个事实若林东一选择了忽略不计:"我不介意。"

---

1 收容伤员的能力之所以已经出现问题,是因为以前所有重伤员都可以立即从这个城市撤离,而撤离现在已很困难,需要飞机空运。
2 甚至香烟和雪茄的配给现在也减了一半以上,从每天七支减少到两支。唯一还没有被削减的是糖:每天仍是 40 克。
3 不过还是有些淡水贝类生物,饥饿的士兵们会抓来煮熟食用。

若林东一慢慢走进那浅浅的流水中，把身体浸入其中，然后从头到脚抹上肥皂，擦洗自己。"水的冰凉感觉真好，我开始感到神清气爽。"这时却有人警告他又有敌机出现。他更多是感到恼怒，而不是害怕。他跑了上来，赤身裸体地躲在几棵树后。

在洗完澡回去的路上，若林东一路过小心隐蔽在热带雨林中的师团指挥部。他想问候师团长伊东武夫少将。尽管日军等级森严，要求无条件服从，纪律严明，通常也很残酷，但社会隔阂低得不可思议——至少与英国军队相比是这样。从基础训练开始，中队内部就培养了强烈的家庭感。（在若林东一幸存下来的日记中，他展现出了一个爱兵如子的形象。）同时一名中尉也可以去拜访师团长，聊上一会儿。

显然，若林东一是很尊重伊东的。即使这位将军冷酷无情也如此吗？[1]是因为在离前线这么近的地方去见一位少将是不寻常的吗？（日本高级指挥官经常远离前线，很舒服地与士兵的现实保持距离。[2]）还是因为伊东提供了那样一种自信感？正如若林东一在这个星期三下午听了伊东讲述的事情之后在自己的日记中写的："我开始感觉到，好像我们已经赢得了这场战争。我对这个时刻感到很满意。"

但就在此时此地，不同寻常的事情发生了。这件事情本来应该摧毁那种自信感，但奇怪的是，它反而加强了那种自信感。

在若林东一和伊东坐着聊天的时候，伊东翻找过什么东西，有一个用白纸折叠成的小包掉了出来。这是偶然的事情吗？几乎不可能。它很

---

1 如前所述，包括第228团在内的第38师团官兵在太平洋战争开始时犯下了一系列暴行。伊东在战后被判犯有战争罪，先是1946年在拉包尔被指控谋杀中国平民，然后是1948年在香港被指控为1941年12月该地的多起屠杀平民和战俘事件的共犯。
2 这就是日本军队许多代价最高昂的行动的背景，尤其是在战争后半段。日本将军的文化和思路与第一次世界大战期间欧洲西线指挥官之间盛行的文化和思路非常相似。

可能是前面提到过的日军内部以语言之外的方式交流的另一个例证。伊东有点尴尬，犹豫了一下解释道："今天我剃了头。头发长得很长了，所以我保存了一点。"但若林东一立刻明白这意味着什么。他显然是受到了触动，后来在自己的日记中写道："预计没有人会在瓜达尔卡纳尔岛战役中幸存下来。我们不能指望我们的尸骨被带回家。很自然地，我们希望至少我们的头发能被带回去。"[1]

伊东不用一言一语，就让若林东一明白了事态危急，他们所有人，就连他这位少将，估计都会死在这里。愿意牺牲——完全地和无条件地——这就是若林东一自己在提到日本军队的优越"精神"时所指的最终意思。在前往瓜达尔卡纳尔岛的漫长海上航程中，他显然对此已经考虑过很多，知道他和他的士兵也许都会一去而不复返。他似乎已经接受了这个想法，10月11日就在自己的日记中提到了苏格拉底。他已经看到，"无论如何我们都会死"这句话包含了一种自由。因为当我们都会死的时候，"献出你所拥有的一切，直到那痛苦的结局，是至高无上的行为"。

或许这一刻就在眼前了？若林东一被此刻的严肃和少将沉默的态度所感动——他们将会一起走向死亡。他变得热泪盈眶。伊东拿出一些酒（明显比米酒要度数更高[2]），倒进自己的战地水壶的壶盖里，递给他的中尉，若林东一一饮而尽；伊东又倒满了一壶盖，若林东一又一饮而尽。酒使他进入"一种美好的精神状态"。他的11月25日星期三的日记是以这样的话结尾的："喝完酒之后，我爬上山时出了很多汗。"

---

1 将阵亡者送回日本曾经是（现在也是）极其重要的，而出于实际的和宗教的原因，死者会火化成骨灰的形式，在最坏情况下，送回的只是一段肢体的骨灰，或者头发——身体的某些部分。日本士兵意识到自己将要战死时，常常会将一撮头发连同身份牌放在饭盒中，希望至少这些遗物能被送回家。

2 "米酒"原文为"nihonshu"，西方常称之为"sake"。——译者注这两个男人用几口酒订下了生死之约，但只有其中一方遵守了约定。两个多月后，伊东武夫少将从瓜达尔卡纳尔岛撤离。他不仅在这场战争中幸存下来，而且逃过了战争罪的死刑判决，于1965年2月24日在日本家中去世，终年75岁。

*

这是11月26日，星期四。U-604号潜艇已经修好，水箱、油箱和储藏室都已经装得满满的——每个可用空间，比如那些空的舱位和那个唯一的厕所，都被塞满了东西，尤其是补给品。现在已衣装齐整、胡子刮得干干净净的艇员也在特雷瓦城堡度过了逍遥自在的十天假期之后回来了。又到了出发的时候。大海在等待着他们。

他们犹豫过吗？有恐惧或顾虑吗？我们不知道。但首先，正如前文所说，大多数人都是自愿的。其次，他们没有选择。潜艇必须出海，他们也必须随之出海。命令就是命令。他们可能都等得不耐烦了——U-604号潜艇服役人员的战斗欲望达到了顶峰。他们的所作所为、所冒的风险和被要求付出的牺牲，在他们自己看来绝不是毫无意义的，而是恰恰相反，是他们对德国的"最终胜利"做出的重要贡献——用他们的潜艇舰队司令邓尼茨的话来说，还是"决定性的"贡献。我们可以设想，这些年轻人中的大多数仍然相信这一点，甚至认为胜利就在眼前了，因为在他们看来，眼下他们正在赢得大西洋之战的胜利。

11月即将过去，这是德军在大西洋之战中至此为止最成功的一个月：击沉126艘盟军船只，总吨位为802 160吨。在1942年一整年里，德国潜艇击沉的船只比前三年的总和还多。

在很短一段时间里，他们感到自己在技术上很优越，如同神话般的存在。那些低矮、修长、快速前进的形影，似乎能不受阻碍地穿过大西洋的汹涌波浪，不仅是一种无处不在、似乎没有人能够阻挡的威胁，而且还是德国工程技术卓越性的一个明证。优越的技术与超凡的勇气相结合可以抵消数量上的劣势，这种观念可以追溯到上一次世界大战，但在崇尚现代性的纳粹政权下得以完全实现。（随之而来的是某种很快将在其宣传中变得越来越重要的东西，即关于"奇迹武器"的话题。）

在一段时间内，德军潜艇在寻找盟军护航队方面问题不断，而盟军飞机找到德军潜艇的能力越来越强，但德军对此可以忽略不谈。[1] 同样在一段时间内，他们可以在夸张辞藻和言过其实的宣传的推波助澜之下航行，借助《德国周刊评论》的高音喇叭式溢美之词乘风破浪，因为官方统计数据有利于他们这一边：德国潜艇正在击沉越来越多的盟国船只。

不过，还有一个统计数字，是U-604号潜艇上的小伙子们不能了解的。潜艇舰队司令邓尼茨的参谋人员计算过，大多数潜艇的航行次数不超过三次。因此，潜艇靠岸时间主要是用来让艇员放假、享乐、喝酒、淫乱，"靠作乐带来力量"，不仅是因为他们的"家长"潜艇舰队司令邓尼茨意识到奖励和休假对恢复体力的重要性，还因为他认为对船员进行强化训练和进修培训是没什么意义的。他们中大多数人才执行不超过三

---

[1] 德军潜艇在1942年秋天取得成功的部分原因是德国海军获得了重要但暂时的密码优势。一方面是德国海军情报部门破解了数个英国和美国海军密码，另一方面是布莱切利公园里的英军密码破译人员无法再读取德军潜艇与其总部之间的通信；原因是德国海军使用了一种全新的、先进的恩尼格玛发报机改进型。不过在1942年12月英国人员也破解了这种代号"特里同"（希腊神话中的信使）的密码，并且可以像以前一样开始提早引导护航船队避开各种虎视眈眈的"狼群"。尽管有各种英雄主义想象，但大约是在这个时候，盟军取得了这样的全面技术优势——飞机、声呐系统ASDIC、密码破译、先进雷达、无线电测向等——他们赢得大西洋上的战斗已只是一个时间问题。

次的航行任务就完蛋了。[1]

而这是 U-604 号潜艇的第三次航行。

*

同一天，高加索地区的伏罗希洛夫斯克。前一天的雨变成了暴风雪，气温转为零下几度。恩斯特·容格尔走出去，踏上了探索之旅。这座拥有大量老式建筑的城市，是他在东方见到的第一个对他有点吸引力的地方。"那些老建筑总会透出野蛮气息，但仍然比新建筑的抽象空洞给人一种更愉快的印象。"出于好奇，他爬上一座半毁的教堂塔楼，想要看更全面的景色，但发现楼梯上部已被烧毁。他没看到多少。

前一天星期三，容格尔与德军在高加索地区的 A 集团军群司令埃瓦尔德·冯·克莱斯特上将共进晚餐。容格尔以前就认识这个人，他可能是被派往东方的容格尔进行"试探"的将领之一。[2]

到了下午，容格尔接种了抗斑疹伤寒的疫苗，这当然又一次激发了他脑子里不断探索的思想活动。这难道不是类似于圣餐的一种行为吗？"我们利用其他人为我们收集生活经验：他们通过牺牲、通过疾病、通过被毒蛇咬伤来收集。我们还利用为我们受苦的羔羊的淋巴。奇迹是预定的，包含在物质中——它们是物质的最高实现。"（人们可能会认为，这更像是对一场灾难的历史记忆。）

晚上，容格尔会见了一些高级军官。有一位中校拿出一张大地图，

---

1 盟军当时进行的一项统计表明，这段时间海军艇员在海上执勤时平均可幸存 62 天。
2 冯·克莱斯特和容格尔在巴黎的上司冯·施蒂尔普纳格尔将军一样，是 1939 年之前就已经批评纳粹的军人之一——尽管不是从更广泛的民主角度出发——这导致了他的退休。然而，战争爆发后他又复职了。

展示了在斯大林格勒发生的情况。除非能突破包围圈进去救援被围困的人，否则只能通过一条空运通道为陷入包围圈的部队提供补给。容格尔显然很担心，他认为这类似于他在书中看到过的那些古代大围城——"在那里你不要指望任何怜悯"。

*

同一天下午 4 点 21 分，艇员们随 U-604 号潜艇离开了布雷斯特的大型潜艇掩藏坞，驶向铅灰色的大西洋。晚上 10 点 17 分，他们向护送他们出港的扫雷舰发出告别的信号。12 分钟后，他们的雷达警报系统提示：一架敌机发现了他们并正在飞来。他们快速下潜。像往常一样，潜艇消失于海面之下需要 25 秒到 30 秒。他们在水下停留了 41 分钟，之后舰长命令他们上升。他们几乎立刻收到一个新的警报，再次被迫下潜。

就这样持续了一整晚，一直到早上。

五天后，U-604 号潜艇用鱼雷击中了一艘美国运输船。这艘船不到 5 分钟就沉没了。之后，潜艇浮出水面。海浪从西南方涌来，并且浪很高。瞭望塔里的人瞥见了一条在浪里颠簸的救生筏，上面有三名幸存者。潜艇接到命令朝那个救生筏驶去，希望上面的人能告诉他们沉船的名字。

霍尔特林从瞭望塔上向那些人呼喊，顶着海风，一遍又一遍地询问沉船的名字，询问沉船的大小，但那些幸存者的回答难以理解。潜艇在海浪中靠得更近了。他们说的船名是"瑟威伊拉号"吗？[1] 沉船的幸存者误解了当时的情况，或者他们只是感到绝望，因为大海是无边无际、空

---

1 这艘船是"科阿莫号"，战前一直在波多黎各和纽约之间航行，运送游客，但在年初被美国海军特别租用来运输部队。船长是挪威人尼尔斯·赫尔格森。船上的 186 人在寒冷的冬季天气里毫无生还机会，全部消失了。

空荡荡、麻木不仁、冰冷无情的,他们开始想爬上 U-604 号潜艇光滑的船体。霍尔特林下令对他们射击。[1]

然后 U-604 号潜艇乘风破浪,继续航行,以水上模式为蓄电池充电。航向是 353 度。一股冷锋正在袭来。

*

正在伏罗希洛夫斯克访问的恩斯特·容格尔和在皮亚季戈尔斯克镇经营咖啡馆的叶连娜·斯克利亚宾娜相距只有 40 千米多一点。幻灭感越来越强烈。皮亚季戈尔斯克的许多人仍然对德国人牢牢地抱有希望。斯克利亚宾娜是其中之一。她仍相信"敌人的敌人就是朋友"这种经不起考验的危险想法。这是数百万人早在前一年夏天就被迫放弃了的一种看法,当时有不少人相信,排成纵队的士兵会把他们从水火中解救出来,但结果士兵们在那里竟然是为了建立一个更加无情的秩序,在这种秩序中,他们作为奴隶没有前途,生命一文不值。[2] 出现那种自欺欺人的想法,部分原因是皮亚季戈尔斯克的平民到目前为止只经历过几个月的占领,而同时德国人一直在忙于实现发动这场战役的真实目的:夺取迈科普、格罗兹尼以及最

---

1 这年 9 月,潜艇舰队司令邓尼茨发布命令,明确禁止潜艇救援被鱼雷击中的船只上的人,"这包括从水中救人并将他们安置到救生艇上,将倾覆的救生艇翻转过来并分发食物和水"。该命令要求"严厉",但公平地说,并未提到要杀害幸存者。
2 对于苏联被占领土上的大多数人来说,他们首先遇到的是无比冷酷的所谓饥饿计划,该计划是由一些德国官僚机构在 1941 年 6 月德国入侵苏联前提出的。其目的是为德军和德国本土提供食粮,而根本不顾苏联平民的生计。该计划实际上冷酷地计算出将有 2 000 万到 3 000 万苏联平民会死于饥荒。正如亚当·图泽所表明的那样,这个计划后来无法实现,不是因为没有意愿,而是出于实际的和实用的原因。尽管如此,还是有数百万苏联平民因为这个计划而饿死。与此同时,对犹太人的大规模屠杀也在进行。

终目标巴库的油田。这个地方的人口中，犹太人占的比例相当少，这就限制了大屠杀的规模，[1] 这反过来又使许多人有可能陷入一无所知的状态中，就像斯克利亚宾娜那样。此外，这里确实没有活跃的游击队活动，因此人们还没有经历过在乌克兰和白俄罗斯已经司空见惯的德军的严厉报复。（山上当然有车臣的游击队，但他们反苏，与德国人合作。）

斯克利亚宾娜碰到了几个穿德国军服的俄罗斯人，这些人曾经长期流亡海外，是布尔什维克的反对者，仍然坚信德国人会解放他们的祖国。皮亚季戈尔斯克镇脆弱的生活常态在某种程度上证实了这一点：只要看看教堂已经开放，人们又可以在那里举办婚礼和进行洗礼，这就够了。

同一个星期四，叶连娜·斯克利亚宾娜正好被邀请参加在教堂举行的一场婚礼。当她跨进教堂，看到那些鲜花装饰、点燃的蜡烛、穿着打扮漂亮的客人，她也感到很振奋。她还记得17年前她自己的婚礼，那是在关闭的大门后面偷偷举行的，灯光昏暗，生怕被人发现。但现在那个时代过去了，或者说，看起来过去了。斯克利亚宾娜在她的日记中写道："我们仿佛置身于另外一个世界，一个童话般的世界。"人们相信他们需要相信的东西。

*

瓦西里·格罗斯曼遵照他的习惯，启程前往一个最危险的采访地，

---

[1] 约有4.5万犹太人广泛分布在高加索地区的约750万人口中。之前一个脚注（第210页）中提到过德国别动队D的队长瓦尔特·比尔坎普，一名法学博士，他有权决定高加索地区的某些特殊少数民族是属于正确的还是属于错误的类别。这首先涉及那些所谓的山地犹太人，比尔坎普在进行一项作为个人爱好的人类学调查后得出结论，他们只是名义上的犹太人，因此得以幸免被屠杀。

或者更确切地说,一个发生决定性事件的地方。他跟随的部队就像曼苏尔·阿卜杜林的部队一样,正在对被包围的德国第6集团军发起攻击,希望这个大袋子能迅速捅破,但徒劳无功。格罗斯曼在他的笔记本上轻描淡写地写道:"一个美好、晴朗的日子。初步的炮击。'喀秋莎'火箭炮。伊凡雷帝炮[1]。轰鸣声。冒烟。又失败了。德国人已挖好掩体,我们没法逼退他们。"

*

爪哇岛巴达维亚城外的5号俘房营。战俘的情绪正在发生变化。现在有更多的恼怒,更多的吵闹。就连"疲倦"邓禄普也感到压抑:"这种生存状态里的肮脏和苦闷会引发一个人内心一种痛苦的变态情绪。"病人数量在增加,其中大多数人是因营养不良而患病的——而这又是由缺乏食物造成的。天气也变得越来越热,使得他们晚上更难入睡,而他们本来就很拥挤,老鼠和害虫还在黑暗中四处乱窜。俘房们很可能也知道,他们很快就会被继续转移。文书工作正在进行中,正在为每个俘房制作一张打字机打出来的卡片。[2] 但是他们会被送到哪里呢?不确定性让人苦恼。

这个星期四,11月25日,邓禄普和其他战俘又一次被迫在高温下排队,而且还排了两次,显然是为了清点和检查。邓禄普对排长队感到厌倦,对负责看管战俘、总是让他们等待的那两名日本下级军官感到厌倦,还对那两个人穿着如此随便感到恼火。两个日本人来做检查时竟然穿着网球鞋!他在自己的日记中愤愤不平地写道:"马虎得可怕。"

---

1 可能指的是苏联重型迫击炮。(格罗斯曼此处的俄文原文是 Иван Грозный,"伊凡雷帝"是俄国第一位沙皇伊凡四世的外号,他以好战和扩张、可怕而闻名。——译者注)
2 这里可以提一下,邓禄普自己的卡片保存下来了。

敌意是仿效的。邓禄普痛恨日本人，非常痛恨。有些日本人他也尊重，还有一些是他真正喜欢的。与此同时，他也注意到日本人如何影响了他。

早些时候，他和其他澳大利亚人学会了用正确的日本方式问候和操练，作为一种安抚看守的简单方法，以减少他们的喊叫、威胁和拳打脚踢。个人卫生也是一样。保持清洁、仔细剃须、把头发剪得很短，这些都以日本人的方式进行，可以得到俘虏营看守的认可。有一次，当他看到一群新来的白人战俘的时候，他不由自主地评论说，这些人看起来蓬头垢面，胡子是乱糟糟的，头发也没有理过。后来他回过神来，不无惊恐地在自己的日记中写道："我是不是也正在被日本化？"

*

同一个星期四，在纽约，《卡萨布兰卡》全球首映。地点是在西51街237号的华纳兄弟公司的大型电影院"好莱坞"。这座建筑是一个很奇怪的混合体。外面正墙是很节制的装饰艺术风格，两个秀肌肉的男人形体雕塑变成了两根壁柱，立于入口的两侧；而影院内部是新洛可可风格，有双层观众席、很高的侧面包厢和1 603个座位，到处都是金色和红色，有雕饰、壁画、廊柱和圆花窗，令人眼花缭乱，给观众带来一种错觉，好像一下子被抛回到了一二百年前的时光——仿佛走进了带人远离不安全的当代世界的时光机。但首映式确实是在此时此地举行的。

电影公司愿意尽最大可能把战争以及美军在摩洛哥的登陆和电影联系在一起。首映式在上午举行，伴随着第五大道上的一场小型游行，参与者既有穿便服的人，也有穿军服的人，其中包括外籍军团，大多数参与者与战斗法国各种团体有关系。队伍转入西51街，一直走到电影院，然后人们在摄影师面前排起长队拍照，展开带有一个洛林十字架的横幅，接着一起唱《马赛曲》。

售票窗口于 11 点 30 分开放。在宏伟的圆形大厅里有各种桌子：有些出售纪念品，有些则是战斗法国军团的志愿者报名点。整个活动——据一名记者的说法，"与其说是一部时事电影首映式，不如说是一场爱国群众大会"——还在收音机里直播。

影评普遍很好，有些非常精彩。《纽约时报》："本年度最激动人心、最犀利的电影之一。"《时代》周刊："只有攻入北非才能为《卡萨布兰卡》增光添彩。"《综艺》："《卡萨布兰卡》将像美国远征军征服北非一样迅速而确定地征服美国电影院。"《好莱坞报道》："具有当代相关意义的动人心弦的情节剧，必将在各地影院大获成功。"

《卡萨布兰卡》来得正是时候。这部电影是一部寓言，说明了美国从孤立主义到参与世事的道路，同时也是一个宣言，想让人们理解战争是一种命运，无论他们愿意与否，都会来困扰他们，而他们必须为战争做好牺牲的准备，这是战争给他们带来的结果。观众中很少有人意识不到这一点。但这部电影还不止于此。这也是一个关于失恋的浪漫故事；一个关于不可能的选择和不可避免的损失的悲剧；一部关于人需要与过去和解的心理剧；一部充满威胁、紧张和不确定、不安全联盟的惊险片；一部喜剧，因为有很多台词会让人放声大笑；一部关于幻想破灭的英雄回归自我之路的情节剧；一种与其视觉风格一样黑白分明的道德观。

这部电影能保持长久生命力，部分原因是它为上述所有解读都提供了一个空间。同时，它拥有一种黑暗的能量，所有那天坐在暗下来的放映厅里的观众都完全可能清楚地辨认出这种能量，而且即使在今天它仍然以一种我们可能感觉到但不能真正理解的方式吸引着我们。

《卡萨布兰卡》纪念了一些我们自己已经忘记的事情。它的基调是由这样一个事实决定的,即当它被拍摄下来的时候,实际上看起来像是轴心国可能会赢得战争。我们在银幕上看到的大部分人,无论扮演的角色是大是小,哪怕只是跑龙套的演员,都是来自欧洲的战争难民,他们逃离了战争或纳粹主义,或同时逃离了两者,[1] 他们给角色带入了一种并非演出来的绝望。

当剧终的音乐响起,大幕落下时,人们排着队走出电影院——好莱坞影院的天鹅绒和镀金的洛可可式梦境——又来到西51街上,在不那么寒冷但也是11月的灰色天空下,有什么会留在他们心里?鉴于这是一部可供解读的角度极为丰富的电影,我们当然不可能知道答案。但对于那些创作这部电影的人来说,以及对许多刚刚看过这部电影的人来说,还是能说出哪句对白在其时其地是中心。这并非那些已流传下去的聪明俏皮话,而是电影中拉兹洛在机场对瑞克说的告别语:"欢迎你回到战斗中来。这一次我知道我们这边会赢。"——音乐突然响起,画面戏剧性地切换到飞机发动机启动的场景,这更加突出了这句话的意义。

几个月前,这些话可能只是一个祈祷。现在它们是一个承诺。

*

总算有这么一次,那些通常每日要做的事情没有等待曼德勒大邱旅社的文玉初去做。这是她这个月唯一的休息日。她可以留在旅社里,但

---

[1] 最典型的例子是因直言不讳反对纳粹而逃亡美国的保罗·亨雷德(在影片中扮演维克多·拉兹洛)、来自犹太家庭的彼得·洛(扮演吉列尔莫·乌加特)和因为妻子是犹太人而被迫离开德国的康拉德·韦特(扮演斯特拉瑟少校)。(具有讽刺意味的是韦特在好莱坞扮演纳粹分子。)马塞尔·达里奥(扮演俱乐部赌台管理员)的双亲都死于纳粹集中营,同样的命运也降临在萨卡尔(扮演跑堂卡尔)的三个姐妹身上。

也可以进城。不过后者需要师部盖章并签名的请假条。"旅社"的姑娘们只能五六人一组出来放假，其中一人要对所有人负责。这天就由文玉初负责。

也许这是因为文玉初被认为特别可靠，毕竟她在表面上显示出被日本化的良好迹象，而日本化也是日本在占领区的政策目标。无论如何，请假条上写着她采用的日本名字："文原佳子及一个由……组成的小组"，加上适用的时段和她们必须回到两层楼的旅社的时间。她知道她们返回的时间会得到严格检查。

这个小组没有任何武装的警卫监督，甚至没有松本先生和松本太太监督。因为她们能逃到哪里去呢？她们是被遗弃的人，乘船两个月离开家乡，到了一个陌生的国家，在一个被山峦和丛林环绕的城市，在说着她们听不懂的语言的一个陌生和带敌意的民族中间生活。她叙述说："我们走到哪里都被嘲笑和鄙视，因为我们是慰安妇，因为我们是朝鲜人。"

文玉初有一个不可告人的秘密。她以前就经历过这种被迫卖身的事情。她16岁那年的一天晚上，她从一个同学那里回家的路上，被一名日本军官绑架，通过辗转曲折的途径最后流落到中国东北的一家军队妓院。她被囚禁在那里，每天被迫与30多名士兵性交。（她叙述说："我失去童贞的那天，感觉眼前的一切都变黑了，我哭了又哭。"）

然而，她设法逃脱了。她和另一名日本军官开始了一种比较固定的男女关系，这个军官后来为她提供了返回朝鲜所需的旅行证件。

文玉初被松本夫妇招募时是心知肚明的吗？还是出于天真，是希望战胜了她的经验，或者出于某些更糟的原因？（钱对她很重要。）不管她怀着什么样的希望，安排什么样的计划，它们全都破灭了。文玉初的身体状况可能非常健康，但她精神上越来越差。从战后她讲述的故事来看，她后来似乎尝试了自杀。

在文玉初身上，就像在很多她不幸的姐妹身上一样，有一种宿命论特征，反映了她们不得不在反复无常和残暴的力量之下生活，尤其是作为女性，贫穷的女性，不得不如此。这是一种使人麻木的宿命论，一定程度上会使得这种生活变得比较容易忍受，但同时也使得它比较难以挣脱。

这个小组的人步行往曼德勒城走去，走向那些高耸的佛塔和被火熏黑的石象，走向阳光和棕榈树以及清脆的寺庙钟声。这个城市的大部分都是废墟。在成堆的石头、砂浆和扭曲生锈的屋顶铁板碎片之间，到处都开始长出多汁的青草。

*

列宁格勒的日常生活。到处都有人在排队，长长的队伍在雪地和寒风中绕来绕去。此外，绕着的队伍有时几乎察觉不到在移动。莉迪亚·金茨堡叙述道：

> 排队是指一群人集合在一起，别无选择地组成被迫无事可做而且内部孤立的群体。无事可做，又没有一种娱乐或消遣的意义，就只是痛苦，是一种惩罚（坐牢、排队、等待被接收）。一个完全无事可做的人排的队伍，伴随着一种令人痛苦的体力浪费。男人们对排队特别感到为难，因为他们习惯了想象自己的时间是很宝贵的。重点甚至不在于客观的情况，这纯粹就是一个遗传下来的习惯的问题。劳动女性从她们的祖母和母亲那里继承了无须计算的时间感。她们的日常生活不会让这种返祖现象消失。一个男人会认为他有权在工作后休息或自娱自乐；当一个劳动女性回家的时候，她在家里

还劳动。围城期间人们排的队伍就印刻在这种古老背景里：物资是在普通妇女们的恼怒和耐心中被分发或提供的。

另一方面，几乎每个出现在商店里的男人，都试图在轮到他之前就走到柜台那里。尽管他们的行为明显不公正，但人们无法解释这种内在的权力感从何而来。然而，他们知道排队这事是一种女人干的活儿。

气温下降了。在显得无力的冬日阳光里，房屋都得到一种微微发红的色调。

*

这是薇拉·布里坦作为消防值班员的另一次值班，她穿着衣服躺在自己的床上睡觉，时间是凌晨3点到6点之间。她很想念在美国那边的孩子，尤其是下个月就满15岁的约翰。她在11月27日星期五的日记中写道："约翰现在肯定是个英俊的男孩子了。我可能很难认出他来。根据我的计算，他现在身高应该是一米七了。他变得如此高大英俊，而我却错过了这一切，我努力让自己不因此悲伤。但岁月流逝，战争会离他越来越近，而我却根本无法分享他迷人的青春。"

*

自从"詹姆斯·奥格尔索普号"下水，已经过去了大约一周。这艘船的航程并不长。它只是沿萨凡纳河往上游被拖了几百米，现在停在一个有水的船坞里，在同一个船厂。

这艘船还没有完全做好出海服役的准备。各种重型设备还需要安装到位，例如高射炮、救生艇、救生筏、无线电通信设备、甲板机械和锅炉等。它还必须配备船上人员在未来的航程中需要用的那些东西，"从家具、药品和厨房设备到导航仪器"等所有物品。除其他东西外，船上还要备存2 160条床单、2 160条浴巾、2 780条小毛巾、1 380个枕套和118条毛毯。[1]

这艘船上的大型汽轮机会很快开始做首次测试。第一批船员也将很快登船。人们希望它能够在1月下半月出航，到时它将装上货物，加入从纽约穿越大西洋航行到英国的船队。

*

从进攻转为防守。曼苏尔·阿卜杜林一厘米一厘米地往下挖，在冰冻的土地里为自己挖了个洞。在他周围，他的战友也在做同样的事情。冰冻的土块和积雪从他周围的一连串地洞里往外飞出。铁锹挖土的沉闷叮当声在空中飘荡。这是一项艰苦的工作。他们不得不深挖到坚硬的泥土层中，但又没力气挖得太多，挖到不必要的深度，因此每个人都挖了一个刚好适合自己藏身的掩体。这样一来，每名战士挖的掩体都成为个人身体的一个印记。他们中的有些人将被埋葬在这种泥土做的子宫里。"不是挖就是死"，规则听起来就是这样。有时你即使挖了还是会死。

对那个大村庄伊拉里奥诺夫和那个长沟的进攻持续了好几天，但没有成功。德军的抵抗力太强，而苏军太疲惫，甚至可以说是精疲力竭。诚然，阿卜杜林和他的战友们得到了当时已名声大震的第4坦克军的支

---

[1] 这些船上没有可能洗衣服。所有脏床单都将存放在船上，等船回到美国时再处理。

援，但在进攻开始时该军拥有143辆坦克，到伊拉里奥诺夫村周围的进攻开始时则可能只剩下30辆，而且它们分散在大约10千米宽的战线上。其余的坦克不是被击毁或损坏，就是有了机械故障。[1] 阿卜杜林所属的第293步兵师在全力展开"天王星行动"之初共有10 420人，但一个多星期后就只剩下大约6 000人了，有俄罗斯人、白俄罗斯人、乌克兰人和犹太人、哈萨克人、鞑靼人和其他中亚人。

所以他们正在为防御做准备，这既是他们力所能及的，也是他们必须做的。[2] 毫无疑问，被他们包围的对手最合理的行动是冲出包围圈——他们人人都明白这一点——这就是为什么阿卜杜林和他的战友们现在开始给自己挖掩体。

他们的体力慢慢恢复了。他们能挖得更多更深。挖掘也是一种让自己有事可做和在寒冷中保暖的方式。掩体缓慢扩大，也可以挖些放东西的小洞，以放置武器和弹药，为烹饪的饭锅提供壁炉。没有什么战斗正在进行。不时会听到迫击炮发射的闷响，几秒钟后则是炮弹落地的低沉爆炸声；不时回响起一个狙击手开枪的零星枪声。夜幕降临以后，通常能看到远处珍珠链般的曳光弹弧形的轨迹。双方都在严阵以待。接下来会发生什么？

阿卜杜林小心翼翼地向德军的防线那边侦察。德军士兵的掩体似乎没有他们挖得那么深。德军的胸墙是由两三层冰冻的尸体组成的，那些尸体大部分是他们自己的阵亡士兵，后来德军只是在上面堆了雪。这可能是绝望的迹象，但也可能是令人担忧的迹象：也许德军的突围迫在眉睫，以至于他们觉得不值得深挖掩体。

1　此外，在11月19日的突破行动中给予他们有力支援的炮兵部队也有不少在行进中落后了。

2　的确，他们占领了那个大村庄和那条大沟，但这只是在德军自己主动撤退之后。

*

他们在前往班加西的路上已经停留一个多星期了，基思·道格拉斯感到无聊、疲倦和恼怒。人人都好像很无聊、疲倦和恼怒。这次旅途不仅出乎意料地用了很长时间，而且出乎意料地不舒服。运载其坦克的重型运输车辆的拖车没有减震弹簧。沿路有许多糟糕的路段，他们名副其实地在向前弹跳，这样的路一段接着一段。人们为了那些更舒适一点的车上的座位吵架，运输部队指挥官与战斗部队指挥官则为行军先后顺序吵架。而沙尘暴已被倾盆大雨取代。

还好，他们已经驶过了利比亚的沙漠，到达了有更多绿色和居民区的地方。道格拉斯注意到那些粉刷成白色的房屋墙壁上有些意大利文的涂鸦："领袖万岁，国王万岁""领袖必胜！"以及有点讽刺意味的"欢迎再来"。[1] 一天晚上，他们在一个森林覆盖的山坡上扎营，四周都是空的香槟酒瓶和意大利基安蒂红葡萄酒的酒瓶、巧克力包装纸和空的樱桃罐头盒——这些是仓皇撤退的对手遗留下的东西。

后来有一些贝都因人冒了出来，还靠近了道格拉斯和其他人。贝都因人向他们行纳粹礼——在此时的情境中有点讽刺——还表示他们有鸡蛋要出售。这不是因为他们喜欢英国人。他们讨厌英国人的程度至少不亚于他们讨厌意大利人的程度。在他们眼里，英国人和意大利人都是同一类的不受欢迎的殖民主子，还在他们眼皮底下互相争斗。有趣的是，唯一赢得了贝都因人普遍认可的是德国人，他们在沙漠里的这场战争中不得不充当"解放者"这个他们有点不习惯的角色。[2]

---

1 此处的意大利原文是："W il Duce W il re!""Vinceremo Duce Vinceremo!""Ritorneremo"。
2 和通常情况一样，这只是德国人的假面具。此时"埃及别动队"已经建立并待命，准备在德国的非洲军团获胜并占领埃及和巴勒斯坦地区时开始根据已知的模式屠杀当地的犹太人，先在埃及，然后在巴勒斯坦。1942年7月埃及别动队的队长、上级突击队大队长瓦尔特·劳夫就被派往图卜鲁格与德国陆军元帅隆美尔商谈此事。

这场战争遵循了所有大战的逻辑，通过将其他看似无关的冲突拉入战争而不断扩大，就像一个吞噬物质的黑洞。因此，角色可能会根据情况而改变，并且邪恶的联盟可能会出现。

这种机制甚至让许多埃及人寄希望于轴心国在北非取得胜利。这种情况在差不多六个月前开罗的所谓"恐慌"期间清楚地展现出来，当时隆美尔指挥的看似不可战胜的德国军队越过边界进入埃及，然后许多埃及人——以及开罗的数万名被扣押的意大利人——带着难以掩饰的幸灾乐祸看着英国人排着长队从银行取出所有积蓄，然后挤上开往苏丹或巴勒斯坦的人满为患的火车。当地商店店主带着对德军的期待，开始将招牌上的语言改为德语。[1]

但是道格拉斯遇到的这些贝都因人得以幸存下来的方式与自古以来他们就能在这里从所有来来往往的征服者统治下幸存下来的方式是一样的，就是通过袖手旁观，把历史大事看作一场毁灭性的、不可理解的而且一瞬即逝的自然灾害。贝都因人对金钱也不感兴趣，尤其是对英镑。用他们的鸡蛋，他们愿意换到茶或糖，如果迫不得已的话，也愿意换到肉罐头或干面包。

这是 11 月底，有了鸡蛋的车队继续前进，经过了巴尔塞小镇。之前总看着沙漠的单调风景，现在道格拉斯自离开亚历山大港以来第一次进入了一个多彩的世界。他的眼睛特别不习惯三种色彩：白色、红色和绿色。房子的墙壁是石灰刷白的，屋顶是砖红色的，树木是绿色的。有母鸡、山羊和向他们挥手的孩子。阳光洒落在林荫道的树叶上。这座城市似乎没有遭到什么损害。他唯一能看到的战争痕迹是一座被炸毁的桥。桥下面有一辆翻倒的卡车，车上装满了用来标记德国人坟墓的十字架：

---

[1] 有一个群体的人可以在各方面都理解这种恐慌：开罗的犹太人，既包括自古以来就住在那里的犹太人，也有逃离希特勒的德国来到这座城市的犹太难民。

它们尚未留下任何标记，闪着亮光，仍在等待写上名字。

*

前一天，星期五，德国人处决了 8 个比利时人，他们是德国人为迫使比利时的抵抗运动停止武装袭击而扣留的人质。[1] 但抵抗运动并没有停止；上年春天，袭击事件开始变得严重，随着时间的推移，袭击事件变得更加频繁。在过去 6 个月中，发生了大约 60 起暴力事件，但攻击目标主要不是德国人，而是比利时的通敌者。仅从 10 月底到现在 11 月底，就有 9 人被杀，其中多数是比利时的极右翼保王党人，被德国人任命为市长，来取代那些民主选举出的市长。11 月 19 日发生了最近的一次袭击。当时沙勒罗瓦市的市长，一个叫普洛斯珀尔·特格赫尔斯的人，在该市市政厅外面被枪杀。[2] 昨天，德国人的回应来了。[3] 那 8 个人质在梅赫伦市郊外的布伦东克要塞被枪决。这里是一座古老的军事要塞，德国人在这里为政治犯、抵抗运动成员和犹太人设立了一个中转集中营。（这个地方

---

[1] "抵抗运动"用单数实际上是错误的。因为所有被德军占领的国家都有多个不同抵抗运动，范围很广，从左翼的共产主义者到右翼的保守派和君主主义者都有。然而，共产主义团体通常是最成功的——他们习惯于地下工作。

[2] 普洛斯珀尔·特格赫尔斯根本不是极端的通敌者，反倒是一个公认相当有能力的市长，但他在战前就是一个知名的保王党，仅此事实就足以使他成为被攻击的一个目标。

[3] 直到最后一刻，负责此事的德国人对是否走出这一步还犹豫不决。他们认为枪决人质可能会适得其反。然而，做出这个决定主要是为了安抚被攻击浪潮吓坏的保王党和其他通敌者。就像在法国一样，比利时也有一些保守的德国军人对纳粹主义持有异议，但是，正如维尔纳·沃姆布鲁恩所指出的："他们的不幸在于，由于他们自身政治文化的局限性，他们没有看到，与纳粹德国所代表的绝对邪恶的合作，必定腐蚀和玷污那些试图'从内部工作'的人的善意；这样的合作必定将所有在当政机关工作的人变成犯罪的同谋。"

罪恶与梦想

被有关酷刑和虐待的黑暗传言围绕着。)

今天是 11 月 28 日，星期六，安妮·萨默豪森正在阅读德国占领当局在布鲁塞尔四处张贴的一张绿色告示，上面公布了死刑执行情况。告示上也宣布了其他的、新的威胁。她还读到："如果有关罪行的手段特别残忍或阴险，军事长官保留在军事法庭判处死刑后对政治犯罪者处以绞刑的权利。"

这是明显的升级。德国人以前当然也处决过人，但那是直接参与破坏活动或有类似行为的人，是持有武器的人。(判决将由比利时法官会签。)处决他们表面上看起来是合法的。但这次处决的是人质，他们是因为与自己完全无关的行为而被杀害的。布鲁塞尔和整个比利时的气氛正在发生变化，而且这种变化的方式是重大的、复杂的和令人严重担忧的。

当然，看起来战争局势正在发生转变。就连萨默豪森也在偷偷地收听国外电台的广播，关于北非、东线和东南亚已发生和正在发生什么事情的信息真的传了进来。此外，地下报纸的数量也在不断增加。当然，她认识的人里，大多数都对这些消息感到高兴——人们为美军登陆北非而感到欢欣鼓舞，这不仅是真诚的，也是普遍的。

与此同时，大多数人开始明白，希望通过某种和平谈判或其他妥协方式来突然结束德国的占领，那是一种幻想。此前萨默豪森坚信，一切都会在比方说六个月内恢复正常，这个观点看起来越来越像无关紧要的一厢情愿。

比利时在过去的历史上曾多次成为战场，现在可能再次遭受战火，这种想法令人恐惧。这个国家实际上在某种程度上已经卷入战争了。在这一年里，如前所述，英国皇家空军变得越来越咄咄逼人，空袭警报也越来越普遍，即使在布鲁塞尔也是如此——警报汽笛的呼啸声吓坏了萨默豪森，尽管她知道通常并没有危险。至少现在还没有。除了夏初落在一个郊区的几枚炸弹外,这座城市很长一段时间都没有遭受战火了。但海岸,尤其是奥斯滕德,据说受到了严重打击。萨默豪森在自己的日记中写道:"公众得到的印象是,如果英国空军能够更精确地击中目标,我们就是安全的。大家一致认为,某些兵工厂和某些机场才是轰炸目标。但让我们担心的是,空袭目标周边的居民区通常也不得不付出代价。"

有一种新的情况出现在安妮·萨默豪森和她的同胞们的眼前;"近年来占据主导地位的大量灰色地带"[1]正在逐渐变成黑白分明的。一个更简单、更残酷的世界出现了。战争终将结束,德国人终将被打败,但取得胜利的路仍然漫长。布鲁塞尔是灰色、黑暗和寒冷的。路易丝大道两边的栗子树树叶都掉落了。

*

达努塔·菲亚尔科乌斯卡无法忘记街上那个犹太妇女的形象,她毫不犹豫地将婴儿抛给了一个路过的女人。她想知道,她的丈夫约泽克是否可以想象,他在这样确信自己即将死亡的时候,也会做出这样的事情?他,这个信徒,前奥斯威辛集中营的囚犯,说会的,他理解,但同时又试图安慰她:"有很多事情我们无法理解。但要试着这么去想它。死亡会带来对俗世痛苦的解脱。这个女人现在可能很快乐,在天堂里,和神在一起。"这个论点对她没用。她是个怀疑论者,一个没有幻想的人,她大声说:"我不相信这个。我就是不信!我不相信什么不朽。看看我们死后会发生什么。我们会化为尘土,只是尘土而已!波兰每天都有成千上万的人被杀死!他们还剩下什么?只是尘土,没有别的。"他再次尝试

---

[1] 引自英国牛津大学历史学院当代欧洲史教授马丁·康韦的著作《比利时的通敌合作》。——译者注

劝慰她，话里有一种近乎绝望的恳求："达努塔，有一种不朽的生命，这点我是肯定的。你只需要相信它。"然后他们就没有再争论下去了。

达努塔后来回忆他们的这次谈话，大致就是这个样子。而在结着冰花的玻璃窗另一边，已经开始下雪。这一切她都记得那么清楚，也许表明这次谈话里潜藏着她当时未能领会的意义。而后来这个谈话的意义显现了。到这个时候，约泽克的生命只剩下几个月了。

*

威利·彼得·雷泽又躲过一劫。他曾经两次受伤住院，并度过了很长时间的康复期。第一次是在上年莫斯科灾难性的冬季战役之后，他的情况很糟糕，腿部严重冻伤；然后是在 7 月里，他在夏季酷热天气里长途行军后倒下了——他显然还没有恢复。现在或是运气或是一位好心的指挥官把他从一个新的危险任务中解救了出来。雷泽和许多其他士兵——来自不同军队和世界不同地区的士兵——所信奉的宿命论是一种减轻焦虑的、在某种程度上也是理性的反应，因为他们陷入了一种困境，而实际上又做不了什么来避免受伤或死亡。

几天前，11 月 25 日星期三，苏军在勒热夫又发动了一次进攻。这是第几次进攻都说不清了。来自远处的重炮火力的轰鸣声又一次在冬日的空中回荡。战斗没有波及雷泽所在的阵地，然而他的连队已作为临时增援部队，携带着反坦克装备，被派去增援受到威胁的一个据点奥列尼诺。显然这次行动来得很匆忙，因为大部分的个人装备留在了原地。而雷泽则得到了留守的任务，"看守好这个地堡，别搞乱了"。

大部分时间里，雷泽独自坐在白雪覆盖得越来越厚的地堡里，用自己劈开的柴火在炉子里生火，煮代用咖啡，在小油灯的灯光下写作，做梦，思考，听着柴火噼噼啪啪作响，凝视着火光。这已经是雷泽离幸福最近的时刻了。他只有去拿食物的时候才见得到人，而当别的留守者路过他这里，他们就谈论"自己的和平时期的生活、战争经历和希望"。"我沉浸在过往的记忆和思绪之中"，他写道：

> 当战争夺走了我们的青春时，我们可以梦想它；我们没有活过的生活，我们可以满怀渴望地去描绘它。从前，有这么个夜晚，那时有酒喝，有歌唱，有舞跳，有很多亲吻，还有成千个其他的夜晚充满音乐、魅力、陶醉、欢笑和思考、漫游和幸福的忧郁。但它们从来不属于我们。我们只看到了雪：是上帝创造了雪，就像上帝也创造了我们一样。我们想到了家，想到了我们必须烧毁的那些书，连同书中的谎言一起烧毁。

发生的最戏剧化的事情是，有一次，当雷泽去拿他的食物的时候，他不巧在暴风雪中迷路了。但是这晚雷泽顺利返回了，又睡在了他的地堡里。一个声音把他吵醒了。不是什么巨响，也不是有力的爆炸声，而是某种轻得多的声音。它和平时的声音不同，这立即引起了他的注意，让他感到害怕。那是在寒冷的雪地里小心翼翼走路的脚步声。他伸手去拿枪。脚步越来越近了。他听到窃窃私语的声音。是苏联人。他做好准备开枪。脚步声消失了。直到事后雷泽才搞明白，是地堡的入口被雪覆盖了，苏联巡逻队没有发现它。又一次死里逃生。

*

在上海，到目前为止，11月一直是个相当暖和的月份，但现在来自北方的强冷空气席卷了整个城市。冬天到来了。这天早上，当12岁的乌尔苏拉·布隆贝格走出位于花园广场475号带围墙的房子时，她第一次看到草地上覆盖着白霜。又一个在上海度过的冬天。对她和她的家人来说，这本来只是一个中途停留的地方，一个有异国情调的插曲，但现在他们留在这里已经三年半了。只要战争还在继续，他们就会被一直困在这里。还要持续多久？尽管有时间问题和不确定性，布隆贝格既不想也不能让自己把这里当成家。这座大城市对她来说既熟悉又陌生，既安全又危险，既遥远和无法理解，又让她部分融入其中。她叙述说：

> 自从我到上海的第一天起，我就从来没有摆脱那种奇异感觉，仿佛我是在过一种梦一样的生活——我只是一个临时的过客，一个中立的观察者，审视着我在中国的生活。我的过去在欧洲，我的未来在美国，而现在只是从昨天到明天的那个通道。我与周围的世界保持着一定的距离——我并没有寻求在中国的土地上扎根。我有地方可以去——很远的地方。

她执着于这种感觉，或者说是这种感觉牢牢地攫住了她。也许这是一种避免沮丧的方法？而这并非仅仅适用于一个孩子。也许他们现在已经度过了那种最最令人沮丧的阶段。

*

列宁格勒的日常生活。天越来越冷了。人们已经很久没有夜里脱衣服睡觉了。莉迪亚·金茨堡叙述说：

连续几个月，人们——大多数人——睡觉时都没有脱掉衣服。他们都看不见自己的身体了。它已消失在深渊中，埋葬在衣服里，并在下面的深处发生变化和衰退。人们都知道，它正在变成某种可怕的东西。人们想忘记，在很远的某个地方，在夹克下面，在毛衣和汗衫下面，在毡靴和护腿里面，你有一个肮脏的身体。但是身体通过疼痛和瘙痒让自己被人所知。那些最有活力的人有时会清洗自己，会更换内衣。那时与身体的相遇是不可避免的。他们怀着强烈的好奇心检查了它，克服了继续对其不闻不问的欲望。它让人感觉很陌生，每次都有新的凹陷和凸起，有瘀伤而且粗糙。皮肤是一个遍布斑点的袋子，对于其裹着的东西来说太大了。

德国的空袭和炮击仍在继续，断断续续，反复无常。围绕这个城市的前线风平浪静。而这并不是好事。因为他们知道，只要前线风平浪静，那么他们就会继续被围困。

*

这是一个可以用在圣诞贺卡上的场景：一匹灰马拉着雪橇，载着两名裹得严严实实的乘客，在一片漆黑、白雪皑皑的森林中向前滑行，雪花在空中飞舞，雪橇嘎吱作响。两人之一是游击队员尼古拉·奥布里金巴。他，这个有审美的人，对美丽如画的事物通常很敏感，现在心思却在别处。

奥布里金巴要再次处决某个人。上一次，他射杀那名"警察"逃兵时，就已经够不愉快了，但现在更加糟糕，他要处决一个女人，一个来自列宁格勒的难民。这个女人在安图诺沃城外的一个村庄里得到了一个临时住处，又与附近小镇勒佩尔的一个白俄罗斯的通德奸细，一名"警察"，有了一种暧昧的男女关系。村里的其他居民怀疑她可能已经成为告密者，于是不再与游击队合作，因为他们害怕被这个女人举报。所以，这个女人必须除掉，尽管除了怀疑和闲言碎语之外，没有什么证据。这就是指挥部的决定。

他们接近了这个村子。那里看不到灯光。房屋只在那些被雪压低了树枝的枞树背景下显现出黑色框架的侧影。雪橇上的另外一个人，是带路的向导，名叫帕维尔·霍特科，他指出了那个女人住的破房子。

霍特科显然感觉到了奥布里金巴的犹豫不决，因此他再三强调这个任务的重要性，强调那个女人是个多么可恶的叛徒。"他试图激怒我，让我的心肠变硬，因为他知道执行这个行动会是很难的。"为了获得支持，他请向导跟他一起进去，向导也照做了。奥布里金巴随身还带着那把纳甘牌左轮手枪。他们敲了敲门。奥布里金巴叙述道：

> 一个上了年纪的男人开了门。然后他走在前面，把我们领进挂衣帽的小门廊，把挂在墙上的一盏煤油灯拧暗。光线很弱，但在黑暗中显得很强烈，照亮了覆盖着粉红色壁纸的一块木头挡板。透过一个没有门的门洞，我们看到有个衰老的女人躺在两把并排放着的椅子上。我问那个老男人："你们是什么人？"他回答说他和他的妻子是从列宁格勒撤离出来的。他站在那儿无助地看着我们，身上穿着一件女式毛衣，脖子上围着一块破布。我大声问："住在这里的另一个人呢？"我本想用一种严厉的语气，激起自己对那个女奸细的愤慨，但感觉很奇怪，很笨拙，这更让我恼火。那个老人指着另一个被帘子遮住的门洞说道："是说娜杰日达吗？她在……"

奥布里金巴拉开布帘。屋子里，在一张铁床上，躺着一个年轻的女人。在她身边躺着两个熟睡的孩子：一个大约3岁的女孩和一个稍大一点的男孩。她有孩子是奥布里金巴没想到的。感情和思想在他心里撕扯。

　　娜杰日达从床上爬起来，脸色苍白，一言不发。她穿着一件男士的白衬衫。奥布里金巴说明了他来这里的原因，她因通敌而被判处死刑。她只是低着头垂着双臂站在那里，好像被冻僵了一样。奥布里金巴提高嗓门，用粗话骂她，称她是人渣。他希望她有某种反应，也许是一种能让死刑变得容易些的那种反应，也许她能够理解。她依然一言不发，显得很消极被动。他一直在想着两个孩子的问题：他要如何处理孩子们，孩子们会怎么样？她没有表现出任何情绪——也许她已经放弃了？奥布里金巴对她咬牙切齿地说："穿好衣服！我们要出去。"她立即坐了下来——这些动作都是机械的、像机器人似的、没有声音的，这种情况常出现在一个人意识到自己即将会死去的时候——然后她把脚塞进一双实在太大的军靴里。她在肩上披了一件羊毛衬里的外套，就像一个人只是暂时在寒冷天气中走到室外去时所做的那样，都不值得费事把手臂塞进袖子里。（这个姿势意味着：这事会很快。）他又对她说："带一把铁锹。你得自己挖个坑。"她就拿了把铁锹。

　　他们来到黑暗的院子里。奥布里金巴又想起了那两个孩子，想着他们将来会怎么样，也想到那两个老人，他们自己的情况已经够糟糕了，不可能再照顾孩子，而村民们也不会来管孩子。她快步跟在他身后，穿过白雪覆盖的菜园。他指了一个地方，故意用沉闷的声音说："好，就在这里挖！"她把铁锹挖进了冰冻的土地，但现在她终于垮掉了，身体抽搐着，开始呜咽起来。

　　奥布里金巴命令她再回到屋子里去。一进门，两人就在一张桌子旁坐下。那两个孩子还在睡觉。霍特科对这种延误感到很不耐烦。那个年轻女人双手掩面坐着哭泣，好像无法控制自己，肩膀颤抖着，但还是压低声音，显然她不想吵醒孩子们。这也是一种极为人性化的举动。

奥布里金巴最初认为这出自反抗或顺从，但事实证明，这出自一种耻辱，一种比死亡更强大的耻辱。在他直截了当地问了一个问题后，她开始讲述真相：

> 我到集市去了……带上我的长裙……那条蓝色的中国丝绸的……我想卖掉它……为孩子们买点吃的。他走过来对我说："跟我来，我要买你的长裙。"我就跟他去了……他说："我给你一桶黑麦，我喜欢你。"我们就进了他屋子，他把我拖到了床上……他给了我那些粮食。我就回家了。不管怎么说，家里的孩子们饿坏了。

这件看起来似乎是叛变通敌或告密的事情，结果证明其实是又一次兽行，是某人恰好在这种极特殊情况下拥有了极特殊的权力，并且利用这种权力来勒索某个容易受伤害的弱者提供性服务。这种事件一直在发生，到处在发生，无处不在。而这位年轻女人为自己和孩子做的事情，其目的和所有其他人的一样——生存。

对奥布里金巴来说，不言而喻，娜杰日达是无辜的。

不管向导如何抗议，奥布里金巴决定赦免她，条件是她保证再也不会去见那个男人，甚至永远不会靠近勒佩尔镇。他匆忙地为她写了一份证明，申请半袋黑麦，去安图诺沃的一个游击队仓库领取。他还鼓励她去和某名游击队员谈谈，在那里的作坊里谋求一份工作。她颤抖着双手接过那份证明。临走前，他嘱咐两位老人要看好这个女人，为了那两个孩子。

奥布里金巴和那名向导走出屋子，走进冬天的夜晚。气温已开始回升,下着雨夹雪。他们坐上雪橇,离开了那里。

*

一片洁白纯净的风景,树木被白雪包裹,灌木丛里光秃秃的树枝披挂着水晶样的冰珠。观察哨的潜望镜里雾蒙蒙的,什么也看不见。库尔特·韦斯特站在那里感到百无聊赖,嘴里呼出的白气如云雾缓缓上升。整条战线都很平静。已有一两个星期一直都是这样。有时会听到一声枪响,或一声尖叫,或远或近——仅此而已。现在斯维里河和据点"黑松鸡"这里已是冬天,库尔特·韦斯特也仍在此地。

在温暖的二号工事掩体里的年轻人中间,气氛很好。这不仅仅是因为这里风平浪静,而且他们作为年轻人已开始把在"卡可"发生的事情抛在脑后。这也与他们不再感到自己完全被忽视有关系。这在很大程度上要归功于新任团长。

身材矮小的阿尔波·库莱沃·马蒂宁中校有时会显得生硬、唐突,很难让人感到温暖——库尔特·韦斯特钦佩他,同时又害怕他——但他已经确保所有士兵的破烂军服都被换掉,并为那些表现出色或态度端正的人慷慨地提供假期。[1] 营房卫生也变得越来越好。虱子在这种严寒天气中不易繁殖,而在后方,人人只要愿意都可以在桑拿浴室洗澡。韦斯特自己的心情更轻松。经历过"卡可"据点的战斗后,他已经不再是名青

---

[1] 同时,马蒂宁下达的处罚令也远远多于前任,所以他的管理有明显的对称性,处罚和奖励对等。人们曾经担心,马蒂宁身为芬兰人,无法带领一个讲瑞典语的团,后来的事实表明这是多虑了;相反,他在语言问题上也能为下属挺身而出。在"卡可"据点的战斗中,马蒂宁在一个特别关键的时刻,持枪身先士卒,带头发起一次反击。此事广为人知后,人们对他倍加尊重了。

涩的新兵，赢得了很多老兵的尊重。

唯一让韦斯特和他的战友们烦恼的是，他们有了一位新排长。这是一位来自赫尔辛基的少尉，名叫罗斯贝里，他取代了备受大家赞赏的库尔滕中尉。[1] 罗斯贝里的大都市人的架子惹恼了这些农家子弟：只有他戴着分指手套，在战壕里使用手电筒，还坚持让他们用扫帚在室外扫地，保持户外清洁。他们直接无视这种打扫的命令。后来罗斯贝里的一只手套不翼而飞，他的手电筒也是。

这天晚上在连长的地堡里正举行着一个聚会，当然这只是为军官们举办的。10点钟，韦斯特这里的战地电话响了。韦斯特等几名士兵被要求去接他们的排长，还要带上担架，"因此我们明白了，他们已经给罗斯贝里灌酒，灌得他不省人事"。韦斯特和其他三个人在夜晚的星空下把少尉抬回到他们在"黑松鸡"据点的工事掩体里。他们在那里捉弄了他。

有名士兵有一对零散的军官星徽，他把这些星章固定在罗斯贝里的被酒弄脏了的领章上。（我们可以想象，这是在很多咯咯的笑声中做的。）当少尉终于睁开红红的眼睛醒来时，他们都来祝贺他晋升。他一开始还不太相信，但感觉到自己确实多了一颗星徽的时候，就扑到电话机那里给连长打了电话："中尉先生，我真的升职了吗？"他们可以听到罗斯贝里在电话里得到了一顿怎样的训斥。

第二天早上，半个排的士兵排好队，连长也到了那里。"然后我们受到一顿非常厉害的责骂，是那种我们以前从未受到过的责骂。"除此之外，"黑松鸡"据点这里谈不上发生了什么事情。韦斯特的大部分时间都花在了用马运送木柴上。偶尔有炮弹落下来的时候，积雪就会在大树的巨烈晃动中纷纷飘落。

---

[1] 库尔滕被分配到一个培训中心任职。

*

"这些话是什么意思?"曼苏尔·阿卜杜林在他的战友们挖的掩体之间走来走去,提出这个问题。在所有德国士兵的皮带扣上都有着"Gott mit uns?"几个字。那些皮带都非常结实,是真皮的,阿卜杜林曾多次站在阵亡的德国士兵尸体前面,考虑要不要把死者的皮带抽下来自己用。但首先他想知道皮带上这些德文表示什么意思。

11就要过去了,在围困德军的"大麻袋"西边,这里依然风平浪静。出于某些难以理解的原因,被包围的德军没有做过什么突围的尝试。

时不时有飞往或离开斯大林格勒的敌方运输机在他们头顶飞过,有时在白天,有时在夜间。如果天黑了,他们就用虏获的德国信号枪射出信号弹,那时敌机就可能会给阿卜杜林他们投下大箱大箱的补给品,这种事已经发生过。这些箱子里装有很多东西,从香烟、羊毛袜和大而无用的稻草编成的室外草鞋,到香肠、面包和罐头食品。(食物尤其受欢迎,因为他们自己的给养仍然不能正常送到,以至于他们经常挨饿。)阿卜杜林和他的战友们继续挖掘工事。慢慢地掩体就变大了。有些可以容纳两三个人。这是好事。他们就可以挤在一起,让身体的热量互相传递。

阿卜杜林想知道德国兵皮带上的字的意思;他不太想拿阵亡者身上的东西,因为这可能意味着坏运气。他怀疑这是一种模式:比如说,有名士兵从死去的德国兵那里拿走了一块手表,通常他自己很快就会死去,有时会在几个小时内就死去。他的一个朋友捡了一把德国手枪,立即不小心用手枪射伤了自己的手——这严格来说可以被称为自残,可能会导致他被当场处决。此外,他认为自己有所谓第六感,可以猜出下面会轮到谁阵亡:他们往往会突然变得极度害怕,失去自制力,退缩躲避,或在明显试图保护自己的时候反而丢了性命。这都是有预兆的。

第一个词"Gott",这个他知道,是"上帝"的意思。他已经见过不止一个德军俘虏坐在地上,头在举起的双手之间来回摇晃,嘴里机械地重复着说:"哦,我的上帝!哦,我的上帝!"但是另外两个词呢?他转来转去问。大多数人只会嘲笑他。人人都累了,饿了,筋疲力尽了。但最终他找到了一个愿意帮助他的人,一个从前当过乡村教师的人。"这意味着'上帝与我们同在',"他说,"拿上皮带可能不是个好主意。带铭文的皮带扣就像墓碑,不是吗?"

阿卜杜林已经好几个星期没脱下衣服了,更不用说洗衣服了。他很脏。他身上有虱子。他们都有虱子。到处都痒。唯一给人安慰的是天气变温和了。

*

潘濂在他的救生筏上继续向前漂荡,巨大的防水油布被铺开当作船篷,以防晒防雨。还有很多食物:饼干、糖、奶粉,另外也有淡水。粗略的计算告诉他,这些食物应该至少还能让他再坚持两个月。时间是充裕的。他知道自己游泳不好,害怕掉进水里后再也爬不上来,尤其是当海浪很高的时候。因此,他用一根系在腰上的绳子把自己捆在救生筏上。

潘濂用太阳来计算小时,用绳子打结来计算日子,用月亮来计算星期。海鸥在救生筏上方盘旋,偶尔会有鲨鱼在救生筏周围游动。为了打发时间,他就唱小时候学的歌谣。

*

阿尔贝·加缪仍然坐在法国中部高地的那个小旅馆里写作。他对勒潘纳利尔这个小村子和这里越来越严酷的冬天已经开始非常厌倦,在如此高的海拔,冬天的寒风更加刺骨。他想离开这里。但是去哪里呢?怎么去呢?

他考虑过翻过比利牛斯山脉,经由西班牙返回阿尔及利亚。这是一个浪漫多于实际的想法,尤其是对于像加缪这样身体欠佳的人来说。一些朋友和熟人在努力帮助他离开勒潘纳利尔村,去某个可靠的疗养院,或是去可独自疗养的地方。加缪本人则仍在等待德国占领当局的许可,以便他能够前往巴黎,并在那里获得他的名声。

与此同时,加缪也在继续写作。稿纸一页一页叠了起来。新小说暂定的书名是《鼠疫》。和往常一样,他对自己已经写完的作品并不满意。

*

"阿尔斯特女王号"上响起了"各就各位"的号声。莱昂纳德·托马斯并没有认真把号声当回事。前一晚号声也响了,但什么事也没发生。几乎每过一个小时,他和其他船员都会感到更安全。要不是西风强劲,他们可能早已经看到了拉斯角和苏格兰的陆地。但随后来了命令,要让机器全速运转,整艘船开始急转弯。

船体在震动,倾斜得越来越厉害,托马斯感觉船尾几乎被抬了起来。然后传来他已经厌恶的声音:深水炸弹沉闷的嗡嗡声,紧随其后的是炸弹的冲击波,这让他周围没有固定好的一切都嘎嘎作响,弹跳起来。有微弱的爆炸声不断传来,一次又一次。然后突然来了停止机器的命令。托马斯和他的战友们执行了他们已经执行过很多次的习惯了的操作,检查了"泵、循环器、发电机、压缩机、排水系统、气压、燃油过滤器、加热器、喷雾器、轴承、风扇"。

轰鸣声和嗡嗡声逐渐消失。人人都在听。

很明显,这艘船来了一个 180 度的大转弯,转回到自己的航道上,然后投下了深水炸弹。现在他们已经停了下来,看看结果如何。有人试着开了个玩笑说:"可能是船上有军官想吃鱼了。"这个玩笑没产生什么效果。"然后来了那个信号——一艘潜艇。"

过了一会儿,他们的船恢复了之前的航向。速度也提高了。托马斯和在嘎嘎作响的轮机舱里操作的其他人像往常一样,被困在了甲板下半盲的状态中。又过了一段时间,才有人想起来告诉他们,声呐探测到的可能不是潜艇,而只是一艘旧沉船。危险又一次过去了。

就这样到了终点。是陆地。是苏格兰北部。

这是 11 月 29 日,星期日。托马斯终于穿上了外套走上甲板,越来越多的船员也蜂拥而至。他们的船驶过一个宽阔的海峡。是的,陆地。大家的情绪明显变好,面部表情都发生了变化,相互微笑,轻松转变成幸福,幸福转变成欢欣鼓舞。是陆地,是家。"海水呈现出令人愉悦的蓝绿色,清澈透明,而当我们最后一次与海岸接触的时候,那里的水是阴沉的铅灰色〔……〕我们感到我们是很重要的,有人在找我们,有人在盼着我们。"

*

加缪继续写他的那本书。在勒潘纳利尔村,除了写作,还有什么别的可做的事情吗?在那本书里,用他自己的话说,他愿意"表达我们都体验过的窒息感,以及我们都生活在其中的危险和流放的氛围"。这本书写的是一个城市突然被外来的致命危险所困扰,一场瘟疫开始在居民中肆虐横行。随着这个城市与外界隔绝,无力感在增加,越来越多的人失去了生命，通常所谓的文明有崩溃的危险。

加缪写的当然是一个寓言，但是这个寓言有多个层次。其中之一和不同的人在极端情况下的反应有关。有些人在否认、屈服或麻木不仁的状态中迷失了自己；其他人寻求逃避，或在空虚的娱乐中麻痹自己。许多人表现出懦弱、自私甚至残忍，而有些人则提供帮助，试图阻止瘟疫，哪怕要冒着生命危险。然而，矛盾的是，他们的努力可能反而会让其他人付出生命的代价。但是你如何处理这种矛盾呢？在一个没有上帝的世界里，什么样的道德是可能的？

到了那本书的结尾，其中一位主要人物有这样一段独白：

> 从我不杀人的那一刻起，我就注定要被绝对孤立。创造历史的将是其他人。我也知道，我显然不能谴责这些人。我缺乏成为一个理智的杀手的品质。这没什么可骄傲的。但现在我接受了做我自己；我学会了谦虚。我想说的是，地球上有施害者，也有受害者，如果可能的话，我们应该拒绝与施害者站在同一边。

加缪觉得自己身体好一点了。他的孤独也已开始被打破。他开始与其他人交往，其中包括一个名叫皮埃尔·法约尔的人及这个人的太太玛丽安娜，他们也是新到这个地方来的人。法约尔是一个化名。这个人有时称自己为西蒙，有时称自己为罗克斯或瓦林，但他的真名是莱维，来自马赛。加缪开始明白法约尔是一个积极的抵抗运动成员，是最早的武装地下组织之一"战斗法国"的成员。法约尔/西蒙/罗克斯/瓦林/莱维指导加缪如何通过葡萄牙寄信给阿尔及利亚的弗朗西娜。他太太玛丽安娜给加缪上了德语课，认为加缪是一位典型的以自我为中心的作家，除了他自己的写作之外不关心其他大事。加缪则帮助这对夫妇的儿子做家庭作业。

气氛很好。天气寒冷。有人同情这个冷得打战的阿尔及利亚裔法国人，用一些旧窗帘布为他缝制了一身睡衣。

*

阳光从寒冷的蓝天中照耀下来，反射在闪闪发光的新雪上，亮到了几乎让人目眩的程度。这层雪仿佛在这个城市上铺开了一条薄薄的被子。慕尼黑很少有如此美丽的冬天。这是降临节的第一天，两天前索菲·朔尔从乌尔姆乘火车来到这里。她和她的哥哥汉斯在这里有了一个新居：他们如今住在约瑟夫街 13B 一座有院子的大房子的一个房间里，是医生施密特夫人的房客。（他们的房东在 9 月份这个城市遭到第一次空袭之后就搬到乡下去了。[1]）他们有权使用女房东的厨房，支付额外费用的话还可以使用她的电话和浴室——每次交一个马克。后者尤其让朔尔高兴，她喜欢躺在充满了温水的浴缸里。

索菲·朔尔的两种生活是紧密交织在一起的。

星期日晚上，她和哥哥举办了一个小小的聚会。受邀请的有其他几位志同道合者，例如克里斯托夫·普罗布斯特和威利·格拉夫——后者也曾出去完成一次秘密的招募之旅——还有格拉夫的妹妹安妮莉丝，她当然不知道他们的秘密活动。

这是一个愉快的夜晚，聊了些很轻松的关于某些人的闲话，还聊了

---

[1] 9 月 19 日至 20 日的空袭规模很小——仅 89 架轰炸机——而且造成的破坏很小。英军飞行员试图击中市中心，但一如往常，炸弹散布到了整个城市，而且大部分落在郊区。然而正如前面提到的，这年秋天英国皇家空军已经开始攻击德国西部的城市，人们的不安情绪猛增。

些书。有一两次他们进入了政治和战争话题，又很快转移了话题，几乎是一带而过，好像没有人愿意留在这些令人沮丧的事情上。他们当然也抽烟，喝葡萄酒。（也许是博若莱葡萄酒？在不久前的一次类似聚会中有人请他们喝过这种葡萄酒。）留声机里肯定也在播放着音乐，但不太可能是被禁的俗套摇摆乐，因为这个圈子里没有人喜欢爵士乐。他们喜欢不同的古典乐曲。（让我们大胆猜测一下：西贝柳斯的《芬兰颂》？贝多芬的《第三交响曲》？也许是和他们同时代的卡尔·霍勒富有情调但忧郁的作品？[1]）

我们对这个晚上的聚会只知道一星半点，主要是来自安妮莉丝·格拉夫。她被汉斯·朔尔迷住了，认为他是她见过的最英俊的男人之一。（而他确实看起来很英俊，有着清秀端庄的五官，自然鬈曲的头发，以及锐利而温情的眼睛——他此时已经是公认的女性青睐对象。）安妮莉丝对他一见钟情，害羞得说不出话，全部注意力都集中在他身上，而他却对她熟视无睹。

安妮莉丝不知道的是，正是她的在场改变了晚上谈话的气氛和话题。这是让索菲·朔尔感到心情沉重的事情之一：她不得不在两种生活之间跳跃，经常要被迫多加小心。正如她几周前在给未婚夫弗里茨·哈特纳格尔的一封信中所写的："每个词在说出之前都经过各个角度的仔细审查，以确保不包含丝毫的歧义。对他人的信任必须让位于不信任和谨慎。嗐，这是多么累人，有时令人沮丧。"这在与家人和朋友交往的时候

---

[1] 这些曲名不是随便说的。这个月早些时候，格拉夫和其他几个人曾参加过一场他们认为很棒的音乐会，曲目里就有《芬兰颂》、贝多芬《第三交响曲》和霍勒的大提琴协奏曲。古典音乐在纳粹德国尤其受重视，霍勒就像同时代的其他一些有才华的德国作曲家如卡尔·奥尔夫和保罗·霍费尔一样，最初因过于"现代"的音乐而备受争议，但此时既获得了纳粹政权的信任，也获得了丰厚的财富奖励。

尤其困难,因为他们都与家人和朋友有密切关系,对他们来说这种关系也是至关重要的。

然而,我们不应该想象这个晚上的气氛是压抑的。与其他反对派组织建立联系的各种尝试结果都很好。索菲·朔尔本人在乌尔姆招募了一个小组,并在汉堡创建了一个由志同道合、意志坚定的学生组成的小组。现在在弗赖堡、柏林、萨尔布吕肯和斯图加特也有联系人,而且他们相信已经找到了通往军队内部的一个反纳粹核心集团以及一个不为人知但历史悠久的反对派团体的沟通渠道,据说后者中包括一些高层人士。[1](而且她们这个团体在思想和政治方面的影响力已有了显著提高,因为就在几天前,他们设法把库尔特·胡贝尔招募到了自己的圈子里;胡贝尔是一位受人尊敬的心理学和音乐学教授,也是汉斯·朔尔的导师。)事情看起来很有希望。[2]

计划已制订好了。再过几天,就要开始实施了。

传单文本必须起草好;纸张、印版和印刷油墨要采购;信封和邮票要买好(为了不引起怀疑,都是这里或那里分开小批量购买:这是索菲·朔尔的任务之一);寄送地址要从图书馆的电话簿中收集(这是朔尔的另一项任务,因为这一次也有部分传单任意发送);标语墙报的模板要制作;如此等等。这一次,如前所述,规模会很大。至少有一万份传单要散发到多个不同地点。

---

[1] 这个覆盖范围很大的团体叫"克莱骚集团",成员包括了从军官和贵族到社会主义者和基督徒的各方人士。这些人反过来认为他们找到了通往意大利反法西斯分子的渠道。

[2] 重点是"看起来"。德国历史学家米里亚姆·格布哈特在她研究这些反纳粹团体的历史著作中指出,所有那些新接触者创造了一种假象,即反对派比实际情况看上去更普遍,而这种假象会诱使他们冒不必要的巨大风险。

*

　　降临节的第一天，在英格兰的巴罗因弗内斯镇奈拉和威尔·拉斯特夫妇家位于伊克雷街 9 号的房子里，她坐在客厅的沙发上，做着她大多数晚上通常做的事情：手工针线活。现在她正在缝制一只小布兔；她经常制作洋娃娃之类的东西，送给红十字会商店出售。[1] 她在自己的日记中没有提及这些，但她的丈夫威尔可能正坐在扶手椅上，像往常一样沉默不语，也许他正在看报纸，也许他正在像他经常做的那样，静静地直视着空中。房间很有可能被壁炉中的一堆柴火照得亮堂堂的。

　　时值深秋，在向外凸出的窗台旁的墙上有道裂缝，让冷空气吹了进来——这是轰炸造成的损坏之一，尚未修复。（早在一个月前，她就已经挂上了厚厚的冬季窗帘挡风。）顺便提一下，在凸出的窗台下面还有他们的所谓"莫里森避难所"，一个由钢制成的桌子状的微型避难所。[2] 我们可以猜测，这个避难所两侧的铁丝网现在已经被拆除，里面也许还有他们用来睡觉的气垫。而且我们还可以想象，涂成灰色的上盖已经被奈拉手工缝制的某块桌布所覆盖。不过他们已经很久没有使用这个避难所了。上一次空袭警报响起是在 3 月份，之后就再没有炸弹落下来过。

1　在英国，战争爆发后很快就停止了所有玩具生产，因此需求很大。此外，拉斯特女士擅长她正在做的事情。

2　"莫里森避难所"是英国人在战争期间的又一临时防护措施，是由于人们后来意识到普通避难所（防空洞）只够一小部分人使用而产生的。（许多较新的英国房屋，出于经济原因，建造时没有地下室。）在巴罗因弗内斯镇，只有百分之五的人口用得上普通避难所，因此在空袭轰炸时，人们就随便找个什么地方躲避，比如村镇边上的树丛里。这自然增加了平民的伤亡。因此有了此项发明。收入 400 英镑或以下的家庭可以免费获得这样的"莫里森避难所"，其他人则必须自己出钱购买。它们以宜家式家具套件的形式出售，然后人们需要自己将其组装在一起。

收音机开着,房间里充满了温斯顿·丘吉尔自信但略显含糊的声音。[1]他谈到了北非的胜利,以及不同战线上正在发生的事情;他谈到了人们所处的逆境;他谈到了那些独自坚持到底的人的自豪感;他说现在前景开始变光明了;他说当然还有很多事情要做;他引用了吉卜林的话;他说了很长时间;他说人们还不能开始掉以轻心,认为什么事情是理所当然的,相信胜利会很快到来;最后,他说,进入下一年,"作为一个有坚强意志、非凡胆识和问心无愧的国家,我们的军力将不断增强"。

*

奈拉·拉斯特身上有一种有趣的双重性。她既有不断增长的自信和力量(这是当然的),也开始有疑虑了。正如她几个月前在自己的日记中写的:

> 我觉得我越来越分裂成了两个人:一个是安静、沉思的女人,在孤独的时候,喜欢把寂静包裹在自己周围,仿佛它是一件能治病的斗篷;还有一个是"能让一切运转""从不担心任何事情"的快乐活泼的女人。

奈拉看待战争的方式也有双重性。正如前面提到的,奈拉·拉斯特这年53岁,和同代的许多人一样,经历过上一场世界大战。(她记得所有那些快乐地离开家乡,然后却再也没有回来的年轻人;她记得那些细

---

[1] 丘吉尔这篇演讲正是专为广播电台写的,也向美国听众播放,我们不应将其与他11月10日在伦敦市长官邸发表的著名演讲相混淆。在该演讲中丘吉尔说了他的名言:"这不是结束,甚至不是结束的开始,但也许是开始的结束。"

节，比如她曾经看到一艘所谓齐柏林飞艇的椭圆形轮廓映在月亮上，这景象让她心里充满了恐惧；她非常讨厌满月的夜晚——这种月亮被称为"轰炸机月亮"并非无缘无故。）但事情并非那么简单。她可以对这样的战争本身产生怀疑。她也可能会怀疑推动这场战争的力量不够大。她能感受到胜利带来的强烈喜悦。

收音机开着，奈拉·拉斯特注意的不是首相关于战争转折点、信心和新力量的信息；相反，她注意的是首相强调一切仍在等待之中。因为，正如丘吉尔在演讲临近结束时所说的，现在1943年即将开始，"我们必须准备好应对这肯定会艰难和可怕的一年里的考验和磨难"。她好像没接着往下听。[1] 她在自己的日记中写道：

> 我听着丘吉尔的演讲，心中蒙上了一层阴影。私下想想他说的一切事情，而不是在收音机里听到，这本身就已经够糟糕的了——看看那条漫长、艰难和痛苦的道路，感受到阴影在加深而不是变得光明，羡慕那些相信德国会在春天里就崩溃的人，不断地想到奴隶的劳动和丰富的欧洲资源，回忆起戈培尔说的话：无论谁挨饿，都不会是德国。我想到了在东部的所有男孩和男人。他们还要拖延多久才能回家？这对母亲们来说已经够糟糕了——但年轻的妻子们又该怎么忍受呢？

奈拉·拉斯特感觉她的手变得"又黏又湿"。她停下了手里的活，把布兔放在自己的膝盖上看着它。

---

[1] 关于奈拉·拉斯特的双重性的更多信息：她真的很讨厌希特勒，但认为德国的安乐死计划是有道理的。还值得一提的是，她的大儿子怀有反犹主义的观点——这让她很苦恼。

＊

曼苏尔·阿卜杜林有几次梦见自己死了。其中一个梦里，他发现自己似乎置身于浪漫主义历史题材画家瓦斯涅佐夫的那幅名画《伊戈尔王与波洛伏齐人交战之后》里。这是一幅受诗人普希金启发的画作，描绘了中世纪早期一次著名的战败之后战场上遍地横陈的尸体，整整一支罗斯军队都被对手消灭了。[1] 在一个层次上，阿卜杜林的梦当然和他对失败的恐惧以及他对德国人会再一次获胜的恐惧有关。而在另一个也许更深的层次上，这个梦意味着某种黑暗的死亡驱力在他身上开始升腾。

这是 11 月最后几天里的一天，在不到两星期的时间里，他所在的师几乎有一半士兵阵亡、受伤或失踪。（那些属于步兵连的人伤亡更惨重。）[2] 经常折磨着幸存者的负疚感也开始在阿卜杜林心中折磨他。他在思索："为什么我在这个地狱里还活着，没有受到伤害，而我的大多数战友却死了或受伤了？"他开始以无所畏惧而闻名，有些人甚至称他为英雄，[3] 但在他的内心深处，他却因即将成为唯一的幸存者而感到耻辱。曾经有时候他直接冲进了德国人的火力之中，看起来不可否认地非常勇敢，但他自己几乎希望被击中。

但是，仅仅是一个伤口并不能免除他的负疚感，这只意味着他将从前线撤出一段时间，远离在半被雪覆盖的碉堡和地洞里那种令人厌恶和疲惫

---

1 有可能这只是传说。其资料来源《伊戈尔远征记》的真实性长期以来一直受到质疑。
2 一个小小的安慰是，他们有很多武器，这些武器是他们从战场上捡到的，包括一挺 MG-34 机枪，一种高射速的德国机枪。
3 本来阿卜杜林有望因救助一名军官逃离燃烧的坦克而获得一枚奖章，但最终什么也没有发生。直到战争结束很久之后，他才得知这位名叫普罗瓦诺夫的上校团长在被他营救之后不久就消失得无影无踪，可能是被炮弹直接击中的受害者，而且阿卜杜林所在部队的人从未听说过他的这一壮举。

的生活。你只需要看看阿卜杜林和他的战友们，就能看到他们的状态：曾经很白的雪地军服已破烂不堪，裤子和外套也是破的，满是泥巴。有时他们互相看看，都会大笑起来，因为他们几乎再也认不出对方是谁了。他们中的大多数人真的都是胡子拉碴，脸上布满了烟灰。阿卜杜林本人也越来越受虱子的困扰。的确，他们分到了一种本应杀死虱子的粉末，但它似乎不起作用。然而，最糟糕的是，他还开始出现小便失禁。大约每五分钟他就需要小便一次，为了避免尿裤子，他总是敞着裤裆四处走动。

阿卜杜林向一位西伯利亚来的年长的步兵讲述了他的噩梦。这位步兵并不认为这是一个坏兆头——恰恰相反："你会凯旋的，因此，做这种梦你不用害怕！"

被围困的德军仍然没有要突围的迹象。但那些往返于斯大林格勒的运输机继续在他们头顶上飞过，有时在白天，有时在黑夜里，有时阿卜杜林和他的战友们会对着那些运输机开火。温和的天气一直在持续着。外面是零上一二度。平坦、空旷的草原是白色的，但不再是令人目眩的白色。又开始下雪了。

*

在塔巴科沃，降临节的第一天。远处，苏军又开始发动新的攻击，但这里仍然平静。威利·彼得·雷泽被派到一个防御工事中担任机枪手，那里还有迫击炮组和他们的武器。第279团的士兵们继续往下深挖战壕，那里已经逐渐形成一个"地下城"，地堡一个接一个，连成一线。在这个地下城市里，有他们临时需要的一切：避难所、温暖、食物、睡觉的地方。总算有一次，地下有了足够的空间，食物和睡眠也有了保障。雷泽必须不时去站岗。需要做的就是这些。但是像过去经常发生的那样，雷泽的情绪不稳定。不过，他记得一年前的降临节的第一天。没有什么可以那么糟糕了吧？

莫斯科郊外冬季战役中的那些战斗深深地震撼了他，不仅因为那是他的战火洗礼，而且情况十分可怕，也因为那些战斗中没有任何东西和他原来的期望是一致的。当他回想起当时参加的那些激烈战斗时，他感到一种"恐惧和失望混杂的不确定情绪"。在某种程度上，它既不够让人震撼，也不够令人振奋。雷泽写道：

> 战争可以摧毁一个人，数以百万计的人会遭受痛苦和死亡，无论是一场征服外族之战还是一次十字军对异教的讨伐，都不值得这样可耻地疯狂。战争具有世界末日的特征，由此我开始明白了它的宇宙必然性。我经历了某些伟大而英勇的事情：我们的士兵们殊死的斗争。然而，那里没有战友的友谊，没有牺牲的意愿，没有战斗的精神，没有英雄的勇气或责任。没有。但每个人都在该死的时候死去，有属于他自己的死亡。当许多人渴望在战争中死亡时，那么也就必须有战争。

降临节的意思就是"到来"，然而，他们还在等什么呢？"一种对可怕事物的预感与过度自信和喜怒无常的情绪在交替出现。"他们知道苏联的援军正在他们面前集结。下一次就轮到他们了吗？天气已经越来越暖和了。也许东西很快就会开始解冻。

*

人人都有一个极限。第 3 营第 10 排的贝德·索恩斯中士刚刚到达了他自己的极限。现在是 11 月 29 日星期日早上，他应该去看看他团里的军医。在新几内亚，普通士兵遭遇的命运不是被敌人的子弹击中，而是死于疾病和极度艰苦的生存条件。科科达小道沿线的条件就是如此原始，气候如此恶劣，自然环境如此荒凉。

各种疾病都可能发生：疟疾当然少不了，还有脚气病、丛林皮肤病、登革热、真菌感染、斑疹伤寒等。对澳大利亚士兵的最大祸害是痢疾，这在很大程度上是由于战地卫生条件出了名地差——有一位战地医生称其"糟糕得令人震惊"，是"一种耻辱"。

在这条小路上步行、攀登、踩踏、跌倒，就像是在无休止的人类排泄物的恶臭中穿行。有自然需求的时候，士兵们只需离开路径几步，拉下裤子就可以了。（通常会动作很快，因为许多人患有腹泻。）持续不断的雨水会把排泄物冲刷到河道里，各个部队随后会从这些河道里获取饮用水。战地卫生条件明显优于敌人的日本士兵最初患的大多是疟疾，但随着战役的展开，他们要穿过澳大利亚士兵留在后面的充满细菌的瘴气时，他们就感染上了对手的痢疾。

团里的军医不需要花很长时间给索恩斯做检查。他表现出的就是疟疾、斑疹伤寒和黄热病的症状。而索恩斯的体温超过了 39 摄氏度。所有低于该体温的都意味着还要留在部队。这名军医写了一张便条，然后把字条固定在索恩斯的衬衫上："中士贝德·索恩斯病重，无法继续执行任务，应被撤离。"

三天前，索恩斯跟第 10 排刚从库姆斯河上游巡逻回来。他们是去追踪"落单的日本兵"。如果他们发现了什么日本兵的话，到底发现了多少并杀死了多少，这在索恩斯的叙述中是看不到的。当他们与第 3 营的战友们会合的时候，这个营的位置是在戈纳。

戈纳之前是个基督教传教站，位于一个直接靠海的地方，是沿海岸大约 20 千米长、半圆形且设防严密的桥头堡防线最西端的据点，被击溃的日军撤退到了这里。尽管"要么拿下科科达，要么就是死亡！"这一口号中的"科科达"已经换成了听起来声音相似的"戈纳"，但它可悲地发出了情况没什么变化的信号。同时他们可能会感觉好像他们穿过了时空网络里的一个洞，把沿着陡峭的、丛林环绕的山路令人神经紧张、惊心动魄的爬行抛在了身后，突然——通过一个几千米长、被某个亲历者称为"阿卡狄亚"的通道，这里有"蓝色山丘、绿色平原和在微风中摇曳的草地……一个英国的仲夏日"——降落在来自上次战争的一片风景中，一个热带的帕斯尚尔[1]。

大约一个星期之内，戈纳就将变成一片满目疮痍的荒地，到处是弹坑，被炸毁的树木和灌满雨水的战壕，就在这里，年轻的澳大利亚士兵（就像近 30 年前他们的父辈一样）端着上了刺刀的枪一次又一次发起冲锋，直接冲进前方的机枪火力网。日本士兵必须在他们的地堡里戴着防毒面具战斗，以忍受死去而未被埋葬的战友的尸体发出的恶臭，而且他们只有站在那些尸体上，才能够得着地堡的枪眼。

*

对于正在瓜达尔卡纳尔岛原始丛林中的若林东一中尉以及他的部下来说，最近这几天实在是单调乏味。他们建造地堡，挖掘射击的工事掩体，[2]这是一项一次又一次由于呼啸而下的美国炮弹不得不突然中断的任务。这些炮弹落得没有规则，看似偶然随意，没有太大影响，数量却在

---

1 比利时地名，"一战"时在此发生过重要战役。——译者注
2 有趣的文化差异：同样的散兵坑，美国兵叫它"狐狸洞"，日本兵叫它"章鱼罐"。一只狐狸可以躲在窝里甚至溜走，但当一条章鱼掉进了罐，它就会留在那里。

稳步增加。

这项工作很沉重，因为地面很硬；进展也缓慢，因为士兵们缺乏食物，体力虚弱。两天前有人告诉若林东一，他们联队的一个中队有一半的士兵饿死了。到目前为止，他的中队还好一些，显然是因为靠近那条小小的马坦尼考河，士兵们继续在那里收集淡水贝壳，有时甚至还能钓到鱼，但情况正越来越糟。食物也许是最常见的话题。

这一天，即 11 月 29 日，星期日，若林东一命令一群士兵停止挖掘，拿起铁锹跟他走。他们要寻找本方士兵的尸体，这些尸体应该是在稍微往南的地方，靠近那条河。若林东一和他的部下沿着山坡下行，进入异常茂密和黑暗的丛林，爬过倒下的大树，听着奇怪的鸟叫声，看到森林越来越稀疏，又穿过棕榈树丛，注意到树干之间天色越来越亮，最后来到一片平坦的长着青草的空地上。

就在那里他们闻到了那些尸体的恶臭。

有一个小军用帐篷支在那里。有两对人脚从帐篷里露了出来。若林东一往帐篷里看去。那些靴子和裹腿看起来完好无损，但尸体只剩下骨头了——是在热带的高温下迅速腐烂，然后被蚂蚁和鸟类啃食的。他试图解读出了什么事。这两个人明显是受伤了。裹腿布上有血迹，旁边放着一个看起来像是临时担架的东西。但是他们的武器在哪里？若林东一在他的日记里写道："我们向他们做了最后的告别，收集了他们的身份牌，埋葬了他们，并记录了这件事。"

他们继续向那条河走去，好不容易才从一个高高的悬崖上下来，靠近了河边，来到一片平坦的土地上。在那里他们又闻到了那种尸体的恶臭。

若林东一马上就看到了那些尸体。这是一个奇怪的、几乎是离奇的场景。他在自己的日记中写道："他们现在大多只剩下骨头——甚至他们的胸部也塌陷下去了。他们的衣服已经烂了一半，但是还足以让我们数清人数。他们所有的装备都整齐地单独放在一个地方，弹药也集中在一个地方，弹壳烧掉了一半。"披着破布的骷髅整齐地躺着，仔细地并排排成一行，他们的头都指向北方——日本。然后若林东一明白了他看到的是什么。士兵们是进行了仪式性的集体自杀。

灌输给日军士兵的牺牲意愿表现为一种如此狂野的勇气，如此藐视死亡的态度，有时甚至夸张如演戏，以至于震惊了他们的西方对手。但是，它还有不为人知的背后一面。准备献出自己的生命是一回事，但如果这种意愿被提升到使死亡变得崇高、美好甚至令人向往的地步，它就变成了对死亡的执念。而那种感觉不可避免地是非理性的。[1]

若林东一自己正处于这些现象之间的模糊地带。在他的日记里，以及在他写给母亲的最后一封信（日期为9月25日）里，他都使用了同样的比喻："我宁愿像花朵在荣耀的开放中死去那样，也不愿只是成为一朵盛开的大花。"此外，我们还必须考虑到另一个观念，它与牺牲的意愿有关，并以同样的巨大压力灌输给了所有的士兵。这个观念是，没有什么比投降和被俘更丢人了——那对自己，对自己的家人，对自己的村庄等，都是一种耻辱。这样一来，自裁反而成了更可取的选择。[2] 在这种情况下，自杀与其说是一种极其绝望的行为，不如说是一种升华的行为，甚至是英雄的行为，它使一个人超越环境，为一切赎罪。[3]

尽管如此，若林东一还是有点迷惑不解。在某种意义上，他被感动

---

[1] 可以说，这是植根于日本的武士道传统。但是，正像纳粹分子和法西斯主义者引用过去的历史那样，日本军国主义者援引的武士道也是一种虚构的想象，一种新发明的传统，就像军官们佩带武士刀一样，是迟至20世纪30年代才引进的。

[2] 这就是日本军队对待战俘如此糟糕的部分原因，并且是其长期以来一直低估西方强敌的部分背景：西方士兵愿意投降被视为堕落和软弱的证明。

[3] 日军士兵不愿被俘虏并不是什么新鲜事。在1904年至1905年日俄战争后释放回来的日军战俘在社会上受到了排斥。

了,甚至留下了深刻印象——他在自己的日记中写道:"这种献身可以让任何人反省自己的灵魂。"——但他并不真正理解是什么原因让士兵们以这种方式行事,一种不是非此不可的方式。所以他设想了可能发生的事情:美国人发动进攻,部队蒙受了损失——死在那个小帐篷里的就是其中两个人——他们撤退了,也许是晚上,也许正在下雨,也许他们饿了、受伤了、筋疲力尽了,回去的路被堵住了,敌机在他们头顶上盘旋。"他们是否意识到了,他们不可能再前进,就决定在这里进行仪式性自杀?"

若林东一和他的部下挖了些浅浅的墓穴,把腐烂的尸体放下去,然后填平,插上了简单的临时标记。若林东一祈求道:"请等一下,我祈求你们了,你们这些战争的伟大士兵的灵魂。再有一个月,我们就要歼灭这些敌人,为你们报仇雪恨。"任务完成了。一行人回到山上的中队阵地。

那天晚上,美军的炮火比以往任何时候都更猛烈,但看起来仍然没有章法,漫无目的。第二天,即11月30日,星期一,若林东一在他的日记中写道:"我怀疑敌人会采取'饥饿战术',从后方完全切断我们的粮食供应,等我们饿到了极限,然后再发起进攻。如果是这样,就继续吧。这正是我等着的。"

*

一列特快列车穿过冬夜。餐车里坐着英国的投敌变节分子约翰·埃默里和他的法国情妇雅尼娜·巴尔德,以及——就如平时那样——与之相伴的德国外交部的牵线人和保护监察人。这一天跟随他们的是一位年轻的奥地利党卫军成员和外交官,名叫莱因哈特·斯皮茨。三个人吃着三明治,喝着香槟酒,大量的香槟酒。他们兴致很高,有说有笑,时时举杯畅饮。

奥地利人被那个快乐迷人的法国女郎迷住了。应他的要求,她演唱了那首《在阿维尼翁桥上》。这场交谊活动在埃默里和他的情妇要回他们的卧铺包厢去的时候中断了。奥地利人后来叙述道:"过了一会儿,他们从包厢那里回来了,她明显精神焕发,而他非常疲惫。"

埃默里心情极佳,这并非只是因为酒精的作用。他对英国听众的广播讲话已经完成了,所以他可能也有一种纯粹的轻松感:在做完了自己曾担心的事情之后,发现它实际上并没有那么危险。但这肯定也和另一个因素有关:埃默里在遭遇了一连串的惨败和失利的项目之后,现在觉得自己真的成功了,他终于找到了一项任务,为原本漂泊不定的生存状态赋予了意义和稳定性。最要紧的是这还是一项宏伟的任务,这为他个性中潜在的自大倾向注入了活力。他当然犯了叛国罪,但他现在站在胜利者的一边,[1] 又有什么关系呢?他们将是书写历史的人,不是吗?

那名奥地利党卫军成员虽然颇不情愿,但还是被这位瘦瘦的而且精明的英国人打动,同时他的个性和动机中的自私自利特点也暴露无遗。斯皮茨介绍说:"对他来说,已经没有回头路可走了。也许这一切都不会持续得特别久,也不会有痛苦的结局。他问心无愧。不管结果如何,他都打算继续下去,尽情去享受生活。"

这一小群人继续举杯畅饮,说说笑笑。

白色的风景以及那些睡着的天使在车窗后隐隐约约地一闪而过。次

---

[1] 此时正在发生的事情,例如斯大林格勒的战况,都被小心翼翼地向德国公众隐瞒了。希特勒在 11 月 9 日的演讲中宣布斯大林格勒已在德国人手中(除了少数城区例外),之后的报道已经大幅缩减。苏联红军包围了德国第 6 集团军的事情被掩盖了,就算有写到当地战况的报道,也都是些简短而含糊的简讯,比如"艰苦的防御战在进行中"之类的消息。

日一早他们就会到巴黎。

*

爪哇岛巴达维亚城外的 5 号俘房营。炎热的天气依然持续不退。越来越多的迹象表明,"疲倦"邓禄普和其他澳大利亚战俘很快就会被转移。全部俘房都要排好队数数,然后又要排好队再数数;打字机打出的长长的名单在流传;生病者要接受通盘检查;还有关于装备的询问。此外,有些看守的日本士兵说他们自己也要在"一两天内"返回日本。但是没有命令下来,没有消息,他们除了又一次等待,再没有其他办法。11 月的最后几天,邓禄普是在一些椰子树下的树荫里度过的。在那里,他非常满意地阅读了哈罗德·莱姆 1927 年出版的《征服世界的人:成吉思汗》。

*

和平的图景与和平在人心中的样子会影响人们对一场战争的体验,这导致战争即使在进行中的时候也常常会上演自己的神话。在新几内亚的戈纳,战斗再次发生的原因与"一战"之所以恐怖的原因相同:一个远离战场的不切实际的命令,以及消息不灵通的指挥官的心血来潮;对他们来说,现实基本只存在于军事地图上。[1]

---

[1] 最终要对此负责的是美军的道格拉斯·麦克阿瑟将军本人,他通常远离战场,在新几内亚另一端的莫尔兹比港,同时厚颜无耻地向媒体暗示——他总是怀着巨大的虚荣心——是他在现场带领部队投入战斗。他对北海岸发动毫无意义的进攻的理由非常典型,不是军事的而是政治的:他想在瓜达尔卡纳尔岛战役决出胜负之前就确保自己的胜利,以获得更多关注,给罗斯福总统留下深刻印象,从而分配到更多资源。

这天是 11 月的最后一个星期天，美军在戈纳发动了新的攻击。上午 11 点刚过，第一轮攻击开始了，但正如一位历史学家所写的，"29 日是前一天晚上的大屠杀重演的一天"。第 3 营的残余兵力还在前线。他们在一个狭窄的区域向前推进，与敌人几乎没有接触。（直到后来索恩斯才知道，这一天他的"最好的朋友"，一位名叫鲍勃·泰勒的中士阵亡了。）这支部队里的所有人都已非常疲惫，大多数人还生病了。第二天，第 3 营本应自己发起进攻，以支援另一个营。但是，他们没有离开。官方的解释是，他们没有看到其他部队发起攻击，因此留在了原地。

这些情况发生的时候，贝德·索恩斯正在一架所谓受保佑的美国运输机上，前往科伊塔基的野战医院。在路上的某个地方，他注意到机组人员在他们的飞机上涂了一首歌的歌名：《查塔努加啾啾》——这是歌星格伦·米勒前一年红极一时的歌。几天后，第 3 营从戈纳撤出。9 月初这支部队有 560 人。现在只剩了 110 人。[1]

*

通过研究某人如何喝咖啡，可以了解一个人是否已经开始精神崩溃。如果他能用一只手举起杯子，就没有危险；如果他需要用双手把杯子送到嘴边，那他的崩溃之路就开始了；如果颤抖得太厉害，两只手都不够用了，那就已经太晚了。现在是 11 月的最后几天，约翰·麦克奈里不得不双手并用。这一点也适用于他的大多数战友。

人们对生命危险和极端压力的反应是不同的。有些人一想到受伤或

---

[1] 澳大利亚、美国和日本的军事专家分别完成的研究得出了几乎相同的结论：在丛林和热带气候中度过三个月后，一支部队的效能会大大降低，即使没有参加过一场战斗。

被杀就会崩溃。相反，有些人好像因为危险而会活跃起来，至少一开始是这样。大多数人好像能够处理这种问题，迫使自己去面对危险，至少是在一段时间里。不过那条坚定不移的规则是，好吧，每个人都有一个极限。问题是麦克奈里的俯冲轰炸机中队 VMSB-132 的机组人员现在是否接近了那个极限。

他们依然非常团结，对他们崇拜的中队长塞勒少校也充满信心。他们相信自己所做的事情，知道这件事很重要，确实非常重要。这是第一次有一种真正站在胜利一边的感觉。情况也不再像这个月月初时那样令人绝望。麦克奈里这样写道："事情在慢慢开始好转。"这可以从他们的食物变得更好等事情中看出来——他们甚至可以品尝到冰激凌！——并且有了越来越多的新飞行员、新飞机和充分休息好的精神抖擞的新机械师。他们早就用不着不得不从被打坏的飞机残骸里抽取汽油以保证飞机能起飞作战了。同时，在丛林那边的日本人也出奇地被动消极。

但正如前面所说的，人们对生命危险和极端压力的反应是不同的。一位从美国乘船出海时最自信的飞行员，喜欢扬言"迫不及待想去那里打沉军舰，杀死日本人"，结果实际上却系统地摆脱所有战斗任务，通过不断发现他的飞机的新故障，总让自己找到理由请假，要去看牙医，等等。另一位飞行员在某项战斗任务之前毫无疑问必定会变得身体不适，整夜恶心呕吐，然后到了出发时间就无法飞行。（此外，这个人还会对黑暗产生恐惧。）还有一个并非意外的模式显现出来，即已婚的飞行员似乎比没有家庭的飞行员更加谨慎，更注意安全。[1] 也许还不仅是这些人。

---

[1] 研究表明，与对平民生活的担忧相关的压力，会使得某一个人更容易出现战斗疲劳或厌战情绪，或类似的精神问题，而这和有无从军经历无关。（我们都知道压力是一种累积现象。）个人性格的作用也可以从一个事实中看到，即心理上出现问题的人中有相当一部分在第一次参战前就已有问题了。

麦克奈里自己继续执行一项又一项飞行任务。但毫无疑问，他也越来越疲惫、烦躁，甚至感到痛苦，深陷在缺乏睡眠造成的头脑迟钝中。他注意到自己的手开始颤抖，而且他犯的错误也越来越多。就连他们的中队长，从来不屈不挠的塞勒少校也表现出不再那么不屈不挠的迹象：他们都可以看出他变得多么憔悴和疲惫。（塞勒其实也只有一周左右的生命了。[1]）每个人都有一个极限。[2]

*

过了一段时间之后，当麦克奈里又一次完成了飞行任务返航的时候，他的飞机发动机熄火了，他准备在海上紧急迫降。飞机在螺旋桨锁定的情况下向深蓝色的水面盘旋而下，只能听到疾风，但随后发动机又莫名其妙地启动了，就和之前熄火一样莫名其妙，而麦克奈里得以返回了瓜达尔卡纳尔岛。在他明白自己的飞机要迫降的时候，他的反应让他自己都感到吃惊。他后来在自己的日记中写道："我是要多冷静就有多冷静。我事实上轻松地叹了口气。我是又累又虚弱。"

两天后，部队的军医给他开了张禁飞令。

---

[1] 小约翰·塞勒于 12 月 7 日在新乔治亚岛外执行轰炸任务时被日本战斗机击落身亡。

[2] 关于这个极限到底在哪里，有不同的说法。一个在瓜达尔卡纳尔岛担任过战斗机中队队长的人说，一名飞行员在充分休息大约三周以后，可以进行连续五天真正激烈的战斗。一项似乎得到普遍支持的计算是，一名士兵的"情感寿命"在 80 天到 90 天的战斗之间。在太平洋地区的美国飞行员非战斗损失中，高达 30% 是由战斗疲劳和其他心理问题造成的。在瓜达尔卡纳尔岛的所有战斗人员中，被诊断出精神病的人数明显高于这一比例，并一度威胁到医疗保健系统的承受能力，促使了改革和新思维的出现。

11 月 23 日至 30 日

*

前一天半夜里，薇拉·布里坦起来呕吐。（她猜想这是因为吃了一些新的合成食品里的什么东西，这种食品现在已经取代了战前那些食品。）尽管如此，她还是强迫自己出席了一场演讲会，听众人数虽少，但很友好，在会上她还卖了好几本《带着荣誉的羞辱》。布里坦吸引的听众越来越稀疏，与此同时，就个人而言，她也变得越来越孤独。许多老熟人开始避开她，有的还成了敌人，几乎无一例外都是因为布里坦顽固坚持和平主义。（与此同时，正如前面所说的，她丈夫乔治经常出差，而孩子们在美国。）布里坦还怀疑军情五处在拆看她的邮件，这怀疑并非没有道理。

11月30日星期一的清早，当布里坦醒来时，她感到"恶心、疲倦和情绪不安"。后来家里的女佣艾米来了，端茶送水料了布里坦，让她非常感激。她一直很感激艾米的帮助。由于她越来越不得人心而被孤立，艾米作为她能来往的人也开始变得重要起来。她和艾米聊了起来。艾米讲述了她的丈夫是多么不愿意去服兵役："他想一直等到他被征召才去，而且相当鄙视那些不去服兵役的人。"布里坦在想，1914—1918年的"一战"期间折磨着士兵的幻灭感"现在仍然存在，甚至在当年还是孩子的人当中也是"如此。

后来，布里坦阅读了最新一期的左翼自由主义杂志《新政治家》。杂志里有一篇为女作家玛格丽特·斯托姆·詹姆森的新小说《然后我们将听到歌声》所写的书评。詹姆森是布里坦失去的密友之一，也许是最重要的朋友。

她们两人是同龄的作家，家庭背景也相同，还有着相同的大无畏气质，都是女权主义者和社会主义者。"一战"的痛苦经历使她们成为和平的朋友。但是，虽然布里坦一贯坚持她的和平主义，詹姆森却已经反省了自己的主张。关键问题很简单。什么是更糟的事情？继续战争还是让纳粹主义获胜？布里坦坚持认为："从长远来看，我认为希特勒的胜利对人类来说不会比……反反复复的战争更糟糕。"分歧、争吵、误解和相互指责迫使她和詹姆森分道扬镳。从这年年初开始，她们就不再交谈了。

詹姆森的《然后我们将听到歌声》是一部反乌托邦的作品，背景设定在德国获胜后的一个没有指明的欧洲国家，有一位科学家在那里进行实验，试图擦除掉人们的记忆，以便将他们变成易于控制的机器人。布里坦认为该作品似乎"毫无意义"，指责这本书是"作者对纳粹恐怖的又一次痴迷研究"。[1]

在这周一的报纸上，你在所有那些重大新闻的旁边可以读到一些简讯，它们告诉读者上周末首相（这周一满68岁了）与战斗法国领导人戴高乐将军共进过午餐；国王和王后以及他们的两个女儿伊丽莎白和玛格丽特去过电影院，看过由诺埃尔·考沃德主演的广受好评的《与祖国同在》；个别德国战斗机继续对南海岸看似偶然选择的地点进行低空袭击，一名31岁的妇女被射杀；性病病例继续增加——自战争爆发以来平民中的性病病例增加了50%，军人中的性病病例增加了70%。

布里坦一整天都卧床不起。

*

同一天，涅德·拉塞尔和三位记者同事，其中包括经验丰富的《纽

---

[1] 《然后我们将听到歌声》是詹姆森的反乌托邦类作品中的第二部。之前她还写过一部关于未来法西斯英国的小说。

约时报》记者德鲁·米德尔顿，走在突尼斯小镇特布尔巴东边的一条土路上。英军和美军攻占了这个地方后，这里只剩下一片废墟。这种大规模的破坏拉塞尔以前从来没见过。他心里充满一种不太真实的感觉，让他想起了"出自好莱坞电影里的一些场景"。

小镇上几乎所有的人都逃离了。他在小镇上遇到的生命，除了一头猪、一头驴和一些鸡、兔子，就只有六个阿拉伯人——他们"显然对周围的破坏无动于衷"——以及三个意大利平民了，这些意大利人刚到这里，要在一个水坝上工作。善于交际的意大利人请他们喝干邑白兰地和啤酒。站在特布尔巴镇外一千米多一点的又高又光秃的山脊顶部，可以瞥见突尼斯城里清真寺的宣礼塔。再一次，更高层的军事指挥部充满了乐观情绪。这种乐观情绪再一次被证明还为时过早。

拉塞尔和他的同事们在前一天到达以后采访了一些不同的士兵。很明显，官方公报的夸夸其谈与现实几乎没有关系。对突尼斯城的攻击已经被遏止。一位英国步兵中尉，是"他的营里为数不多的幸存下来的军官之一"，向拉塞尔描述了机枪近距离扫射的效果。（"到处都是倒下的士兵。场面太可怕。"）还有人讲述了本应来支援英国步兵的美国坦克如何被隐藏的德国反坦克炮一辆接一辆地击毁。（"88毫米的炮弹击中了他们的炮塔。至少有一发炮弹击中了一名美国军官的头。"）

这是星期一的下午，有两名记者正在寻找可以详细介绍那次失败进攻情况的美国坦克兵。他们拦住了一辆美军的吉普车，问他们走的路对不对。方向盘后面坐着一位"激动、年轻"的美国军官，他证实路是对的，但同时警告说："你们最好离开这里——赶快。我们已经被德国坦克包围了……然后他猛拉了一下吉普车的排挡，沿着路飞驰而去。"

拉塞尔和其他人不知道该相信什么，就开始往回向镇里走去。他们看到一名英国的反坦克炮兵在装填炮弹。他们突然听到附近有机枪的声音。他们赶紧躲到一条路沟里。他们考虑该怎么办。然后他们开始奔跑——先穿过一些农田，跑上一个山坡，经过一块墓地，跨过一条土沟，然后又是一条土沟。他们在一个高坡的坡顶上停下来喘口气。他们听到有人从一条战壕里喊道："别那样站在一个山坡上。他们会看见你们。"他们蹲了下来，犹豫不决，显得有些"无所谓"。他们听到英国野战炮在他们下方的山谷里开火。他们也看到，在远处地面的灌木丛和深色橄榄树之间几乎无法分辨的那些棱角分明的形状从树林中缓缓驶出——德国坦克。他们就继续往前奔跑。

太阳已经开始落山了，这时他们终于看到了那个他们留下了自己的设备和汽车的小农庄。（他们的车是一辆1934年的民用福特V8汽车，在阿尔及尔花450美元就可以买到。[1]）他们的计划是等待天黑，然后再尝试开车离开小镇。前提当然是他们还能让那辆福特车启动。拉塞尔和米德尔顿开始谈论体育，这是为了转移注意力，也可能是为了镇定他们紧张的神经。米德尔顿谈到了他成为美式橄榄球明星的那个时代，拉塞尔则谈到了他作为一名网球赛运动员的那些岁月。

*

同一个星期一的深夜，在瓜达尔卡纳尔岛上，漆黑的热带黑暗笼罩了陆地和大海。查尔斯·沃克少尉和他的部下又度过了平静的一天。他们隐蔽在那个小海岬克鲁兹角上深挖的地下工事里。在他们西边的丛林里，日军出奇地安静。据说他们快饿死了。

---

[1] 顺便提一下，臭名昭著的美国银行抢劫犯邦妮和克莱德就是坐在同型号汽车里于1934年遇到灭亡命运的。

将近午夜时分，沃克和其他人可以看到闪光照亮了西北方朝着萨沃岛方向的遥远水域。爆炸的轰鸣回声慢慢地传到了他们那里。探照灯的光柱沿着海峡上下移动。闪着火花的照明弹在黑暗的天空中燃烧起来。这是又一场夜间的海战。然而，这回并不像大约两周前发生的那样激烈。不过有那么一次，可以看到远处发生了巨大的红色爆炸。整个过程大约持续了半个小时。像往常一样，发生了什么事情是不可能说得清的。

黎明时分，丛林和海岸线的轮廓变得清晰，海水恢复了本色。在朝岸上涌来的绿松石色的海浪中，查尔斯·沃克和他的部下看到海面上漂着很多木桶和圆筒，其中大部分在很远的地方，在他们西边的日军防线后面。他们立刻明白了这是怎么一回事，因为在微弱的晨光中有一个个小人影若隐若现，正试图把那些木桶和圆筒拉到岸上。夜里，日本驱逐舰再次孤注一掷，试图为岛上的己方部队运送补给。[1]

现在，沃克的连队开始用上自己的重机枪。他们突突突地不停射击。首先是试图射杀那些打捞木桶的日本士兵，后来是射击木桶。木桶一个接一个地被击成碎片，或者被击沉。其中有一个木桶漂上了他们阵地旁边的海滩，他们自己把木桶抬了回来。结果发现里面装着米、火柴和蜡烛。

随后的几天里，死去的水兵的尸体漂浮到了瓜达尔卡纳尔岛克鲁兹角长长的海滩上。这可能既有日本兵的尸体，也有美国兵的尸体，很难准确判定。像往常一样，尸体大都已被鲨鱼撕碎。

---

[1] 当晚的海战以塔萨法隆格战役的名称载入史册。日本海军再次展现了夜战的优势。在这场被认为是美国海军在整个"二战"期间最严重的战术失败之一的海战中，寡不敌众的日本击沉了一艘美国重型巡洋舰，并打坏了三艘——这一切只是以自己损失一艘驱逐舰为代价。（尽管事实上美国舰队既收到了截获的电报也得到了雷达的帮助。）但从战略上说，这场海战仍然是美军的一次重要进展：日军营救岛上饥饿士兵的企图也失败了。

*

与此同时，恩斯特·容格尔仍在高加索的伏罗希洛夫斯克。天气温和。与旧时的战争相比，这场新战争中有太多太多新鲜的和难以理解的东西。他在东方所看到的更像是三十年战争时世界末日的景象，而不是他自己在1914年到1918年间所遇到的那种情况。他访问了那些他听到过传言的地方，"那里发生过对手无寸铁的人的暴力行为"或是发生了群体性的报复——他在自己的日记中使用了这种谨慎的措辞——但事实证明实际情况比他想象的还要糟糕。传言、图像和证据无论多么悄无声息、扭曲不堪，还是传到了他这里。有一些残暴得令人难以置信、意图让人毛骨悚然、规模巨大的事情正在这里发生，这是毫无疑问的。

他试着和这种事情保持距离。他认为这最终是德国18世纪和19世纪初的哲学家们所说的"时代精神"的一部分，因此属于他自己之外的东西，是他厌恶的"当代"的一部分，这种"当代"已经被技术官僚所粉饰，被理论家所腐蚀。（难道不是双方都要对残忍的暴行承担罪责吗？）容格尔试图制定一种道德命令，但它是个人的命令，甚至可以说是个人主义的命令：重要的是，不要让自己变得冷漠无情，不要让残酷行为传染到自己身上，不要忘记自己被苦难包围着。

从几天前开始，容格尔就考虑要写一则新的寓言，类似于他那本立意很高的《在大理石悬崖上》，但不那么难以诠释。开头他已经写好了。叙述者是一个旅行者，是一群要离开沙漠走向大海的人中的一个。那片土地遭到过践踏而变得荒凉。他们经过空荡荡的、满目疮痍的城市，废弃的战争机器。叙述者拥有一张难以看懂但又很重要的地图，因为它显示了通往充满宝石的秘密矿山的道路。但是，就在他们成功破译了地图上的象形文字以后，去那里的最困难的部分仍然存在。那条路要经过直通大海的万丈深渊,是突出在悬崖上的一条小径,小径狭窄得若对面来人都过不去,同时也不能掉头。这种情况恰好在这个地方发生了。另一支商队迎面走来。是一方被灭掉,还是两方的队伍都落入深渊?

这个星期一,容格尔继续独自探索伏罗希洛夫斯克。他参观了一座古老的墓地。到处都长着枝叶茂密的小树丛。干枯的蓟草和其他枯萎的杂草紧贴着十字架和墓碑,碑上刻着难以辨认的铭文。在这种衰败和时间消逝的象征图景中,容格尔发现了一些全新的坟墓。没有什么标记。掘墓人在挖掘这些新的安息之地时,随意抛撒他们发现的白骨,没有表现出极大的虔诚。容格尔看到那里散落着椎骨、肋骨、股骨和其他部位的骨头,"就像一块拼图散落的部分"。在墙头上,他还瞥见了一个孩子留下的发绿的头盖骨。

*

最后,潘濂一直在等待的事情发生了。自从"贝洛蒙号"货轮被鱼雷击中沉没以来,已经过去了一周,一个黑点出现在地平线上,它慢慢变大,成形。潘濂就点燃了一枚烟幕弹。一艘商船向他驶近。

终于来了。营救来了。

这艘船靠得那么近,潘濂都可以看到白人军官在舰桥上移动。商船激起的涌浪冲到了小救生筏,使得救生筏摇晃起来。潘濂用生硬蹩脚的英语对他们大喊大叫。但他们只是看着他,也不对他招手回应。这艘船并没有减速,而是从旁边驶过。经过他身边,船开走了,再次成为地平线上的一个黑点,消失了。潘濂很沮丧,什么都不明白。为什么?有可能他们认为他是日本人,因此根本就不值得救吗?一个日本人,在南大西洋这里?几乎不可能。他自己的解释是,他们一看到他不是白人就转身离开了。但是，正如潘濂后来解释的那样，"大海可看不出黄种人和白种人之间的区别"。[1]

这事也是发生在 11 月 30 日，星期一。潘濂遭遇海难已 7 天。那时他还不知道，他将独自在救生筏上度过另外的 126 天。

*

在斯大林格勒没有什么新鲜事。那些被包围在"大麻袋"里的防御者坚守阵地。那些把他们包围起来的人也是如此。涂成白色的德国运输机继续飞来飞去，进进出出，通常是一架飞机单独飞行，而且常常是在低空飞行。

瓦西里·格罗斯曼在这个月初就已经疲惫不堪，精疲力竭，现在到了月底更是如此。在斯大林格勒的漫长的三个月让他们付出了代价。他感到自己"印象超载"，这是谁都能理解的。就像所有明白了是命运或概率决定一切的战斗人员一样，格罗斯曼也养成了一些小怪癖且迷信。例如，他认为自己把信封好是不吉利的，而总是希望别人来帮他这样做。

格罗斯曼回到了伏尔加河边。[2] 他的想法是去已成一堆废墟的斯大林格勒做最后一次采访，与一些高级指挥官交谈并采访一些作战部队。然而，完成这段旅程并不容易。德军在城内的进攻当然已经停止，而他们早先日夜不停的射击也明显放缓了。现在的问题出在冰上。那条大河现在还没有完全封冻起来，源源不断的碎冰片和浮冰使得所有的渡河行为

---

1 有人试图解释该商船不救潘濂的原因，说德军潜艇有时使用救生筏上求生的人作为"诱饵"。除了笔者从未在资料或文献中看到过这样的例子之外，它也站不住脚：如果是害怕德军潜艇，该商船应该会立即离开，而不是先转向潘濂的救生筏。

2 我推测这句描述实际上来自苏军进攻完成之后，而不是进攻完成之前，否则是不合逻辑的。

都变得困难。(此外,格罗斯曼必须两次穿越伏尔加河,首先是从他现在所在的城南,从西岸到东岸,然后向北走,再重复这种冒险举动,但这次是从东岸到西岸。)他叙述道:

> 冰沿着伏尔加河向下移动。浮冰相互刮擦、破碎、撞击。这条河几乎完全被碎冰覆盖。这条宽阔的白色带子在那些黑暗无雪的河岸之间流动,只在有些时候才能看到一小片一小片的河水。伏尔加河的白冰也带来了树干和木头。一只大乌鸦阴沉地蹲在一块浮冰上。一名身穿条纹海军服的死去的红军水兵漂过,一条货轮上的人把他从冰面上捞了起来。把死人从冻结的冰上撕扯下来很困难。他已经在冰里扎下了根,就好像他不愿意离开伏尔加河,这条他在此战斗和牺牲的河流。

格罗斯曼回访斯大林格勒的目的是收集额外的材料,主要是为《红星报》的增刊做准备——这是他给上级的解释——同时他眼前也浮现出要写一部关于这场战争的长篇小说的想法,一部讲述整个"无情的真相"的小说。[1] 他的目标很远大。其范本也是显而易见的。在他的背包里,有他最近设法读完的唯一一本小说:托尔斯泰的《战争与和平》。[2]

---

[1] 此时格罗斯曼对报纸编辑删改文章的方式越来越失望。

[2] 读完《战争与和平》的绝非格罗斯曼一人。该作品可能从来没有像当时那样拥有如此多的读者,尤其是因为当局认为小说的动机和信息——战胜外国入侵者——有利于鼓舞士气,因此做了很多宣传工作。它在电台上被朗读,还有总结和解释这部小说的小册子出版后发送给读者。斯大林格勒城内最重要的两位指挥官,崔可夫和罗季姆采夫,也读过此书。正如莉迪亚·金茨堡指出的那样,它在被围困的列宁格勒也被广泛阅读,人们将自己应对战争的方式与托尔斯泰小说中人物的方式进行比较。在格罗斯曼的母亲被枪杀前几周,她也根据该小说的法文译本来教她的学生法语。

如前所述，《红星报》刊登的他的文章让格罗斯曼名声大噪。他付出巨大的努力，将自己在前线遇到的普通男女塑造为日常传奇。但更重要的是，格罗斯曼的经历以及他用语言捕捉这些经历的努力，让他内心深处的梦想成真，使他成了一位伟大的作家，而不再仅仅是一位优秀的作家。

格罗斯曼看到一艘满载罗马尼亚战俘的驳船经过。他们都穿着薄薄的棕色长外套，已经快冻僵了，纷纷跺着脚，相互搓着手。

*

冬天也来到了芝加哥。前一天是星期天，下雪了，气温保持在零下几度。在斯塔格球场西看台下面未供暖的地下室区域，感觉比外面更冷。那里受冻最厉害的是全副武装的保安，他们必须时刻守在岗位上，不能四处走动。现在他们穿上了由浣熊皮制成的长及脚边的大衣，现已解散的大学橄榄球队以前就穿这样的大衣。有一位主管开玩笑说，他们拥有"保安行业内无可比肩的穿着最讲究的岗哨"。

这个星期一，在 CP-1 装置完成之前，剩下要安装的层数已经不多了。一旦装置搭过了一半，石墨块的数量就会随着高度的增加而减少，不再需要粗木梁的外框。CP-1 装置看起来一点也不像高科技的产品。恩里科·费米自己将这个装置描述为"一堆粗糙的黑砖和木梁"。在顶部和面向壁球馆观众看台的一侧，可以看到该装置唯一的可活动部件：每个孔中都塞入的三个木板条。那就是控制棒。[1]

利昂娜·伍兹和值班的领导赫伯特·安德森（也是一名物理学家）

---

[1] 控制棒是简单的木板条，上面镶嵌着镉片。镉吸收中子的能力会使核反应减速。

可以在她的三氟化硼计数器的帮助下确认，反应堆现在非常接近发生自发和自持的链式反应所需的铀的临界质量。

两天以后，到时候了。利昂娜·伍兹叙述说：

> 第二天早上，天气冷得可怕——零度以下。费米和我踩着咯吱作响、有蓝色阴影的雪地走到斯塔格球场去，用标准的三氟化硼计数器重复测算赫伯特的中子通量。[……]我们说好到2点钟再见面。赫伯特、费米和我去了我和姐姐合住的公寓（就在附近）吃点东西。我做了薄饼，把面糊搅拌得很快，以至于里面还有干面粉的气泡。煎好以后，那些气泡在牙齿之间有些松脆声响，赫伯特还以为我在面糊里加了坚果。然后我们走过寒冷、咯吱作响的雪地，匆匆返回球场。

街道出奇地空荡荡的。有人记起来了，现在开始实施汽油配给了。他们走进冰冷的场地，穿上实验室专用的长大褂，大褂曾经很干净，现在变成石墨粉尘的黑灰色。伍兹跟着一大群人走上壁球馆的看台，看台上"摆满了控制设备和指示电路，它们会发光、闪烁，并散发出一点令人感激的热量"。

看台上还有一些地位很高的观众，尤其是利奥·西拉德教授，他"穿着大衣，瘦小而结实"。西拉德是一位匈牙利裔的美国物理学家，他在链式反应方面做了很多早期的理论工作，并培育了关于原子能和平利用可能性的美好梦想，但他在1939年与阿尔伯特·爱因斯坦一起写了那封致罗斯福总统的重要信件。他们在信里警告说，一种具有巨大破坏力的炸弹可以制造出来，希特勒的德国正在这样做，因此他们——很不情愿地——敦促美国也这样做。

不过，现场的大部分人不是看客，而是有精心分配的任务。有一个人手里拿着一把斧头，用于在发生核反应时砍断绳索，这条绳索连接到现已伸出在反应堆上方的垂直控制杆上；另一个人准备好把一桶浓硝酸镉溶液倒在反应堆上，这也可以迅速停止核反应；第三个人站在下面的地板上，按照费米的命令，一步一步地把仅剩的那根控制棒移除；伍兹的任务是大声读出三氟化硼计数器上的数值。

于是他们就开始了，费米控制着每一个步骤。在他的命令下，最后一根控制棒被一点一点地拉了出来。每一个步骤都对照计数器来控制，也由费米在他的计算尺上检查。数值是正确的。

伍兹叙述说："你可以听到三氟化硼计数器嘀嗒作响的声音增加了。我喊着'八、十六、二十八、六十四……'；然后咔嗒声合并成嗡嗡声，嗡嗡声太快而无法报出读数。"费米让简单的核反应堆运行了四分半钟。功率不断增加。核反应是自持的。最后，功率达到了半瓦。它已足以点亮一个手电筒。[1] 这时费米又下令将控制棒再插进去。功率立刻降下来了。仪表的嗡嗡声变回了咔嗒声，咔嗒声又变得稀疏起来，最后变得安静。反应堆已关闭。

该系统运行正常。通往原子弹的道路上的一个关键障碍现已克服。

他们关闭了所有设备，锁定控制棒，把东西都收拾起来。伍兹也收拾好准备离开，已经脱掉了身上脏兮兮的实验室大褂，这时有人拿着一瓶裹在包装纸里的基安蒂葡萄酒出现了。为了庆祝费米的成功，瓶塞被拔开，酒被倒入纸杯中，大家举杯道贺。无声的目光都投向了费米。之后，每个

---

[1] 在这个阶段，中子通量每两分钟翻一番，而且，正如美国记者理查德·罗兹所写的，如果由它继续下去，"按照这样的增长速度，一个半小时后，它的功率将达到100万千瓦。而在这之前，它早就会带走所有留在房间里的人的生命，并将其熔化掉"。

人都心满意足地离开了壁球馆，走上了踩着就咯吱作响的雪地。只有两个人还在看台上徘徊：费米和利奥·西拉德。西拉德走近费米，握着他的手说："我认为这一天将作为人类历史上黑暗的一天而被人牢记。"

*

11月30日，星期一，一列拖着运牲口的车皮的火车抵达了特雷布林卡。车上有来自谢德尔采市的大约1 700名犹太人。他们是该市所谓"小聚集区"的犹太人，自上星期三以来就被分批运送到特雷布林卡，这天是最后一批人。除了少数人幸免于难，用来补充集中营"特别工作队"里人数不断缩减的工人队伍，其他所有人都在夜幕降临前被杀害了：有男人、女人和孩子。

"齐尔"拉伊赫曼仍然在集中营的"牙医工作队"工作。

冬天已经来了。一切都按照练习得烂熟于心的程序进行着。[1]人们赤身裸体地站在所谓"管子"里，因寒冷而浑身发抖，等待轮到他们。一碗碗沾满鲜血的金牙被抬进"牙医"营房进行清洁。然而，零下的低温使事情变得困难。拉伊赫曼叙述说：

> 值得注意的是，在冬季拔牙要困难得多。要么是尸体在毒气室的门打开后已经冻僵，要么是人在进入毒气室之前就已经冻伤了——这会让我们费好大劲才能撬开紧闭的嘴巴。

---

[1] 多亏了英国布莱切利公园里的密码破译人员截获的所谓"赫富勒电报"，我们才获得了一个非常准确的数字，知道到该年年底有多少犹太人在特雷布林卡被害：713 555人。拉伊赫曼在他的叙事中写道，12月的运输次数减少了，这点得到电报的证实：在1942年12月31日前的两周内，被害人数为10 335人。

杀人的流程似乎正在更改。有一个 30 多岁的金发党卫军成员来到了集中营，他有着孩子气的相貌，一种"温和的面部表情"，而且明显地很容易发笑。[1] 囚犯们称他为艺术家。据说他是火葬专家，于是出于某种原因，死者不再被埋葬，而是代之以焚烧。后来，还来了命令，要把埋在土地里的尸体也挖出来一起焚烧。骨灰将压碎成粉末。这是为什么？

*

朔尔兄妹小组的决心是巨大的，勇气也是如此，他们必须这么做、必须坚持下去的想法也是如此。在这一点上他们意见一致。同时，他们处理这种压力的方式又是不同的。他们中有些人大部分时间真的很害怕，难以入睡，寻求分散注意力的方法，做些容易解释的噩梦——骷髅显然直接出自画家霍尔拜因的《死亡之舞》的木版画，骷髅撞见他们并试图把他们撞倒——其他的人则是通过拥抱生活仍然能提供的东西来应对日益加剧的危险。几个星期后，汉斯·朔尔就会再次坠入爱河。

索菲·朔尔要在慕尼黑的"英国花园"里晶莹闪亮的白色雪地上快乐地滑雪，在那里见到她的那些人都不会感觉到她的秘密。但是，我们不应该想象这是在伪装成无忧无虑的样子，只是一个面具，一种保护，而是相反，生活是可以这样多层次的，它非但没有被极端时代所阻碍，

---

[1] 这个党卫军成员是赫伯特·弗洛斯，他何时来到集中营尚不完全清楚。根据拉伊赫曼的说法是在 1943 年 1 月；根据马特斯在 1964 年至 1965 年杜塞尔多夫的特雷布林卡审判中的证词，是在 1942 年 11 月。后一日期在时间上符合这样一个事实，即在 1942 年夏天就已经做出了消除所有大屠杀痕迹的决定，并在该年秋季开始执行——所谓的"特别行动 1005"。11 月，阿道夫·艾希曼在柏林的办公室举行了一次重要会议，该特别行动的负责人保罗·布洛贝尔说明了使用的方法。挖掘和焚烧以前尸体的工作此时已经在索比堡和贝尔热茨开始。

反而因为这极端的时代而彰显。在她身上并没有藏着另一个年轻女性,而是两者兼具,彼此纠缠在一起。

*

这是 11 月的最后几天,上海的夜晚开始不折不扣地冷了起来。在布隆贝格家里,在花园广场那栋有墙围起来的洋房的大厅里,挂在墙上的那些地图发生了变化。多彩的小旗帜重新被移动,但是日本和德国控制的地区首次开始缩小了,不是那么明显,但确实是缩小了。乌尔苏拉和她的家人以及其他的欧洲难民仍然生活在他们的梦想泡沫中,在这个世界上,不可能知道什么是固定的,什么是流动的,而新闻仍然零星地传到他们耳边——有时会被某人确认,有时会被某人驳倒,而这个人是从一个他认识的某人那里听说的,那个人又是从他认识的另一某人处听说的,而后者则拥有一个精心隐藏的短波收音机。他们会细细阅读官方的报纸,在一连串的宣传语中猎取那些小小的事实片段。

在这种无知和猜测的浪潮中,有关那位党卫军官员迈辛格的各种臆想传闻又传开了。[1] 一艘装满毒气的船到达了上海港码头的传言似乎并不是真的。[2] 然而,美国人似乎已经控制了他们登陆的那个岛屿,因此造成了日军的第一个重大失败;一切迹象都表明盟军已在北非登陆,某种自

---

[1] 1946 年迈辛格因 1939—1940 年在波兰犯下的罪行在波兰被起诉并判刑,第二年被处决。
[2] 有关毒气的传言是虚假的,但迈辛格试图说服日本人把在上海的犹太人关进真正的集中营里,或把他们关到港口的船上(饿死)或安排大屠杀。日本当局不感兴趣,部分原因是,他们一方面接受了一些反犹宣传,另一方面又矛盾地得出结论,认为一个像犹太人这样曾经如此强大而足智多谋的族群,当然应该以某种方式被利用,而不是灭绝。1941 年前某些日本官员考虑过允许大批欧洲犹太人移民到"满洲国",为当地的现代化做出贡献。

由的法国政府已经在那里建立,埃及已经不再受到威胁。看起来在伏尔加河和高加索地区的德军也遇到了问题,重大的问题。

日本人现在更加紧张,惶恐不安。除其他事情外,他们宣布了一项普遍的禁令,禁止上海西部的所有新闻交流和谣言散布,"以便保持和平与秩序"。此外他们还强调——从字面上说就是用大号字体——"**违规者严惩**"。就好像有可能通过一项禁令来使谣言沉默。就好像战争的本质在很大程度上包括了谣言、含糊其词、撒谎、不让人知道真相。

如果你读过乌尔苏拉·布隆贝格后来作为成年人写的回忆录,你会认为她、她的家人和朋友在这个阶段过的日子比较轻松。这年,乌尔苏拉打算与"姐妹们"举办一次圣诞庆祝活动。"姐妹们"指的是跟着她学习英语的三个年轻的中国姑娘。她们的想法是,她们要互相交换圣诞礼物,唱传统的圣诞歌曲——其中有个姐妹还拿到了乐谱和唱词。乌尔苏拉自己注意到,她也开始有了什么改变。和父母住在同一个房间里不再让她感受到安全和简单了。她已经开始渴望沉默和孤独,渴望一件那种简单的事情,比如能够把自己锁在浴室里。"对我来说,战争的结束意味着我有了自己的房间。"

结语：后来的命运

曼苏尔·阿卜杜林——斯大林格勒战役之后，阿卜杜林又参加过 1943 年的库尔斯克大战，也幸存下来了。同年晚些时候，苏联红军打过第聂伯河的时候他受了重伤，复员退伍。战争结束后，阿卜杜林回到了采矿业工作。2007 年，他在与哈萨克斯坦交界他出生的地区去世。

约翰·埃默里——埃默里继续为纳粹宣传机构工作，直到 1944 年年底。然后他离开柏林，加入了意大利北部的法西斯萨洛共和国。他于 1945 年被俘并送回英国。经过审判，埃默里被判犯有严重叛国罪。同年 12 月，他被绞死在华兹华斯监狱。

埃莱娜·贝尔——贝尔于 1944 年 3 月与她父母一起被捕，并于当月晚些时候被驱逐出境。她母亲到达奥斯威辛集中营后被毒气杀害，她父亲不到半年后在法本公司下属集中营布纳被杀害。同年 11 月，埃莱娜·贝尔被转到卑尔根－贝尔森。1945 年，法国解放仅仅五天前，身患斑疹伤寒的贝尔被虐待致死。她的男友让·莫拉维茨基在战争中幸存下来，后成为外交官。

乌尔苏拉·布隆贝格——布隆贝格和她的父母后来确实到了美国，不过是到了 1947 年才去的，当时她嫁给了另一个年轻难民并随夫改姓培根。他们都定居在丹佛，在那里她有了两个孩子。除了关于她在上海的生活经历的回忆录，她还写了几本书，包括《紧张的女主人的食谱》。她于 2013 年去世。

薇拉·布里坦——即使在战争结束后，布里坦依然听从了她良心的声音，参与了反对种族隔离和支持核裁军的活动。1966 年，在一次意外跌倒之后，她的身体和精神都过早衰老。她于 1970 年去世。按照她的遗愿，她被火化，之后骨灰撒在她弟弟在意大利北部的坟墓上——她弟弟于 1918 年在那里阵亡。

约翰·布什比——布什比作为战俘在德国东部著名的斯塔拉格第三航空兵俘房营度过了战争余下的时间。[1] 回国后，他留在英国皇家空军。冷战期间他成为一名防空专家，并在 60 年代参与了旨在阻止苏联侵犯英国领空的行动。

保罗·加西亚·多米尼奥尼——多米尼奥尼回到意大利后加入了反法西斯抵抗运动。战后，他投入了 20 年的时间来收集阿拉曼战场上的阵亡将士的遗骸，并参与了骨灰堂的设计和建造，该骨灰堂现在是意大利死者的纪念堂。他于 1992 年在罗马去世。

阿尔贝·加缪——加缪后来作为一名记者活跃在抵抗运动中。战后，他和弗朗西娜在巴黎定居，育有两个孩子。他后来成为 20 世纪文学的领军人物之一，1957 年，44 岁的他被授予诺贝尔文学奖。三年后，他死于一场车祸。

基思·道格拉斯——在参加过突尼斯的数次战斗之后，道格拉斯于 1943

---

[1] 可以说战后才出名。该俘房营是两次大胆而壮观的越狱发生的场所，后来还为拍摄成故事片和制作成电脑游戏提供了灵感。

年 12 月返回英国。他参加了 1944 年 6 月 6 日所谓 "D 日" 的诺曼底登陆。三天后，他在离开自己的坦克出去侦察时，被一门德国迫击炮的炮弹击中身亡。他的尸体被埋在战场上的一片树丛中。

"疲倦"爱德华·邓禄普——邓禄普和他的大多数战俘营士兵后来被送到了泰国的那条臭名昭著的"死亡铁路"，许多人在那里丧生。如果不是邓禄普的努力，死亡人数会多得多。1945 年解放后，他与海伦结婚，并在医学领域的各种岗位上取得了成功。他还致力于澳大利亚和日本之间的和解。邓禄普于 1993 年去世，他的葬礼有超过 1 万人参加。

达努塔·菲亚尔科乌斯卡——达努塔的丈夫约泽克于 1943 年 2 月被德国宪兵杀害，当时他显然是试图逃避逮捕。战争结束后达努塔完成了大学学业，成为一名教师。1951 年她再婚，又生有两个孩子。70 年代她和新的丈夫移居美国。她于 2002 年 4 月在美国去世。

莉迪亚·金茨堡——金茨堡在这次战争中幸存了下来，而且也在 40 年代后期苏联的反犹太运动中幸存下来，并留在了大学工作。在斯大林去世后的解冻时期，她还出版了数部著名的文学作品。她于 1990 年在列宁格勒去世。

瓦西里·格罗斯曼——格罗斯曼继续报道这场战争，直到 1945 年。他还是第一个报道特雷布林卡屠杀犹太人事件的记者。在战争结束、和平到来之后，他越发受到当局冷落。当他的关于战争的伟大小说《生存与命运》于 1959 年完成时，小说稿被克格勃没收——他们没收了一切，甚至包括他的打字机的色带——并由苏联最高层通知，300 年内不许该作品出版。格罗斯曼于 1964 年死于胃癌。

原为一——原为一后来参加了另一场时间持久的海战，并且是唯一在整个战争中幸存下来的日本驱逐舰舰长。他对战争结果越来越悲观，在1943年的一封信中呼吁天皇讲和。1945年后，他在一艘运输盐的民用货船上担任船长。原为一于1980年去世。

阿德尔贝特·霍尔——不出所料，霍尔是在斯大林格勒战斗到最后的德国军人之一，并于1943年2月2日在那里被俘。大多数被俘的德国军人都没有幸存下来，但霍尔活下来了。他在苏联战俘营度过七年后，于1950年返回当时的联邦德国。他于1980年6月去世。

薇拉·因伯尔——因伯尔于1943年成为苏共党员。战后她的作家生涯继续蓬勃发展。她在1946年获得了斯大林奖，而她于1942年开始创作的有关列宁格勒围城战役的伟大史诗《普尔科沃天文台子午线》获得了极大赞誉。因伯尔于1972年在莫斯科去世。

恩斯特·容格尔——他作为边缘人物参与了1944年7月20日针对希特勒的暗杀行动，因幸运或机智逃避了处分，但同年8月被革职。（然而，他的长子因发表颠覆性言论而被捕，并被送往意大利北部的一个惩罚营，于1944年11月在该地逝世。）战后容格尔继续写作，并重新获得了他在文学界的地位。他于1998年2月去世，享年102岁。

乌尔苏拉·冯·卡多夫——1943年2月乌尔苏拉的弟弟于尔根在东线阵亡，之后她对纳粹政权的批评越来越激烈。她家在柏林兰克斯街21号的房子在同年年底英国皇家空军的轰炸攻势中被完全摧毁。面对苏联红军的威胁，她于1945年3月逃离柏林。战后她继续从事记者工作，此时是为《南德意志报》工作。她因对巴黎的精细描绘而出名。她于1988年1月在慕尼黑去世。

奈拉·拉斯特——拉斯特继续写她的日记，直到1966年，共计1 200万字，被认为是英语世界规模最大的日记之一。她的生活在其他方面也沿袭了旧习惯，她的婚姻也一直不幸福。她的小儿子负了伤，但在战争中幸存下来，并移民到了澳大利亚，在那里成为一名雕塑家。60年代中期，拉斯特的身体开始衰弱，患上了老年痴呆症，于1968年6月去世。

约翰·麦克奈里——麦克奈里在太平洋地区担任海军陆战队飞行员，直到战争结束，其时他已获得的勋章琳琅满目。除了在朝鲜战争期间一度被重新召回服役之外，他随后在家乡亚拉巴马州贝塞默城从事法律工作，直到1982年退休。他于1993年去世。

文玉初——文玉初继续在缅甸和泰国的各个战地妓院之间调动服务。在战争的最后几个月她也护理伤员。和平之后她回到了朝鲜，却发现自己已是个被家庭抛弃的人。然后她以妓生身份养活自己。她结婚了，但六年后丈夫自杀。慰安妇时期的生活让她饱受疾病、失眠和耻辱的折磨，从来没有生育自己的孩子。她于1996年去世。

尼古拉·奥布里金巴——奥布里金巴继续作为游击队员参加战斗，直到1943年秋天德军被迫撤离该地区。然后他回到莫斯科与妻子团聚。战后他继续从事视觉艺术家的工作，通常以社会现实主义风格绘画。他于1996年去世。

"詹姆斯·奥格尔索普号"——这艘精心打造的自由轮寿命很短。1943年3月，它首次加入护航船队前往英国，途中被德国潜艇击沉。（它运载的货物主要包括钢材、棉花和杂货。）在74名船员中，有44人与它一起失踪，包括船长。它现在停留在北大西洋的海底，大约在北纬50度38分、西经34度46分的位置，几乎正好是它航程的一半。

约翰·帕里斯——帕里斯回到美国后继续从事记者工作，主要是为当地媒体工作。从50年代起，他作为一名关注民俗的专栏作家赢得了赞誉，描绘了古老的阿巴拉契亚山脉的民俗和文化。他于1996年去世。

结语：后来的命运

潘濂——1943年4月5日，潘濂在救生筏上独自度过了133天后，被一些巴西渔民救起。当他的漂流故事广为人知之后，他被人用船送到英国，并在那里获得了英国国王乔治六世颁发的帝国勋章。战后他移居美国。他于1991年1月4日在纽约布鲁克林去世。

"齐尔"杰基尔·拉伊赫曼——拉伊赫曼是1943年8月特雷布林卡集中营犹太人起义期间逃离特雷布林卡的犹太人之一。之后他前往华沙，在那里他以基督教化名加入了波兰抵抗运动。战争结束后不久，他与另一名幸存下来的犹太女子结婚，夫妇两人移民到乌拉圭，育有3个儿子，后来儿子们又给他们育有11个孙辈。在乌拉圭他经营纺织业取得成功。他在战后多项审判中做证，包括针对集中营守卫约翰·德米扬鲁克的著名审判。拉伊赫曼于2004年5月在乌拉圭首都蒙得维的亚去世。

威利·彼得·雷泽——雷泽继续创作他的诗歌和散文作品，并把它们送到他在杜伊斯堡的父母那里妥善保存。他还继续在东线服役。1944年6月末，由于苏联红军发起夏季大攻势，雷泽在维捷布斯克前线失踪。他的最终命运不得而知。

多萝西·罗宾逊——罗宾逊战后的生活似乎和战时一样平淡无奇。没有迹象表明她又开始写作了。她和丈夫继续住在一起。丈夫于1966年去世，罗宾逊于1977年去世，他们共同被安葬于纽约州北部萨拉托加的一座墓地里。

涅德·拉塞尔——战后，拉塞尔继续以伦敦为基地从事记者工作，主要撰写经济题材的文章。他还接受过马歇尔计划的委托。1954年，拉塞尔在洛杉矶遭遇严重车祸后成为植物人，四年后于1958年去世。

索菲·朔尔——朔尔和她的哥哥汉斯·朔尔于1943年2月18日被捕，当时他们被发现在慕尼黑大学的一栋建筑中散发反对派的传单。经过快速审讯，两人于2月22日被判处死刑，在数小时后被处死。据说她勇气非凡，至死不惧。

弗里茨·哈特纳格尔——哈特纳格尔于1943年1月从斯大林格勒撤离，在索菲·朔尔和她的哥哥汉斯被处决之后，他曾以各种方式尝试支持这个家庭。1945年，他从美国战俘营获释后，与索菲的姐姐伊丽莎白结婚，并与她育有四个孩子。他曾担任律师，并成为德国社会民主党的成员，80年代参与联邦德国的和平运动。他于2001年4月在斯图加特去世。

叶连娜·斯克利亚宾娜——1943年斯克利亚宾娜带着她的两个孩子再次逃亡，这次是逃往西方。她经历了更多危险和磨难，再次显示出她作为幸存者的无可否认的能耐。战争结束时她正在莱茵兰地区当一名德国强迫劳工。和平之后她带着孩子移民美国，继续在大学深造，最终成为俄亥俄大学的法语教授。她于1996年去世。

安妮·萨默豪森——随着时间推移，萨默豪森越来越多地参与各种类型的抵抗行动，并多次将犹太难民藏在她自己的房子里。尽管风险日增，她和她的孩子们还是在战争中幸存下来。1945年5月，她的丈夫马克也从战俘营中返回。丈夫重新从事政治和法律方面的职业，而萨默豪森重拾家庭主妇的日常生活。她于1986年去世。

莱昂纳德·托马斯——托马斯继续在海军服役，除其他任务外，他还参加过另外两个北冰洋护航队。1946年复员后，他在爱丁堡定居并和他在战前认识的一位女性结婚育子，还最终成为一名电气工程师。他在1977年退休，2000年4月逝世于爱丁堡。

贝德·索恩斯——索恩斯从那场重病中康复，后来在新几内亚不断参加战斗。他在那里被提拔为上尉，还获得了荣誉勋章。索恩斯后来的大部分生活是在漫长的战争余波中度过的：他曾九次回到旧战场，并经常参加各种纪念项目。他于2015年安详离世，灵柩上覆盖着第3营的旗帜。

U-604号潜艇——1943年6月，德国海军U-604号潜艇再次出发，这是它最后一次航行。在被美国飞机击中而严重损坏后，这艘潜艇于1943年8月11日被自己的船员击沉。13名船员死亡，其中包括艇长霍斯特·霍尔特林，他在射杀了2名困在下沉且充满氯气的潜艇舱体里的伤员后，结束了自己的生命。这艘潜艇现在停留在南大西洋底部，大约在南纬4度15分、西经21度20分的海底位置，大致在巴西和西非之间。

维托里奥·瓦利切拉——被法国人长期有时甚至是残酷地囚禁之后，瓦利切拉于1947年回到了他的老家。他重新开始在农场做工，并积极参与政治和工会活动。他于1950年结婚，并育有两个儿子。始终精力充沛、有求知欲且渴望阅读的他还开了一家出售报刊的小店，后来又开了一家小书店。瓦利切拉于2005年去世。

若林东一——若林东一于1943年1月12日在瓜达尔卡纳尔岛上受了重伤，当时他在率领部下守卫被美军称为"奔马"而日军称为"小心高地"的一组山坡。受伤后他拒绝了让他撤离的提议，而是留在了他的士兵身边。两天后，也就是1月14日他被杀死，很可能是在他所属大队的残部撤退到的大河谷内，在那里该大队残部几乎全部阵亡。在那个时候，若林东一已经确保他的日记被带到了安全的地方。

查尔斯·沃克——在瓜达尔卡纳尔岛战役结束之后，沃克参加了菲律宾群岛的持久战，并且在日本投降后随部队登陆日本。战后他先是务农，然后在加拿大乡村地区驾驶轻型运输机，飞行了10年。20世纪70年代，沃克搬回美国北达科他州彭比纳，并于2009年在该地去世。

库尔特·韦斯特——韦斯特继续在军队服役，并参与了 1944 年夏天在卡累利阿地峡的激战，当时苏联红军的主要攻势已经被阻止。复员后，他回到了他的出生地埃瑟，先是当农民，然后在 1948 年创办了一家电气公司。他在 60 年代专门从事电视机安装。他是一名活跃的浸礼会教徒，在晚年曾多次前往旧战场。韦斯特于 2007 年在埃瑟去世，留下了一个子孙众多的大家庭。

利昂娜·伍兹——伍兹一直为曼哈顿计划工作，直到战争结束，之后她恢复了学业。她对自己作为一名物理学家的美好学术生涯很满意，撰写了大约 200 篇论文，先是在纽约大学担任教授，然后在科罗拉多大学担任教授。她于 1966 年与第一任丈夫离婚，并与诺贝尔化学奖获得者威拉德·利比结婚。后来，她对环境问题产生了兴趣，并开发了一种利用木材中的同位素测量气候变化的方法。她于 1986 年死于中风。

参考文献

Abdulin, M: "Red Road from Stalingrad – Recollections of a Soviet Infantryman". Barnsley 2004.
Adam, W & Rühle, O: "With Paulus at Stalingrad". Barnsley 2015.
Aldridge, J: "Cairo – Biography of a City". New York 1969.
Alman, K: "Angriff, ran, versenken – Die U-Boot-Schlacht im Atlantik". Rastatt 1965.
Amery, J: "John Amery Speaks / England and Europe". Uckfield 2007.
Anderson, N: "To Kokoda. (Australian Army Campaign Series 14)". Canberra 2014.
Arad, Y: "The Holocaust in the Soviet Union". Lincoln 2009.
Arendt, H: "The Origins of Totalitarianism". NY 1976.
Atkinson, R: "An Army at Dawn – The War in North Africa, 1942–1943". London 2003.

Bacon, U: "Shanghai Diary – A Young Girl's Journey from Hitler's Hate to War-Torn China". Milwaukie 2004.
Barton, D: *Rewriting the Reich: German Women Journalists as Transnational Mediators for Germany's Rehabilitation*, i "Central European History", Volume 51, Issue 4.
Bartsch, W H: "Victory Fever on Guadalcanal – Japan's First Land Defeat of WWII". College Station 2014.
Bastable, J (red): "Voices from Stalingrad". Cincinnati 2007.
Battistelli, P P: "El Alamein 1942". Stroud 2015.
Beevor, A & Vinovgradova, L: "A Writer at War – Vasily Grossman with the Red Army 1941–1945". London 2006.
Bergerud, E M: "Fire in the Sky – The Air War in the South Pacific". Boulder 2000.
Berr, H: "Journal". Paris 2008.

Berr, H: "The Journal of Hélène Berr". NY 2008.
Berry, P & Bostridge, M: "Vera Brittain – A Life". London 2008.
Bowman, M W: "Bomber Command – Reflections of War. Volume 2: Live to Die Another Day (June 1942–Summer 1943)". Barnsley 2012.
Brittain, V: "Humiliation with honour". NY 1943.
Brittain, V: "Wartime Chronicle – Vera Brittain's Diary 1939–1945". London 1989.
Brune, P: "Those Ragged Bloody Heroes – From the Kokoda Trail to Gona Beach 1942". Sydney 1992.
Brustat-Naval, F: "Ali Cremer U 333: Ein U-Boot Buch über den authentische Lebensgeschichte des U-Boot-Kommandanten Peter E Cremer und seiner Mannschaft". Berlin 1994.
Busch, R (red): "Stalingrad: Der Untergang der 6. Armee – Überlebende berichten". Graz 2012.
Bushby, J: "Gunner's Moon – A Memoir of the RAF Night Assault on Germany". London 1974.

Caccia Dominioni, P: "El Alamein 1932–1962". Milano 1966.
Calvocoressi, P, Wint, G & Pritchard, J: "Total War – The Causes and Courses of the Second World War". London 1995.
Camus, A: "Carnets – Janvier 1942–Mars 1951". Paris 1964.
Camus, A: "Pesten". Sthlm 1983.
Casdorph, P D: "Let The Good Times Roll – Life at Home in America during World War II". NY 1991.
Chandler, R: "Mother and Son – Life and Fate", i *Granta*, Juni 2019.
Christopherson, S: "An Englishman at War – The Wartime Diaries of Stanley Christopherson 1939–45". London 2014.
Conway, M: "Collaboration in Belgium – Léon Degrelle and the Rexist Movement 1940–1944". Yale 1993.

Cope, Tony: "On the Swing Shift – Building Liberty Ships in Savannah". Annapolis 2009.
Costello, J: "Love, Sex and War – Changing Values 1939–45". London 1985.
Craig, W: "Enemy at The Gates – The Battle For Stalingrad". London 2000.

De Jonghe, A: *La Lutte Himmler-Reeder pour la nomination d'un HSSPF à Bruxelles (1942–1944) – Troisième partie: Evolution d'octobre 1942 à octobre 1943*, i "Cahiers D'Histoire De La Seconde Guerre Mondial / No. 5, décembre 1978".
De Launay, J & Offergeld, J: "La vie quotidienne des belges sous l'occupation 1940–1945". Bruxelles 1982.
Denkler, H: "Werkruinen, Lebenstrümmer – Literarischen Spuren der 'verlorenen Generation' des Dritten Reiches". Tübingen 2006.
Douglas, K: "Alamein to Zem Zem". Oxford 1979.
Douglas, K: "The Complete Poems". Oxford 1978.
Duggan, C: "Fascist Voices – An Intimate History of Mussolini's Italy". London 2013.
Dumbach, A & Newborg J: "Sophie Scholl and the White Rose". London 2007.
Dunlop, E E: "The War Diaries of Weary Dunlop – Java and the Thailand–Burma Railway 1942–1945".Victoria 1990.

Ebury, S: "Weary – The Life of Sir Edward Dunlop". Victoria 1994.
Ellis, J: "World War II: The Sharp End". London 1990.
Enstad, J D: "Soviet Russians under Nazi Occupation – Fragile Loyalties in World War II". Cambridge 2019.

Facos, M: "An introduction to Nineteenth Century Art". London 2011.
Fest, J C: "Das Gesicht des Dritten Reiches – Profile einer totalitären Herrschaft". München 1993.
Findahl, T: "Ögonvittne Berlin 1939–45". Sthlm 1946.
Forczyk, R: "The Caucasus 1942–43: Kleist's Race for Oil". London 2015.
Forster, E M: "Alexandria: A History and a Guide". Alexandria 1922.
Fredborg, A: "Bakom stålvallen". Sthlm 1995.
Frei, N & Schmitz, J: "Journalismus im Dritten Reich". München 1989.
Fussell, P: "Wartime – Understanding and Behaviour in the Second World War". Oxford 1989.

Gasperi, R: "La grande illusione – Diario di guerra". Rovereto 1991.
Gebhardt, M: "Die Weiße Rose – Wie aus ganz normalen Deutschen Widerstandskämpfer wurden". München 2017.
Gerasimova, S: "The Rzhev Slaughterhouse: The Red Army's Forgotten 15-Month Campaign Against Army Group Center, 1942–1943". Warvick 2016.
Gillies, M: "The Barbed-Wire University – The Real Lives of Allied Prisoners of War in the Second World War". London 2011.
Ginzburg, L: "Blockade Diary". London 1995.
Glantz, D M: "Armageddon in Stalingrad – September–November 1942". Kansas 2009.
Glantz, D M: "Endgame at Stalingrad – Book One: November 1942". Kansas 2014.
Glantz, D M: "Endgame at Stalingrad – Companion". Kansas 2014.

Gogun, A: "Stalin's Commandos – Ukrainian Partisan Forces on the Eastern Front". London 2016.

Golomstock, I: "Totalitarian Art in the Soviet Union, the Third Reich, Fascist Italy and the People's Republic of China". London 1990.

Graham, D: "Keith Douglas 1920–1944 – A Biography". Oxford 1974.

Grossman, D: "On killing – The Psychological Cost of Learning to Kill in War and Society". Boston 1996.

Grossman, V: "Liv och öde". Falun 2007.

Grossman, V: "Stalingrad". London 2019.

Grossman, V: *The Treblinka Hell*, i "The Years of War (1941–1945)". Moskva 1946.

Grunberger, R: "A Social History of the Third Reich". London 1971.

Guéhenno, J: "Journal des années noires". Paris 2014.

Gustavsson, H: "Sino-Japanese Air War 1937–1945". Croydon 2016.

Hara, T: "Japanese Destroyer Captain – Pearl Harbor, Guadalcanal, Midway: the Great Naval Battles as Seen Through Japanese Eyes". Annapolis 2011.

Harmetz, A: "Round Up the Usual Suspects – The Making of Casablanca: Bogart, Bergman, and World War II". London 1993.

Harries, M & Harris S: "Soldiers of the Sun – The Rise and Fall of the Imperial Japanese Army". New York 1991.

Hartmann, S M: "The Home Front and Beyond – American Women in the 1940s". Boston 1982.

Hastings, M: "Bomber Command". London 2007.

Heckmann, W: "Rommels Krieg in Afrika – Wüstenfüchse gegen Wüstenratten". Bergisch-Gladbach 1976.

Hellbeck, J: "Die Stalingrad-Protokolle – Sowjetische Augenzeugen berichten aus der Schlacht". Frankfurt am Main 2012.

Helmus, T C & Glenn, R W: "Steeling the Mind – Combat Stress Reaction and Their Implication for Urban Warfare". Rand 2005.

Hicks, G: "The Comfort Women – Sex Slaves of the Japanese Imperial Forces". London 1995.

Holl, A: "After Stalingrad – Seven Years as a Soviet Prisoner of War". Barnsley 2019.

Holl, A: "An Infantryman in Stalingrad – From 24 September 1942 to 2 February 1943". Sydney 2005.

Höss, R: "Kommendant i Auschwitz". Eskilstuna 1979.

Howard, K (red): "True Stories of the Korean Comfort Women – Testimonies compiled by the Korean Council for Women Drafted for Military Sexual Slavery by Japan". London 1995.

Inber, V: "Leningrad Diary". London 1971.

Ireland, J: "The Traitors – A True Story of Blood, Betrayal and Deceit". London 2018.

James, C: "Cultural Amnesia: Notes in the Margin of My Time". London 2007.

Johansson, G: "Soldater – Frontbrev 1940–1942". Helsingfors 1942.

Johnston, G H: "New Guinea Diary". London 1946.

Jünger, E: "Dagböcker från Tyskland och Frankrike under krig och ockupation". (red. Jonasson, S.) Lund 1975.

Jünger, E: "Leben und Werk in Bildern und Texten". Stuttgart 1988.

Jünger, Ernst: "På marmorklipporna". Lund 1976.

Jünger, E: "Strahlungen I – Gärten und Straßen / Das erste Pariser Tagebuch / Kaukasische Aufzeichnungen". München 1998.

Kardorff, U von: "Berliner Aufzeichnungen 1942–1945 – Unter Verwendung der Original-Tagebücher neu herausgeben und kommentiert von Peter Hartl". München 1992.

Kater, M H: "The Twisted Muse – Musicians and Their Music in the Third Reich". Oxford 1997.

Keene, J: "Treason on the Airwaves – Three Allied Broadcasters on Axis Radio during World War II". Lincoln 2010.

Knightley, P: "The First Casualty – The War Correspondent as Hero and Myth-Maker From the Crimea to Kosovo". London 2001.

Kolganov, K S (red): "Taktikens utveckling i Sovjetarmén under det Stora Fosterländska kriget 1941–1945". Sthlm 1960.

Krasno, R: "Strangers Always – A Jewish Family in Wartime Shanghai". Berkeley 1992.

Kuussaari, E & Niitemaa, V: "Finlands krig 1941–1945 – Landstridskrafternas operationer". Helsingfors 1949.

Leckie, R: "Challenge for the Pacific – Guadalcanal: The Turning Point of the War". Ny 1965.

Levi, P: "The Drowned and the Saved". London 1995.

Liu, Z: "Tillbaka till 1942". Halmstad 2017.

Lucas Phillips, C E: "Alamein". London 1965.

Lutjens Jr, R N: *Jews in Hiding in Nazi Berlin, 1941–1945: A Demographic Survey*, i "Holocaust and Genocide Studies", Volume 31, Number 2.

MacArthur, B: "Surviving the Sword – Prisoners of the Japanese 1942–45". London 2005.

MacKenzie, S P: *Beating the Odds: Superstition and Human Agency in RAF Bomber Command 1942–45*, i "War in History", Volume 22(3) 2015.

Mansergh, R: "Cumbria at War 1939–45". Croydon 2019.

Mark, J D: "Death of the Leaping Horseman – The 24th Panzer Division in Stalingrad". Mechanicsburg 2003.

Mark, J D: "Into Oblivion – Kharkov to Stalingrad: The Story of Pionier-Batallion 305". Sydney 2013.

Mark, J D: "Island of Fire – The Battle for the Barrikady Gun Factory in Stalingrad". Guilford 2018.

Marshall Libby, L: "The Uranium People – The human story of the Manhattan Project by the Woman Who was the Youngest Member of the Original Scientific Team". NY 1979.

Marshall, S L A: "Men Against Fire – The Problem of Battle Command". Oklahoma 2017.

Marutani, H & Collie, C: "The Path of Infinite Sorrow – The Japanese on the Kokoda Track". Adeleide 2009.

McEniry Jr, J H: "A Marine Dive-Bomber Pilot at Guadalcanal". Tuscaloosa 1987.

Merillat, H B: "Guadalcanal Remembered". NY 1982.

Merridale, Catherine: "Ivans krig – Liv och död i Röda armén 1939–1945". Lund 2010.

Metzler, J: The Laughing Cow – A U-Boat Captain's Story". London 1960.

Middlebrook, M: "Convoy – The Battle for Convoys SC.122 and HX.229". London 1976.

Middlebrook, M & Everitt, C (red): "The Bomber Command War Diaries – An Operational Reference Book". Leicester 1996.

Mitter, R: "Chinas War with Japan 1937–1945 – The Struggle for Survival". London 2013.

Monelli, P: "Mussolini – Piccolo Borghese". Milano 1970.

Morris, M: "South Pacific Diary 1942–43". Lexington 1996.

Motadel, D: "Islam and Nazi Germany's War". Harvard 2018.

Neitzel, S & Welzer, H: "Soldaten – Protokolle vom Kämpfen, Töten und Sterben". Frankfurt am Main 2011.

Nevin, T: "Ernst Jünger and Germany – Into the Abyss 1914–1945". London 1997.
Noack, P: "Ernst Jünger – Eine Biographie". Berlin 1998.
Nykvist, N-E: "Sextiettan – Infanteriregemente 61 1941 – 1944". Pieksämäki 2005.

O'Connor, V C S: "Mandalay and Other Cities of the Past in Burma". London 1907.

Pack, S W C: "Invasion North Africa 1942". NY 1978.
Parris, J A, Russel, N, Disher, L & Ault, P: "Springboard to Berlin". NY 1943.
Paull, R: "Retreat from Kokoda – The Australian Campaign in New Guinea 1942". London 1983.
Peri, A: "The War Within – Diaries from the Siege of Leningrad". London 2017.
Piotrowski, T: "Poland's Holocaust – Ethnic Strife, Collaboration with Occupying Forces and Genocide in the Second Republic, 1918–1947". Jefferson 1998.
Poirer, R G & Conner A Z: "The Red Army Order of Battle in the Great Patriotic War". Novato 1985.
Pope, D: "73 North – The Defeat of Hitler's Navy". New York 1959.
Pope, T: "Good Scripts, Bad Scripts". New York 1998.
Poulsen, NB: "Dödskampen – Kriget på östfronten 1941–1945". Lund 2018.
Prag, C: "No Ordinary War – The Eventful Career of U-604". Barnsley 2009.
Pugsley, A F: "Destroyer Man". London 1957.
Rajchman, C: "Jag är den sista juden – Treblinka (1942–1943)". Sthlm 2010.

Reese, W P: "Mir selber seltsam fremd – Russland 1941–44". Berlin 2004.

Rhodes, R: "The Making of the Atom Bomb". NY 1986.

Rhodes, R: "The Masters of Death – The SS-Einsatzgruppen and the Invention of the Holocaust". NY 2003.

Rosbottom, R: "When Paris Went Dark – The City of Light Under German Occupation 1940–44". London 2015.

Rudakova, D: "Civilian Collaberation in Ukraine and Crimea, 1941–1944 – A Study of Motivation." Perth 2018.

Rutherford, J: "Combat and Genocide on the Eastern Front – The German Infantry's War, 1941–1944". Cambridge 2014.

Rybicki, F: "The Rhetorical Dimensions of Radio Propaganda in Nazi Germany, 1933–1945". Duquesne 2004.

Sachs R H: "White Rose History – Volume 1: Coming Together". Lehi 2002.

Sachs, R H (red): "Gestapo Interrogation Transcripts: Willi Graf, Alexander Schmorell, Hans Scholl, and Sophie Scholl – Volumes 1–33". LA 2002.

Salisbury, H: "The 900 Days – The Siege of Leningrad". NY 1970.

Scheibert, H: "Nach Stalingrad – 48 Kilometer! Der Entsatzvorstoss der 6. Panzerdivision Dezember 1942". Heidelberg 1956.

Scholl, H & Scholl, S: "Briefe und Aufzeichnungen". Frankfurt am Main 1984.

Schwilk, H: "Ernst Jünger – Ein Jahrhundertleben". München 2010.

Sebba, A: "Les Parisiennes – How the Women of Paris Lived, Loved and Died under Nazi Occupation". NY 2016.

Seidler, F: "Prostitution Homosexualiät Selbstverstümmelung – Probleme der deutschen Sanitätsführung 1939–1945". Neckargemünd 1977.

Sennerteg, N: "'Allt jag känner är att mina fötter gör ont' – Förhören med Rudolf Höss". Sthlm 2020.
Sereny, G: "Into That Darkness – From Mercy Killings to Mass Murder". London 1995.
Shay, J: "Achilles in Vietnam – Combat Trauma and the Undoing of Character". NY 2003.
Shimoyamada, I: "Glory Forever – The Life of Captain Wakabayashi". Tokyo 1963.
Silver, E: "Hjältar i det tysta – En bok om medmänsklighet under Hitlertiden". Sthlm 1993.
Simonsson, I: "Fransk-algeriern Albert Camus". Falun 2013.
Skrjabina, E: "After Leningrad – From the Caucasus to the Rhein, August 9, 1942 – March 22, 1945". Carbondale 1978.
Skrjabina, E: "Siege and Survival – The Odyssey of a Leningrader". Carbondale 1971.
Somerhausen:, A: "Journal d'une femme occupée" – Relatée jour après jour, la vie d'une femme de prisonnier de guerre à Bruxelles du 10 mai 1940 au 10 mai 1945". Bruxelles 1988.
Steinbeck, J: "Once There Was a War". London 1973.
Steiner, J F: "Treblinka – Revolt i ett utrotningsläger". Sthlm 1966.
Szejnmann, C C W & Umbach, M (red): "Heimat, Region, and Empire – Spatial Identities under National Socialism". London 2014.
Szonert, M B: "World War II Through Polish Eyes – In the Nazi-Soviet Grip". NY 2002.

Tanaka, Y: "Hidden Horrors – Japanese War Crimes in World War II". Boulder 1998.
Tetsuo, A: "From Shanghai to Shanghai – The War Diary of an Imperial Japanese Army Medical Officer 1937–1942". Manchester 2017.

Thomas, L J: "Through Ice and Fire – A Russian Convoy Diary 1942". Croydon 2015.
Todd, O: "Albert Camus – A Life". London 1997.
Tooze, A: "The Wages of Destruction – The Making and Breaking of the Nazi Economy". London 2006.
Troyan, Michael: "A Rose for Mrs. Miniver – The Life of Greer Garson". Lexington 2005.

Villanella, V: "Diario di Guerra – Da El Alamein alla tragica ritirata 1942–1943". Varese 2009.

Wakabayashi, H: "The Diary of Commander Tohichi Wakabayashi, died in the Battle of Guadalcanal". (The 52nd Graduations Students from the Military Academy.) Tokyo 2008.
Walker, C H: "Combat Officer – A Memoir of the War in the South Pacific". NY 2004.
Warmbrunn, W: "The German Occupation of Belgium 1940–1944". NY 1993.
Werner, H A: "Die eisernen Särge". Stuttgart 1970.
West, K: "Vi slogs och blödde – Ung finlandssvensk soldat i IR61". U.o. 2003.
Westkaemper, E: "Selling Women's History: Packaging Feminism in Twentieth-Century American Popular Culture". New Brunswick 2017.
White, A S: "Dauntless Marine – Joseph Sailer Jr., Dive-Bombing Ace of Guadalcanal". Fairfax Station 1996.
White, T H & Annalee, J: "Thunder out of China". New York 1946.
Wiernik, Y: "A Year in Treblinka". NY 1945.
Willet, P: "Armoured Horseman – With the Bays and the Eighth Army in North Africa and Italy". Barnsley 2015.

Williams, P: "The Kokoda Campaign 1942 – Myth and Reality". Cambridge 2012.

Worrall, R: "The Italian Blitz 1940–43 – Bomber Command's War Against Mussolinis Cities, Docks and Factories". Oxford 2020.

Wüster, W: "An Artilleryman in Stalingrad". Sydney 2007.

Yoshiaki, Y: "Comfort Women – Sexual Slavery in the Japanese Military During World War II". NY 2000.

Zank, H: "Stalingrad – Kessel und Gefangenschaft". Hamburg 2001.

Züchner, E: "Der verschwundene Journalist: Eine deutsche Geschichte". Berlin 2010.

Internet:

Material rörande U-604, inklusive dess krigsdagbok samt förhör med besättningsmän:
http://www.uboatarchive.net/U-604A/U-604.htm
http://www.uboatarchive.net/U-185A/U-185INT.htm
http://www.uboatarchive.net/U-604/KTB604-2.htm
http://www.uboatarchive.net/U-604/KTB604-3.htm

Material rörande 164:e amerikanska infanteridivisionen:
https://commons.und.edu/infantry-documents/index.3.html

Tidigare hemligstämplad rapport om Guadalcanal:
https://www.history.navy.mil/research/library/online-reading-room/title-list-alphabetically/g/guadalcanal-campaign.html#crit

Material rörande sjöslaget den 12–13 november vid Guadalcanal:

https://www.history.navy.mil/research/library/online-reading-room/title-list-alphabetically/b/battle-of-guadalcanal.html#phase2
The Pacific War Online Encyclopedia:
http://pwencycl.kgbudge.com/Table_Of_Contents.htm

Förhörsrapport från Burma 1944 rörande sexslaveri:
https://en.wikisource.org/wiki/Japanese_Prisoner_of_War_Interrogation_Report_49

Officiell publikation med anledning av 40-årsjubileet av CP-1:
https://digital.library.unt.edu/ark:/67531/metadc718175/

Om *Frankfurter Zeitung* och dess stängning:
https://www.faz.net/aktuell/politik/inland/31-august-1943-das-ende-der-frankfurter-zeitung-15728028.html

Om Ursula von Kardorff och hennes dagbok:
https://www.zeit.de/1992/28/geschoent-und-darum-kaum-mehr-authentisch

Om den judiska kolonin i Shanghai och relationen till japaner och kineser:
http://history.emory.edu/home/documents/endeavors/volume1/Ians.pdf

Väderdata Shanghai 1942:
https://library.noaa.gov/Collections/Digital-Docs/Foreign-Climate-Data/China-Climate-Data#018201879

Dokument rörande Weary Dunlops tjänstgöring och tid som krigsfånge:
https://recordsearch.naa.gov.au/SearchNRetrieve/NAAMedia/

ViewPDF.aspx?B=6231386&D=D
https://recordsearch.naa.gov.au/SearchNRetrieve/NAAMedia/ViewPDF.aspx?B=31830190&D=D

Intervju med Charles Walker, utförd 2007:
https://digitalarchive.pacificwarmuseum.org/digital/collection/p16769coll1/id/8520

Material, dagbok, intervjuer m m rörande Bede Thongs:
https://3rdbattalion1942.com/

Om tysk radio, propaganda m m:
Rybicki, F (2004). The Rhetorical Dimensions of Radio Propaganda in Nazi Germany, 1933–1945 https://dsc.duq.edu/etd/1137

Information rörande japanska 38:e divisionen och 228:e infanteriregementet:
https://www.fireandfury.com/orbats/pachongkong1941japanese.pdf

Om domen för krigsförbrytelser mot Tekeo Itō:
https://www.online.uni-marburg.de/icwc/australien/81030.pdf